諮商理論與實務
從諮商學者的人生看他們的理論

Counseling Theory and Practice

Learning Theory through Life Stories

駱芳美 Fang-Mei Law
郭國禎 Gwo-Jen Guo

目次
·CONTENTS·

2 從行為、認知的改變著手

3　從人生的意義、人性的啟發著手

駱芳美 Fang-Mei Law, Ph.D, NCC, PCC

　　駱芳美博士是美國堤芬大學犯罪防治與社會科學學院教授（Tiffin University, School of Criminal Justice and Social Sciences），擁有美國全國諮商師證照（National Certified Counselor, NCC）、美國俄亥俄州臨床諮商師執照（Licensed Professional Clinical Counselor, PCC），並獲得克里夫蘭認知諮商協會認證的認知諮商專業證書（Certification of Cognitive Therapy, The Cleveland Center for Cognitive Therapy）、辛辛那提現實諮商中心頒發的現實諮商密集訓練結業證書（Certified of Completion of Reality Therapy Intensive Training, Center for Reality Therapy），以及 PSEI 頒發的辯證行為諮商訓練結業證書（Certificated of Training, Dialectical Behavior Therapy）。並曾參加過理性情緒行為諮商學派創始者艾里斯的工作坊，親身領受大師的教導。

　　駱芳美博士對助人專業的興趣與訓練啟蒙於私立實踐大學（當時稱為實踐家專）的社會工作科，畢業後考進國立彰化師範大學（當時稱為國立臺灣教育學院）輔導系，從小就立志要教書的她，終於有機會將助人專業與教學相結合，讓她的學習動機更強。大學畢業後考上該校的輔導研究所繼續深造。兩年後獲得碩士學位，回到母校實踐大學，擔任社會工作科的講師，三年後升等為副教授。這期間除了教學工作外，她也擔任實踐課外活動組及學生輔導中心的主任。工作六年半後，隨夫婿赴美國威斯康辛大學教育研究所進修，經過一年半的學習拿到教育碩士學位。之後，隨夫婿前往密西西比州立大學繼續進修，就學期間曾擔任過該大學學生輔導中心的諮商師、國際學生中心的輔導員以及弱視研究中心的研究員。四年的勤學終於換得諮商教育（Counselor Education）博士文憑。隨後她便返回實踐大學社會工作系教書並擔任學生輔導中心的主任。

一年後，駱芳美博士決定轉換跑道重新起步，給自己人生更多的挑戰。再次踏上美國的土地，來到夫婿正在就讀的俄亥俄州州立大學所在地，哥倫布市。到德頓（Dayton）大學諮商教育研究所做博士後進修，同時在該研究所擔任兼任教授，並在俄亥俄州州立大學教育研究所的實驗室當研究員。兩年後受聘為亞裔社區服務中心（Asian American Community Services）執行主任，以她輔導諮商的專業來幫助來自亞洲的移民適應環境，並推展性侵或家庭暴力傷害的預防教育工作及進行相關的研究。由於對教學的熱愛不減，趁工作的空檔，除了繼續在德頓大學擔任兼任教授外，她也到哥倫布州立社區學院（Columbus State Community College）的行為與社會科學系當兼任教授，並常受邀到各地演講介紹心理諮商的運用或亞洲文化。就在其中的一場演講結束時，邀請她去演講的堤芬大學教授Dr. Elizabeth Athaide-Victor對她的演講相當讚賞，並邀請她申

🎧 駱芳美（左一）感謝Dr. Elizabeth Athaide-Victor（右一）知遇之恩。

🎧 堤芬大學校長Dr. Lillian Schumacher（右一）頒發給駱芳美（左一）「優良教學獎」。

請該校的教職。兩個星期後去面試，第二天就接獲受聘的通知。因為教書是駱芳美博士從小的夢想，進入堤芬大學後她如魚得水般從助理教授、副教授到教授一路爬升，在教學、諮商與研究中享受「為人師表」的樂趣與築夢踏實的幸福。並榮獲堤芬大學頒贈的「優良教學獎」（Excellent Teaching Award）（2015-2016 和 2021-2022）與「教授獎」（Faculty Award）（2016-2017）。2020 年獲得國立彰化師範大學頒贈的 109 學年度傑出校友學術獎的殊榮。

郭國禎 Gwo-Jen Guo, Ph.D, NCC, PC

郭國禎博士是國立彰化師範大學輔導與諮商學系教授，擁有美國全國諮商師證照（National Certified Counselor, NCC）以及美國俄亥俄州專業諮商師執照（Licensed Professional Counselor, PC）。曾在華盛頓特區的聖‧伊莉莎白醫院（St. Elizabeth Hospital in Washington, D. C.）見習心理劇在療養院的運用，並參加過理性情緒行為諮商學派創始者艾里斯的工作坊，領受大師的教導。

郭國禎博士於國中畢業後，考入臺灣省立嘉義師範專科學校（現在的嘉義大學）接受國小師資的專業訓練。畢業並服完兵役後，立志要更上一層樓，考進國立彰化師範大學（當時稱為國立臺灣教育學院）輔導系進修，大學畢業後考上該校的輔導研究所繼續深造。獲得碩士學位後，受母校留任擔任輔導系的助教，同時也在中山醫學院兼任講師教授心理學。工作六年後，申請到美國威斯康辛大學教育研究所進修，半年後妻子和妹妹也加入進修的行列。拿到碩士後前往密西西比州立大學繼續進修，四年後獲得諮商教育（Counselor Education）博士，專攻學生發展（Student Development in Higher Education），之後轉往美國俄亥俄州

州立大學攻讀教育研究、測驗與評鑑（Research, Measurement, and Evaluation）的博士班繼續進修。在俄大五年的就學期間，在該系的實驗室擔任研究員，負責資料分析與整理的工作。期間受聘返臺於國立成功大學教育研究所擔任助理教授，一年後，回到美國繼續進修，完成第二個博士學位。爾後又到德頓大學諮商教育（Counselor Education）研究所做博士後進修。

郭國禎博士曾服務於俄亥俄大學醫學院擔任臨床技能評量中心經理（Northeastern Ohio Universities College of Medicine, Clinical Skills Assessment Center for Studies of Clinical Performance），專門負責研究醫學院學生以標準化病人（standardized patient）實習及評量模式之效果研究。這是一個新穎的教學方式，郭博士從中獲得了許多的學習與成長。工作兩年後他決定將生涯發展的重心放在臺灣的諮商輔導界，回到國立彰化師範大學輔導與諮商學系擔任教職，從助理教授、副教授升到教授。除了教學外，擔任過註冊、課務組組長及學生心理諮商與輔導中心主任，以及輔導與諮商學系系主任、所長等職位。獲頒「傑出教學獎」、「特優導師獎」、「傑出服務教師獎」。2019 年獲得國立彰化師範大學頒贈的 108 學年度傑出校友學術獎的殊榮。

◖郭國禎(左一)領取由俄亥俄州立大學校長頒贈博士學位畢業證書。

「互勉互勵」的專業成長路

　　駱芳美博士與郭國禎博士兩人是同學、是朋友、是夫妻，是三個孩子的父母，也是專業成長的最佳拍檔。除了一起進修、共同發表數十篇探討統計焦慮的成因，以及探究希望與現實諮商理論對有藥癮的女受刑人的戒癮效果等的研究論文外，也一起寫書。《走出憂鬱：憂鬱症的輔導諮商策略》、《從希望著手：希望理論在諮商上的應用》是他們兩人共同的專業著作，由心理出版社出版發行。現在鄭重的推薦給你他們第三本共同的作品《諮商理論與實務：從諮商學者的人生看他們的理論》，期望這本從諮商界大師的人生故事為切入點來介紹理論，加上實務案例分析的書，能幫助正在讀本書的你認識與體會到諮商理論與實務的精華。

∩郭國禎（左）和駱芳美（右）一起閱讀諮商大師的自傳，
蒐集撰寫本書的素材。

序言

PREFACE and ACKNOWLEDGEMENT

　　每一個理論是每一個生命的組合，這是我們寫這本書過程中最大的體會與最深的感動。

　　「諮商理論」是專業學習者入門時就需要修習的一門課，授課老師的教學方式和教科書的使用，可能會影響學生對諮商專業的印象與奠定理念的基礎，是相當重要的入門檻。我們進入彰化師範大學輔導系第一次修習諮商理論這門課時，是由李東白教授所啟蒙，他以其著作作為教科書，期中與期末考用填充的方式來出題，所以學生們必須把課本背熟了才能考得好。這招倒是很管用，被逼著背得滾瓜爛熟的理論為我們日後諮商的學習與運用奠定了很紮實的基礎，也成了我們思維的一部分。不管是進階諮商理論修習、諮商技巧的演練、實習、考研究所、出國留學、考諮商師執照、教學和幫助案主處理問題，甚至撰寫書籍時，腦筋裡所思所想的都離不開這些諮商理論的教導。因為每個理論對人性有不同的詮釋、有不同的脈絡可循，看到任何一件事情的發生，都可以加以套用並詮釋之，所以面對人生的各項境遇都較容易釋懷。基於這樣的理念，我（駱芳美）於 2014 年出版《反過來想就對了》，就是要幫助讀者用諮商理論的觀點，在看似悲哀的人生故事中找到亮光。

　　也因此，當心理出版社林敬堯總編輯提議寫諮商理論的書時，我們毫不猶豫的就答應下來，心想「讀了那麼多年的理論，做了那麼多年的諮商工作，要把這些理論寫成書，何難之有？」但開始蒐集資料，翻閱書籍時，看著同樣的辭彙與理論重複出現在不同的書籍與文章時，突然卡住了，心想：「諮商理論

的書已經很多了，為什麼需要再多出一本呢？」

這時想起有些學生常會有的抱怨：「學理論好無聊、好枯燥喔！」為什麼呢？可能是因為很多學生把諮商理論和諮商技巧看成是無生命的教條和工具來使用。對諮商學者的名字雖耳熟能詳，但可能僅限於知道他們是某個學派的創始者。雖然有些諮商理論的書籍會附有諮商學者的生平介紹，但常常因「考試不會考」而被跳過，而未花心思去認識這些諮商學者的人生，或瞭解其人生與理論間的關係。其實，我們就是其中的兩個人，印象中在求學的過程中，很少有教授在教導諮商理論時好好跟我們講過這些學者的故事。隨著年齡越長，我們對「人」越來越好奇，而對這些學者人生閱歷的陌生，讓我們無法輕易下筆撰寫此書：

「如果沒有深入認識這些諮商學者，怎能做他們理論的代言人呢？」

這樣的「當頭棒喝」讓我們重新審視這本書應有的走向，決定要從「人」的角度出發。寧願把撰寫的速度放慢，先重新去認識這些學派的創始者再說。

主意打定，我們開始展開尋「親」之旅，除了少數諮商學者未出自傳必須另尋資源外，我們就從這些諮商學者的自傳與著作開始讀起。感謝美國俄亥俄全州的大學圖書館連線系統（OhioLink），讓我們資料蒐集的來源較不匱乏。特別是我們所居住的哥倫布市是圖書資源豐富的俄亥俄州立大學的所在地，多數的書都能順利借到。每一個學者出生在不同的時代背景與家庭環境，讀著每個諮商學者的自傳，我們就像進入時光隧道般，跟著該學者到了其成長的所在地，與他（或她）經歷出生、兒童、青少年的成長、進入大學與專業發展的過程。讀著被視為大師的佛洛依德在40歲時因心中充滿恐懼而開始分析自己；榮格如何與佛洛依德結識，又如何為了忠於自己的理念與佛洛依德黯然分手，而

名聲沒落後又如何奮力站起的過程；阿德勒如何從自卑的童年振奮而起；伯尼幼年失去一向崇拜的父親、被心理分析學派拒絕之後如何開始發展自己的理論；沃爾皮和拿撒勒兩人如何從師生關係分道揚鑣，走出各自的行為諮商理念；艾里斯自幼膽小、健康欠佳，如何靠著自我語言度過重重關卡；貝克從小就有焦慮與恐懼症，如何用認知方法幫自己克服困難，接受心理分析的訓練後又毅然決定離開去發展一個完全陌生的新理論；林涵曾被視為是療養院病情最重的病患，如何變成一位心理諮商師；法蘭克如何帶著意義諮商法的理念在集中營裡度過三年囚犯的日子；羅吉斯如何在同行的排斥下堅持發展出自己的理念；皮爾斯如何在被心理分析學會否定後，像海綿般不斷吸收新知發展自己的理論等等人生事例，我們突然感受到：

「心理學家也是掙扎過來的，每個理論都是心理學者生命淬鍊過的精華。」

因此對於每個理論的撰寫我們更加敬謹，期待能將其成長的故事與領悟到的精華融入理論的撰寫中。每個學者都有其人生故事，所以每一章從諮商學者的人生故事開始說起；再從其人生故事導入諮商理論與技術；最後將其概念應用在實際的案例中。每章後面附有選擇題讓讀者檢驗自己對該理論的理解程度，在「腦筋急轉彎」裡我們列出幾道申論題，希望能引導讀者針對該理論的幾個議題去做深入的思考。期望透過如此的設計，能夠幫助讀者真正從認識每個諮商學者的人生去體會他們的理論所要傳達的意念。也從實際案例中去瞭解如何用每個理論與技巧來幫助不同境遇的案主。另外為了增進讀者與諮商學者的「親身」接觸感，本書若有直接引用的話語時，也會盡量將其英文的原意一併擺上，讓讀者能嚐到「原味」，而不會因受限於翻譯的文字而失真。

文字部分書寫完畢，才發現還有一個大功課在後頭，為了讓讀者能「親眼」看到每個學者以增進學習上的臨場感，我們希望能夠附上學者的相關照片，問題是如何在不侵犯版權的情況下使用照片。謝謝大兒子郭主牧教我們如何搜尋照片的版權頁，每找到一張就如獲至寶。但有些學者的照片沒有公共版權，只好另尋他途，首先尋找與該學者相關的人的聯絡資料，電子郵件發出後，例如阿諾‧拿撒勒博士（Dr. Arnold Lazarus）的兒子克里夫‧拿撒勒博士（Dr. Clifford Lazarus）就很快回應，並提供他父親的照片。閱讀文獻時得知阿諾‧拿撒勒博士與約瑟夫‧沃爾皮博士（Dr. Joseph Wolpe）曾是關係甚好的師生，但後來不歡而散，因找不到門路可搜尋沃爾皮博士的照片，便厚臉皮的向克里夫‧拿撒勒博士啟齒。不久他回了信提及兩位父執輩的那段過往，但仍惠允一張拿撒勒和沃爾皮珍貴的合照，讓我們相當感恩。我（駱芳美）因參加過辛辛那提現實諮商中心（Center for Reality Therapy in Cincinnati）創辦人伍伯登夫婦（Dr. & Mrs. Robert & Sandi Wubbolding）所舉辦的密集訓練及個別督導，所以和他們熟識，知道他們與葛拉瑟博士（Dr. William Glasser）相交甚篤，便探問能否提供葛拉瑟博士的照片。二話不說，他們慨然惠允。聯絡辯證行為學派創始人林涵博士（Dr. Marsha Linehan），獲接其助理 Elaine Franks 來函，提到林涵博士想要審閱我們所寫內容後才能回覆，於是特意翻成英文版，寄出幾個月後終於有了答案，不僅肯定我們該章所言據實，且寄來了照片。聯絡羅吉斯紀念博物館（Carl Rogers Memorial Library Center for Studies of the Person）的主任Will Stillwell先生，先接到同意提供的通知，但卻一直未收到照片，幾個月後再次詢問，對方依約寄來並致歉說上次忘了寄出。在網路上蒐尋找到伯尼醫師（Dr. Eric Berne）的孫子 Dr. Nicholas Calcaterra 為他設立的網站，按指示留話未獲回音，還好找到他所開牙科診所的訊息，發函並去電聯絡，終於獲得回音並首肯兩張照片的使用權。費了一番功夫把 13 位學者的照片全部找齊，對

讀者總算能有交代。更感恩的是幾位繼承衣缽的學者後代如貝克的女兒茱蒂．貝克博士（Dr. Judith Beck）和羅吉斯的孫女法西斯博士（Dr. Frances Fuchs）和拿撒勒的兒子克里夫．拿撒勒博士（Dr. Clifford Lazarus）都惠允照片，讓我們在介紹學者人生故事中多出了傳承的意味。

　　有了「人」像後，下一個重點是尋找學者們駐足過的「地點」，好讓讀者在讀理論時更有實地感。除了尋找公共版權的資源及地緣方便的可以自行拍攝外，有日從臉書上看到實踐學生唐慧成夫婦正在維也納旅行，探問可否到佛洛依德紀念館幫我們拍些照片，他們慨然應允特地前往拍攝。蒂芬大學的學生凱琳（Caitlyn Largent）有日在她臉書上貼了一張芝加哥羅又拉大學（Loyola University Chicago）的校園美景，一看就是林涵博士的母校，便去信索求，她馬上給了一個肯定的答覆。還有我們兩人昔日拜訪大學與接受大師訓練時的照片也都一一派上用場。感謝把照片放在公共版權的攝影師以及惠贈照片的恩人們，他們的惠允讓本書得以圖文並茂的帶領讀者從大師們成長的軌跡中去體驗其理念所表達的內涵。雖然尋找照片的過程有些曲折，但卻是值得的，它讓我們有機會與這些諮商大師的相關友人和曾駐足過的土地，有了更進一步的互動與接觸，所以在介紹這些理論時也多了許多的原味。（We would like to give special thanks to Dr. Clifford Lazarus, Dr. & Mrs. Robert & Sandie Wubbolding, Dr. Marsha Linehan and her assistant Elaine Franks, Mr. Will Stillwell, Dr. Nicholas Calcaterra, Dr. Judith Beck & Beck Institute for Cognitive Behavior Institute, Dr. Frances Fuchs as well as two of my students Caitlyn Largent and Hui-Chien Tan for sending us pictures and granting us permission to include them in our book. We really appreciate their kindness in this matter.）

　　本書得以出版，真的要感謝這些諮商學者不棄不餒的用其一生去形塑與活

出其助人理念的榜樣，並撰寫下來讓後學者有管道吸取其精華。要感謝林敬堯總編輯給我們出的這個作業，讓我們有機會能從這些諮商學者的人生故事中更深切的體會他們的論點。更感恩的是，雖然林總編的原意是要我們寫一本精簡版的小書，但卻同意我們改變寫書的方向，而得以較詳細的把各個理論的精華放入其中。當然高碧嶸執行編輯及心理出版社的工作人員在編審和出版過程中的費心與協助，更讓我們感銘於心，從《走出憂鬱》、《從希望著手》到這本書的誕生，透過他們在編輯專業的「魔手」（magic finger），我們的文字稿才能蛻變成一本本精緻的專業書刊。最後，要謝謝正在閱讀的你，願意讓這本書有機會成為你專業成長的良伴。建議你用認識朋友的心情來認識本書介紹的每一個諮商學者，進入他（她）的人生去學習與體會其理念，你就會發現學習諮商理論是多麼有趣的一件事啊！

駱芳美、郭國禎

謹識

1

從心理、溝通的分析著手

本書的撰寫依照現代諮商理論發展的脈絡分成三篇進行。心理動力被譽為是第一勢力，因此第一篇就從「心理、溝通的分析」介紹起，共四章，包括「佛洛依德的心理分析諮商學派」（第一章）、「榮格的分析心理諮商學派」（第二章）、「阿德勒的個別心理諮商學派」（第三章），和「伯尼的溝通分析諮商學派」（第四章）。

榮格和阿德勒曾經和佛洛依德被稱為是心理分析學派的鐵三角，伯尼也受過心理分析的訓練。雖然其共通點是都相信幼年與過去經驗對心理發展的影響，但其影響的情況卻隨著各自理論的發展而有不同的論點。

第一章

◆

佛洛依德的心理分析諮商學派
Freud's Psychoanalysis Therapy

創始者
西蒙・佛洛依德
Sigmund Freud（1856-1939）

———— **本章要義** ————

只要願意面對過去，未來就有希望。

第一節。佛洛依德的人生故事

　　佛洛依德，猶太人，1856 年 5 月 6 日出生於奧地利佛萊堡（Freiberg）。生活很清苦，他是父親第三個太太的老大，出生時父親 42 歲，母親 22 歲。住家只有一個房間，父親之前婚姻所生的兩個兒子皆已成年但還住在家裡。父親的年紀大到可以當他的祖父，兩個哥哥的年紀幾乎可以當他的父親，甚至都可以當她母親的丈夫了，這樣的成長環境難免會讓佛洛依德對家人間的關係或角色的定位感到困惑。而兩歲時母親生了老二，六個月後卻又夭折，在這麼短時

🎧照片 1-1　佛洛依德八歲時與父親合照。

🎧照片 1-2　1872 年佛洛依德 16 歲時與母親合照。母親很疼他，從小就常以「我的寶貝西蒙」來稱呼他。

間經歷生與死，讓小小年紀的佛洛依德心裡有著更多的困惑。

　　天生一頭黑髮的佛洛依德，從小就展現聰明才智，母親很疼他。1859 年為躲避納粹，全家遷到英國倫敦，1860 年搬到維也納，三個弟弟和五個妹妹陸續來報到，但佛洛依德仍最受寵愛。例如他是家裡唯一有自己房間的小孩，常喜歡躲在房間邊吃飯邊看書寫字；當妹妹開始學鋼琴時，因佛洛依德嫌吵，不久後鋼琴就被撤走了。不過佛洛依德也很爭氣，讀書很認真，學校成績總是名列前茅。他自習外國語，12 歲就能讀懂原文的《莎士比亞》，精熟六種語言，還養成記錄自己所做過的夢的一個習慣。在那個時代，猶太人很受歧視，有次父親告訴他自己走在路上時被斥喝著：「猶太人，走開，你們不配走在鋪水泥的路上。」得知父親對這種差辱的反應竟是「撿起被丟掉的帽子，不理睬他們，靜靜的走開。」佛洛依德很不以為然，於是立志日後一定要出人頭地，為猶太人爭一口氣。

　　1873 年，僅 17 歲的佛洛依德就進入維也納大學，興趣極廣，對藝術與科學都有同樣的喜好，想學法律，也想當科學家，但因身為猶太人受限頗多，最後選定就讀醫學院。1881 年畢業，因在學期間基於對生物和生理學研究的興趣，曾在動物和生理實驗室實習，畢業後仍繼續從事生理實驗的工作。1882年 7 月 31 日進入維也納醫院（Vienna General Hospital）從事研究，發表有關古柯鹼（cocaine）的療效與失語症（aphasia）的研究，出版第一本書《失語症：批判性的研究》（On the Aphasias: A Critical Study），也是在那個時候認識了馬莎‧布爾列（Martha Bernays），不到兩個月即訂婚。訂婚後四年中，未婚妻與父母住在德國，佛洛依德去拜訪了六次，寫了九百多封充滿愛的信，其中一封還用自己的血跡來示愛。

　　1885 年因所做的研究和出版受到肯定，而被聘為維也納大學醫院的醫師和神經病理學（neuropathology）的講師，雖然是無給職，但讓他有機會在大學授課。其實當初佛洛依德選擇神經性疾病的專科，只是基於方便性的考量，因為他急著要結婚想定下來，而這個領域的醫生較少，但投入後他的努力卻不

落人後。在那個時代人們對如何處理精神疾病所知甚少，佛洛依德獲得補助到巴黎和腦神經的教授金－馬丁・夏克（Jean-Martin Charcot）學習如何使用催眠來處理歇斯底里的症狀，從中他體會到潛意識的力量，醞釀出轉移的概念，以及性和神經官能症的關係。夏克「第二個意念」（second mind）是他提出「潛意識」的主要根基。

◖ 照片 1-3 1887 年 André Brouillet 的畫作（*A Clinical Lesson at the Salpêtrière*）描述金－馬丁・夏克教授示範如何使用催眠來幫助病人的情景。佛洛依德辦公室靠沙發的牆壁上掛有這幅畫的複製品。

　　1886 年 4 月 5 日返回維也納一星期後便開設診所，將他所學的應用出來，以催眠術來進入案主的潛意識中以減輕病人歇斯底里的症狀，雖然效果沒有預期的好，但也不會比其他方法差。他認為「科學家」這個頭銜比「醫生」更適合自己，他是第一位致力於探討人類知識與經驗過程的科學家（journey of human knowledge and experience），計畫於看診中探測自己理論與技巧的適用性。與馬莎結婚後，生有六個孩子，老么安娜（Anna）日後成了一個相當著名的心理分析家。

　　佛洛依德早期的生涯發展深受布勞爾（Josef Breuer）影響。布勞爾在臨床工作時發現若讓歇斯底里的病人盡情說出早期出現的一些症狀，對其症狀的減輕甚有療效。佛洛依德對布勞爾的觀點甚感認同，相信精神官能症常是源自過去創傷的經驗，但那些經驗常被病人排斥在潛意識之外，所以在心理諮商時最重要的是幫助病人把那些過去的經驗喚回來，其目的在幫助病人以理智的方法處理他們的問題。由於共同的理念，他和布勞爾成為好友，1895 年兩人共

🎧照片 1-4　1913 年佛洛依德和他女
兒安娜的合照。安娜在專業發展上跟
隨父親的腳步，對心理分析的發展有
極大的貢獻。

🎧照片 1-5　昔日是佛洛依德在維也納
住了 47 年的住家和診所，現在是佛洛
依德紀念館（Berggasse 19, 1090
Wien, Austria）。

同發表精神分析論文〈歇斯底里的研究〉（Studies in Hysteria），將他們的理
論與發現公諸於世。不過布勞爾頗不認同佛洛依德所提出性驅力對精神官能症
的影響這個論點，兩人遂分道揚鑣，佛洛依德繼續原守崗位發展他的理論。
1890 年他的「談話治療」（talking treatment）名聲漸響，便在維也納Berggasse
19, 1090 Wien, Austria 開設新的診所並當住家，從1891 到 1938共47年之久。

　　1896 年 10 月 23 日佛洛依德的父親去世，40 歲左右的他身心理上出現很
多不適的症狀，甚至有害怕死亡及恐懼的症狀，例如他有旅行恐懼症，只要離
開居住的城市超過 50 哩就會害怕得想回轉；碰到比自己聰明的男性友人他會
感到昏眩；無法戒掉雪茄癮等。為了自救，他每天晚上看診完便躺在沙發上根
據自己的夢做自由聯想，開始深層次的剖析自己。透過自我分析與父親的關係
與從解析孩提的記憶中，他發現自己幼時對父親身懷敵意，但對母親則存有愛
戀的感覺，從中醞釀出戀母情結（Oedipus complex）的概念。從探討夢境帶

來的意義中，他對人格的結構與發展有了新的體會。他記得媽媽懷弟弟時，他非常的嫉妒，這個弟弟出生六個月後就死掉，佛洛依德因而深有罪惡感。在自我分析的第一年，不斷挖掘出來的罪惡感，讓他的症狀變得更糟，還好經過四年的努力，他終於克服了旅行的恐懼感，1901 年順利的完成首次的遠程旅行，去到了羅馬。

1899 年他將自我剖析後的心得寫出《夢的解析》（*The Interpretation of Dreams*），但刻意把出版日期標為 1900，讓這本書能加入 20 世紀的行列，可惜賣座不佳，六年內只賣出 300 本。儘管如此，他極希望把自己的理論推向國際舞臺，只是害怕遭到反猶太人的反對，或擔心被歸為是猶太人的心理學而被忽略。但他仍努力著作，1901 年出版《日常生活心理病理》（*The Psychopathology of Everyday Life*），1905 年出版《性學三論》（*Three Essays on the Theory of Sexuality*）。但事實上剛開始時也只有猶太人對他的理論有興趣，1902 年吸引了一小群的同好，每星期三在他診所的候診室聚會，這個團體因而稱為「星期三協會」（Wednesday Society），堪稱為心理分析運動（psychoanalytic movement）的起始。1902 年招納阿德勒（Alfred Adler）後，1907 年又招收榮格（Carl Jung），終於有了同伴一起為心理分析學派而努力。1909 年佛洛依德應邀到美國進行一系列的演講，並獲頒榮譽博士（Doctor of Laws）學位，這些講章於 1916 年被集結成冊為《精神分析的起源和發展》（*Five Lectures on Psychoanalysis*）後，他開始聲名大噪。無奈這兩位愛徒與他的理念漸趨不合，阿德勒於 1911 年、榮格於 1913 年決定離他而去，不再往來。那之後為了避免這種情況再度發生，佛洛依德要求他的跟從者要戴上特定的戒指表示對其理念的效忠。

第一次世界大戰對佛洛依德的衝擊不比對世界的衝擊還小，因他的三個兒子都被徵調入伍，也不斷耳聞許多人因戰爭而喪命的消息，促使他開始探索人心攻擊性的一面。戰後他的愛女索菲（Sophie）因營養不足導致肺炎於 1920 年去世。六星期之後，佛洛依德發表〈享樂原則之外〉（Beyond Pleasure

Principle）一文，提出人類除了有生之慾（libido），也有死之慾（death drive）。1923 年他被診斷得了下顎癌，經歷了 33 次手術，相當痛苦，他必須重新學習如何說話，聽力也受到了影響，但他仍口不離雪茄，也從來沒有停止臨床的工作，從臨床經驗中研究與探討人性的本質與延展心理分析理論的觸角。1936 年 9 月 14 日，80 歲的他和太太慶祝金婚之喜。

　　1938 年德國的納粹黨入侵維也納，有計畫的殺害猶太人，燒掉了佛洛依德的書。透過外交協商，佛洛依德獲准離境，但他拒絕離開故鄉，後來經不斷勸說後為了家人的安全終於同意離開。1938 年 6 月 5 日，住在維也納一輩子的佛洛依德帶著馬莎和安娜依依不捨的離開這個住了 78 年的城市，先到巴黎再到倫敦。然而到倫敦後，他的癌症又復發開了兩次刀，不過他仍持續對病人進行心理分析，及爭取心理治療界對他理念的認可。1939 年 9 月 23 日，他告訴小女兒安娜自己的日子已盡，當晚他安詳的離開人世（Jacobs, 1992; http://www.biography.com/people/sigmund-freud-9302400; https://en.wikipedia.org/wiki/Sigmund_Freud）。佛洛依德的女兒安娜在專業發展上跟隨父親的腳步，對心理分析後續的發展貢獻極大。

▌從佛洛依德的人生故事到他的理論……

第二節。佛洛依德對人性本質的看法

　　「我被命定了嗎？」這是人們很喜歡問的問題。如果你這樣來問佛洛依

德，他給你的答案是肯定的。佛洛依德的心理分析理論是個命定論（determinism），他相信人們所表現的行為或心理狀態都是其來有自的，早期的生活經驗會影響後來的人格發展、行為表現或心理現象。現在就讓我們從意識（conscious）和潛意識（unconscious）、人格結構（personality structure）、防衛機轉（defense mechanism）以及人格的發展來瞭解佛洛依德強調「早期定終生」的概念究竟是怎麼回事。

壹、人的意念來自於意識與潛意識

佛洛依德對心理學界的最大貢獻是提出意識與潛意識的概念，所以要探討他的理論應該就是要從這兩個概念著手。如果把海裡的冰山比喻成人們整個心思意念的話，意識層面就是整塊冰山浮在海面上的那一個小部分；其他被蓋在海裡面的那一大塊，佛洛依德稱之為潛意識。潛意識裡面存放著所有被壓抑進去的經驗與記憶，而這些藏在潛意識層面裡的東西對人格的影響會遠超過意識層面的影響（Wade & Tavris, 2011）。我們每天忙著過日子，並不知道它們存在著，但這些藏在潛意識裡的東西可以透過夢、說溜了嘴或者笑話中顯露出來。誠如佛洛依德所言：「沒有人可以藏得住秘密，即使嘴唇不動，人們也可以透過手指頭與別人互動，或在每個與他人注視的眼神中洩漏了自己的底細」（Wade & Tavris, 2011, p. 17）。

貳、人格成長的關鍵點

一、人格結構裡的三個我──本我、超我與自我

佛洛依德把意識與潛意識的概念放入人格結構的發展中。他認為人格包括本我（id）、超我（superego）與自我（ego）三個部分。本我是在人的潛意識裡，是人們原始與生物性不受操控的我；超我存在潛意識與意識中，是專用來規範與約束自己，目的是要以理想的標準來保護自己免受傷害；自我同時含括在潛意識與意識中，是具有組織與掌控力的我，其做人處事是以現實狀況為原則。

（一）毫無修飾的自己——本我

本我是人們初生時最原始毫無修飾的自己，所行所為以逃避痛苦、減少壓力及滿足需求等快樂為原則（pleasure principle）。嬰兒餓了就哭，飽了就笑，這種天真無邪的表現就是本我的最佳寫照。佛洛依德認為人們生來就具有生物性與本能性的驅力（biological and instinctual drive），這些驅力是在本我裡面，是本我主要動力的來源。本能的驅力包括生的本能（life instincts）與死的本能（death instincts）。佛洛依德本來是用性衝動（libido）一字來詮釋，後改名為生的本能，意指人們這方面的本能並不是只限於滿足性慾，更擴至生命的繁衍、成長與創造力的提升。另一方面死的本能指的是人們潛意識裡會恨人恨己，想攻擊、傷害別人或傷害自己的衝動。這兩種本能藏在潛意識裡，常會在不自覺中左右人們行為的方向，這也是為什麼本我的行為常不合乎邏輯或道德原則。現在社會流行的一句話是：「只要我喜歡，沒什麼不可以的！」可以說是從本我出發的一個理念。

（二）高道德標準的自己——超我

當孩子們漸漸長大，會開始接觸到社會的道德規範，有些是被潛移默化，有些是從家裡的長輩與學校老師的要求中逐漸學到對與錯的標準，人們逐漸將這些理想與完美的理念內化，超我漸漸形成。超我存在潛意識和意識中，它的主要任務是在追求完美與獎賞、抑制本我的衝動並逃避受到處罰。當孩子開始會說：「我必須要這麼做，因為那是老師規定的。」表示他或她的超我已發展出來。當人們開車時一直注意著車速標準，以防超速被開罰單，就是超我在掌控其開車的行動。

（三）凡事以現實來考量的自己——自我

如果人格結構裡只有本我與超我兩種，那人們就很辛苦，因為這兩種我常會像拉鋸戰一樣讓你左右為難不知所措。還好隨著人們逐漸成長，以理性為主的自我逐漸長成。自我是以現實為原則（reality principle），從瞭解大環境的

實際狀況，檢查本我衝動的盲點及超我的標準後，會幫自己做出一個較為合情合理的決定與行動方向。如果以法庭為例，超我就像是法官，本我是準備被判刑者，而自我就是律師，在法官與被判刑者中間主持公道。佛洛依德的女兒安娜（Freud, A., 1946）強調，三部分的我中唯一可被辨識的就是自我，透過自我才能一窺本我與超我的端倪。佛洛依德強調人們是否能發展出強健的自我來平衡本我與超我間的衝突，是決定人格發展的關鍵因素之一（Wade & Tavris, 2011）。

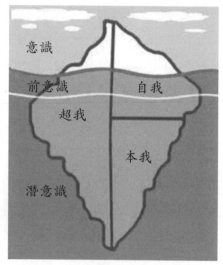

圖 1-1　本我、自我、超我在意識和潛意識裡的位置

二、焦慮時的暫時避風港——自我防衛

安娜·佛洛依德指出，本我、自我與超我必須要有良好的平衡，人格才會有健全的發展。本我太強者，顯得自私且衝動；超我太強者，會太理性、頑固、道德感超強但卻缺乏彈性。然而無可避免的，有時候本我與超我間衝突過大會讓人感到焦慮，這時自我有發自潛意識的策略，稱為防衛機轉（defense mechanism），這是人們處在這種情況下暫時的避風港，可用來防止焦慮感進入意識層面。不過如果使用過度而導致情緒上的問題，那就不適當了。下面就讓我們來瞭解一下這些防衛機轉是怎麼一回事（Corey, 2013; Freud, A., 1946）。

（一）壓抑

　　當威脅性的想法、記憶或情緒出現時，人們會使用壓抑（repression）的防衛機轉把它們壓到潛意識去，以減少害怕的感覺。人們常在不自覺中使用此防衛機轉，特別是在五或六歲前所經歷的痛苦事件常會被壓抑到潛意識去。例如小時候常受到虐待的兒童，長大後可能會回憶不起來小時候被虐待的情形，但這些被壓抑下去的事件卻會影響後來的行為。壓抑是防衛機轉中最基本的一種形式，下面所介紹其他形式的防衛機轉都有壓抑的動機在裡面。

（二）否定

　　人們遇到不愉快的事件時常會採用否定（denial）的防衛機轉，像會否認所發生的事件。例如遭到家暴的婦女可能會在外人面前說自己的婚姻是多麼幸福以保持自尊心，免得讓別人看穿自己內心的不堪。否定現狀可能是所有防衛機轉中最簡單的一種形式，它與壓抑類似，唯一不同的是人們是在刻意與有意識下使用此防衛機轉。

（三）反向作用

　　當人們發現自己對某人或某事有著不該有的想法時，常會有意識的刻意表現出相反的情緒或態度來面對與處理以減少內心的罪惡感，這種防衛機轉稱為反向作用（reaction formation）。例如不喜歡老闆的作風卻擔心若與對方唱反調是不敬的且可能會被炒魷魚，所以一直拍馬屁讚賞對方真是個好老闆。

（四）投射作用

　　把自己不能接受的期待或衝動怪罪到別人身上，這種自我欺騙（self-deception）的防衛機轉稱為投射作用（projection）。例如一位很想蹺課的學生勉強到了教室，卻發現還有其他同學沒來上課，就打小報告說：「老師，我來了，那些蹺課沒來的同學太不用功了！」

（五）替代作用

人們若無法直接向讓自己不愉快的對象表達情緒，可能會轉而把情緒發洩在其他無辜者的身上，這種防衛機轉稱為替代作用（displacement）。例如在公司被老闆刮了鬍子不敢吭聲，回家把氣發洩在孩子身上，孩子委屈的進房間摔玩具。

（六）合理化

人生不如意事常是十之八九，當事情的結果沒有達到原先的期望時，人們可能會想出一些理由來安慰自己以減輕心理的失望感，這種防衛機轉稱為合理化（rationalization）。俗語常說的「塞翁失馬，焉知非福」就是其中的一例。

（七）昇華作用

人們將性或攻擊的衝動轉化成以社會能夠接受的型態來表達，這種防衛機轉稱為昇華作用（sublimation）。例如讓有過動症的孩子學游泳、參加田徑或球隊，可讓其體力得到適當的紓解。

（八）退化作用

生活中有時可能會遇到極度困難或壓力的情況，這時人們可能會以較幼稚的行徑來面對它，這種防衛機轉稱為退化作用（regression）。例如學生考試時可能會因緊張而猛咬鉛筆或因看到考題都不會而哭了，就是一種退化作用。

（九）內射

內射（introjection）是把生活中重要他人（例如父母）的價值觀納入成為自己的一部分，此人這樣做並不表示贊同對方的價值觀，只是為了保護自己並減輕怕不納入會被對方怪罪的焦慮感。這種內射有兩種，正向的內射是指納入對方所教導的積極信念與價值觀，例如要服從、守規矩，這種人的一言一行常會以父母為表率；負向的內射則指納入對方所教導的消極信念與價值觀。例如常被父母責備的小孩可能會吸收到自己是沒價值、一無是處的信念。

（十）認同

有時候人們會去認同（identification）其他有名望的人事物，逃避面對自己不足的一面，以期能增加自己價值感。例如追求時尚者可能覺得參加宴會時要背個名牌包或穿上名牌衣才能顯現出自己的價值。

（十一）補償作用

人們發展出正向的特質來彌補原有的弱點，這種截長補短的做法稱為補償作用（compensation）。例如臺灣歌手阿吉仔雖然不良於行，但卻以歌聲在歌壇上贏得一席地位，就是補償作用的一個例子。

（十二）抵消

抵消（undoing）是指重新架構原先的陳述或行為，以減輕心裡的焦慮感。例如很生氣的罵自己的孩子：「你考這麼爛的成績，真是朽木不可雕也。」後來怕這樣講會傷了孩子的自尊，便又自圓其說的告訴孩子自己只是一時說了氣話，希望孩子不要太介意，考試盡了心力就好了。

（十三）孤立

有時候人們為了避免受到情感的傷害而將自己孤立（isolation）起來，不涉入情感的關係中。這樣的處理方式，是採用孤立的防衛機轉。

佛洛依德強調人們使用何種防衛機轉來減低焦慮，是影響其人格發展的另一個關鍵因素（Wade & Tavris, 2011）。

三、性心理的發展

佛洛依德認為人格發展是跟著性心理發展（psychosexual development）的過程而逐漸長成的。其五個階段分別為口腔期（oral stage）、肛門期（anal stage）、性器期（phallic stage）、潛伏期（latency stage），以及兩性期（genital stage）。在每個新的發展階段，難免會遇到挫折與衝突所帶來的焦

慮，如果能順利度過就可以進入下個階段的發展，若無法克服而卡在某個階段，就會影響人格的發展。

（一）口腔期

初生第一年的嬰兒即屬於這個階段，此時嬰兒從吸奶中獲得生理與心理的滿足，用嘴巴去認識外在的世界。若獲得滿足則順利進入下個階段的發展，否則其人格發展就會卡在這個階段，日後其行為常會以尋求口腔的滿足為主，例如愛抽菸、嗜食、咬筆或手指頭，個性上較為依賴，總像個需要被照顧的小孩。但同時又因較無法信任別人而拒絕他人，所以較不易與人建立親密的關係。

（二）肛門期

出生後的第二至三年孩子進入肛門期，也是如廁訓練的關鍵時刻。父母所採用的訓練方法及態度，對其日後人格的發展有非常重要的影響。孩子若從中獲得成功的經驗，就會養成其獨立的個性，相信自己的掌控力，也較知道如何表達生氣與不滿的負面情緒。反之，若在這過程中感受到挫折感，會發展出過度潔癖〔佛洛依德稱其為肛門保留（anal retentive）〕或過度雜亂無章〔佛洛依德稱其為肛門排除（anal expulsive）〕兩種極端不同的性格。

（三）性器期

三到五歲或六歲時，孩子進入性器期的階段。這時男孩子會有戀母情結（Oedipus complex），女孩則有戀父情結（Electra complex）。男童會將母親當作愛戀的對象；女童則極力尋求父親的贊同與認可。然而在此階段，男孩因怕陰莖被閹割，而壓抑對母親的愛，接受父親的權威，並將父親的要求標準納入其超我中。父母對孩子愛的需求之回應，不管是透過語言或非語言的形式，都會影響到孩子日後對性的態度及感覺的發展。

（四）潛伏期

孩子 6 到 12 歲時進入潛伏階段，此時孩子專注的重點轉換到學校裡的玩伴、運動以及其他各項活動，並從與同學的互動中發展人際及社交關係的技巧。

（五）兩性期

12 歲之後青春期開始，青少年進入兩性期，但他們會以較能被社會接受的方式來與異性建立友誼，並將能量放在參與藝術、運動等方面，及探索生涯的發展。至成年後，開始進入尋偶與建立家庭的階段。

綜合上述歸納，決定人格發展的關鍵因素除了是否能發展出強健的自我來平衡本我與超我間的衝突、使用何種防衛機轉來減低焦慮之外，佛洛依德認為人們早期性心理的發展情況也是重要的因素（Wade & Tavris, 2011）。

第三節。心理分析學派的諮商策略

壹、諮商目標

佛洛依德在臨床諮商中經由對病患的觀察，提出心理症狀或行為起因是來自潛意識的歷程的論點，然而人們藏在潛意識的需求與動機深不可測，所以諮商的目標之一就是幫助案主能意識到被壓抑在潛意識裡的東西對其目前症狀的影響，不僅從理性的層面認知它們的存在，且能喚起在經驗那些事件時的記憶與感覺。第二個諮商目標是增強案主自我的發展，可以根據現實情況的考量來做出合情合理的決定，增加克服技巧與適應環境的能力，而不讓意氣用事、衝動的本我來主導，或一味的聽命權威的超我指揮。第三個目標是幫助案主處理先前因問題未獲得解決而卡住的發展階段，管道疏通後可讓案主生活的功能較能獲得充分發揮（Corey, 2013; Gladding, 2009）。

貳、諮商師的角色與功能

傳統的心理分析諮商師採用空白銀幕的方法（blank-screen approach）不介入關係中，也不做個人分享；但現代的心理分析諮商改變該作法，強調諮商師的第一個角色與功能是與案主建立關係，並強調諮商關係對案主改變的重要性。心理分析學派希望透過諮商關係能幫助案主：(1) 對其潛意識的動力有所瞭解；(2) 對過去經驗與目前行為的關係有所理解；(3) 增加對自己過去經驗的覺察。其次諮商師的重要任務是傾聽案主故事中不一致的部分；再來是解釋案主從夢與自由聯想中可能傳達出的涵義，並以同理心的態度理解與接受自己內心的世界。現代的心理分析認為諮商師與案主間的情緒溝通有益於瞭解案主及與案主間關係的建立（Corey, 2013; Wolitzky, 2011a, 2011b）。

參、諮商策略

從治療憂鬱、緊張與強迫性行為等症狀中，佛洛依德發現很多有這些症狀的病人在兒童早期時就經驗到心理的衝突與情緒的困擾，但當時可能會心生害怕，便壓抑到潛意識內。所以在諮商的過程中，諮商師採用下面幾項策略增加案主對潛意識的覺察，體會潛意識對行為及症狀的影響，並將潛意識提到意識層面，以獲得處理與解決（Corey, 2013; Curtis & Hirsch, 2011; Freud, A., 1946; Gladding, 2009; Kottler & Montgomery, 2011; Wolitzky, 2011a）。

一、打開潛意識之門之鑰——自由聯想

早期的心理分析採用催眠（hypnosis），後來以自由聯想法（free association）取而代之，成為心理分析學派主要的諮商策略。這兩種方法都認為自我是阻礙潛意識出現的要素，所以在催眠或自由聯想時，自我是不可以參與的。不同的是，催眠法中案主被催眠，其自我被強迫隔絕；自由聯想法中諮商師鼓勵案主自行把自我排除，在沒有理性的自我干預下，盡情發抒出現在腦中的各種想法。主要的目的是要幫助案主打開潛意識之門，去探查潛藏在潛意

識中的想法、希望、衝突或動機。例如看到案主說到父親時突然沉默了下來，諮商師便說：「請你針對『父親』兩個字，把你可以聯想到的字句說出來。」諮商師可從此聯想中蒐集到案主過去的經驗，以及幫助案主把原先被擋住的情緒盡情發抒出來。切勿只聽表面的內容，也要專注在裡面隱藏的涵意。等到潛意識裡的東西逐漸明朗化後，再邀請理性的自我來面對，這時就進入解釋的過程。

二、找尋問題的癥結──解釋

解釋（interpretation）是心理分析中一個相當重要的策略。例如上述自由聯想的過程中，諮商師的任務就是去找出那些原先被隱藏在潛意識裡，可能對案主目前的行為與症狀有影響的材料，再把這些從潛意識進入意識裡的東西加以解釋說明，讓案主瞭解兩者間的關係，而能成為幫助案主減輕症狀的有用素材。不過在使用解釋策略時不可輕舉妄動，不當時機的解釋很容易引起案主的抗拒而讓諮商過程功虧一簣。那何時是適當的時機呢？首先是視案主與諮商師間的關係而定，當兩人的專業關係已建立了，諮商師就可以適時的把自己觀察到需要解釋的材料提出來，邀請案主一起探討與解釋其可能代表的涵義。其次是當諮商師判定案主所講述的材料已經快進入其意識覺察層面，即使案主還不能言傳但已能意會，在此情況下案主可能較願意參與探討與解釋。最後一個原則是解釋時應該由淺入深，由表面逐漸進入裡層，像剝洋蔥一樣逐層剝去。解釋的策略除了可用在自由聯想外，對於案主分享的夢，以及出現抗拒和轉移的情況時，解釋都是相當重要的介入策略。

（一）從夢的解析探究竟

睡覺時人們防衛性最弱，被壓抑的那些感覺就不自覺的浮上表面，在夢境中很多幼時或現實中實現不了的夢想或被壓抑的慾望可獲得滿足。所以佛洛依德強調要瞭解潛意識就要從瞭解夢著手，並形容夢是通往潛意識之道，而透過夢也有助於瞭解案主目前生活行徑的一些緣由。夢有兩個層次，一種是顯夢

（manifest content），一種是隱夢（latent content）。隱夢是那些藏在潛意識裡的動機、期望、害怕，因太痛苦了就轉化為較沒有威脅性且較易被接受的顯夢出現在夢中，這個轉換的過程稱為夢的工作（dream work）。在夢的解析（dream analysis）過程中，諮商師可以讓案主針對顯夢的內容做自由聯想，也可以問案主：「你的夢跟你說了些什麼？」目的是希望能從中探掘到隱夢的意義，及瞭解這些夢境與其實際生活的關係。有時透過夢裡面的訊息可提醒案主哪些問題是需要處理的。

（二）從抗拒中找緣由

有時案主在諮商開始有進展時突然開始出現狀況，比如說取消約好的時段、缺席、遲到、取消會談，或在諮商過程中拒絕參與、未記錄夢境、自由聯想時說自己腦筋一片空白或抗拒去面對某些感覺、想法或經驗等，心理分析學派認為這是抗拒（resistance）的訊號。這些訊號是在傳達案主不願意把壓抑到潛意識裡的東西表面化，不願意去處理那些可以讓他保持原狀而不用改變的想法、感覺或經驗。案主用抗拒來保護自己，避免去面對那些已被壓抑的感覺或經驗，擔心一旦覺察到或面對了可能會帶來痛苦或焦慮。雖然抗拒面對問題可暫時減低心中的焦慮感，但卻會阻礙了案主接受改變而讓生活變得更好的能力與機會。而且抗拒的感覺若未好好去處理，也會影響諮商過程的進展。

不過在處理抗拒時應配合案主的心理狀態，不要操之過急。首先應先營造安全的氣氛，讓案主可以安心探討心中的抗拒與防衛；其次，因為抗拒可防範威脅性的材料進入意識層面，所以諮商師應允許和鼓勵案主說出在要不要面對那些材料時心中的衝突和焦慮；再來，諮商師應向案主解釋之所以要瞭解其抗拒的緣由，是因為要找到原因才能對症下藥。不過處理時可以從較明顯的抗拒情況先著手，例如對經常遲到的案主可以說：「我注意到你有幾次遲到，是不是你有點抗拒來接受諮商呢？」當案主慢慢願意面對了，就可以轉向處理其他讓案主更為抗拒面對的情境。

（三）在轉移作用中看到真我

　　佛洛依德發現在諮商過程中當案主將一些孩提時代經驗到的感受、衝突或未竟的需求逐漸從潛意識中浮上表面時，常會不自覺的就將潛意識裡對幼年時期重要他人的感覺或幻想投射到諮商師的身上，這種現象稱為轉移作用（transference）（Freud, S., 1953）。例如案主突然很生氣的對諮商師說：「我為什麼都要聽你的？」這可能顯示出案主正在把幼時對嚴格父親的抗拒轉移到諮商師身上。另一種情況是案主不斷徵詢諮商師：「你覺得我這樣做，對嗎？」「你認為我的前途有沒有希望呢？」可能表示案主正把對母親的依賴轉移到諮商師的身上。安娜‧佛洛依德稱這種愛恨之間的情緒轉移為第一類型轉移，是由本我發出來的；另一種稱為第二類型的轉移，則是由自我出發。把自己常用的防衛機轉轉移到諮商師的身上，例如說了「我為什麼都要聽你的？」之後，卻又採用反向作用的防衛機轉，變得百依百順（Freud, A., 1946）。雖然這些存在潛意識裡的掙扎對諮商關係的建立與發展是一種阻力，但心理分析學派鼓勵諮商師將這股阻力化成助力，將轉移作用看成是相當有用的資訊，可透過轉移作用：(1) 觀察案主的潛意識與未竟的需求在諮商過程中扮演了什麼角色；(2) 瞭解案主幼時與重要他人的關係；(3) 鼓勵案主把那些潛藏很久但還觸摸不到的感受、期望與信念表達出來並重新體驗一次。

　　要幫助案主有所改變，就需要處理其轉移的問題，這過程稱為疏通（working-through）。疏通的過程包括重複與刻意的探索潛意識裡的記憶，不斷的解釋不同形式的轉移所代表的意義。當案主瞭解自己所以會有轉移的緣由後，會較願意先處理與諮商師間的衝突，改變與諮商師間不良的互動關係後，再去面對與處理過去和現在與他人間的人際衝突。

肆、理論與諮商策略摘要

　　從心理分析的觀點來看，在人生旅程中，凡走過的必留下痕跡，特別是幼童時期不愉快的經驗會被壓抑到潛意識去，而成為日後心理問題的主要來源。

佛洛依德認為每個人的我是由本我、超我、自我逐漸形成的。本我是原始與生物性不受操控的我，存在潛意識裡；超我存在潛意識與意識中，代表規範與約束的我，以理想的標準來保護自己免受傷害；自我存在潛意識與意識中，代表組織與掌控力，以現實狀況為原則來面對人生。自我的主要任務是要平衡本我與超我兩者間的衝突，然而有時候兩者間的衝突過大會讓人感到焦慮，這時自我就派出防衛機轉的策略來應付，以暫時減輕心中的焦慮。不過要慎防過度使用，以免造成人格發展的偏差。而除了能否發展出強健的自我來平衡本我與超我間的衝突，以及使用何種防衛機轉來減低焦慮外，人們在早期性心理的發展情況也是決定成人人格發展的關鍵因素。

進行諮商時，諮商師可鼓勵案主的自我保持緘默，以自由聯想讓本我盡情表達，不分好壞，不管喜怒哀樂，盡說無妨。除了自由聯想外，案主也可以透過分享夢、出現抗拒和轉移的情況來表達潛意識裡的需求與想法。當諮商師觀察到案主潛意識裡的東西已浮上意識明朗化，且諮商關係也已穩定的建立後，就可進入解釋的過程，邀請案主以理性的自我來面對，將案主深藏在潛意識裡的材料由淺入深，由表面逐漸進入裡層逐步探索。

從佛洛依德的心理分析學派來探討人生和問題解決之道，我們體會到：「只要願意面對過去，未來就有希望」，以此和各位互勉之。

第四節。心理分析諮商學派的案例分析

壹、案例：為何老是有人要欺負我

慧怡，高中生，乖巧且用功，成績一向優異，但在人際互動上卻常感困擾。

從高一開始，慧怡就參與校刊社，從美編助理一直到能獨當一面。她很認真參與，但每次開會只要有人對她說話大聲一點，或提到校刊的美編部分可以如何改進的建議時，她心裡就很不舒服，總覺得別人是故意找碴要欺負她。高二下學期改選社團幹部，她自願提出願意繼續擔當負責美編的工作，但社長卻提出考量同學升上高三後功課會越來越繁重，希望她將執行的任務交給即將升高二的同學，只要負責督導就好，指導老師也同意這樣的說法。不過，因為慧怡很堅持，所以仍被列入候選人的名單之列，投票結果是一個她負責指導的學妹當選美編組長，她得的票數比預期的少，她好失望。在學校裡，慧怡好不容易找到一個可以參與投入的園地，且花了很多時間付出，兩年來已做得得心應手，大家的反應也很不錯。現在突然角色就這樣被換掉了，慧怡覺得很震驚也很委屈，卻不敢說出來。指導老師是自己一直很敬重的前輩，但沒料到她胳臂卻往外彎，讓她更覺無奈。

放學回家後她越想越不甘心，很想再找指導老師談談並表達自己的心聲，但又沒把握結果會如何，於是先想好自己要如何表達。隔天到學校後，鼓起勇氣到指導老師的辦公室，見到指導老師時就理直氣壯的把心裡的話說了出來，心裡是舒暢了許多，但她的說詞顯然並沒有說服指導老師。聽她講完後，指導

老師沒多說什麼，只大聲回應說：「幹部是大家選出來的，我們要尊重團體的意見。我知道妳在美編方面的才華，所以才要妳負責督導的工作啊！」好不容易鼓起勇氣講出心裡的話，一下間又被潑了冷水，她像鎩羽而歸的戰士。一回到家，她開始後悔自己所說的話，擔心這樣做會觸犯指導老師，深怕以後指導老師更不喜歡她，連督導的任務也交給別人去做了。

　　學期末幹部交接，她心不甘情不願的把職位交給學妹，之後每次看到學妹的身影，就感覺是在跟她示威，心裡很不舒服，甚至覺得指導老師和學妹合夥欺負她。

　　她說這種事常發生，這只是其中的一例。她委屈的說：「為什麼老是有人要欺負我呢？」

貳、諮商策略

　　為了清楚瞭解慧怡心結的來源，諮商師決定用心理分析療法來進行。

一、諮商策略一和二：自由聯想和夢境

　　諮商師要慧怡針對「老是有人欺負我」這句話，把想到的話說出來，慧怡娓娓道出往事。

　　身為家中的老么再加上與兄長年紀差距甚大，從小就被當獨生女般的對待，與父母關係甚密。小學三年級時，隔壁鄰居住在城市的媳婦剛生寶寶要找保母，媽媽為增加家庭收入所以去幫忙，把慧怡和爸爸留在鄉下的老家。沒有媽媽在身旁，她好寂寞，經常半夜因思念媽媽而掉淚，感到「鄰居家的孫子把媽媽對我的愛奪走了」的孤單。爸爸很疼慧怡，常以腳踏車接送她上下學，每次考了好成績，爸爸就賞她糖果，所以她很用功，好贏得爸爸的獎勵。有空時爸爸會教她畫圖，並將她的畫作貼在牆上，鄰居們看到都讚賞不已。小學畢業後，隔壁鄰居的媳婦生了老二，希望媽媽能繼續幫她看顧寶寶。為讓慧怡能與媽媽在一起及有較好的讀書環境，媽媽徵求雇主的同意讓她搬來同住，雖然很

高興終能與媽媽重聚，但卻須離開爸爸，再也無法享受被爸爸寵愛的滋味。每次回鄉看到爸爸把對自己的愛轉到姪女身上，見爸爸送姪女上下學和教她畫圖的景象，慧怡好生嫉妒。她說：「姪女把我爸爸給我的愛奪走了。」

跟媽媽同住的日子才知道媽媽在工作上所受的委屈，媽媽的雇主每次一急講話就很大聲，若媽媽照顧小孩的方式不合她的想法時，也會很嚴厲的更正。媽媽都低聲下氣的從不反抗，也要慧怡這樣做，免得惹人嫌。這樣的日子慧怡過得很不快樂，感覺自己就像養女般好生委屈。好希望媽媽和她能搬回鄉下和爸爸相聚，但媽媽卻說：「媽媽在這裡賺的錢對我們家的經濟狀況很有幫助，而且以後妳要上高中，都市學校比較好，上好的高中以後可以上好大學。妳不要想太多，用功讀書就好。」她乖乖聽媽媽的話用功讀書，一有空就幫忙做家事以減輕媽媽的負擔，對雇主們也畢恭畢敬。順利考上高中後，雇主的孩子較大了，媽媽回鄉下照顧爸爸，慧怡在學校附近租房子住，離爸媽都很遠。每次想家時就把思念畫在圖上，在社團做美編的工作時感覺與爸爸好接近，而且從同學對她美術表現的讚賞中她感到被肯定的滋味。但睡覺時常夢見「半夜醒來找不到媽媽」或「放學時見不到來接她的爸爸」的夢境，而不管是哪一幕，最後的夢境都是被雇主一聲「這樣做不對」而嚇醒。

二、諮商策略三：解釋分析

聽到慧怡的敘述，諮商師首先介紹本我、自我與超我、潛意識和防衛機轉的概念，然後試著幫助慧怡去探究這些小時候的經驗對她在處理目前人際關係的影響。諮商師解釋，當慧怡小時候因媽媽去城市當保母離她而去，常想念媽媽而半夜哭泣，這是本我的反應。然而，因知道媽媽當保母是為了貼補家用、是符合社會期望的事，她就不敢抱怨，這是超我的反應。處在這本我與超我的衝突中，她無所適從，便採用防衛機轉，如偷偷的哭是退化式防衛機轉，以及把傷痛壓抑下去等方法來療傷。稍長後，聽從家人的建議搬去與媽媽居住並到都市唸書，按超我的指令來行事；但為此她必須與爸爸分離，之後發現父愛被

姪女搶去時很難過又生氣，這是她的本我反應。處在本我與超我的衝突中，知道家人是為她好而不敢提，只好以「用功讀書就好」的合理化防衛機轉來反應。而雇主的態度讓她感覺像養女般的被對待好受委屈，這是她本我的感受；但因媽媽教她要聽雇主的話，這是超我的指令，只好以反向作用特別聽雇主的話的防衛機轉來處理。可能因長期以來的壓抑，她的本我沒有受到好的關愛，超我又過強，而自我也沒能獲得適切的發展，缺乏能力可以平衡本我與超我的衝突。被壓抑的情緒無處發洩，便從畫中來抒發。透過美編的工作讓她對爸爸的思念藉由昇華作用而得以抒發。但從夢境中找不到媽媽或爸爸的情景似乎意味著慧怡對愛的擁有缺乏安全感；而夢中常被雇主那句「這樣做不對」而嚇醒，似乎意味著她對權威者的害怕。這可能是為什麼日後當權威人士講話較大聲時，慧怡就會覺得對方是在欺負她的原因。而當自我想要勇敢的表達想法後，她的超我就像小時候媽媽提醒她：「講話要低聲下氣」，讓她事後又會覺得有罪惡感般的自責。

再者，諮商師向慧怡解釋轉移作用，並分析慧怡可能是將以前對雇主的害怕及擔心又要被欺負的心情轉移到指導老師的身上，所以當指導老師對她說話較大聲時，慧怡就會特別的敏感。另外當社團的人在選美編負責人時把票投給學妹而不是她時，慧怡似乎感覺小時候姪女搶走爸爸的愛的那一幕又重演，所以就把對姪女的嫉妒感轉移到接任她職位的學妹身上。也因此，才倍覺委屈的道出「為什麼老是有人要欺負我呢？」的心聲。

經過分析後，諮商師提醒慧怡上述這些情況可能是干擾慧怡人際關係的主要來源。所以要改善慧怡的人際互動技巧，須先從處理小時候遇到的這些創傷著手。

參、結果摘要

慧怡持續接受每週一次的諮商，每次她都會抱怨又遇到人際關係的困擾。諮商師以自由聯想、夢的解析並解釋其轉移及潛意識等方式來進行。從諮商過

程中，諮商師引導慧怡重新挖掘出幼時經歷過的創傷事件，並鼓勵她表達與體會當初的喜怒哀樂等情緒，再引導她探討過去的經驗與目前問題間的聯結。整個諮商過程看似進展得不錯，然而每次諮商師要她再詳談與媽媽雇主的關係時，她就停頓許久，甚至問說：「可否不談？」顯示出抗拒不願意面對的反應。諮商師意識到這可能是影響她與權威人士相處困難的關鍵，但諮商師先按捺不動，繼續讓慧怡按她的意願分享幼時的故事，充分表達出來後，慧怡感覺那些長久被壓抑的情緒得到了紓解，本我充分得到了關心與安慰。這時諮商師評估諮商的關係已有進展，便鼓勵慧怡分享她與媽媽的雇主間互動的關係。但她仍停頓了些許。諮商師請慧怡說出此刻要不要面對與媽媽雇主間關係時心中的衝突和焦慮，並解釋是要幫助她瞭解其抗拒的原因。經過諮商師的引導，慧怡漸漸感到釋然而願意說出來，也因為如此，那些潛藏的情緒可以逐漸表面化，慧怡就不用再忙著以自我防衛的方式去掩蓋那些情緒，或為那些情緒找出口，而較能坦然的與超我互動。自我獲得整合後，可以自在的活在現在，為目前的生活做新的決定。更進一步的，當慧怡逐漸瞭解到過去的經驗是如何塑造了她的人格特質，偵查到自己很多不當的反應是來自過度的使用防衛機轉來處理本我與超我間有衝突的事物所致，以及體會到自己如何把過去的人際關係轉移到目前的人際互動而產生過度的情緒反應時，她就逐漸能掌握且較能理性的處理目前的人際關係。

你瞭解了嗎？

下面有 15 題選擇題，可幫助你測試自己對心理分析學派的理解程度：

1. 佛洛依德建議藏在潛意識裡的想法可以從哪裡偵測出來？

    a. 夢境

    b. 說溜了嘴

    c. 無心的笑話

    d. 以上皆是

2. 自我的主要功能是

    a. 追求完美

    b. 以享樂為原則

    c. 整合本能的衝動和外在環境的要求

    d. 抑制本我的衝動

3. 期末考完，同學相約要去吃到飽的自助餐聚餐，正在減肥的安琪決定婉拒同學的邀約。請問安琪的決定是由哪個部分的人格來幫忙做主？

    a. 本我

    b. 自我

    c. 超我

    d. 三者整合後的決定

4. 下面哪一部分的我，是完全由意識來掌控的？

    a. 本我   b. 自我

    c. 超我   d. 以上皆非

5. 期末考時，某位大學生緊張得哭了起來。這種表現得比實際年齡還小的行為的防衛機轉稱為：

a. 壓抑

b. 退化作用

c. 合理化

d. 反向作用

6. 某人用過度友善的反應來對待他不喜歡的人，希望能以此來掩蓋他對對方敵對的感覺，這種防衛機轉稱為：

a. 替代作用　　　　　　　　b. 補償作用

c. 反向作用　　　　　　　　d. 內射

7. 下面哪個選項正確的列出性心理發展階段的順序？

a. 口腔期，肛門期，性器期，潛伏期，兩性期

b. 肛門期，性器期，口腔期，潛伏期，兩性期

c. 潛伏期，肛門期，性器期，口腔期，兩性期

d. 性器期，肛門期，口腔期，潛伏期，兩性期

8. 心理分析諮商學派的主要功能是：

a. 幫助案主增進社交技巧

b. 改變案主的行為

c. 幫助案主意識到潛意識裡的東西

d. 幫助案主能做理性的思考

9. 下面哪一個技巧不是屬於心理分析學派？

a. 空椅技巧　　　　　　　　b. 自由聯想

c. 夢的解析　　　　　　　　d. 解釋轉移作用

10. 諮商師鼓勵案主自己把自我排除，在沒有理性的自我干預下，盡情發抒出現在腦中的各種想法。請問這位諮商師正在使用何種諮商技巧來幫助案主？

a. 自由聯想　　　　　　　　b. 夢的解析

c. 解釋轉移作用　　　　　　d. 解釋抗拒作用

11. 佛洛依德發現當案主不自覺的將潛意識裡對幼年時代重要人物的感覺投射到諮商師的身上，這種現象稱為：

a. 自由聯想　　　　　　　　b. 夢的解析

c. 轉移作用　　　　　　　　d. 抗拒作用

12. 佛洛依德強調要瞭解潛意識可從_____去著手，因它是通往潛意識之道。

a. 自由聯想　　　　　　　　b. 夢的解析

c. 轉移作用　　　　　　　　d. 抗拒作用

13. 諮商師使用心理分析學派的目的，是希望幫助案主：

a. 設定人生的目標

b. 設定有助於達到目標的計畫

c. 增進問題解決的能力

d. 對行為的潛在原因有所瞭解

14. 如果要幫助案主有所改變，就需要處理轉移的問題，這過程稱為：

a. 疏通

b. 自由聯想

c. 夢的解析

d. 解釋

15. 心理分析學派希望透過案主與諮商師的關係能幫助案主

　　a. 對其潛意識的動力有所瞭解

　　b. 對過去經驗與目前行為的關係有所理解

　　c. 增加對自己過去經驗的覺察

　　d. 以上皆是

（答案請見書末「你瞭解了嗎？」試題解答頁）

腦筋急轉彎

1. 請針對你目前所做的一個決定，列出在做決定的過程中，哪些想法是來自本我？哪些想法是來自超我？自我與本我的想法有衝突嗎？若有，是什麼樣的衝突？在這衝突中，你的自我如何加以調解？最後你的決定是由哪個部分的我來主導的？你對自己做的決定滿意嗎？若不滿意，你建議其改進之道為何？

2. 請舉例說明你生活中曾用過的一或兩個防衛機轉，並分析使用該防衛機轉的動機及使用該防衛機轉對你的影響。

3. 請寫一封信給佛洛依德先生，告訴他你認為他所創的心理分析學派對助人專業的適用或不適用之處，並舉實例來支持你的論點。

4. 請把你名字裡的每個字單獨拆開，用每個字的相似音或諧音來想出一些相關的名詞、形容詞或動詞，是可以代表你的人格特質，盡量想，能寫幾個就寫幾個，寫完後看你列出來的清單是否讓你更認識自己（例如有「美」字的可以列出「美麗」、「美善」等）。（註：這是自由聯想法的一種應用，你也可以用在個別輔導或團體輔導的情境中，有助於同學或成員間彼此認識。）

5. 如果你是案例分析中的慧怡，本書所提的處理方式你滿意嗎？有哪些方面諮商師還需顧及到？現在請就分析心理諮商師的立場提出諮商方案來幫助她。

6. 心理分析學派強調「凡走過的必留下痕跡」，你同意這個說法嗎？請列出你小時候發生過的一或兩個重要事件，並分析這事件在你成長過程中對你的影響是什麼。

＊本章的「參考書目」與「照片來源」附於書末的專頁。

第二章

◆

榮格的分析心理諮商學派

Jung's Analytical Psychology

創始者
卡洛‧榮格
Carl Jung（1875-1961）

—— 本章要義 ——

每個人都擁有相當豐富的資源。

敏覺它和善用它，人生就會越來越精彩！

┃ 每個諮商學者都有其人生故事，這是榮格的故事……

第一節。榮格的人生故事

　　1875 年 7 月 26 日，榮格出生於瑞士的凱斯威爾（Kesswyl）。家族的職業背景與醫學和宗教甚有關聯，曾祖父是醫生，父親和八個叔叔都是牧師。榮格出生序是老二，因老大出生就夭折，榮格可算是長子，妹妹小他九歲。從小個性內向，常做可怕的惡夢。

◯照片 2-1　榮格幼時成長的家，在 Kleinhüningen, Basel 的牧師館。

　　父母的言行舉止對他影響極大，例如見父親身為牧師，卻未將講道的內容應用到實際生活中，又看母親外表上遵守傳統，但內心卻是完全不同的個性，且情緒極不穩定。榮格體會到人性的矛盾，很渴望多瞭解人內在世界裡的精神層面。從青少年起就廣泛閱讀哲學、人類學、玄學及心理學等各方面的書籍，試圖從中尋找出答案。

小學在住家附近的學校就讀，11 歲後轉到瑞士巴塞爾（Basel）的大學預科（Gymnasium），1895 年進入巴塞爾大學就讀。因興趣極為廣泛，在選擇主修時一直舉棋不定。父親憂心感慨的說：「只要你想像得到的他都有興趣，但卻不知道自己要的是什麼！」（Jung, 1963, p. 84）。後來發現醫學院是他感興趣的科學領域，又可滿足他對人的好奇，便選擇就讀。

1900 年於巴塞爾大學的醫學院畢業後，到蘇黎士的伯格爾賜利精神病院（Burgholzli Psychiatric Hospital）任職，跟隨精神科與腦神經專家布魯勒（Eugen Bleuler）實習，並攻讀博士學位。1902 年完成博士論文，題目為〈心理學與病理學裡的神秘現象〉（On the Psychology and Pathology of So-Called Occult Phenomena），旨在探討人在被催眠的狀況下出現的替換性人格，此論文為他日後的原型（archtypes）和情結（complex）理論奠下基礎。1902 到 1903 年的冬天，去巴黎和法國醫生暨心理學家裴瑞‧傑列特（Pierre Janet）學習催眠術，結束後返回蘇黎士在伯格爾賜利精神病院任職，同時也在蘇黎士大學授課。他試著將催眠術應用在臨床上，但很快就放棄了，因為他感覺像在黑暗中摸索，不知道催眠術的療效會持續多久，這種不確定性讓他良心不安。與其幫病人決定應走的治療方向，他說：「我比較關心他們自然的走向。要做到如此，仔細的分析夢和其他潛意識的線索是必要的」（I was much more concerned to learn from the patient himself where his natural bent would lead him. In order to find that out, careful analysis of dreams and of other manifestations of the unconscious was necessary）（Jung, 1963, p. 120）。家庭生活方面，1903 年與艾瑪（Emma Rauschenberg）結婚，生有一男四女。

在蘇黎士他繼續追隨布魯勒，走的是新興的深度心理學的「蘇黎士派系」（Zurich school）的臨床治療方向，並開始發展「文字聯想」（word association）的人格心理測驗。進行中他發現若提及某些字眼，病人就無法聯想或反應變慢，病人對這種情況的發生並不自覺（後來榮格發現那些字眼都是與病人當時的心理衝突有關）。然而當時精神科的訓練著重在症狀的診斷，對

如何探討病人的內心世界涉獵甚少，所以對此情況發生的緣由，榮格也是一頭霧水，便去翻閱佛洛依德《夢的解析》一書尋找答案。此書他在1900年讀過，但那時無法理解，時隔三年再次展讀，竟然發現佛洛依德和他的理念頗為相近，特別是「壓抑防衛機轉」的概念正可以解答他的疑惑，便主動去信聯絡，約好隔年相見。兩人一見面就相當投緣，一聊就是 13 個小時沒有停歇，之後開始倡導要將佛洛依德「維也納派系」（Vienna school）的心理分析技巧加入蘇黎士派系的臨床工作中。而促成榮格與佛洛依德關係更加接近的關鍵時刻是在 1907 年的 6 月，佛洛依德在海德堡大學（University of Heidelberg）演講，正被一位教授質疑與批評時，榮格挺身而出為他辯護。這個舉動讓佛洛依德銘感在心，對這位比自己年輕 19 歲的榮格印象更加深刻，無視於兩人之間理念上可能有的差異，將他納入旗下。

其實在榮格加入佛洛依德前，曾有人警告他，若如此做恐怕會影響其生涯發展，但當時因深受佛洛依德的理論所吸引，繼阿德勒於 1902 年加入之後，1907 年榮格也義無反顧的投入佛洛依德的門下，他說：「如果佛洛依德說的是真的，我就跟著他。我不願意把生涯投注在一個研究方向會受限甚至還不能探究真理的領域」（Jung, 1963, p. 148）。本來還愁著無法將自己這套維也納派系的心理分析論融入精神治療體系的佛洛依德，這下憑藉著榮格當時在蘇黎士的學術地位與聲望，等於幫他開了一扇大門，一下間就聲名大噪起來，成為當時醫學界的翹楚。從 1907 到 1912 年期間，佛洛依德和榮格兩人經常連袂出席會議，例如 1909 年兩人一起到美國的克拉克大學（Clark University）演講、同時出席國際心理分析會議（International Psychoanalytic Congress）、1912 年在紐約的佛德罕大學（Fordham University）講授心理分析理論。參加會議的空檔兩人就分析彼此的夢境，互相交換心得，也因此兩人理論的發展也出現許多重疊之處，例如兩人都同意「意識會被壓到潛意識」的概念；榮格對夢的解釋也深受佛洛依德的影響。

○照片 2-2　1909 年 9 月榮格（前排右
一）和佛洛依德（前排左一）攝於美國
的克拉克大學。

○照片 2-3　1911 年 9 月榮格（第二排
左八）和佛洛依德（第二排左七）連袂
出席國際心理分析會議。

　　不過接觸機會越多隔閡越大，榮格逐漸對佛洛依德所做的夢境分析很不苟
同，但因為太尊敬他而不敢反駁；有幾次鼓起勇氣說出了自己的見解，佛洛依
德卻以他太年輕缺乏經驗而不予以採納，這樣的情況讓榮格耿耿於懷。而兩人
在其他理念上也越來越不合，例如榮格認為幻聽與幻覺通常是在反映人類共有
的原型（universal archetypes）；而佛洛依德卻認為是來自被壓抑到潛意識的
記憶。佛洛依德認為人的心理能量來自性驅力；榮格認為是來自兩極能量的撞
擊，如男與女、好與壞、意識與潛意識。知道榮格心存這樣的芥蒂，佛洛依德
給他寫了一封信：「親愛的榮格，請答應我無論如何都不要放棄性理論，這是
我們理論最重要的核心，我們要把它變成教條，不容許受到任何的侵犯」
（Jung, 1963, p. 150）。但不說還好，這麼一說讓榮格對於佛洛依德把理論的

權威擺在科學驗證之上更為反感，加上原來就有的芥蒂，強化了他無法再與佛洛依德共事下去的意念。

於是繼阿德勒於 1911 年因理念不合離開佛洛依德後，1913 年榮格決定辭去國際心理分析學會主席的職位，並退出會員的身分。在做這個決定之時，他心裡又出現像當初要加入佛洛依德時一樣的衝突。因為當時與佛洛依德兩人在心理分析界的名號已打響，這樣斷然離去對他的生涯發展是相當不利的。

剛離開那年，榮格還有在紐約佛德罕大學講授心理分析理論，隔年便辭掉所有的教學工作，退隱山林，專心寫作與從事心理輔導的工作。不過離開佛洛依德又退離學術界，他人生面臨了瓶頸，很多朋友離他而去，寫的書也貶值了，他經常到蘇黎士湖漫步、撿石頭、玩泥土，並在瑞士的柏林郡（Bullingen）為自己蓋一座小型的村莊，一個人在那兒思索著下一步的人生與理論進展的方向。

人生的危機就是轉機，經歷了中年危機（midlife crisis）的考驗，榮格轉換跑道重新出發，1916 年在蘇黎士設立心理學社團（psychology club），讓有志學習其理論的學生有個進修的管道和互動的場所。1920 年在英格蘭的康沃爾郡（Cornwall）舉辦離開佛洛依德後的第一場對外公開講座；從 1928 到 1939 年他致力在蘇黎士的講學，並常到新墨西哥、坦干伊喀（Tanganyika）、

◐照片 2-4　榮格在柏林郡蘇黎士湖畔蓋的城堡，在那兒他思索著下一步的人生與理論進展的方向。

印度等地去驗證他「所有文化都有其原型上的相通性」的概念，1930 年獲頒哈佛和牛津大學榮譽博士學位。不過對設立自己的機構並將理論定型他一直有所遲疑，遇此情況他就會透過玩沙、在夢裡與他人對話或藝術作品去瞭解自己的潛意識。從中他發現賽克（Psyche）是顯現自己最好的工具，並領悟到：「我的人生就是我的作為和我科學創作的成品；兩者無法分離，都是我內在發展的顯現」（My life is what I have done, my scientific work; the one is inseparable from the other. The work is the expression of inner development）（Jung, 1963, p. 211）。在學生與同事的不斷鼓勵下，直到 1948 年第一所榮格中心（Jung Institute）終於在蘇黎士正式成立。

1944 年他心臟病發作幾乎喪命，爾後又被誣告說他贊同納粹黨以及反猶太，但他不受其擾仍創作不斷，以親身的範例證明「中年危機之後的人生是人的人格與創造力整合的巔峰」。1961 年 6 月 6 日辭世，86 歲的長壽讓他有機會親睹自己所創的理論對世人的影響（Harris, 1996; Jung, 1963）。

現在就讓我們來看看榮格的諮商理論對人性本質的界定，以及如何用來幫助案主面對問題與克服困難。

第二節。榮格對人性本質的看法

壹、賽克（Psyche）的主要構成要素

　　榮格的理論定名為分析心理學，賽克是該理論的中心概念。榮格將賽克定義為「整個精神與心靈的過程（psychic process），包括意識（conscious mind）與潛意識（unconscious mind）」，「是主動積極層面的自己」（Harris, 1996, pp. 26-27）。心理諮商的主要目的就是要幫助人們理解與整合其賽克。

一、意識

　　榮格主張人的整個精神與心靈的過程裡有一部分是屬於意識的層面，裡面包含有自我（ego）、面具我（persona）、兩種態度〔外向（extraversion）與內向（introversion）〕和四種功能〔思考（thinking）、感覺（feeling）、知覺（sensation）、直覺（intuition）〕。

（一）自我

　　榮格所提的自我就是我們平常說話中所提到的「我」（I），如「我很餓」或「我很想睡覺」。自我是意識想法的核心，透過自我，人們認識自己以及世界的真實面，對周遭事物有了知覺、記憶、想法和感覺，並塑造了人們對自己的認同。隨著自我的發展及身體的知覺，我們能夠區分出自己與他人的不同。自我是人們的潛意識與外在世界溝通的媒介（mediates），但溝通的有效性就得視孩提時代的成長經驗與心理發展而定。若有著健康的成長與心態，則

會發展出清楚的自我認同。這樣的人不管在何時何地其言行舉止都會是一致的，自我內外的界線劃分得宜，很強韌也很有彈性。此外，健康的自我會有助於自我認同的建立，免於受到潛意識及外在壓力的影響而有所動搖。

（二）面具我

面具我是自己理想的一面，人們用此部分來面對外人與世界，是整個人格的門面。人們常用這個面具來遮掩自己的問題與難處，然後若無其事的繼續每日的行程、與社會打交道、處理別人的問題。人們因深怕反映自己真正的想法與感覺不會被社會所接受，才用面具我來面對世界。它的主要任務是在迎合社會的需要，本著識時務者為俊傑的理念，人們的面具我會配合社會情境的需要而做改變。不過在這同時它也會視需要放些真正的自己在裡面，才不會把自己演得太離譜而不夠真切。

（三）態度與功能

榮格提出人格態度可分兩種：外向與內向。外向人格者在乎的是外在的世界，這種人不喜歡獨處，人際互動及社會情境的一舉一動是他們能量的來源，很容易適應外在事物的改變與社會的變遷。反之，內向人格者在乎的是自己心裡內在的世界，儘管他們可能有不錯的人際互動技巧，但卻喜歡選擇獨處與內心對話，在太多人的地方會感到不勝其擾。人們在處理資訊來源時，可因其不同應對方式而區分為四種功能，分別是思考、感覺、知覺與直覺。

1. 思考型

思考型的人通常會以認知和理智的解釋方式來尋求對周遭事物的理解。其反應著重在對事物的想法，並喜歡對該事物提出其個人的意見。

2. 感覺型

感覺型的人與思考型的人相反，會以情緒和感性的方式去與周邊所發生的事物對應。其反應著重在對該事物的喜怒哀樂的情緒感受。

3. 知覺型

知覺型的人在乎的是所發生事物的顯而易見的刺激與線索，並從這些具體證據中去推敲出其顯現出的價值與意義。

4. 直覺型

直覺型的人與知覺型的人相反，是以對發生事物可能的來龍去脈主觀直覺去決定自己的應對方式。

人們對事情的態度可能會因思考和判斷取向的不同而有所區別。兩種態度與四種功能可排列組合為八種人格特質，分別為內向思考、外向思考、內向感覺、外向感覺、內向知覺、外向知覺、內向直覺、外向直覺（Colledge, 2002; Harris, 1996; Seligman, 2006）。

二、潛意識

與佛洛依德類似，榮格認為潛意識占了整個精神與心靈很大的部分，且裡面潛藏了許多被壓抑下來的資料。然而有別於佛洛依德的是，榮格對潛意識抱持較積極的觀點，他認為潛意識是人們創造力、精神與情緒成長的重要資源，但同時它也是許多人們心理困惑或癥狀的來源（Sedgwick, 2001）。潛意識包括集體潛意識（collective unconscious）和個人潛意識（personal unconscious）。集體潛意識的概念是源自榮格的夢境，有次他夢到自己進入一棟很大的房子，裡面的每一層樓都陳列著各個不同時代的家具與飾品，從那次夢境的解析中引發出的概念（Jung,1963）。他認為集體潛意識裡飽藏著世界進化文明演變的歷史軌跡；而個人潛意識裡儲存的則是個人的成長史（Sedgwick, 2001）。

（一）集體潛意識

榮格認為集體潛意識是從遠古祖先世世代代傳下來的經驗與記憶，例如人們對黑暗或對蛇的害怕與恐懼，可能就是源自於集體潛意識所致。為了驗證此論點，榮格花了很多時間到新墨西哥、坦干伊喀、印度等地去做實務觀察，發

現在不同文化中都可以找到相似的圖像與信仰的標誌。榮格將這種人們世代經驗不斷重複與累積出來的共同能量稱為原型（archetypes）。它潛藏在潛意識裡，人們並不知覺，但卻會主導其對世界的主觀印象，也塑造人們某種特定的思維形式。原型隨著文化與世代的演進不斷傳承，所以每人一出生不用學就擁有了原型架構。原型不會因人而異，它以相同的形式存在於每個人的潛意識裡。原型可能會以夢、幻想或象徵物的形式出現，對人們一生中的所行所為深有影響。原型包括統整我（self）、陰影（shadow）及異性性格〔阿尼瑪／阿尼瑪斯（Anima/Animus）〕等不同的表徵。

1. 統整我

統整我是最重要的原型，它的主要功能是在將人們的需求，以及意識和潛意識傳達出來的訊息加以統整。統整我會出現在夢、象徵物、知覺或想像中。不過根據榮格親身的體會，統整我通常會出現在人生的後半段，反映在人們對宗教、精神層面以及哲學思維與態度上，旨在幫助人們發展成具有獨特、平衡與穩定的人格特質。

2. 陰影

有別於統整我，陰影是祖先傳遞下來黑暗面的自己，例如人們若有反道德與反社會的想法與衝動，就是自己的陰影在作祟。當人們的面具我盡其所能要讓社會接受，陰影我卻處處作對，顯現出人性猙獰的一面。陰影同時存在集體潛意識和個人潛意識裡面，這是人們最不願意面對，也常試圖要去隱藏不為外人道的一面。

3. 異性性格

榮格相信每人都擁有異性性格，是存在潛意識裡的原型。阿尼瑪代表的是男人潛意識中的女性性格；阿尼瑪斯則是代表著女人潛意識中的男性性格。這個原型是世代傳遞而來，它影響著我們對自己女性化或男性化一面的看法，也

影響著我們與異性互動的關係。人們可能會將對異性消極負向的原型投射在與自己互動的異性身上，而很難真正認識對方。因此清楚覺察自己的阿尼瑪／阿尼瑪斯有助於增進自我瞭解以及與異性間關係的發展。

（二）個人潛意識

個人潛意識是被自己壓抑或忘記的記憶、想法、感覺和經驗，是相當獨特且有別於他人的。個人潛意識會以圖像（image）、象徵物（symbols）、情結（complex）等方式出現。有別於佛洛依德認為潛意識對人格的成長有負向的影響；榮格相信這些被擱置在潛意識裡的材料若能喚回意識中，對人的創作或心靈重建可能會是很重要的指標與資產。

1. 圖像

藏在個人潛意識裡的圖像可能會被日常生活中的點滴所喚起。例如一個離家許久的旅人在聽到新年的鞭炮聲時突然憶起小時候全家相聚，跟長輩要紅包的快樂回憶。有意思的是，被遺忘的記憶可透過回憶進入意識中；而被壓抑的事情，則會透過夢或象徵物出現。

2. 情結

情結是圖像、想法、行為以及許多原型的組合。情結跟象徵物一樣，融合著個人、文化及群體三項要素。每個情結裡都有一個原型在裡面，常會透過夢的圖像、幻想、情緒反應或行動方式表現出來。情結與原型一樣有正反兩極，活躍起來時，每個情結會去和不同的情結連在一起，就像母與子的聯結或愛與權力的聯結一樣。例如父親情結可能結合自己與父親互動、被父親責打的記憶，以及整個社會對父親形象的定義。榮格是從文字聯想的實驗中發掘到情結的概念，在諮商過程中可使用適當的關鍵字來引導案主把情結裡的想法與感覺反映出來（Harris, 1996; Seligman, 2006）。

貳、人的成長與發展

榮格將人的成長分為兩個階段，第一個階段的人生，主要目標是完成基本的發展任務，在職業、社會或婚姻上找到定位。第二階段人生的目標是以前面的基礎出發，開始發展出自己的獨特性（individuation），成為「心理上獨特的個體」（psychological individual）（Jung, 1953）。榮格認為人們從中年期開始會渴望找到獨特性的自己，這約是在 35 歲到將近 40 歲左右，他稱這個時期是第二個青春期，或稱為是中年危機（midlife crisis）。在這個階段人們會重新評估人生的目標，從尋求外在的成就轉為內在的成長。原來被自己忽略的內在潛能會透過夢境或認知、情緒或心因性的症狀顯現出來，期望能受到注意。在前半段的人生若越重視單向潛能的發展，中年危機的衝擊也會越大。

在這樣的過程中，整個人格會發展出來，人們能更清楚的接近自己潛意識和內在潛能，認識真正的自己後，統整我逐漸碩大，面具我逐漸削弱，而能勇敢當自己。人們清楚自己陰影的存在，不再逃避而是去面對它，來自意識的自我和在潛意識的統整我合而為一，善用原型，做一個裡外合一者，而不再是別人期望的自己。這時候人們的價值觀從注重物質或性生活層面轉至信仰、精神、社交和文化層面，因而對自己的人生意義與目的更加明瞭。

榮格在生涯發展初段選擇加入佛洛依德，從 1910 到 1912 年所著探討兒童的論著都是站在佛洛依德的觀點。1913 年（38 歲）時決定離開佛洛依德後，經過相當多的心理掙扎與探索，終於創造出自己獨特的學派。這樣的親身經驗促使榮格在學理的發展上更重視中年以後的發展。很多人把中年危機看作是負向的指標，榮格卻不以為然，他以親身的範例說明他的信念——中年危機之後的人生是人格與創造力整合的巔峰（Harris, 1996; Jung, 1963; Seligman, 2006）。

第三節。分析心理諮商學派的諮商策略

壹、諮商目標

　　榮格的分析心理學派著重在鼓勵案主能深層的瞭解並整合其個人潛意識與集體潛意識，其目的不是著重在幫助案主從中獲得快樂，而是克服其人生中經歷到的痛苦，並在痛苦與快樂間取得平衡。當案主觸及潛意識時可能會感到痛楚，但若能將其帶入意識中，接受與理解其中的意義時，諮商歷程就邁進一大步了。具體來說，隨著諮商過程的進展，可幫助案主達到下列四項目標（Dehing,1992; Seligman, 2006）：

一、目標一：幫助案主透過發洩與洗滌情緒，以能從古看今

　　當諮商關係建立之後，諮商師鼓勵案主盡量將壓抑的情緒發洩出來，當情緒獲得梳理後，案主開始能瞭解自己的過去，但榮格並不主張讓案主重活過去的創傷經驗與再次經歷痛苦，讓案主理解過去的主要目的是幫助其瞭解現在遇到困難的緣由。

二、目標二：透過說明幫助案主瞭解其夢境或想像中呈現圖像的意義，助其看清真相

　　案主在兒童時期經歷過的情緒困難，以及一些想法、幻想和夢境，可能都是影響其目前困境的關鍵。在處理的過程中可能會有轉移和反轉移現象的出現，諮商師的任務是透過說明與解釋，幫助案主瞭解其代表的意義，以有助於諮商過程的進展。

三、目標三：透過教育與鼓勵幫助案主重振旗鼓，修補發展上的缺縫

　　在諮商中，太多過去被壓抑或遺忘的種種漸漸浮上檯面，案主可能會很難

承受而想逃避。此階段諮商師應該給予支持，提供適當的教育，鼓勵案主能夠勇敢踏出一步來填補曾有過的缺縫，改善其人生。

四、目標四：透過深層次的探索集體潛意識和原型，幫助案主因瞭解問題的緣由而能豁然開朗轉型成功

來自意識的自我和在潛意識的統整我必須要合而為一，人們才能活出真正的我。而要達到這個地步，就是要幫助案主深層次的去探索集體潛意識和原型，當案主能從中發現自己目前所思所想以及瞭解遇到問題的根源時，有助於意識的自我和在潛意識的統整我兩者透過對話進而整合，因而能幫助案主從清楚的領悟中發展出獨特的自我。

貳、諮商師的角色與功能

在諮商關係建立的過程中，榮格學派的諮商師採取主動的態度，他們不僅是分析師、教育者，也是與案主一起面對與處理問題的夥伴（collaborators）。諮商師先以教育者的角色教導案主覺察、認識與分析集體潛意識裡的原型、陰影、阿尼瑪／阿尼瑪斯，以及個人潛意識裡的圖像、象徵物、情結等。然後站在分析師與合夥人的角色，幫助案主瞭解人格裡面潛藏的這些元素，之後再進一步幫助案主學習如何修復、整合與應用，而能被社會所接受，並有助於個人的發展。

榮格相信案主與諮商師的關係，會有助於案主新賽克的發展。所以雖與佛洛依德一樣知道轉移（transference）是諮商過程中無可避免的，但他並不去分析轉移作用，而是強調善用轉移作用（working in the transference）。榮格強調分析師的專業特質可以提供給案主很好的典範，是推促案主轉型與成長改變的參考與推力。但案主的轉移作用可能來自其幼年的經驗，也可能出自其陰影，所以轉移作用可能會有正向與負向的效果。例如一位女案主視諮商師為冷酷的權威角色，會因過度害怕而難以發展出自我肯定的能力，這個轉移可能就是出

自其陰影認為權威者都是冷酷和可怕的原型。另外轉移作用也可能會造成案主對諮商師的依賴，為此榮格不鼓勵諮商師做太多的自我分享或與案主間有諮商輔導關係外的接觸，保持客觀性的專業關係可避免負向轉移作用以及衍生出過度依賴的發生。

　　榮格強調諮商師不僅是案主轉移的對象，他們本身也是有人性的個體，也因此除了轉移外，榮格也提出反轉移（countertransference）的概念。他相信諮商師與案主在意識或潛意識中會影響彼此，從這相互交流的過程中，諮商師與案主都能體會到成長與癒療的感受。榮格呼籲諮商師必須要有心理準備：「假如你希望幫助案主改變，你也必須願意讓案主改變你」（Harris, 1996, p. 121）。

參、諮商策略與過程

　　分析心理學派強調諮商初期應著重在諮商關係的建立與對意識層面的瞭解，並做好必要準備後再進入潛意識的探討。陳述故事與解釋（narrative interpretation）、夢境分析（dream interpretation）、象徵性策略（symbolic approach）和文字聯想測驗（word association tests）是榮格分析心理學派幫助案主深入探討時常使用的諮商策略。

一、陳述故事與解釋

　　「其實當人在講述自己的人生故事時，不管是在諮商情境或是獨白，本身就具有治療的效果」（Harris, 1996, p. 147）。因為在講述的過程中，人們需要重組或將原先腦中的資訊重新排列組合，敘述中人會感受到安全感並能深入接觸自己內心世界的想法。當案主在講述故事時，諮商師的態度是相當重要的，諮商師不僅要傾聽案主說的話，還要注意到案主講話時的聲調和手勢。諮商師要抱著與案主同處一室的心情，以即時性的口氣與他們互動與對話，有問題就問，有感動就給予回饋。當案主在口語和非口語間有互相矛盾之處，諮商師可

以給予適當的對質，以幫助案主更深入的體會到自己的感受。而對於案主講述的故事，諮商師到底要賦予多少的解釋則因人而異，但最有效的解釋是讓案主自己發現或體會到他們講述的故事或發生事件背後或潛藏的意義，經由如此的省思，他們比較能接受並記得其中的涵義。當案主有困難做此推想與聯結時，諮商師就可趁機介入，並以假設性的說法來解釋。例如案主告訴你她夢見要去上一個自己所崇拜的老師的課，且需要在課堂中做一篇口頭報告，但上課前發現寫好的報告弄丟了，出去找報告都找不到就想先回教室，但竟然又找不到教室，她到處問人，最後終於找到教室時，同學都報告完畢了，老師也頒發結業證書了。她祈求老師給她機會，但老師說：「我再想一想！」沒等到老師回答她就醒來了。諮商師回應說：「我猜妳是很想獲得這老師的認可，但又擔心萬一老師聽了報告後會不喜歡妳的東西。」必要時諮商師可以加入一些原型的訊息，讓案主看到其個人經驗與原型結構的關係。例如繼前面的解釋後，諮商師加了一句「這會不會是陰影在作崇？」以幫助案主更能深入去體會這個夢想要傳達的訊息是什麼（Harris, 1996）。

二、夢境分析

　　不同於佛洛依德形容夢是通往潛意識之道；榮格對夢的定義是：「夢境，簡單的說，就是賽克（即指人的心理）為自己所畫的圖像」（Harris, 1996, p. 151）。榮格相信：(1) 作夢表示心理上正在進行自我療傷；(2) 夢透過象徵的圖像來填補潛意識與意識態度間的鴻溝；(3) 夢提供線索作為未來發展的指標；(4) 夢不會說謊也不會欺騙，儘管自我並不知道也不瞭解，但夢卻努力的以象徵的語言傳達其真正的意思而非潛藏的涵義（Harris, 1996）。進行夢境分析的四個步驟如下（Seligman, 2006; Whitmont & Perera,1989）：

（一）步驟一：傾聽案主陳述並綜觀夢境

　　從綜覽中界定夢境裡的自我（主要角色）以及其他角色，並留意任何較極端、重複或不一致的情境。

（二）步驟二：檢查和架構夢境的結構

夢境就像是一場戲，諮商師應幫助案主理出夢境的場景、劇情的先後場序。主角在夢境裡遇到的危機、採取的行動、解決之道以及結局為何，都是相當重要的訊息。

1. 夢境的場景——「在哪裡發生的？」

每個夢境發生的背景與時間點是瞭解夢境的重要線索，如果夢境是出現在案主小時候的家，可能表示當時家裡互動結構又出現在案主目前的生活裡。另外要注意到誰出現在夢裡，如果夢裡出現陌生人但與案主是同性別者，那可能是案主的陰影，是他／她不喜歡自己的那一面；如果是不同性別，可能是自己的異性性格（阿尼瑪／阿尼瑪斯）或是自己心中的父母情結或圖像。不過夢裡的點滴到底真正代表的是什麼，需要透過聯想，諮商師可幫助案主找出它們與作夢者的關聯。

2. 夢境的先後場序——「發生了什麼事？」

諮商師應注意夢境裡出現和實際生活不一致的情形，例如案主夢見正碰到一個讓他感到相當恐懼的事，諮商師可問及如果在實際生活中遇到此事會如何處理。藉此幫助案主去探討是否有哪些他在生活中可能會遇到但卻沒有去面對的恐懼。除了注意作夢者與發生場景的外在環境與出現的人物之互動外，也要注意他們的反應。

3. 夢境中遇到的危機與轉機

夢裡有時候會遇到危機，但同時也可能會在夢裡該危機有了解決之道。萬一沒處理好就醒了，表示夢者還沒處理好那個問題，或還沒找到處理之道。對此情況，榮格會建議採用主動想像（active imagination）的方式鼓勵案主，想像他們回到夢裡面，讓該事件繼續發展，看會出現什麼樣的解決方案。榮格也會鼓勵案主和夢裡的主角對話，以蒐集到較多的訊息，此法有助於將案主潛意

識裡面的材料帶入意識層面，有助於問題的解決。

（三）步驟三：找出需要確認或解釋的圖像或畫面

透過聯結（association）、說明（explanation）與詳述（amplications）引出案主對夢裡圖像的核心情緒，會有助於案主對潛意識或意識間的聯結與理解。其實夢對案主的重要性是要由案主自己來決定，諮商師要小心不要強用自己的想法去解釋案主的夢。

1. 聯結

探索夢境時應檢查此夢境帶給作夢者任何的想法、感覺、反應或回憶。找到這些與夢有關的核心情緒後，應幫助案主從現實生活的眼光來看夢境。

2. 說明

透過說明可賦予夢境合理的意義，並探問為什麼此夢境對他會是如此的重要。夢境的說明可以是主觀或客觀的。例如夢見一張床可以說是想要有一夜好眠，或可說他想要搬出去自己住，好擁有一張屬於自己的床。

3. 詳述

案主常會將夢境和童話或神話故事聯想在一起，但除非案主主動做此連接，諮商師不要做此聯結，否則案主會很理性的界定其夢境，因而阻礙其對夢境做深入的情緒探索。如果案主自發性的將夢境和童話或神話故事聯想在一起，那會是幫助案主瞭解夢境的重要資源。

（四）步驟四：將夢境整理成一個心理層面可理解的架構

夢境分析的最後一個步驟是將夢境整理成一個心理層面可理解的架構，不過這樣的架構需獲得案主的許可才能定案。

三、文字聯想測驗

進行文字聯想測驗時，諮商師唸一個字，案主回應他們腦中第一個想到的

字。若有些不尋常、重複或遲疑的反應，或是生理上產生變化，可能是呈現出情結或潛意識裡面一些值得探索的材料，可提供作為進一步諮商的參考。

四、象徵性的策略

1913 年當榮格離開佛洛依德時，心態極為複雜，一下間無所適從，經常來到海邊，透過玩沙土來治療自己。從玩沙及在蘇黎士湖附近建立小城堡後，他找到方向重新出發。這樣的心路歷程證明不是所有的諮商都得以談話的方式進行，可鼓勵案主以象徵性的思考從夢、症狀、幻想等材料中去觀察想法、感覺與行動間互動的關係。玩沙土（sandplay）、藝術治療與舞蹈治療是其中的幾個例子，而其中最有名的就是玩沙土（Harris, 1996）。

（一）玩沙土

1950 年代，瑞士的榮格學派分析師卡夫（Dora Kalff）把玩沙策略發展得更為完整。他製作 30×20×3 吋的沙盒，裡面裝半滿的乾或溼的沙子，案主可在沙盒裡塑造各種圖形來呈現其想法。讓案主玩沙就像進行夢境分析、想像或藝術治療一樣，其主旨是允許案主將意識還不清晰的經驗透過沙石架構出具體的圖像。透過這樣非語言的表達方式，許多語言發展前的經驗可能得以有機會表達出來。玩沙諮商適用於孩子與成人案主。

（二）藝術治療

藝術治療是將圖像畫在紙上或以黏土來表達想法，其實就像作夢者用夢或案主用沙石表達一樣，作品可能由案主自己完成或由諮商師建議完成。榮格學派的諮商師不是將重點擺在對作品的診斷，而是在乎案主在藝術創作過程中其主觀的感受以及想表達的意義。

（三）舞蹈治療

舞蹈治療是以身體的動作來做象徵性的表達，通常諮商師會安靜的觀察案主如何以動作來呈現，有時會建議案主做幾個動作以避免過度受到意識想法的

掌控。有時諮商師會刻意要案主做一些動作，然後引導他們去感受該動作帶給自己的想法。不過跟藝術治療一樣，榮格學派的諮商師不是將重點擺在對舞蹈作品的診斷，而是在乎在舞蹈創作過程中案主主觀的感受以及想表達的意義（Seligman, 2006）。

肆、理論與諮商策略摘要

分析心理學指出精神與心靈的過程（榮格稱之為賽克）是個相當複雜的架構，包括意識與潛意識層面。潛意識裡不僅儲存著被自己壓抑或遺忘的歷史（稱為個人潛意識），也承載著從遠古祖先傳下來的經驗與記憶（稱為集體潛意識）。在意識的層面，人們以自我來認識自己以及外在的世界，也藉著自我讓潛意識能與外在世界互動。但人們因深怕反映真正的想法與感覺會不被社會所接受，常用面具我來面對世界。此外，人格特質可因不同態度和功能而有所區別，分別為內／外向思考型、內／外向感覺型、內／外向知覺型、內／外向直覺型。

人們世代經驗累積，藏在集體潛意識裡的共同能量稱為原型。它主導著人們對世界的看法與思維形式。原型包括統整我、陰影及異性性格（阿尼瑪／阿尼瑪斯）等不同表徵。統整我的主要功能是統整人們的需求以及意識和潛意識傳出來的訊息。陰影是人們最不願意面對的黑暗面的自己。阿尼瑪／阿尼瑪斯是人的異性性格，它影響著人們對自己女性化或男性化一面的看法及與異性互動的關係。除了集體潛意識，人還有個人潛意識的一面，它會以圖像、象徵物、情結等方式出現。情結是圖像、想法、行為以及許多原型的組合，並融合著個人、文化及群體三項要素。每個情結裡都有一個原型在裡面，常會透過夢的圖像、幻想、情緒反應或行動方式表現出來。有別於佛洛依德認為潛意識對人格的成長有負向影響的看法；榮格相信這些被擱置在潛意識的材料可被喚回意識中，對人的創作或心靈重建會是很重要的指標與資產。

由於人的精神與心靈的架構是如此複雜，分析心理學派強調諮商的主要目

的就是要幫助案主理解與整合其賽克。人格的發展在中年階段以後會臻至成熟，隨著年紀漸長人們較能清楚的接近潛意識和內在潛能、統整我逐漸碩大、面具我逐漸削弱、願意面對陰影的存在、來自意識的自我和在潛意識的統整我合而為一、善用原型、從注重物質轉而注重精神層面，因而漸能勇敢的做一個裡外合一的自己。所以雖然很多人把中年看作是危機的表徵，榮格卻以親身的經驗提出中年危機是人生轉機的最佳範例。

諮商師不僅是分析師、教育者，也是合夥人角色。諮商師先教導案主覺察、認識與分析集體潛意識裡的原型、陰影、阿尼瑪／阿尼瑪斯，以及個人潛意識裡的圖像、象徵物、情結等要素。再以分析師與合夥人的角色透過陳述故事與解釋、夢境分析、象徵性策略和文字聯想測驗，幫助案主將這些潛藏的元素加以修復、整合與應用，進而能有助於個人的發展。

榮格在 81 歲高齡撰寫的《記憶、夢、回映》（*Memories, Dreams, Reflection*）一書中，形容心底所有潛意識都汲汲營營在尋求意識化的出口，他的人生故事就是一段理解自我潛意識的過程。他說這樣的成長歷程很難用科學的言詞來表達，唯一能表達的方法就是「說故事」。至於他所說的故事是否真實並不重要，重要的是訴說者是否真實的把故事說出來（Jung, 1963）。事實上榮格的分析心理理論也就是他心路歷程的寫照，所以他極為鼓勵諮商師要去理解案主對所經驗事物的主觀感受，以及該感受對他們的意義是什麼。

把榮格的一生與他的理論做個總結，提醒了我們：「每個人都擁有相當豐富的資源。敏覺它和善用它，人生就會越來越精彩！」以此和各位互勉之。

第四節。分析心理諮商學派的案例分析

壹、案例——我要當自己

劉太太，六十多歲，先生從醫，家境富裕，兩個孩子都大學畢業，有了很穩定的工作。外人看來劉太太幸福美好，坐享清福就好了，但她卻不做如此想，一進諮商室第一句講的話是：「我要離婚，我要把自己找回來！」諮商師以分析心理學派來瞭解劉太太的問題並進行諮商。

貳、諮商策略

一、諮商策略一：陳述故事與解釋

劉太太說結婚時婆婆就告訴她：「嫁到我們家經濟上絕對不用妳操心，所以妳不用出去工作，只要好好服侍妳先生，照顧好這個家就好了。」她聽話的照做。為了把家裡的大小事能有效處理，她建立了檔案系統。家裡的大小文件、鉅細靡遺的大小事都在她掌握之中，所以雖然沒出去上班，日子卻過得很有重心。每天在家裡忙著把各項帳單、收據或其他文件歸檔與分類，家裡的各項收入支出或何時該繳稅或報帳等等，從來沒有出過任何差錯。先生直稱她是「金頭腦」或戲稱她是家裡「最高級的主管」，讓她感覺以前在學校學的商業管理沒有白學。

但年紀漸大，漸漸感覺檔案夾抱起來好沉重，而且腦筋的反應沒有以前那麼明快或清晰，每次為了一個文件她就得花一些時間想想應該歸到哪一個檔，找出並搬出正確的檔案夾，弄好後還得再搬回原處，這過程有點吃力。但已經

做習慣了，擔心不繼續做下去就會功虧一簣。偶爾懶惰沒歸檔，需要時找不到，她會很懊惱。先生就說：「我親愛的金頭腦，最近怎麼了？」她常會睡到一半想到某個檔案不曉得在哪兒就趕快起來尋找，因而變得有點神經質。看她這樣，先生勸她放鬆心情，或有時不想打擾她，想找資料就自己去拿，結果用完後沒有歸還原處，或放錯地方，把系統弄得更亂。一開始她只是唸了兩句先生就會馬上改進，或當她有體力時會阻擋先生說：「我來整理比較快。」但這樣的情況發生次數太頻繁，自己很在意但卻力不從心去整理時就更加懊惱，她感覺「先生把檔案錯置」是對她的不尊重。「我不要再幫他整理檔案夾，我要離婚，我要回學校去唸書，我要輕鬆的當我自己。」案主一口氣把壓在心裡的話宣洩而出。

諮商師意識到劉太太在自我認同上感到迷失、缺乏自信，便計畫以此為諮商目標。劉太太同意每週來見諮商師一次。

二、諮商策略二：夢境分析

諮商師鼓勵劉太太回想或記錄自己有過的相關夢境。

「有一天晚上我夢見地震來了，所有的檔案夾都掉下來，我被重重的壓在裡面走不出來。」聽到劉太太談到夢境，諮商師順勢透過夢境分析，希望能幫助案主更能瞭解心裡的掙扎。

（一）步驟一：傾聽案主陳述並綜觀夢境

諮商師問劉太太在這夢中她在哪裡？其他人在哪裡？在做什麼事？

劉太太說：「我可以感受到自己被壓在裡面，因為檔案夾太多太重掙脫不出來，同時我又在外面看到排在書架上的檔案夾像排山倒海似的一直往下掉。裡面的我和在外面的我都一直喊救命，但我看不到家裡的任何一個人要來搶救這些檔案或搶救我，好像這些檔案和我這個人存不存在只有我最在乎，家裡其他人都不在乎一樣。」

（二）步驟二：檢查和架構夢境的結構

諮商師請劉太太針對這夢境發生的背景與時間點，以及這夢境裡出現的情形和實際生活的情形是否不一致、後來的結局是如何等問題加以詳述。

劉太太說：「那夢境是出現在半夜，夢中的我因擔心有一個文件沒放妥，想起來看看，走到書房正在找尋資料檔，地震就發生了。這些資料夾都排在書架上，書架沒有門可以關起來。剛結婚時資料不多還好，但結婚這麼多年檔案夾越來越多，很多資料又不可以隨便丟棄，我就很擔心書架會承擔不住掉下來，不僅危險且怕裡面的文件會被打亂。但每次跟先生提起幫檔案夾找個較好的放置地點，他都支支吾吾的說：『下次再說！』當資料夾掉落時，夢中的我心中大叫：『我一直擔心的事果然發生了！』然後就嚇醒了，因夢還沒作完我不知道結局會是如何？」諮商師於是鼓勵案主採用主動想像的方式回到夢裡面，讓夢境繼續發展，看會出現什麼樣的解決方案。劉太太閉上了眼睛，過一陣子後回應說：「地震好一陣子後終於停止了，我費了九牛二虎之力才從一堆檔案夾中掙脫出來。過了許久我先生才睡眼惺忪的走過來，原來他連發生地震都不知道，看到我一副狼狽的模樣嚇了一跳，問我有沒有受傷。聽我直抱怨整理的檔案都前功盡棄，他安慰我說：『妳沒事最重要，檔案只是身外之物。』」劉太太說這夢裡的情境在實際生活上沒發生過，諮商師決定繼續探究。

（三）步驟三：找出需要確認或解釋的圖像或畫面

諮商師透過聯結、說明與詳述幫助劉太太引出對夢裡圖像的核心情緒，希望會有助於劉太太對潛意識或意識間的聯結與理解。

透過聯結，劉太太感覺那些檔案夾像是她自己。事實上，她從小就很期望長大後要在事業上有一番成就。但嫁給當醫生的先生時就不敢提要到外面工作的事，專心當個醫生娘。問她為什麼會有這樣的決定。她說：「別人都認為嫁給醫生就不愁吃不愁穿，還上什麼班；況且婆婆也交代我顧家就好。」然後她嘆口氣說道：「我好像是住在城堡裡的皇后，每天只能透過陽臺俯看外面的世

界。別人可能很羨慕我在裡面享受榮華富貴，豈知我是很羨慕外面世界的人能用自己的雙手打造自己的天空。」但深怕反映自己想出去做事的想法與感覺會不被社會所接受，她一直壓抑這個心裡的真正想法，把重心放在照顧先生、小孩和整理檔案夾，看著先生事業有成、孩子漸漸長大和並排整齊的檔案，她感覺自己在這個家的重要性和成就感。但看著檔案夾因地震而紛紛落地，感覺自己本來用來建立自信心的東西似乎掌控不住了，自己的努力都功虧一簣了。諮商師探問：「這是不是也顯示孩子們長大離家，所帶給妳的失落感。」劉太太想想後猛點頭。

（四）步驟四：將夢境整理出一個心理層面可理解的架構

諮商師解析劉太太的夢境的最後一個步驟，是將她的夢境提出一個心理層面可理解的架構。

諮商師首先向劉太太介紹榮格理論中的集體潛意識和個人潛意識的概念，然後解釋：「因為很多人認為『嫁醫生不愁吃所以不用工作』而不敢提出要出去工作的想法，可能是受到集體潛意識的影響。『從小就期望長大後要有一番成就』的願望雖因而被壓抑至個人潛意識中，但當開始整理檔案夾時藏在個人潛意識裡工作的圖像被喚了起來，所以妳以非常專業的態度在整理檔案。然而為了符合社會與婆婆的期望，長久以來妳以『面具我』稱職的扮演醫生娘的角色。」對此解釋劉太太深表同意，但她卻有個疑問：「結婚三十幾年我已習慣了這樣的角色，為什麼現在又突然不適應了呢？」

諮商師以榮格的親身經驗為例，向劉太太解釋中年危機的概念：「進入人生的後半階段，人們會開始重新評估人生的目標，原來被自己忽略的內在潛能極需受到重視，會透過夢境來提醒自己，這也許是妳會做此夢的因由。」「那地震是表示什麼呢？」劉太太問。「也許是妳心裡面想要反抗傳統角色的『陰影』在發聲吧！」諮商師說。「妳覺得地震是在表達妳之前說過的『我不要再幫他整理檔案夾，我要離婚，我要回學校去唸書，我要輕鬆的當我自己。』這

句話的感受嗎？」

聽諮商師這麼一說，劉太太猛點頭。「那夢裡妳先生說：『妳沒事最重要，檔案只是身外之物。』提醒妳些什麼？」「感覺他還滿關心我的。」劉太太心有所感的回應。

三、諮商策略三和四：文字聯想測驗和象徵性的策略

諮商師鼓勵她將聽到「劉太太」這個稱呼時想到的字眼盡量說出來，她的反應是「劉家的媳婦」、「醫生娘」、「照顧者」、「盡責的母親」、「有條不紊」、「整理檔案的人」、「謹慎小心」等字眼。諮商師注意到她在講時臉色凝重。問她在這個角色中她自己在哪裡，她說：「自從結婚後就被稱為『醫生娘』或『劉太太』，已經很久沒當過自己了，還真不知道自己在哪裡了呢？」

諮商師給劉太太一個單色的黏土，請她根據上述的描述來塑出當劉太太的自己。塑好後拿著捏好的塑像以上面的描述向諮商師介紹一次劉太太。

這時諮商師改直接稱呼其名字，代表結婚前的自己，要她將聽到這個稱呼時想到的字眼盡可能說出，她話都還沒說就堆了滿臉的笑容反應道：「可愛活潑」、「充滿夢想」、「壯志凌雲」、「笑口常開」、「愛遊山玩水」、「事業上的女強人」等字眼。

諮商師給劉太太另一個顏色的黏土，請她根據上述的描述來塑出原來的自己。塑好後拿著捏好的塑像以上面的描述向諮商師介紹一次原來的自己。

諮商師注意到劉太太對兩個稱呼截然不同的表情與反應，可能是呈現出情結或潛意識裡面一些值得探索的材料，特別留意好作為進一步諮商的參考。這時諮商師請劉太太將兩個不同顏色黏土塑出來的自己合而為一，把黏土混合後塑出一個新的自己，並請她留意混合時心裡的感受。塑好後請她觀察這個捏出來的自己有什麼特殊之處，劉太太驚奇的發現：「兩個顏色融合在身體的各個不同部位。」諮商師請她分享混合黏土時的感受，劉太太說：「其實我一開始

時很不想把原來的自己捏破和劉太太的這個自己混在一起，我擔心一混進去原先的自己就沒有了，但現在看到兩個顏色融合在身體的各個不同部位，我才發現即使是當劉太太，原先的自己還是在的。」

參、結果摘要

這樣的諮商持續了半年之久，劉太太每週一次與諮商師會面，整個過程諮商師循序漸進帶著案主達到這四個目標：

目標一是幫助劉太太透過發洩與洗滌情緒，以能從古看今：在諮商關係建立中，諮商師專心傾聽劉太太陳述故事並將壓抑的情緒發洩出來，她很激動的說：「我把一生的心血都放在幫家裡整理檔案，他居然這麼不尊重。不尊重檔案就等於不尊重我。」當情緒獲得梳理後，案主開始能瞭解自己感到挫折是因為對自己缺乏自信所致：「其實我也不想這麼死心眼，但除了這件事外，我不知道自己還能做什麼事。」

目標二是透過夢境的剖析幫助劉太太瞭解和看清真相：當諮商師要劉太太分享夢境時，劉太太心裡有些猶豫怕說出來會被笑幼稚。但從述說夢境與諮商師的說明與解釋中，劉太太漸漸瞭解那些檔案夾像是她自己，整理檔案夾是為了確信自己在家裡還有掌控力。夢中看著檔案夾因地震而紛紛落地，自己又被這些檔案夾壓住，可能是反映著因感覺自己年紀漸大本來所倚重建立自信心的東西似乎掌控不住了，自己的努力都功虧一簣了。從這樣的解釋中案主瞭解了夢境所代表的意義，有助於諮商過程的進展。

目標三是透過教育與鼓勵幫助她重振旗鼓，找回久違的自己，修補發展上的缺縫：在諮商中期透過夢境分析與文字聯想，劉太太過去被壓抑或遺忘的原來的自己漸漸浮上檯面。在諮商師的鼓勵與支持下，劉太太從把兩個不同顏色的黏土合在一起的過程中發現結婚前後的自己是可以合在一起的。並提供適當的教育，鼓勵劉太太勇敢踏出一步來填補曾有過的缺縫，改善其人生。

目標四是透過深層次的探索幫助劉太太瞭解問題的緣由，而能豁然開朗轉

型成功：諮商師幫助劉太太瞭解她不敢追尋自己的理想是受到『嫁醫生不愁吃所以不用工作』的集體潛意識的影響，但「從小就期望長大後要有一番成就」的願望雖因而被壓抑至個人潛意識中，卻在中年後開始透過夢境來提醒自己。當劉太太發現到自己目前所思所想以及瞭解遇到問題的根源，心裡感到豁然許多。這時諮商師以榮格的故事鼓勵她人生後半段可以是人生的轉機，並鼓勵劉太太意識的自我和在潛意識的統整我必須要合而為一，才能活出真正的我。所以諮商的後半段，劉太太在諮商師與先生的鼓勵下開始到學校修課，並學習如何把家裡的資料電腦化。她很感謝夢中把檔案夾都震掉的地震，是那場夢讓她發現檔案夾不是她真正想要的自己，現在白天跟年輕學子去讀書，晚上回家當太太，兩個我有了整合，她高興的說：「我真正找到自己了！」

你瞭解了嗎？

下面有 15 題選擇題，可幫助你測試自己對分析心理學派的理解程度：

1. 下面哪項敘述正確的說明榮格的分析心理學？

 a. 深受榮格自己生活經驗的影響

 b. 完全接受佛洛依德所持的潛意識的概念

 c. 強調中年是危機但也是轉機

 d. a 和 c 是正確的

 e. 以上皆是

2. 下面哪項敘述正確的說明賽克的概念？

 a. 是描述整個精神與心靈的過程

 b. 指人的意識層面

 c. 指人的潛意識層面

 d. 是主動積極層面的自己

 e. 以上皆是

3. 榮格認為_____是人們的潛意識與外在世界溝通的媒介

 a. 自我 　　　　　　　　　　　b. 面具我

 c. 統整我 　　　　　　　　　　d. 陰影

4. 分析心理學派指出_____是自己理想的一面，人們用此部分來面對外人與世界，是個人整個人格的門面。

 a. 自我 　　　　　　　　　　　b. 面具我

 c. 統整我 　　　　　　　　　　d. 陰影

5. 下面哪項敘述正確的說明榮格對潛意識的概念？

　　a. 榮格對潛意識抱持較消極的觀點

　　b. 他認為潛意識是人們創造力、精神與情緒成長的重要資源

　　c. 並非是人們心理困惑或癥狀的來源

　　d. 以上皆非

6. 榮格認為＿＿＿＿潛意識裡飽藏著世界進化文明演變的歷史軌跡；
　　而＿＿＿＿潛意識裡儲存的則是個人的成長史。

　　a. 集體；自我

　　b. 文化；個人

　　c. 集體；個人

　　d. 世界；成長

7. ＿＿＿＿是最重要的原型，它的主要功能是在將人們的需求，以及
　　意識和潛意識傳達出來的訊息加以統整。

　　a. 自我　　　　　　　　　　　b. 面具我

　　c. 統整我　　　　　　　　　　d. 陰影

8. 榮格的發展論的重心強調在＿＿＿＿的發展。

　　a. 幼年時期　　　　　　　　　b. 兒童時期

　　c. 青少年時期　　　　　　　　d. 中年以後

9. 下面哪項敘述正確的說明陰影的概念？

　　a. 顯現出人性猙獰的一面　　　b. 存在個人潛意識裡面

　　c. 人們不願意去面對的一面　　d. 存在集體潛意識裡面

　　e. 以上皆是

10. 榮格說：「_____，簡單的說，就是賽克為自己所畫的圖像。」

    a. 夢境

    b. 個人潛意識

    c. 記憶

    d. 回憶

11. 榮格相信夢具有下面哪項功能？

    a. 反映著我們的心理正在進行自我療傷

    b. 是潛意識與意識態度間的鴻溝

    c. 反映著我們此刻發展的狀況

    d. 傳達著潛藏的涵義

12. 1913 年當榮格離開佛洛依德，心態極為複雜，一下間無所適從時，他是透過哪種治療來幫助自己找到新的方向？

    a. 夢境分析

    b. 文字聯想測驗

    c. 藝術治療

    d. 玩沙土

13. 下面哪項敘述無法正確反映榮格對轉移作用的概念？

    a. 分析轉移作用是諮商過程中一個很重要的步驟

    b. 轉移作用可能會有正向與負向的效果

    c. 相信轉移是諮商過程中無可避免的

    d. 案主的轉移作用可能來自其幼年的經驗或出自其陰影

14. 分析心理學者在進行夢境分析時，用到了下面哪些步驟？

    a. 傾聽案主陳述並綜觀夢境

    b. 檢查和架構夢境的結構

    c. 找出需要確認或解釋的圖像或畫面

    d. 將夢境提出一個心理層面可理解的架構

    e. 以上皆是

15. 分析心理派強調夢境就像是一場戲，諮商師在幫助案主檢查和架構夢境的結構時，應注意哪些細節？

    a. 應理出夢境的場景

    b. 劇情的先後場序

    c. 主角在夢境裡遇到的危機與轉機

    d. 以上皆是

（答案請見書末「你瞭解了嗎？」試題解答頁）

腦筋急轉彎

1. 榮格提出每個人有幾個不同層面的我，分別是「自我」、「面具我」、「統整我」，這三個不同的我在人的生活中扮演的角色與功能各是什麼？請想一個你曾經歷或觀察到的實例說明這三個不同的我在該事例中扮演的角色與功能。並請以榮格的理論為藍本提出協助的規劃，以幫助你所提出的實例的主人翁活出真正的我。

2. 榮格說每個人潛意識都存有異性性格，它影響著我們對自己女性化或男性化一面的看法，也影響著我們與異性互動的關係。你贊成這個說法嗎？請以你周遭所見過的實例來證實他此論點的可信性。若你不贊成這個說法，也請以你周遭所見過的實例來支持你的論點。

3. 榮格的人生記錄是很多夢的組合，所以他相信透過夢境分析可以幫助人們獲得很多的啟發和提醒。請先列出夢所扮演的角色與功能以及分析夢境可採用的四個步驟。然後請就你做過的一個夢，根據分析心理所建議的四個步驟加以分析，並分享這個夢境帶給你什麼樣的啟發與提醒。

4. 如果你是本章案例分析中的劉太太，這樣的處理方式你滿意嗎？有哪些方面諮商師還需顧及到？現在請就分析心理諮商師的立場提出諮商方案來幫助她。

5. 榮格筆下所書寫的人是相當多層也有很多待自己去開發的潛藏面，所以本書作者對此下了個結論：「每個人都擁有相當豐富的資源。敏覺它和善用它，人生就會越來越精彩！」你同意這個說法嗎？請舉例說明這個論點對你活出真正的自己的人生道路會有什麼樣的幫助？

＊本章的「參考書目」與「照片來源」附於書末的專頁。

第三章

◆

阿德勒的個別心理諮商學派
Adler's Individual Psychology

創始者
阿菲・阿德勒
（Alfred Adler, 1870-1937）

―――― **本章要義** ――――

你想擁有什麼樣的人生呢？答案就在你身上！

你的人生是由你自己掌舵的！

┃ 每個諮商學者都有其人生故事，這是阿德勒的故事……

第一節。阿德勒的人生故事

⊂照片 3-1　阿德勒的出生地
（Mariahilfer Straße 208, Ru-dolfsheim-Fünfhaus, Vien-na.）。

1870 年 2 月 7 日阿德勒出生於奧地利維也納，是猶太人。

　　家中有六個男孩和兩個女孩，他排行老二，大哥西蒙處處表現得比他優異讓他好生嫉妒，三歲時么弟睡在他身旁時夭折，對他影響也很大。從小羸弱多病，阿德勒說他記得小時候有次跟身體健壯的哥哥去海邊玩，哥哥毫不費力的又跑又跳，而自己卻一舉一動都得使上吃奶之力，「每個幫我的人都很辛苦」（Everyone went to great pains to help me.）（Hoffman, 1994, p. 7）。不僅如此，他的命運也相當乖舛，曾在馬路上被車子撞過兩次，五歲時因溜冰受寒得了肺炎差點奪去他的性命，小小年紀的他清楚聽到醫生向父親宣布「這孩子沒救了」的訊息，還好只是虛驚一場，倖存下來後，他立志長大後要當醫生。但上學後功課一直都不好，尤其是數學，老師向父親直言：「對這小孩將來的期望不用太高，能去當個鞋匠就不錯了。」這段話刺激了阿德勒，不願意向命運

低頭，矢志用功讀書努力克服學習障礙，終於成績漸有起色，從倒數幾名變成名列前茅，高中畢業後於 1888 年進入維也納大學醫學院就讀。回首這段心路歷程，阿德勒說：「此經驗讓我看到了特殊的潛能或能力是天生的論點是錯的」（This experience help me...to see the fallacy of theories of special talent or inborn capacities）（Hoffman, 1994, p. 15）。在醫學院學習中，他對兒童疾病特別偏好，想對纏擾他多年的疾病瞭解清楚。

因在就學中被征調去當兵，直到 1895年才從醫學院畢業。在學中他認識一群參與社會主義運動（socialist）的同學，其中一個由蘇俄來維也納讀書的瑞莎（Raissa）更吸引他。1897 年終於贏得瑞莎芳心，兩人在蘇俄的斯摩零棱斯克（Smolensk）成婚，婚後生有四個孩子，其中兩人長大後也當精神科醫師。

⌒照片 3-2　阿德勒醫治兒童的情景。

行醫後，先走眼科，後轉家醫科。身為醫生，他主張看病人不能只是「頭痛醫頭、腳痛醫腳」的處理症狀，而是應該要瞭解病人的整個人格特質、所處的環境及病人對症狀的反應等。之後他轉到腦神經科及精神科，更全力將他的理念融入治療實務中。

阿德勒不順遂的成長經驗對他的心理學理論發展影響極大。例如不向命運低頭的經驗，讓他發展出自卑產生超越的理論就是其中的一例。從小信賴父親也深受其寵愛，但與母親卻不親，而且很嫉妒哥哥，這種成長經驗對塑造自己人格的影響，也可從他的理論中強調產序、家庭成長史與社會互動對人的影響中看出端倪。

1902 年，比他大 14 歲的佛洛依德邀請他參與「星期三協會」（Wednesday Society）〔也稱心理分析小組（psychoanalytical circle）〕，很快

地阿德勒在裡面占了一席重要的地位，成為維也納心理分析學會（Venna Psychoanalytical Society）的主席（president）和《心理分析學刊》（Zentralblatt）的共同主編。與佛洛依德共事 11 年中，他逐漸對洛依德所強調從本能驅力去認識人性本質中的說法有所質疑，轉而對自我尊重（self-esteem）及自我（ego）對人際關係的影響感到興趣（嚴格說來，阿德勒可以算是第一位自我心理學家和社會學家）。到了 1911 年，阿德勒深感與佛洛依德的理念分歧越來越大，便辭去主席的職位，理由是自認「他著重科學的態度與在學會的身分無法相容」（incompatibility scientific attitude with his position in the society）（Hoffman, 1994, p. 73）。未久，佛洛依德提出無法再和阿德勒一起繼續擔任《心理分析學刊》共同主編的工作，有意把阿德勒排擠出去。之後由會員投票表決阿德勒和其招收入學會者的去留，當時的 21 位會員中有 5 位缺席，11 位表示「不應留任」。此投票結果為阿德勒與佛洛依德的共事關係劃下休止符，兩人正式分道揚鑣。那 5 位故意缺席者追隨他而去，自立門戶，先暫時定名為「心理分析研究自由派協會」（Society of Free Cycle of Psychoanalytic Research），「自認仍是個忠誠的心理分析師，但是要當個以科學尋求真理，而非只一味服從佛洛依德一人教導者」（He still regarded himself as a loyal psychoanalyst, but one seeking scientific truth rather than conformity to the particular teaching of one man, Sigmund Freud）（Hoffman, 1994, p. 78）。第二年確定未來的走向後，更名為個別心理學協會（Society of Individual Psychology），並於 1914 年創立了《個別心理學學刊》（Journal for Individual Psychology），著重在整體性（holism）、社會興趣（social interest）、個人邏輯（private logic）、生活型態（life style）以及目標追求（goal striving）等方面的探討與發展。

第一次世界大戰爆發，阿德勒被徵調當軍醫，戰後在維也納成立 32 個兒童輔導診所（Child Guidance Clinic）。1920 年開始到美國各地演講。1932 年因身為猶太人，診所被禁止營運，便移民到美國紐約定居。在長島醫院工作並

常到世界各地演講，致力於教導父母、老師、社會工作人員、醫生和其他專業人士如何根據孩子的個別差異提供適當的協助。他相信藉著人際關係的改變，就能影響整個大環境的改變；也相信透過教育與訓練，可以幫助人們解決問題及擁有較滿意的生活（Adler 1927/1998; Carlson, Watts, & Maniacci, 2006; Corey, 2013; Hoffman, 1994）。

　　阿德勒與佛洛依德、榮格一起被譽為心理學領域的創始者。他一生著作頗豐，出版與發表超過 300 本的書與文章，詳細的闡述個別心理學的理論，留給後代心理與諮商領域的學子很多學習的榜樣。其著作《瞭解人性本質》（*Understanding Human Nature*）是美國第一本暢銷的心理學書籍。理性情緒行為諮商法創始人艾里斯（Albert Ellis）讚賞阿德勒的理論比他成長的時代背景還超前，對後期發展的諮商理論深具影響性（Adler, 1956, 1992, 1927/1998; Carlson et al., 2006; Corey, 2013; Dinkmeyer, Dinlmeyer, & Sperry, 1987）。阿德勒一生努力不懈，直到 1937 年 5 月 28 日準備赴蘇格蘭亞伯丁（Aberdeen）演講前在散步中突發心臟病而去世，才卸下人間的勞煩。

　　現在讓我們從個別心理學派對人性本質的界定，來探討心理問題的來源及處理的策略。

第二節・阿德勒對人性本質的看法

有別於佛洛依德的心理分析理論強調的命定論，阿德勒在其著作《你的人生可以帶給你什麼意義》（*What Life Could Mean to You*）開宗明義的指出「人是活在意義的世界裡」（Human beings live in the realm of meanings）（Adler, 1992, p. 15）。雖然與佛洛依德持一樣的觀點，相信幼時經驗（特別是六歲前的經驗）對人格成長的影響。不過阿德勒強調，那些事件本身無法決定它帶給當事人的意義，而是取決於當事人如何去解釋與定義那些事件所帶給自己的意義。有別於佛洛依德相信人是受潛意識、生物性的衝動所影響，且是被動被過去命運所主宰的說法；阿德勒對人性持較樂觀的看法，強調社會環境與心理因素在人們成長中的角色。人們不能遺世而獨立，其行為舉止都是有目標取向的，且與其所處的大環境有關，而非完全受制於潛意識（Adler, 1998; Nystul, 2011）。有別於佛洛依德將心理治療聚焦於過去，阿德勒的心理治療強調的是現在與未來的取向，他相信「個體持續在創造（或再創）自己，且總是處在轉化的過程中」〔individuals are "continually creating (or recreating)" themselves and are always "in the process of becoming"〕（Carlson et al., 2006, p. 9），因此阿德勒的理論著重在現在和未來的取向，而非過去。下面請阿德勒帶領我們認識人們在成長中如何創造自己的過程。

壹、人格是整體不可分割的

有別於佛洛依德將人格分為本我、自我與超我三個部分，阿德勒強調人格

的整體性（holism），每個人的人格是其想法、感覺、信念、態度、特質，加上其工作、家庭、學校與文化背景，以及這些因素之間的交互作用，和自己人生目標等因素組合而成的。每個人在與社會互動及目標追求中，決定自己的舉止與走向，也創造出自己的獨特性。因此要認識一個人的全貌，就得從其所在的環境帶給他的意義中去理解。因為每個人的人格都是相當獨特的，對同樣情境的反應難免有所差異。所以個別心理學的諮商師在幫助案主時，較多專注在其人際關係的狀況，較少注意其內心的互動狀況（Corey, 2013; Dinkmeyer et al., 1987; Oberst & Stewart, 2003）。

一、人有自創性與自我生產力

阿德勒指出人生而具有創造自己的能力（creative self），透過此能力人們能夠為自己做決定、詮釋發生在自己身上以及身邊周遭的事物。除此之外，人還生而具有自我生產的能力（self-generation），也就是說當我們影響別人時，也同時影響了自己。當我們企圖要說服或改變別人時，也同時說服或改變了自己。人不僅是社會環境的產物，也是自己與所處社會環境的創造者。套句阿德勒的話：「每個人是一幅畫，也是畫那幅畫的藝術家」（the individual is thus both the picture and the artist）（Ansbacher & Ansbacher, 1956, p. 177）。人生來為何並不重要，如何善用與生俱來的能力才是重點（Oberst & Stewart, 2003）。

二、人自創自己的生活型態，也有權改變它

要認識一個人，需要透過瞭解其情緒、想法、人格特質與生活型態（life style）。因為人們常以其私人的邏輯觀來創造生活型態，所以要介紹生活型態前，讓我們先瞭解什麼是私人邏輯（private logic）（Colledge, 2002）。

（一）私人邏輯

阿德勒說人的想法可分為一般常識和私人邏輯兩種，前者是一般人都知道

也都有共識的基本常識；而私人邏輯則是每個人在幼年時從觀察與理解其生活經驗中推敲出來的一套邏輯觀念，可能是相當主觀或許會含有偏見的成分，通常除了自己之外，別人很難理解。人們常是以其私人邏輯觀去創造獨特的生活型態，按自己相信的方式去處理事情和反映事物，所以每個人顯現出來的人格特質與行為舉止才會相當獨特。臺語有句話說：「一種米養百種人。」為什麼會這樣？就是因為在人們的成長中不單是被動的被環境所塑造，也是主動的按自己對事物的理解發展出自己的私人邏輯，創造出獨特的自己。

（二）生活型態

　　阿德勒所指的「生活型態」一詞，也可以稱為是生活計畫、生活藍圖或生活的策略。阿德勒相信人們有動力把負向的自卑轉成正向的超越，往自己所認為的理想目標前進的這股能量，是來自於人們對自己與對人生的信念。這股引導生命取向的信念，即稱為生活型態，包括人生的座右銘與信念，也包括對行動、知覺和想法的組織運作能力。人們的生活型態決定了他們對自己、他人與世界的觀感，以及追求生活目標的取向。生活型態是從幼童（約在五歲時）與家人和環境互動中所得的印象，透過主觀的解釋架構出來的。可見這個由父母以他們的價值觀建立起來的家庭環境，以及兄弟姊妹間的關係，是孩子發展出對外在世界的信念與選擇人生方向的重要基礎。所以要真正認識一個人，需要從瞭解其情緒、想法、人格特質與生活型態的角度出發，再從這個人是如何將自己不同層面的人格功能整合與運用到生活中去認識與瞭解（Adler, 1998; Colledge, 2002; Corey, 2013; Mosak & Maniacci, 2011; Oberst & Stewart, 2003）。

　　雖然阿德勒並不否認遺傳與幼年經驗對人格發展的影響，但更加強調孩子對所處環境的態度與意見的影響力〔註：在 20 世紀初學者們對是先天（nature）或後天（nurture）對人的成長較有影響甚有爭辯。事實上，阿德勒早已提出對人影響的第三因素是人的「想法或意見」（opinion）〕。然而孩

子在生活型態定型的時候年紀還小，主觀意識與覺察的能力畢竟有限，對環境的解釋難免有所偏差，所以會造成私人邏輯推理上與生活型態的偏誤是可預見的。例如認為「沒有人喜歡我！」或「人生太恐怖了！」以至於影響到目前的行為。所幸誠如阿德勒所指，每個人是演員、編劇者也是導演，人們可以主動為自己創造新的人生。如果發現某個行為是受到偏差生活型態的影響，可以透過找出小時候那個偏差想法的經驗，加以更正，重塑當年的經驗，而有機會再創一個健康正向的生活型態（Adler, 1998; Ansbacher & Ansbacher, 1956; Corey, 2013; Oberst & Stewart, 2003）。

三、行為是有目的且是目標取向的

（一）目標是行為的依歸

　　「那人的行為看似費解，但你若朝其所追求的目標或目的地望去，你就能看出了端倪」（Behaviors that may seem inexplicable become understandable once we know their goal or purpose）（Dinkmeyer et al., 1987, p. 12），這句話標出了阿德勒所主張的每個人的行為都是有其目的地的意境。當我們清楚對方的目標及所處的環境，就能瞭解對方的所作所為所代表的意義，以及其所採的行為步驟與目標達成間的關聯性。若感到腦筋一片雜亂，不能思考，甚至無法感覺、規劃或作夢時，阿德勒會建議要先為自己找到定點，才能與自己所處的環境互動。也就是說每個人必須有目標、有承諾，心才能定下來。當人們覺得自己很難集中精神去思考、感覺、規劃或甚至覺得生活沒意義時，就表示此人還沒找到自己人生的目標。不過若設定的目標不適切，人們的心理能量仍無法運作，因此在尋找目標時不可太過於草率。可以從自己常做的事的蛛絲馬跡中去尋找線索，回想以前完成過的一些任務或做過的一些事情，也許會有助於尋找出與自己興趣符合或值得繼續努力的方向與目標（Adler, 1927/1998）。

（二）引導人生目標的動力──行動法則與自我理想準則

人們約在五歲左右生活型態形成時，個人的「行動法則」（law of movement）就約有雛形了。所謂行動法則指的是人們會按其能力去做選擇，以期望將自己的能力和資源做最大的發揮。透過這個行動法則，孩子們決定與選擇其行動的目標。稍長後，人們透過行動法則設定了人生的目標。也因為每個人的行動法則不一，所定的人生目標各有所別，因而顯出每個個體的獨特性。

除了行動法則外，阿德勒認為每個人的內心還有一個自我理想準則（guiding self-ideal）〔或稱夢想的最終目標（the fictionate final goal）、完美的目標（goal of perfection）〕在引導著我們。這個自我理想準則會透過潛意識有意無意的影響著人們整體的行為。基於對個人本質的尊重，阿德勒建議在幫助人們探討目標時，不要用「為什麼」（why）或「這個想法是哪裡來的」（where from）的歸因式（causal attribution）問話；取而代之的，可以用「為何」（what for）和「去哪兒」（where to）這種目的性（teleological）的問法。阿德勒建議與其要去探索行為的原因，不如將重點放在探討終極的目標（final goal）。因為瞭解情況為何會發生及對方如何做反應固然重要，若要能真正幫助人們找到適當的目標，更重要的是要瞭解那個人的人生走向與所鎖定的終極目標。比如說某個本來對讀書缺乏動機的學生向諮商師談到轉系的想法，他表示自己人生的終極目標是希望對社會有所貢獻，後來發現唸諮商輔導學門可以達到這個目標，便卯足了勁用功讀書準備轉系考試。考上後除了課業充實外，也積極參與多項義工的工作來增強自己的技能。可見當人們能夠找到符合其人生意義的目標時，就會調整生活的步調與該目標同方向的社會環境互動，吸收必要的資源來充實自己，以期能發揮潛能，達到預期的目標（Adler, 1992, 1998; Oberst & Stewart, 2003）。

四、自卑可以是超越的動力

（一）人的自卑情結

　　當人們赤身露體、一無所有的來到人世，事事須仰賴他人時，會感到相當無助，阿德勒稱之為自卑情結（inferiority complex）。在成長的過程中，難免會遇到自己無法應付與解決的問題、缺乏他人的愛與適當關照的時刻、健康出狀況，或比自己厲害的人，這時自卑感就會油然而生。當人們感到自卑時，很容易喪志，其潛能受到抑制因而無法對社會做出應有的貢獻。不過阿德勒強調這種自卑的感覺也會因個人不同的解讀而有所差異，也許兩人面對同樣的情境，其中一人把它解釋成負面的境遇而感到自卑；另一個人卻不受其擾或當成是激勵而奮發向前（Adler, 1992, 2011; Colledge, 2002; Oberst & Stewart, 2003）。

（二）超越的動力

　　從阿德勒的生平介紹中，你可能會注意到他的成長過程並不順遂，所幸在他的字典裡沒有悲觀兩個字，未把自卑情結看成是不正常或消極的拉力，反而把自卑看作是「正向的痛楚」（positive pain），他認為「自卑」和「超越」是一體的兩面。自卑感會讓人們看到自己的不足，或讓社會看到尚待改進的地方，因而成了鼓勵人們奮力超越（striving for superiority）的重要動力。阿德勒舉例說人類的科學之所以會進展，就是因為人們感到生活的不足之處，警覺到亟需努力研究才能應付未來的需要，因而帶動許多高科技的發明（Adler, 1992, 2011）。從社會的角度來看，追求超越的動力可以鼓舞人們向別人急起直追，而能發揮潛能為社會貢獻一己之力（Colledge, 2002）。

　　值得注意的是，阿德勒所講的超越並非鼓勵人們要互相競爭或超越別人的意思，而是強調如何透過自我能力的提升，化阻力為助力，把自己的弱點提升為強項。當然要能夠主動面對環境與克服困難是需要極大的勇氣與毅力，就像

阿德勒從成績倒數幾名，透過努力克服學習上的困難而能名列前茅；從老師認為只能當的鞋匠變成是醫生，且成為有名的心理學家，就是一個活生生的例子。當然每個人對超越的定義不同，完全視其人生的意義及生活型態而定。而前述所提每個人的內心裡所持有的夢想之最終與完美的目標及自我理想準則，在每個人追求超越的路上就具有關鍵性的引導力量。人們努力超越自己的目的就是期望能與心目中那獨一無二的完美目標互相契合（Adler, 1992; Corey, 2013; Dinkmeyer et al., 1987; Oberst & Stewart, 2003）。

貳、社會興趣是心理健康的指標

一、所有行為都有其社會的意義

阿德勒相信每個人生來就具有「社會興趣」，所謂社會興趣（social interest）指的是人們處理與面對社會的態度，人們從與社會的認同和同理別人的立場中來定位自己，並以為全人類謀福利為己任。人們生來就得與社會互動，其互動方式是從嬰兒時代要完全依賴他人才能生存，到長大後，逐漸有能力與人相輔相成，一起合作造就共同的利益，並理解到社會需要群體的互助互賴，整體的功能才能獲得充分的發揮。此外，阿德勒還加入「深植社會」（social embeddedness）一詞，強調當生活上遇到困難時，人們有能力以符合社會期許的方式克服障礙，且其處理的方式通常會先以有助於大眾福祉為優先考量。

阿德勒界定人生的三大任務為建立友誼（社交的任務）、貢獻社會（工作任務）與親密關係（性的任務）。在追求這些任務的達成上越能滿足，其社會興趣也會相對跟著提高，生心理也會越健康。因為人的所有行為都有其社會的意義，所以阿德勒提醒我們要瞭解一個人，應該從檢視此人的人際關係著手。不過要注意的是，一個人行為的好壞，必須要從其所處社會的標準才能做判斷。只有從對方所處的實際生活環境中，你才能真正觀察到該人的人格特質。所以若要協助他人處理問題，必須要先能瞭解該人所處的環境，站在該環境角

度才能看到問題的全貌（Adler, 1927/1998; Dinkmeyer, et al., 1987; Oberst & Stewart, 2003）。

二、每個人都有歸屬社會的需求

人的社會興趣的高低，受到小時候經驗的影響很大。打從小時候在家裡、學校、鄰居和社區間正式或非正式的團體中，每個人都在尋找一片可以歸屬之地。如果認為某個團體對自己很重要，就會努力去爭取以期獲得肯定；反之，若擔心無法被接受就會感到焦慮。例如阿德勒自小因兄長各方面表現得很優秀，頗得母親的歡心，而自己的表現卻老是差一截而無法獲得母親的肯定，這點他一直耿耿於懷，掛在心上。由此可見，當歸屬感的需求沒能獲得滿足，人們就會感到焦慮與不安，因而影響其心理的健康。但若從小在歸屬感的需求上獲得充分的滿足與成功的經驗，其社會興趣就會提高，心理也較健康，因此阿德勒將社會興趣的高低定為是衡量心理健康的指標。心理健康的人通常較願意貢獻己力參與社區的事務並能與他人合作。不過有社會興趣者不一定都會去付諸行動，所以阿德勒特別用「勇氣」（courage）這個字眼來形容「有社會興趣 + 能付諸行動」的人。一個願意說到又能做到，即使害怕仍願意付出行動，以行動來造福社會而非謀求自己的利益者，阿德勒稱讚此等人是個有勇氣的人。他認為其實「害怕」與「勇氣」是一體的兩面。當人們害怕的時候，反過來想，不正是訓練勇氣的最佳時機嗎? 也難怪阿德勒在其《社會興趣：阿德勒的人生意義之要件》（*Social Interest: Adler's Key to the Meaning of Llife*）一書中，疾呼幫助孩子發展出積極與正向的社會興趣是相當重要的。在兒童成長初期，就要開始培養並鼓勵孩子和他人的互動能力，提供機會讓他們的社會需求獲得充分的滿足（Adler, 1998; Colledge, 2002; Corey, 2013; Dinkmeyer et al., 1987）。

參、父母的角色與產序對人格成長的影響

可能是因自己成長於眾多小孩的家庭裡的經驗，阿德勒對家庭環境，特別是父母的角色以及不同產序對每個人的人格塑造相當關注。在他所著的《瞭解人性本質》一書中就提醒我們：「要判斷一個人得先從認識他的成長環境開始」（Before we can judge a human being we must know the situation in which he grew up）（Adler, 1927/1998, p. 123）。

一、父母是孩子成長的借鏡

（一）母親的角色——母親是孩子與父親以及社會關係的橋樑

如果仔細觀察嬰兒的一舉一動，你一定可看出，從初生開始，嬰兒最黏的人通常是母親。在人生初始的頭幾個月，也是人生最重要的那幾個月，母親扮演相當重要的角色。母親是孩子與社會接觸的第一個橋樑。在這個階段嬰兒的合作能力開始萌芽，透過與母親的接觸與交流，嬰兒對如何與他人互動有了初次的體會。也因此若孩子與母親間無法建立良好的關係，或母親缺乏育兒技巧，對孩子的人格成長會有相當不利的影響。因此，若要培育出心理健康的小孩，就得幫助他們平衡的建立與母親、父親與社會三方面的關係。當母親與孩子有了親密的聯結後，下一個任務就是要將父親納入孩子的世界裡，幫助孩子與父親建立親密的聯結。之後，提供機會讓孩子與家裡的其他小孩、朋友與鄰居們互動，幫助孩子伸展觸角與外在世界對話（Adler, 1992）。

（二）父親的角色——父親的人際關係是孩子與社會互動的借鏡

雖然在孩子成長的早期母親扮演相當重要的角色，但父親對孩子成長的影響程度跟母親一樣重要。如果母親沒能順利的將父親引入孩子的生活，會阻礙到孩子對社會興趣的發展。當父親者很重要的任務是要示範給孩子看如何與另一半、孩子以及社會相處。父母親在婚姻裡的相處方式提供了婚姻的概念與如

何與配偶相處之道。很遺憾的，每當孩子不聽話時，母親可能會丟出一句話：「等你爸爸回來就知道了！」讓父親毫無選擇的扮演處罰者的角色，這樣的處理方式很容易會阻礙父親與孩子間友誼關係的發展，且日後很容易對有權威角色或對男性感到恐懼或害怕。父母在對待孩子時最好是一視同仁，特別是當孩子在發展上有所差異時，父母更不要有差別待遇，以免造成孩子間互相嫉妒的心理；或造成驕者更驕、敗者更敗的兩極心理。其實父親很重要的一個角色不是讓孩子害怕，而是示範給孩子看如何與社會互動。首先從其工作的態度中給孩子看要如何面對與解決工作上的問題；再者從父親與朋友的互動中，孩子們可以學到人際互動的技巧。而當父親者若能擴展朋友圈，也等於是幫助家人擴展社會互動的領域（Adler, 1992）。

在阿德勒的眼中，父親與母親對孩子成長的影響沒有所謂的孰重孰輕，父母是教養孩子的團隊。父母是孩子成長的借鏡，透過父母，孩子看到了世界，所以父母對教養孩子的態度要能一致且相互尊重，並尊重孩子的個別性，不把他們拿來互相比較，會有助於孩子發展出正向與積極的社會興趣與生活型態。阿德勒強調：「除非孩子覺得受到平等對待，否則其社會興趣的能力很難獲得健全的發展」（Unless children feel equal, humankind will never be well grounded in social feelings）（Adler, 1992, p. 124）。

二、不同產序造就不同性格

阿德勒為心理學界開創一個很獨特的研究領域，就是探討家裡的排行對每個孩子的影響。不管父母如何刻意經營，都無法提供給每一個孩子完全同樣的成長環境。每個孩子的生活型態就會反映出他們與該特有環境互動與適應所產生的結果（Adler, 1992）。

（一）長子／長女的性格

按阿德勒的觀察，一般來說，第一個小孩在當獨生子女的時期通常會得到相當多的關懷與寵愛，他們擁有較多發展上的優勢，也許是從小就要與大人互

動，所以智慧上較成熟。也許是父母對老大期望較高，而且從小就有機會學習當領導者，所以會顯得較有能力、較得父母的信任，也常會把責任交給他們來扛。為了執行好責任，遵守規則相當重要，所以長子女通常對規則與律例相當重視，個性上較持保守的態度，認為既定的事物就不能任意更改，也因此較易感到焦慮。老二降生之時可能會是老大人生的轉捩點，因為這時家人注目的焦點轉移到老二，讓老大覺得自己原先在家裡獨一無二的地位已受到動搖，可能是這樣，所以老大通常喜歡談過去，對未來較持悲觀的態度。不過也可能因為如此，老大們長大後會希望抓回權威者的角色，再成為注意力的焦點，並從事執行法規相關的工作（Adler, 1992; MacDonald, Jr., 1971）。一項有趣的觀察發現，美國歷年的總統、英國與澳洲的總理、世界各國的領袖、美國參議會的議員或州長等，多數在家裡是排行老大（Andeweg & Ven Den Berg, 2003）。然而雖然優秀人才很多是家中老大，老大也是產生最多問題的一群，所以阿德勒建議如果父母在老二出生前就開始訓練老大的合作能力，那麼老二的出生就不會對其造成太大的影響。阿德勒建議若要有一個以上的孩子，三年是較好的間隔。因為三歲的孩子較能夠與新生兒合作，且理解並接受家裡可以有一個以上的小孩的事實（Adler, 1992）。

（二）老二的性格

在家中身為老二的阿德勒說，老二的產序與其他產序是非常不一樣的，因為打從一出生就有老大在而無法獨享父母的愛，得識時務的和老大分享家人的注意力，且學習和老大合作。跟老大不同的是，老二從小就有老大在當前導，為了能與老大並駕齊驅，老二常會比同年齡的小孩顯得成熟。老二的人生過程好像是一場持續的競賽，目標是要趕上或贏過老大。若見有人超前一兩步，老二就會企圖要迎頭趕上，所以很多時候老二會比老大成功。阿德勒強調這與遺傳無關，唯一的理由是老二的認真與執著的態度。長大離家後，老二會從其周遭找個前導者，把對方當自己努力的目標與競爭的對手。事實上，從阿德勒的

身上就可以看到這樣的例子，阿德勒的哥哥與佛洛依德同名都叫西蒙，自小就比自己優秀又很得媽媽的歡心，讓阿德勒很嫉妒，一直期望能趕上哥哥，好受到母親的注意。離家後，阿德勒選了佛洛依德成為自己的前導。在跟隨佛洛依德的學習中，他沒有被動的照本宣科，而是努力發展自己的特色而能獨樹一格。但由於老二一直持續處於努力要超越的壓力中，如果發現自己競爭不過，很容易產生緊張失調的現象。要避免這樣的問題發生，則端賴父母的態度，如果父母對孩子們都能一視同仁並強調合作，孩子間就不會覺得非要互相競爭才能贏得父母的歡欣與注意（Adler, 1992, 1927/1998; Corey, 2013）。

（三）老么的性格

身為老么的人和其他產序的不同是自己沒有弟妹跟隨，但卻有許多兄姊在當前導，老么永遠是家人心中的小娃娃，也可能是最得寵的。不過因為從小就是家裡最小與最無助者，這種自卑感會讓他們奮力向前。前導的哥哥或姊姊一方面提供老么很多學習上的刺激，另一方面又是老么競爭的對象，所以老么通常會有很好、甚至超越其他兄姊的發展。無奈的是，統計上顯示除了老大是產生最多問題的一群外，第二大的問題人物是老么。阿德勒探討其原因指出，可能是因為家人的過度寵愛讓身為老么者無法獨立，雖然有雄心壯志卻因為沒有信心，而沒有勇氣去完成它，阿德勒稱這種有識無膽的人為怠惰者，雄心太大而看不到有實現的可能性，因不覺得自己可以贏過前導者，乾脆就自暴自棄（Adler, 1992, 1927/1998）。所以撫養老么時很重要的是培養其獨立性與自信心，並幫助其設定具體可行的目標。

（四）獨子的性格

獨生子女的成長環境在某些時候會與老大很像，通常會是家裡的焦點，較懂得與大人相處，或對社會較有責任感。但也有其特有的問題，例如有些獨生子女的父母常提醒子女「你是我們所有希望之所在」而讓孩子身感壓力。或可能會因父母過度疼愛而讓子女較難獨立、顯得內向、過度依賴他人的引導或支

持。另一個可能的問題是獨生子女通常與母親很親，與父親成為競爭的對象，好像要把父親推出家庭的圖像之外。他們希望自己比父親更優秀，以贏得母親的注意，如果他們無法成為注意力的焦點，就覺得自己是失敗的。因此教養獨生子女時，父母要同心協力，讓子女對父母兩人都感興趣，有助於子女人格的發展（Adler, 1992, 1927/1998; Corey, 2013; MacDonald, Jr., 1971）。

第三節 · 個別心理學派的諮商策略

壹、諮商目標

個別心理諮商學派強調諮商應著重於樂觀、成長與教育的取向。此學派反對用醫學模式把案主當成病人的做法，而是本著成長的模式，相信人們可以透過改變生活目標與生活型態，而讓生活更快樂也更滿意。

一、目標一：增加案主的歸屬感和社會興趣

阿德勒認為案主的問題是來自缺乏勇氣，而缺乏勇氣可歸因於缺乏自信心與社會興趣，也是由於對不準目標的焦距所致，所以諮商師的第一個目標是要增加案主的歸屬感和社會興趣。要達到此目標，諮商師可透過鼓勵案主檢視其私人邏輯與生活型態，覺察和挑戰影響其社會興趣的不當信念。

二、目標二：透過提供資訊與教導來幫助案主克服自卑感和增強勇氣

因為鼓勵（encouragement）具有改變案主的信念、建立自信與提升勇氣的神奇力量，所以諮商師的第二個目標是透過提供資訊與教導來幫助案主克服自卑感和增強其勇氣，相信自己可和別人平起平坐，對社會有所貢獻。

三、目標三：幫助案主找到人生的目標

當案主對不準目標的焦距或原來的目標行不通時，諮商師可幫助他們換個角度與想法看事情，用新的認知地圖來規劃人生的方向（Corey, 2013; Seligman, 2006）。

貳、諮商師的角色與功能

個別心理諮商學派強調諮商師應以合作、信任與尊重的關係來幫助案主成長。阿德勒認為案主之所以缺乏勇氣是來自不信任、自私、不切實際的雄心壯志或缺乏自信的錯誤私人邏輯與信念，所以諮商師的第一個角色與功能是要幫助案主找到那些不當的想法。阿德勒認為案主的不當想法是來自他們所形塑的人生故事有所偏誤，因此諮商師的第二個角色與功能是幫助案主能夠仔細偵察、瞭解與挑戰其人生故事，去蕪存菁，重寫正向積極的故事情節。為瞭解早期家庭生活對案主的影響，諮商師的第三個角色與功能是進行家庭生活的評量，透過家庭星座（family constellation）、回溯早期的記憶（early recollection）、生活型態的評量，可以幫助諮商師瞭解案主的家庭生活對其成功或失敗的影響，並理解案主的目標及推動其往前行的動力（Corey, 2013）。

參、諮商策略

根據個別心理諮商學派的諮商目標，諮商過程可分為四個階段，不過不同階段之間並沒有嚴格的分界線。

一、階段一：建立具有同理心的諮商關係

阿德勒對諮商過程的想法在他的時代算是很先進的，不似佛洛依德專注於案主的問題，他強調諮商師與案主建立正向積極的關係，讓案主感覺得到諮商師的瞭解與接受是相當重要的。因為很多案主來接受諮商時通常都會感到自卑和害怕，所以諮商師在與案主互動、傾聽案主講話時，在語言和肢體動作上都

要表現出積極的關懷、參與、同理心與平等對待的態度，以幫助案主克服其自卑感。諮商師可以從探討案主對諮商的期望開始，瞭解其對所遇到問題的看法、希望如何改善自己的生活，並探討案主尋求諮商的動機。諮商師應善用鼓勵的技巧，這在這個階段以及整個諮商過程都是相當重要的。當諮商關係建立後，諮商師可以和案主詳細討論其問題，具體列出可行的目標，並協調出兩人都同意的諮商次數與時間（Carlson et al., 2006; Corey, 2013; Dinkmeyer et al., 1987; Seligman, 2006）。

二、階段二：評量、分析和瞭解案主的生活型態

此階段的目標是要瞭解案主的家庭背景、生活型態、私人邏輯與目標，找出自我破壞性的行為或錯誤邏輯觀。為達到此目標，諮商師須進行客觀性的訪談（objective interview）與主觀性的訪談（subjective interview），探討案主的家庭星象、最早的記憶與夢、產序，以及其人生的動力和優先順序。

客觀性的評量著重於探究：(1) 問題是什麼時候開始出現的；(2) 有什麼突發事件發生；(3) 現在與過去的生病史；(4) 社交生活狀況；(5) 案主決定尋求諮商的緣由；(6) 案主克服生活任務的狀況；(7) 生活型態的評量。

在主觀性的訪談中，諮商師提醒案主他們是自己人生的專家，而且在聆聽的態度上要顯現出對案主談話內容的好奇與興趣，並自然的引導案主詳盡的陳述出其人生的故事。諮商師可以用這樣一個問題來問案主：「如果你沒有遇到這樣的問題或沒有這樣的症狀，你的生活會有什麼不同？你會做些什麼不同的事情？」以瞭解案主遇到的困難、症狀、對問題的看法以及試行過的解決方式。例如一位當護士的案主抱怨腰常會痛，你以上述的問題問她，如果案主回答說：「如果我腰不痛，就可以較順利的幫病人翻身，也能坐在電腦前完成病歷報告。」這表示腰痛已威脅到她的工作，她只是強忍著痛不想面對而已。反之，如果案主回答說：「我只是希望腰不痛，晚上可以睡好一點。」表示她的腰痛只是造成身體上的不適，還沒有影響到工作或生活上的其他層面。所以在

訪談案主時不僅要記錄他們說話的內容，也要用「第三隻耳朵」來聽訊息，例如注意案主說話的內容與臉上的表情或肢體的動作是否一致？案主在描述家庭生活時，使用的是主動或被動的語氣？若使用主動的語氣也許表示案主的家庭生活可能較健康與正向，或他在家裡較有主導權；若使用被動語氣，可能表示他來自較不健康的家庭或在家裡較無主導權（Corey, 2013; Oberst & Stewart, 2003; Seligman, 2006）。

（一）瞭解案主的家庭星象與家庭氛圍

　　阿德勒認為家庭星象與家庭氛圍（family atmosphere）是影響人們對自己、他人與世界的觀點以及生活型態的重要因素，它決定了人生目標以及如何達到該目標的取向、社會興趣的強弱以及希望獲得歸屬感的組群。家庭星象包括家庭成員的數量與特質、家人互動的狀況，及其互動的狀況是相互合作或是互相競爭。此外，家裡的產序、家庭的文化、價值觀與對性別的期望以及家人間的人際關係，也是值得探討的要素。下面幾個問題可以用來作為蒐集這些資料的參考（Corey, 2013; Oberst & Stewart, 2003）：

1. 誰在家裡最得寵？
2. 父母對你和其他兄弟姊妹的關係有何不同？
3. 誰最常被委以重大責任？
4. 父親和孩子的關係如何？
5. 母親和孩子的關係如何？
6. 父母對男生與女生的期望有何不同？
7. 哪個孩子最像父親？哪個方面與父親相像？
8. 哪個孩子最像母親？哪個方面與母親相像？
9. 兄弟姊妹中你和哪一個最像？哪個方面相像？
10. 兄弟姊妹中你和哪一個最不像？哪個方面不像？
11. 你的孩提時代是什麼樣子？

12. 你的父母相處情況怎樣？他們經常同意彼此的意見嗎？若不同意時他們如何處理？

13. 父母會不會拿你們兄弟姊妹互相比較？還是會一視同仁？

（二）分析案主早期的記憶

　　阿德勒認為分析早期的記憶是瞭解案主的人生目標與行動準則最直接的方法（Adler, 1929），因此可以請他們回憶幾件對人生最早的記憶，從最先想到的開始講，簡單的描述每個記憶：「誰在這個記憶裡面？」「你們之間的關係是什麼？」「從這個記憶中你感受到什麼？」等，案主分享了幾個早期記憶後（通常是五個），諮商師再和案主一起分析和解釋這些記憶所代表的意義。諮商師相信每個被案主選擇留在腦海裡的事件都是很重要的，這些事件所以值得記憶可能因為它們具有與案主想法相似的圖像或某些讓案主覺得值得記憶之點。當案主遇到事情時這些留在腦海裡的記憶就會被喚出來提醒案主：「這是你所期待的」或「這是你應該逃避的」或「這就是人生！」不過阿德勒提醒說：「事件本身是什麼不重要，這些經驗被放入腦中而轉化成人生的意義對人的影響才是重要的。每個記憶是被選來當提醒者」（Adler, 1992, p. 28）。

　　其實諮商師要案主喚起早期記憶，其正確度或其歷史背景並不重要，正如阿德勒說的：「我們不相信所有過去的記憶都是正確的，很多可能甚至是幻想，很多可能隨著時間也物換星移了……這些舊記憶本身不是造成問題的理由而是暗示的線索。它們在指示著往前行的目標及需要克服的障礙」（Ansbacher & Ansbacher, 1956, pp. 352-353）。這些早期記憶代表的是案主開始能以主觀的自我直覺來記憶自己人生的時刻，也顯示出案主對自己與環境關係的最初印象。從這些回憶中可看出案主在人生的過程已有多久是採用某種特別的生活方式與技巧來面對，也可看出案主心中的理想目標為何。所以在諮商中要案主回憶早期的記憶其實只是做一個投射性的刺激，諮商師的主要目的是瞭解案主是如何用這些早期記憶去解釋他們過去的生活與現在及未來的人生目

標、生活型態與克服策略的關聯性，進而可以推廣至其人生的意義。

　　案主的生活型態也會從其他的資料（如夢境或家庭角色）中顯示出來，這些資料可以作為幫助案主探討生活型態的起始。如果仔細傾聽，從記憶中出現的人、事件或關係中，可以勾勒出案主目前的生活型態與追求目標的關聯性。不過諮商師要特別注意案主在分享時的情緒反應和口氣，例如如果案主先分享與父母間快樂的回憶然後又提到與兄弟姊妹間的衝突，可能表示案主感覺現在在父母心目中的地位已不再重要。又例如案主喚起自己曾生病待在家裡的回憶，可能是擔心自己的健康、覺得對工作或社區參與沒有充分準備好而無法面對，或期望克服身體的限制，希望能有所突破。不過儘管諮商師已從觀察中找到一些推論，只能以假設的方式提出自己想法，要有機會讓案主針對此表達自己的想法。

　　經過解釋後，諮商師可以開始跟案主一起羅列出其生活型態，以「我是……」表達對自己的看法，以「其他人是……」表達對他人的看法，以「這世界是……／人生是……」表達對世界和人生的看法，然後以「所以我要……／我必須要……」來表達自己的目標。以完整的句子寫完後，交給案主一份，請案主過目後一起討論（Adler, 1992, 1927/1998; Oberst & Stewart, 2003）。

（三）探討夢境傳達的訊息

　　除了瞭解案主的家庭星象與早期記憶外，阿德勒也強調探討夢境所傳達訊息的重要性。不過他對夢的解釋與佛洛依德相信夢是來自藏在潛意識裡過去所遇到的衝突不盡相同；阿德勒認為夢是人格裡的現在與追求未來的一面。阿德勒認為夢是反映生活型態，夢與人格特質是一致的，沒有所謂的潛意識或意識之分，也就是說夢裡的人生與醒著的人生是一體的兩面，兩者朝著同一個方向前進，都在為人生的目標架構藍圖，為超越人生而努力。另外，夢在人們目前的情境與追求超越的目標中扮演著橋樑的角色，它把人在現實中無法實現的想法，在夢中毫無攔阻的獲得實現，讓人們的情緒在夢中獲得激勵。只是因為夢

裡的人生較不受社會規範約束，較能充分顯現出生活型態，所以也較醒著的人生不易瞭解。阿德勒提出一些解釋夢的例子讓我們參考。他說如果回憶不起夢境，表示這人是個很健康平順的人，此人記得所有日常生活或工作的行事方式，不需要靠夢境來提供解答。如果夢境是焦慮或害怕的，表示其生活型態受到了威脅，或其生活遇到了挑戰，而導致自我尊重失去了平衡。若有正在或企圖飛翔的夢境，表示他們對目前正在追求自我超越的目標很有自信。若在夢中無法動彈，表示在實際生活中他們正遇到問題，面對衝突無法下決定。不過當諮商師對案主解釋夢境時要像解釋早期記憶一樣使用假設性的語氣，讓案主有表示同意或反駁的機會（Adler, 1998; Oberst & Stewart, 2003）。

三、階段三：鼓勵案主自我瞭解並能獲致領悟

此諮商階段的目的是幫助案主達到兩個等級的自我瞭解，第一個等級是在認知上從瞭解自己生活的選擇和結果、人格的成長和問題等，認識到自己是一個怎麼樣的人，以及自己的生活型態是如何形成的。第二個等級是幫助案主對自己的瞭解能進入深層次的情感層面的領悟（insight）。對質（confrontation）、自相矛盾（paradoxical intention）以及掃興（spitting in the soup）三種方法可以幫助案主達到深層的自我領悟（Oberst & Stewart, 2003）。

（一）對質法

對質法是針對案主的生活上出現不一致的狀態給予即時性的提醒，期望透過這樣的指點，能幫助案主找到問題的癥結而能有正向的改變。例如案主一直說要用功讀書但卻老是沒交作業，諮商師就可趁機加以對質，例如：「上星期在諮商中你提到父母要你用功讀書將來才能出人頭地，你說自己很同意這個想法並會努力朝這個方向去做；但現在你又說好幾個作業都沒寫完也沒交。你有沒有看出你的想法和做法間有不一致的地方？」對質法也可以用在當諮商師看到案主語言和非語言有不一致的時候。例如：「當你說到很高興被選為下學期的班長時，我看你眉頭是皺的，兩手不停的揉搓著，好像你的語言和動作是在

傳達著不同的訊息，這是怎麼一回事呢？」當諮商師發現案主對自己或世界有不正確的信念時，也可以採用對質來處理。因為改變信念有助於改變感受，所以幫助案主改變其不正確的想法是相當重要的。使用對質時，有時候也可以使用陳述的方法，例如對一個認為全世界都對不起自己而經常抱怨的人，諮商師可以說：「你是世界上最偉大的人，每個人都一定要聽你的話，什麼事都得按照你的計畫來做。如果事情的結果不是像你所想像的話，那一定是別人的錯！」此時案主可能會辯說那不是他的意思或提出爭議，透過此可以讓案主重新思考自己原先的想法。最後，對於有不當行為習慣的案主，也可以用對質法來對質，例如以陳述性的方式說：「如果你繼續這樣蹺課，你可能會被當掉，我們需要好好的討論這個問題。」或是以問話的方式說：「看你這麼常蹺課，你的成績不會有問題嗎？」（Shulman, 1971, 1972, 1973）。

（二）矛盾法

矛盾法就是刻意要求案主誇張的表現其症狀，例如要求憂鬱的案主要更加憂鬱，要求遇到事情很容易擔心的案主對現在遇到的每件事情都很擔心。使用此法是要案主體會到如果他們的症狀可以理性的讓它更嚴重，當然也就可以用理性的方法讓它減輕。不過此法只有用在願意聽從並把諮商師當專家的案主身上才有效果。另一種形式的矛盾法是當案主的症狀稍有改善之後，諮商師可以刻意要求案主想像其原先的症狀又再回來的感受，希望透過再次經歷嚴重的症狀後更能體會症狀減輕的舒服感（Corsini, 1982; Mozdziers, Macchitelli & Lisiecki, 1976）。

（三）掃興法

像矛盾法一樣，掃興法〔原文叫在湯裡吐口水法（spitting in the client's soup）〕的目的是要讓案主覺得原來他們常採用的那個不適當行為並沒有像原來想像的那麼有效。原文所以叫作在湯裡吐口水法是一種比喻的說法，湯代表案主原先常有的不適當行為，吐口水是表示諮商師使用一些方法讓案主覺得原

先採用的行為不再那麼有效，而能減少使用的次數，好讓問題獲得改善（以下則以掃興法來介紹詳情）。例如一個小孩不想上學，而跟爸媽說自己生病想請假在家，母親量兒子體溫顯示正常，便懷疑兒子生病只是找藉口，便故意跟兒子說：「看你病得這麼重，那本來小平跟你約好明天晚上要來家裡玩的，我乾脆打電話叫他不要來了。」另如諮商師見一位學生常在上課時抱怨頭痛，但一到保健室就一副沒事的樣子，就故意說：「我聽說你常頭痛缺了很多課，不過如果你到保健室再假裝一下，大家會更相信你。」可能經過這麼一講，這些案主就覺得很掃興而不再使用原來的伎倆。但也有可能案主會反而惱羞成怒說：「我哪有假裝，誰說我是假裝的，我是真的頭痛。你看現在你這樣說我又要頭痛了。」

不過要注意的是此階段的目的是要幫助案主增加對自己的瞭解，如果需要用到掃興法、矛盾法或對質法時，應注意到下列事項（Oberst & Stewart, 2003）：

1. 諮商師與案主已經建立了很好的專業關係。

2. 諮商師要確定案主的症狀不是出於生理的因素。

3. 諮商師要有理由確定使用這些方法的時機是適當的，且大概知道案主會有什麼樣的反應。

4. 諮商師在使用這些策略前可以先說：「我現在要試試看採用不一樣的處理方式，如果你覺得不舒服請讓我知道。」

5. 如果使用後案主的反應不如預期，諮商師可用好奇的口氣說：「我大概知道你在做什麼，我只是想幫助你。」並讓案主知道諮商師是以合作的態度來處理他們的問題。

四、階段四：重新定位與再教育

當案主對自己已有深入的瞭解與領悟之後，諮商過程進入重新定位與再教育的行動階段。在這階段中，諮商師的主要工作是鼓勵與挑戰案主試著去選擇

新的生活型態、改變其行事為人的動機取向與規則。阿德勒學派的學者發展許多技巧可以幫助案主達到此目標，這裡我們將介紹其中的三種方法：按鈕法（pushbutton technique）、假裝法（living as-if）、自擒法（catching oneself）。

（一）按鈕法

使用按鈕法的主要目的是要讓案主理解到他們自己具有掌控想法以及情緒的選擇權。進行此法時，首先案主要閉上眼睛回想一段快樂的往事，想得越詳細越好，就像是在銀幕上放映一樣的清晰，回想中也同時去體會當時經歷這段往事時快樂的情緒，當案主沉浸在這個回憶時，請他們體會此刻心情的感受，回憶完之後，請案主用手指頭做個指示。再來，請案主重複第一個步驟，但這次是要回想一件讓自己難過、憂傷或生氣等負向經驗的事，並體會自己回憶時的心情，回憶完畢後，進入第三步驟，案主可選擇重新回想第一個步驟時的快樂回憶或另一個新的令自己興奮的往事與心情。經過這個經驗後，諮商師與案主討論回憶正向與負向的往事對心情的影響，然後提醒案主要回憶哪一個情境是取決於他們想按哪個按鈕（Mosak, 1985, 1989; Oberst & Stewart, 2003）。

（二）假裝法

假裝法的用意是要幫助案主把在諮商中學到的應用至實際的生活情境中，不過應用的情況可以是透過想像或角色扮演，也可以讓他們實際操作，要選用哪種方法應視案主的準備度而定。但不管使用何種方式，透過假裝法可以讓案主先經驗到他們想改變的情境或希望達到的目標會是什麼樣子，再回過頭來想想要怎麼做才可以達到。例如一位很害羞的案主很希望自己可以外向一點，可以跟旅行團出國去玩，就請她閉上眼睛具體的想像自己正在國外她所嚮往的景點，然後問她看到什麼樣的景觀？自己正跟什麼樣的人在一起？正在跟誰說話？處在這樣的環境心情如何？如果案主不喜歡用想像的，可以讓她用畫圖或寫作文的方式，為自己假想的旅遊畫一個旅遊系列圖或寫一篇遊記。等案主對

想達到的目標已有了概念之後，諮商師再詳細與她討論要如何做才可以達到那個目標。

可以用固定角色的技巧（fixed role technique）幫助案主去經驗一個新的自己。使用此法時，首先請案主以其朋友的角度清楚描述出自己的特質，然後諮商師再根據那篇描述架構出案主新角色的特質。經討論後，要案主開始試試看以新的角色來思考、感覺和行動一到兩個星期，之後根據案主的經驗再討論、修正確定並多次預演後，鼓勵案主以新的角色來面對實際生活，從較不熟悉的人身上開始試用，再慢慢應用到熟悉的人或環境。三到四個星期後再要案主還原回到原來的角色。如果實驗成功的話，案主就不會想要回到原來的角色。此技巧的好處是幫助案主實際經驗未來計畫改變的生活型態會是什麼樣子，並可主動決定要不要做此改變（Kelly, 1955/1991; Oberst & Stewart, 2003）。

（三）自擒法

改變雖難，要能夠長時間的保持改變後的狀態更是難上加難。很多人明知自己有不良的習慣與生活型態卻積習難改，因為那些固有的想法、感覺與情緒已經根深柢固的在該人的思想中，其說話或行為動作幾乎已是自動的反應。其次，每個人所處的社會環境可能早已習慣他們的應對方式，比如一個有喝酒習慣的人去參加喜慶宴會，就會被人灌酒，如果這人想戒酒，別人可能很不習慣，所以仍拚命向他勸酒。所以想改變的人在有形無形中都會遇到很多的壓力。自擒法的目的是要幫助案主能找到在人際情境中影響其不當行為復發的誘發物。最常用的方法就是寫記錄，可要求案主記錄某個特別事件發生之前、發生期間以及發生之後的感覺、想法和行為。有時候案主在某個問題情境發生幾個回合之後，終於從紀錄中找到自己出問題的蛛絲馬跡。而且從紀錄中可以推敲出來案主在什麼時間或什麼情況下最容易舊疾復發，這有助於找到對策以便對症下藥。

另一種自擒法是請周遭的朋友或有關人員幫忙觀察其行為，然後由諮商

師、案主和其觀察者一起討論案主每個被觀察到的行為，其感覺與想法是怎麼回事。因為別人可觀察到案主自己覺察不到的行為，透過觀察者真正客觀的記錄，對案主的行為改變應是很有幫助的。

在整個諮商過程中，諮商師的鼓勵是鼓舞案主改變與進步相當重要的動力來源。在關係建立的階段，諮商師的鼓勵顯示在對案主尊重的態度；在評量的階段，諮商師鼓勵案主認可自己的能力設定新的人生；在重新出發的階段，相信案主可付諸行動對自己未來的人生做出不同的選擇，就是對案主最大的鼓勵了（Corey, 2013; Oberst & Stewart, 2003）。

肆、理論與諮商策略摘要

從個別心理學的觀點來看，人們從早期的家庭生活經驗及與家人互動的關係中，塑造了生活型態、生活目標與社會興趣。但是阿德勒不相信人是被動的被過去所塑造；相反的，他相信每個人對自己的人生具有掌控權。其實人所處的客觀環境對其影響並不大，主觀上賦予的解釋對自己才是有真正的影響力；人有能力自創自己的生活型態，也有能力改變它；人可將自卑感化作超越的動力。要激起人們追求人生積極的力量，最重要的是要找到努力的目標與可歸屬的社會群體。

進行諮商時，諮商師與案主是共同合作的團隊，所以諮商過程的第一個階段著重在建立同理、信任與尊重的關係。有了穩固的專業關係後，諮商師在第二個階段的重點是透過主觀與客觀的會談，蒐集到案主的家庭星象、早期記憶與夢境等資料，幫助案主瞭解他們的過去是如何塑造了自己現在對人生的看法與行動取向，以及未來人生的目標。既然人生是自創的，案主往前行的路上就不能懵懵懂懂被告知自己是誰，而必須有深層的自我瞭解，因此第三階段的諮商中，諮商師透過對質、矛盾與掃興法來挑戰案主的現狀，幫助他們由重新省思中對自己有真正的瞭解與洞察。有了這樣的領悟，在第四階段的諮商中，諮商師鼓勵案主在人生路上重新定位與再出發，當然改變新的人生並非一蹴可

成，所以諮商師可用按鈕法來教導案主如何當自己情緒的主宰者；以假裝法讓案主經驗到原本以為遙不可及的未來；並以自擒法教導案主學習當自己的督導，找出問題的誘因，掌握自己紅綠燈的指標，引導自己走人生路。每個行為都是有目的的，有了正確的目標就會走向正確的路。

阿德勒說每個人是自己人生劇本的書寫者，是自己人生的導演，又是自己人生戲碼的演員。其理論的精髓是在提醒我們：「你想擁有什麼樣的人生呢？答案就在你身上！」「你的人生是由你自己掌舵的！」以此和各位互勉之。

▍從理論到實務，請聽她的故事……

第四節．個別心理諮商學派的案例分析

壹、案例：不敢歸巢的鴿子

琪琦，私立中學國中部學生，是家裡的老二但也是父母唯一的女兒，但生在重男輕女的家庭，家事都要她做。父母感情不好，父親好像愛她，但發起脾氣也會處罰她。不過多數時候爸爸處罰她都是因為媽媽要他這樣做，然後媽媽就站在旁邊冷眼旁觀，也因此琪琦每天都生活在恐懼中。為了提高她的學習成效，父母把她轉到私立學校住校，但成績跟不上、考試也考不好，每次週末回到家如果成績單寄回家她一定會被痛打一頓，所以一想到回家就很害怕，便到諮商中心來尋求輔導。

貳、諮商策略

一、階段一：建立具有同理心的諮商關係

　　因為以前沒進過輔導室，琪琦非常緊張。諮商師很客氣的請她坐下，跟她解釋輔導室的功能，並專心聽她說話，還問她可以怎樣幫助她。琪琦說轉學到這裡不到一學期，每個老師都很嚴格，這裡同學間都只是為考試而競爭，無友誼可談。她個性外向，但在這裡很難交到朋友，雖然和雙胞胎哥哥一起轉來這個學校，但學校不准男女生說話，她好寂寞。輔導室的老師這麼關心她，讓她好感動。父母對成績很重視，週末回家若成績單寄到也會因成績不好而遭受皮肉之痛，她本來就很怕爸媽，這下會更慘。聽到此，諮商師意識到琪琦家庭的問題可能影響到她的想法與做法，便計畫以此為諮商目標。琪琦同意配合諮商老師的安排，利用升旗時間一週來見諮商老師一次。

二、階段二：評量、分析和瞭解案主的生活型態

（一）瞭解案主的家庭星象與家庭氛圍

　　諮商師以主觀和客觀的方式瞭解琪琦的家庭星象。琪琦家裡有三個小孩，覺得最親的人是自己的雙胞胎哥哥，但她和哥哥都很調皮經常被打，小弟從小看在眼裡怕被打不敢調皮，非常乖巧，也非常得寵，偶爾調皮一下，爸爸要處罰他，媽媽馬上護著。在家裡有重任父母會交代哥哥去做，但因強調「男主外，女主內」，而媽媽不太會做飯，琪琦是家裡唯一的女孩，家事自然就落在她的身上，煮飯的事自然也是由琪琦負責。父母兩人意見不合常有口角，每次一吵起來就會摔東西。從小母親喜歡讓琪琦穿著跟自己一樣的母女裝，但琪琦卻覺得被打扮成像淑女或公主一樣相當彆扭，且母親不喜歡琪琦外向的個性，所以母女關係並不好；父親雖然好像很疼琪琦，小時候還常用摩托車載她去兜風，但父親易暴的脾氣以及經常是處罰者，讓她對父親望而生畏。聽了琪琦的家庭故事，諮商師把產序以及家人的互動關係與琪琦人格特質的關係做了解

釋，幫助琪琦對自己目前的定位來源有些概念。

（二）分析琪琦早期的記憶

　　為要更進一步瞭解琪琦，諮商師請琪琦回憶幾件最早的記憶，從最先想到的開始講，簡單的描述每個記憶。

　　記憶一：約兩三歲時有一次見父親要騎摩托車出去，她像往常一樣也要跟，但平常都願意載她的爸爸居然說不行，她很難過的邊哭邊要求。但不管她怎麼求爸爸都說不可以，然後就騎著摩托車揚長而去。見她仍哭個不停，母親賞她一巴掌罵她：「女生愛撒嬌最沒用。」

　　記憶二：約三四歲時有一次跟哥哥在玩，正玩得高興卻聽見母親大聲斥責並要他們罰跪，並說：「等爸爸回來你們就知道。」然後就聽見母親打電話給父親：「要生小孩就回來自己教。」不久後就聽到摩托車的聲音由遠而近，爬樓梯的腳步聲由樓下上來。爸爸一出現皮帶從腰部一抽，兄妹倆就開始受皮肉之痛，直到他們喊「下次不敢了」才會停止。

　　記憶三：約四歲時與弟弟在玩，琪琦從弟弟手上搶了玩具過來把弟弟弄哭了，母親一聽到哭聲，跑過來看怎麼一回事，看琪琦的手上拿著玩具，便要她把玩具還給弟弟。打了她的手背後罵她：「姊姊怎麼跟弟弟搶東西，真是不乖。以後不可以再跟弟弟搶東西，聽到了沒有。」

　　記憶四：有一次琪琦放學後將整桌的飯菜都準備好了，全家正在用餐，父母為了某事而吵架，吵到一半誰也不讓誰，父親突然把整桌的飯菜翻倒在地上。見狀大家都不知所措，哥哥和弟弟趕緊背書包躲到圖書館去，只有琪琦哪裡也不能逃，要像灰姑娘一樣收拾殘局。

　　記憶五：有一次琪琦跟同學去逛街，第一次自己買了一雙涼鞋，一進家門就被媽媽撞見：「沒有經過我的同意妳怎麼就自己買鞋子了！」還來不及反應，母親已經拿起剪刀當場把涼鞋剪壞了。

　　諮商師特別注意琪琦在分享時的情緒反應和口氣，經過討論與解釋後，諮

商師列出琪琦的生活型態：「我是女生」（對自己的看法），「父母都很討厭我」（對他人的看法），「這世界是不公平的／人生是恐怖的」（對世界和人生的看法），「我不可以再撒嬌，以免被別人瞧不起／我必須要堅強」（表達自己的目標）。寫完後，交給琪琦過目後一起討論。

（三）探討琪琦夢境傳達的訊息

當諮商師問琪琦有沒有印象深刻的夢境時，琪琦提到經常夢見她家裡養的鴿子一直在天空繞著，就是不敢回到鴿籠。仔細看，原來是附近的樹上有一隻老鷹在等著鴿子低飛就要來攻擊。諮商師聽了，跟琪琦解釋說這是不是表示鴿子是她，老鷹是指她的父母，不敢回家的鴿子是表示她對父母的害怕？琪琦對這個說法表示同意。但同時也說她很想像鴿子飛出去，但又覺得應該回家，但想回家又害怕，所以心情是很複雜的。

三、階段三：鼓勵琪琦自我瞭解並能獲致領悟

從每週一次的面談中，琪琦與諮商師發展出很好的諮商關係，諮商過程進入第三階段，諮商師計畫在必要時將採用對質法、矛盾法與掃興法來幫助琪琦對自己有進一步的瞭解與洞察。所以當琪琦表達想到回家總是感到害怕時，諮商師就以矛盾法要求琪琦記住這種害怕的感覺，而且還要想更多讓自己更害怕的事。然後諮商師找機會問琪琦小時候在家裡發生過的一些趣事，不過當琪琦開始提起趣事時，諮商師就用對質的口氣說：「妳不是說家裡很可怕嗎？現在妳說的這些趣事好像跟妳原來提到可怕的家庭情景不太一致喔！」有好幾次當提起趣事後琪琦有感而發的說：「其實小時候也滿好玩的！」諮商師就用掃興法的口氣說：「家裡那麼可怕，哪有什麼好玩有趣可言！」結果琪琦就反過頭來開始反駁，例如說：「當然有好玩的事，不是都是那麼可怕的啦！」在這種情況下，諮商師便趁機要她詳細述說她記憶中的一些趣事，結果琪琦話匣一打開就停不了，林林總總的說了很多趣事，說畢後諮商師問她現在想到家有沒有那麼害怕，琪琦停了一下想了想說：「好像沒有原先想的那麼可怕！」

四、階段四：重新定位與再教育

　　看琪琦對家的體會已有較深入的領悟與洞察後，諮商過程進入第四階段，諮商師準備以按鈕法、自擒法、假裝法來鼓勵與挑戰琪琦能試著選擇新的生活型態、改變主導其行事為人的動機取向與規則。所以當諮商師觀察到琪琦在講述家裡愉快與不愉快的事情時，有著截然不同的情緒感受，便讓她多做幾次這樣的練習，之後再問她有否發現自己的情緒以及對生活型態的定義是如何受到想法的影響。當琪琦發現了箇中道理後，諮商師便趁機用按鈕法向她解釋要回憶哪一個情境是取決於她想按哪個按鈕，也就是說她自己具有掌控想法以及情緒的選擇權。為了讓琪琦更能掌控自己的情緒，諮商師介紹自擒法，要琪琦記錄在遇到什麼狀況時會回憶起小時候的什麼事情及當時她的情緒狀況，藉此可以找出在人際情境中影響其負向情緒的誘發物，並能即時轉換按鈕從改變想法來改變情緒。對於如何改善琪琦與父母的關係，琪琦提到很希望與父母能有較好的關係，回家能無憂無慮的享受天倫之樂。這時諮商師提出假裝法與琪琦以角色扮演的方式探究採用什麼方式與父母互動可達到她所期待的目標。經過幾次練習後，建議琪琦週末回家時可以試用，返校後與諮商師進行討論。課業方面，諮商師幫助琪琦探討較好的學習方式以改善其成績。

參、結果摘要

　　琪琦持續接受每週一次的諮商，但有時候返家前的週五她會因焦慮而要求多見諮商師一次。琪琦很健談也很願意開放與諮商師分享自己的狀況，所以第一和第二階段進展得很順利，專業關係發展得很好。諮商師讓琪琦分享其產序、家人的互動關係、早期記憶與夢境，以及人格特質、生活型態、社會興趣與生活目標。琪琦承認自己的老二性格很強，很有意見與想法，但在重男輕女的家庭，她的行為很容易被認為是叛逆。而且因為她記得的都是被處罰的記憶，所以對家裡的印象與自己的定位都較負向。不過也因為琪琦勇於被挑戰的

個性，加上她對諮商師的信任，所以在第三階段中對於諮商師使用的對質、矛盾與掃興法，她都能接招，且從中開始發現家裡不都是不快樂的，還是有很多值得回味的趣事。在第四階段中，琪琦很快能體會按鈕法對情緒的影響，也學會以自擒法掌握情緒的起伏，並能很快進入情況的與諮商師做角色扮演的練習與互動。只是琪琦每次週末返家就會遇到新的狀況，常常當她興致勃勃的要嘗試以新學的人際技巧與父母互動時，效果都沒有想像得好，讓她感受到與父母的關係又多了許多的挫折，甚至自暴自棄的說：「反正他們就是不喜歡我，我努力也沒用！」成績方面，透過諮商師的幫助，琪琦已開始學習以較好的學習方式來學習，只是課業成績的改善並非一蹴可成，成績並沒有一下子就名列前茅。琪琦委屈的說著：「父母只看成績，沒有好的成績，其他方面再怎麼努力也沒用！」遇到此情況，諮商師一方面根據她遇到的挫折再以角色扮演的方式進行演練，一方面以阿德勒的「自卑產生超越」以及「每個人是自己人生劇本的書寫者，是自己人生的導演，又是自己人生戲碼的演員」的概念來鼓勵她為自己的人生定目標，相信自己也是家庭氣氛的塑造者，慢慢就可以扭轉父母對自己的觀念。這些話對琪琦極有鼓舞作用，她持續朝這方向努力，到學期末其成績以及和父母的關係都有明顯的改善，最重要的是她顯得快樂了許多。

你瞭解了嗎？

下面有 15 題選擇題，可幫助你測試自己對個別心理諮商學派的理解程度：

1. 下面哪項敘述正確的說明阿德勒的個別心理學？

    a. 深受阿德勒自己早期的生活經驗影響

    b. 接受佛洛依德所持的「人是受生物性的影響」

    c. 強調社會環境與心理因素在人們成長中的角色

    d. a 和 c 是正確的

2. 下面哪項敘述正確的說明生活型態的概念？

    a. 每個人都有其生活型態，但不會有人的型態是和他人雷同的

    b. 生活型態約是在六歲左右形成

    c. 生活型態是從觀察家人互動中建立起來的

    d. 是由自卑轉成正向的超越的信念

    e. 以上皆是

3. 所謂社會興趣是指：

    a. 人們處理與面對社會的態度

    b. 人們從與社會的認同和同理別人的立場中來定位自己

    c. 人們會以為全人類謀福利為己任

    d. 以上皆是

4. 對阿德勒來說，自卑感是：

    a. 一種病症   b. 幫助人們超越自己的動力

    c. 大家都會有所以不用太在意   d. 影響我們達到目標的阻力

5. 阿德勒認為對人格發展最主要的影響是來自

　　a. 先天

　　b. 後天

　　c. 想法或意見

　　d. 以上皆是

6. 下面哪一項不是阿德勒所界定人生的三大任務？

　　a. 追求自我的成就

　　b. 建立友誼

　　c. 貢獻社會

　　d. 親密關係

7. 阿德勒建議在幫助人們探討目標時，最好是採用目的性的問話而
　　非歸因式的問話，下面哪種問話方式是屬於目的性的問話？

　　a.「為什麼」（why）

　　b.「這個想法是哪裡來的」（where from）

　　c.「為何」（what for）和「去哪兒」（where to）

　　d. a 和 b

8. 根據阿德勒的觀察，哪個產序的小孩常會顯得比同年齡的小孩成
　　熟，且視人生是一場持續的競賽的過程？

　　a. 老大

　　b. 老二

　　c. 老么

　　d. 獨子

9. 阿德勒蒐集家庭星象與家庭氛圍的資料時包括哪些？

　　a. 家庭成員的數量與特質

　　b. 家人互動的狀況

　　c. 產序

　　d. 家庭文化

　　e. 以上皆是

10. 阿德勒認為分析_____是瞭解主導案主態度與行動的人生目標與
　　行動準則最直接的方法。

　　a. 早期的記憶

　　b. 印象最深刻的夢境

　　c. 產序

　　d. 生活型態

11. 阿德勒對夢所持的態度是：

　　a. 反對夢的說法

　　b. 相信夢是來自藏在潛意識裡

　　c. 阿德勒認為夢是人格裡的現在與追求未來的一面

　　d. 是過去遇到的衝突的顯現

12. 當諮商師看到案主語言和非語言有不一致的時候，可以用下面何
　　種方法來幫助案主增加對自己的洞察力？

　　a. 掃興法

　　b. 對質法

　　c. 按鈕法

　　d. 矛盾法

13. 諮商師使用_____的目的是要讓案主覺得原來他們常採用的不適當的行為不再像原來那麼有效。

    a. 掃興法

    b. 對質法

    c. 按鈕法

    d. 矛盾法

14. 下面哪個方法不屬於重新定位與再教育的行動階段？

    a. 按鈕法

    b. 矛盾法

    c. 自擒法

    d. 假裝法

15. 諮商師可採用_____要求案主記錄某個特別事件發生之前、發生期間以及發生之後的感覺、想法和行為，以找出自己出問題的蛛絲馬跡。

    a. 按鈕法

    b. 矛盾法

    c. 自擒法

    d. 假裝法

（答案請見書末「你瞭解了嗎？」試題解答頁）

腦筋急轉彎

1. 阿德勒的貢獻之一是強調產序對人格發展的影響，你贊成這個說法嗎？請以你周遭所見過的實例來證實此論點的可信性。若你不贊成這個說法，也請以你周遭所見過的實例來支持你的論點。

2. 阿德勒強調自卑是產生超越的動力，你贊成這個說法嗎？請以你周遭所見過的實例來證實此論點的可信性。對一個因成績不好而自卑感極重的人，你如何用阿德勒的理論來幫助對方？

3. 阿德勒說人天生就具有社會興趣，對於一個有社交恐懼感的人，你如何用阿德勒理論來解釋其成因及如何使用這個諮商理論來協助此人克服其恐懼的症狀？

4. 請將一張紙折成兩半，想像這是一本你的人生故事書，請在封面上寫上可代表你人生的書名，然後請在裡頁寫出這本書的目錄。請思考每一章的重點是講述哪一段故事、誰是你每一章所要描寫的人物、那人對故事中的你有何重要的影響性。（註：你也可以用在個別或團體諮商的情境中，有助於同學或成員回顧自己的人生以及他人對自己人生歷程的影響。）

5. 如果你是本章案例分析中的琪琦，這樣的處理方式你滿意嗎？有哪些方面諮商師還需顧及到？現在請就個別心理諮商師的立場提出你的想法和建議。

6. 阿德勒相信「每個人是自己人生劇本的書寫者，是自己人生的導演，又是自己人生戲碼的演員」，所以本書作者對此下了個結論：「你想擁有什麼樣的人生呢？答案就在你身上！」你同意這個說法嗎？請舉例說明這個論點對你規劃人生道路會有什麼樣的幫助？

＊本章的「參考書目」與「照片來源」附於書末的專頁。

第四章

◆

伯尼的溝通分析諮商學派
Berne's Transactional Analysis

創始者
艾瑞克・伯尼
（Eric Berne, 1910-1970）

———— **本 章 要 義** ————

往者已矣，來者可追。

不要讓過去的人生劇本左右你現在的演出，

抓住每個此刻，架構你新人生的篇章。

| 每個諮商學者都有其人生故事，這是伯尼的故事……

第一節。伯尼的人生故事

　　1910 年 5 月 10 日，伯尼生於加拿大蒙特利爾（Montreal）魁北克的猶太人家，父親行醫，母親是文字工作者（寫作兼編輯），伯尼從小和父親非常親近，喜歡和父親一起去看病人和做醫療方面的工作，不幸的在他 11 歲時父親就因肺結核而去世（享年 38 歲），對伯尼的打擊非常大，之後就靠母親辛勤工作來撫養伯尼和小他五歲的妹妹。長大後追隨父親的腳步進入醫學領域，1931 年從加拿大麥吉爾（McGill）大學獲得學士學位，主修英語、心理學與醫學院預科。後進入該校的醫學院，1935 年畢業，拿到醫學博士（MD）以及外科手術的碩士學位（Master of Surgery）。

◗ 照片 4-1　伯尼的母校
（McGill University Campus, Montreal, Quebec, Canada）。

　　伯尼畢業後先到紐澤西的伊格梧（Englewood）醫院實習一年，1936 年到耶魯大學醫學院當精神科住院醫師兩年，1938 到 1940 年在麻薩諸塞州的阿靈頓海茨（Arlington Heights）的瑞撒特睿（Ring Sanitarium）當助理醫師，其間他取得美國公民後將姓從「Bernestein」改為「Berne」。1940 到 1943 年在紐

約的蒙紀安（Mt Zion）醫院當精神科的臨床助理，並在康乃狄克州的紐瓦克（Nerwalk）城開設私人精神科診所。

為增加心理治療的技術，他於 1941 年開始接受佛洛依德心理分析訓練，費丹（Paul Federn）是他的分析師，其自我心理學（ego psychology）對伯尼日後理論的發展影響甚深。也是在這段時間他娶了第一任妻子瑞得（Ruth），兩個小孩分別在 1942 年（Ellen）和 1945 年（Peter）出生。

⊙照片4-2　伯尼於 1936 至 1938 年在耶魯大學（Yale Univrsity）醫學院的精神科當兩年的住院醫師。

1943 到 1946 年第二次世界大戰時期，伯尼加入美軍醫療團隊，負責精神醫療心理分析的工作，開始為軍人和一般老百姓提供團體治療的服務。1945 年擔任軍人退伍前的檢驗工作，利用此機會進行「直覺的實驗」（intuition experiment），詢問每個軍人兩個問題：「你會緊張嗎？」「你看過精神科醫師嗎？」藉此觀察人們的非語言行為，並以此實驗結果撰寫第一本著作《行動背後的想法》（The Mind in Action），於1947 年出版。同年他搬到加州的卡梅爾市（Carmel），並到舊金山的心理分析機構追隨艾瑞克遜（Erik Erikson），接受為期兩年的心理分析訓練。如同先前費丹對他的影響一樣，艾瑞克遜對他的影響有兩點尤其顯著：一是相信人的成長是根據特定順序發展出來的；二是強調只有在個體所屬的社會結構下，才能瞭解其人生和人格特質。

在舊金山他身兼數職，在蒙紀安醫院做精神科助理醫師（assistant psychiatrist），擔任美國軍隊心理與神經的諮詢工作、退伍軍人醫院的精神科醫師，也開了門診。儘管這麼忙碌，他的寫作和演講不曾稍歇。這時他結束第一段婚姻，於 1949 年娶了第二任妻子桃樂絲（Dorothy），生了兩個孩子。

1950 年他開始定期在夜間舉辦研討會，供臨床治療者發表研究論文與交換想法，這項活動他參與了一輩子，直到去世前都沒停過。

○照片 4-3　伯尼（右排左邊第一人戴眼鏡者）和桃樂絲（右排中間的女性）與友人合照。

　　一直自詡為心理分析學派的門徒，也不斷接受訓練與造就，然而在 1956 年要申請正式成為會員時，卻被以所受訓練不足而遭拒絕。他深感挫折，遂決定脫離古典的心理分析學派組織，發展自己的理論，後定名為溝通分析（Transactional Analysis），之後他努力發表著作推廣溝通分析的理念。

　　1957 年，他把《行動背後的想法》一書更名為《精神與心理分析的一般導覽》（*The Layman's Guide to Psychiatry and Psychoanalysis*），出版後非常暢銷。1958 年發表許多文章介紹溝通分析理論所用的辭彙與原理原則，1961 年出版《心理治療中的溝通分析》（*Transactional Analysis in Psychotherapy*），詳細介紹溝通分析的理論概念。1962 年發行《溝通分析理論雜誌》（*The Transactional Analysis Bulletin*）。此外，伯尼對團體治療的熱愛不減當年，廣泛閱讀許多團體的理論，架構出自己的團體實務理念，詳述於 1963 年出版《團體的組織結構和動力》（*The Structure and Dynamics of Organizations and Groups*）一書中。並於 1964 年成立國際溝通分析協會（International Transactional Analysis Association）。

　　伯尼對「心理遊戲」（psychological game）的概念一直很有興趣，在其

1958 年的著作中開始介紹此概念。1964 年出版《人類玩的遊戲》（*Games People Play*）一書，完整介紹了心理遊戲的概念，極為暢銷。1970 年出版《打完招呼後該說些什麼？》（*What Do You Say After You Say Hello?*）後聲名大噪，溝通分析學派終於正式被認可為心理治療學派的一支。

伯尼一生持續跟隨父母的腳蹤投入寫作與精神治療工作，也喜歡到處旅行，在 1948 到 1960 年期間去過印度、香港、土耳其、菲律賓和南太平洋的許多國家，並參觀當地的精神病院和療養院。1970 年心臟病突發病逝於加利福尼亞州（Stewart, 1992）。伯尼的孫子 Dr. Nicholas Berne Calcaterra 將他的相關資料整理在網頁上（www.ericberne.com），供有興趣者做學習的參考。

伯尼一生最大的貢獻就是發展溝通分析理論，本章將就此理論對人性本質的界定來探討心理問題的來源及處理的策略。

▌ 從伯尼的人生故事到他的理論……

第二節。伯尼對人性本質的看法

伯尼指出自我狀態包括兒童我、成人我和父母我。三個自我狀態以互補或平行、不互補或交叉，或潛藏式的方式互相溝通，並從對自己與他人滿意的程度中決定自己人生的位置。雖然很多問題是源自兒童時期的經驗，但是每個人都有其價值、尊嚴與思考能力，可以決定自己所要的人生。即使在幼時被塑造的型態有些功能失調，成長後仍可以重新改變它，所以必須學習為自己所決定

的人生負責任。

壹、人格中的三個我——兒童、成人和父母

一、結構分析

伯尼在輔助人的過程中，注意到人們善變的一面。提到挫折事件時，說話口氣上顯得無奈，眼裡泛著淚光，兩手緊握，無助的表情像個極需幫助的小孩。說到對前途的計畫時，口氣變得頭頭是道，眼裡漾現著期待與希望的光芒，狀似扛得起重任的成人。而一提到孩子的教養時，口氣又變得老氣橫秋，滿口「應該這樣」與「應該那樣」的教養之道及孩子應該遵行的規則。「為什麼同一個人會有如此不同的變化？」這樣的好奇引發伯尼探索的興趣，研究後他提出自我狀態（ego state）包括兒童（child）、成人（adult）和父母（parent）的論點（Harris, 1969; Woollwans & Brown, 1978）。

不同於佛洛依德的本我、自我和超我，「兒童」、「成人」和「父母」不是三個抽象的概念，而是反映三個實際的狀態。例如一個人偷了口香糖，佛洛依德會用兒童似的行為來怪罪他的無知，伯尼則說那人在偷東西時就是處在兒童的心態以滿足為取向的心態裡；用成人一詞並不像佛洛依德是形容某人扮演成人的角色或模仿成人的行為，而是說該人做事時處於成人的心態，井井有條很有效率。用父母一詞並不像佛洛依德意味著傳統的父母親的角色，而是指該人正處於身為父母的行為狀態中（Berne, 1961）。為了讓讀者容易區分，本章在提到此三者時會以「父母我」、「兒童我」、「成人我」來稱呼。

（一）父母我

人格中的父母我來自早期生活經驗。人生的頭五年，孩子們毫無疑問的將外在發生的事物存在腦海裡，包括父母傳授的技巧，像如何使用筷子、扣釦子、綁鞋帶、摺棉被等日常生活與職能技巧。父母的專長不同，教給孩子的技巧也不同，就像俗語說「龍生龍，鳳生鳳，老鼠的孩子會打洞」。孩子記得父母愛或責備的語言、快樂或生氣的表情、給予的擁抱或責打、跟隨聲調而來的

肢體動作、告知「不可以」或「應該要」的規定、期待或箴言等。這些資訊被吸收成為自己人格裡面「父母我」的一部分。

父母我涵蓋著意見、判斷、價值觀及態度，主要功能是教導自己如何去覺知、面對與處理世界的事物。其形式有兩種：關愛的父母我（nurturing parents）和嚴格的父母我（controlling parents）。關愛的一面是照顧、關心、原諒、確保、樂觀、給予溫暖的保護，並會擔憂的；嚴格的一面則是有意見、喜歡掌控、強勢的保護者、有清楚的原則、會處罰、會要求的。此型又稱為偏見（prejudicial）或吹毛求疵（critical）的父母我。

父母對子女的影響力有直接與間接兩種：若以自己為榜樣要孩子跟著有樣學樣，這是直接的影響，其孩子會完全模仿父母的一言一行來塑造「父母我」。若告訴孩子「不要模仿我所做的，按照我所說的去做」，這是間接的影響。其孩子會以父母希望他們表現的方式去塑造「父母我」。不過若父母所傳達的訊息與實際的舉止不一致，很容易讓孩子感到困惑，例如告訴孩子要遵守規則但自己卻常闖紅燈、告訴孩子要誠實但自己卻常不守信用等。而可能又因大人要孩子「有耳無口」，即使接受到不一致的訊息而困惑時也不敢發問，孩子乾脆選擇逃避關閉腦中的記錄器，所以透過間接影響所塑造出來的父母我很容易是困惑的。

人們自小受父母影響，以至於當父母我的人格出現時，其言行舉止就變成跟自己的父母很像，在當了父母後顯得特別的明顯（Berne, 1964a, 1972; Harris, 1969）。

（二）兒童我

成長過程中孩子記錄父母傳遞的資訊，也記錄自己內在的訊息，並將這些看到與聽到訊息的理解與所引發的感覺收納成為人格中的兒童我。兒童我可分為自然兒童或自由兒童（natural child or free child）與適應兒童（adapted child）兩種形式。自然兒童會自發性的表達自己的喜好，充滿創造力、好奇、喜好嘗試新經驗，且會將每個發掘到的驚喜記錄下來，這是人格中最有價值的

部分。不過當兒童我在塑造時，個體還沒有語言文字能力可以詮釋與表達，所記錄的經驗也都是一種主觀的感覺。然而也因幼小脆弱需依賴大人，適應兒童的所行所為完全是受制於父母的影響。適應兒童可分為依順兒童（compliant child）和抗拒兒童（rebellious child）。依順兒童是按父母指示行事；反之，抗拒兒童是透過退縮和哭泣來迴避父母的要求，用此來滿足自己的需求。

每個人都有個兒童我，其所思、所想、所言、所行與兒童時期時一樣，是人格中最脆弱的一面，例如很容易把父母的負向表情或負向事件怪罪到自己身上，認為自己是差勁的，所以瞭解自己的兒童我是很重要（Berne, 1964a, 1972; Colledge, 2002; Harris, 1969）。

（三）成人我

嬰兒因能力上的限制深感無助，雖然父母我和兒童我已開始發展出來，卻沒有能力思考要如何與周遭的環境互動，只能被動的反應。隨著肢體能力逐漸發展，約八個月左右，嬰兒開始能翻身與坐起並想要獨立掌控環境，但因力不從心，會哭著要大人抱或拿東西給他們。其後肢體能力漸為成熟，開始能爬行，體會到能移動的自主力（the power of locomotion）。當發現自己能透過移動把想法付諸行動時，此自我實現的滿足感促使成人我開始萌芽與發展，從探索資料中開始發展出會思考（thought concept）的成人我。

成人我發展的初期，很容易因父母我的評論或兒童我的害怕而被擊倒。例如看到火爐上煮東西相當好奇，父母我會警告說：「不要去摸，會燙。」兒童我因被這樣一說害怕的退縮而哭，但這個孩子可能還是會找機會去觸摸，透過經驗，成人我終於知道所謂的「燙」是什麼滋味，而決定未來遇到同樣情況應做的反應。俗話說「不經一事不長一智」，這是塑造成人我的重要策略，在不斷的摸索中成長，從「人家說應該這樣做」的父母我以及「我覺得應該這樣做」的兒童我，找出有效的策略，進到「原來這樣做是最好」成人我的領悟。

成人我是人們做決定的核心角色，像個資料處理機一樣，把各方面的資料

蒐集彙整後做出最後的決定。成人我也擔任澄清資料的工作，小時候對父母的話全然相信，年紀漸長後，透過實務觀察考證父母講的話是否全然可信。小時候父母常會警告不要做某事免得危險，孩子太小不懂父母所說的危險，可能還是去嘗試，很多父母為了愛孩子會在孩子犯錯時給予責打，免得孩子再去做危險的事，孩子因而對該事件感到害怕。事後成人我可能發現其實做該事並不像父母所說的那麼可怕，就會學習修正此看法。

兒童我儲存多種情緒，如尖叫或哭泣，但漸長後不適當的尖叫或哭泣會顯得幼稚，因此成人我要負責區分如何適時適當的表達情緒；成人我也負責檢查腦海裡事件的真實性，例如小時候想出國旅行被笑成是幻想，長大可以自己作主後，這想法已有實現的可能。

成人我的另外一個功能是「估計事件發生的可能性」（probability estimating），小時候很多事由大人作主，很多期望發生的事常會事與願違，很難發展估計可能性的能力。漸長後開始有自主權，可透過刻意的努力而增強這種估計可能性的能力。例如提早準備考試，減少被當的機會；知道颱風要來，趕緊做好防颱準備，減少災害損失的機率。多次成功的經驗後，對自己估計的能力就會漸有信心。萬一計畫趕不上變化，無法完全避災，就自我安慰說：「我已經盡力了！」

要生存下去，擁有健康的成人我是相當重要的，透過持續檢查與更新資料，可確保腦海中儲存的資料對現在與未來的適用與時效性。如果執行得宜，可以減少許多「過去被教的資訊」與「實際情況」間的衝突，而有餘力發揮創造力。人們的好奇心存在兒童我也存在成人我中，若能有效的把兒童我中的「我要」配上成人我理性的「如何辦到」，就可把創造性發揮出來。把父母我的資訊變成自動性想法，如看到紅燈要停，不用刻意想就會自動做反應；少花時間煩惱舊事，就有更多時間創造新的景象（Berne, 1964a, 1972; Harris, 1969）。

二、溝通分析

　　所謂溝通（transaction）是指一個人發出刺激的訊號，對方予以回應。而對方的回應又變成另一個刺激，等著另一方回應。發出刺激訊號者稱為溝通刺激（transactional stimulus）；回應溝通刺激的行動稱為溝通反應（transactional response）。溝通分析的主要目的是在瞭解每個刺激與反應是由哪部分的自我出發與接收的互動過程。

（一）溝通的線索

　　我們怎麼知道刺激與反應是從哪部分的我出發的呢？下面提供一些語言和非語言的線索供作參考，不過這些線索也可能會因不同家庭或文化而有所差異（Harris, 1969）。

　　由父母我出發的非語言線索，例如眉頭深鎖、抿著嘴角、以食指指著對方、搖頭歎氣、雙臂在胸前交叉、手插在腰上、握拳、雙手緊握、聲量變大或乾咳兩聲等等。語言方面的線索包括要求性的話語，例如「你必須」、「你應該要」、「你絕對不可以」、「你怎麼總是」「你給我記住」、「我跟你講過多少次了」等；責備性的話語，例如責罵對方愚笨、不成器、沒用、懶惰、惹人厭、無理取鬧、怎麼可以這樣等。

　　由兒童我出發的非語言線索，例如大哭、掉眼淚、抿嘴、噘嘴、鬧彆扭、耍脾氣、大叫、發牢騷、聳肩、眼皮下垂、揶揄、歡欣、咬指甲等。語言方面的線索包括「我希望」、「我要」、「我不管」、「我猜」、「等我長大，我要」等。

　　由成人我出發的非語言線索例如托著下巴思考、專心傾聽對方的表達、專注的神情等；常出現的語言線索如用「為什麼」、「什麼」、「哪裡」、「什麼時候」、「誰」、「如何」、「多少」、「是什麼情況」、「可能是」、「比較起來」、「客觀來說」、「我想」等字彙，表示正在進行思考。

（二）溝通的形式

　　三個自我狀態以互補或平行（complementary or parallel transactions）、不互補或交叉（crossed or uncomplementary transactions）或潛藏式的方式（ulterior transactions）互相溝通，其中以互補或平行的溝通最為平順。其他如絞刑溝通（gallows transactions）、撞球式溝通（caroms transactions）、靶心式溝通（bull's eye transactions）也會發生在日常生活中。

1. 互補或平行的溝通

　　互補或平行的溝通是指溝通刺激與溝通反應兩條路線平行對等，表示反應者的回應適切，符合發出刺激者的期待，這樣的溝通會很暢通。其溝通形式可以是兩邊都從同一個自我狀態出發的平行溝通，如兩人以成人我一起討論如何解決問題。其他如父母我對父母我（聊天）、或兒童我對兒童我（一起玩遊戲）。也可以是從不同的自我狀態出發的互補溝通。例如甲由兒童我發出給父母我的訊息：「這個太難了我學不來！」乙則由父母我出發鼓勵兒童我：「不要緊張，放輕鬆後再試試看，你一定學得來的。」（圖 4-1）。

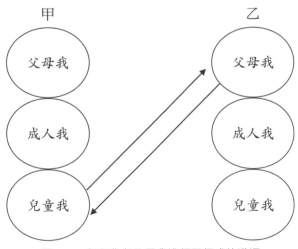

圖 4-1　兒童我與父母我進行平行式的溝通

2. 不互補或交叉式的溝通

　　交叉式的溝通是指刺激與反應溝通的兩條路線交叉以不同的自我狀態互動，而造成溝通不良。例如甲說：「我們一起來讀書吧！」他是以成人我出發希望得到成人我的回應，但乙的回應卻是：「如果要讀書的話，我希望你這次能夠好好的準備。」乙的口氣像是父母我對兒童我說的話。這兩個人的對話沒有交集很難持續下去（見圖 4-2）。

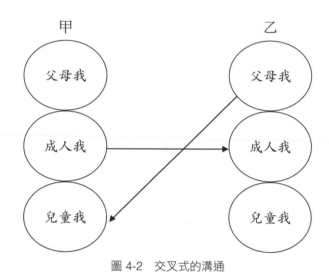

甲　　　　　　　　　　乙

父母我　　　　　　　父母我

成人我　　　　　　　成人我

兒童我　　　　　　　兒童我

圖 4-2　交叉式的溝通

　　交叉溝通也會出現在同一個自我狀態的不同部分，如自由的兒童我（甲）對照顧的父母我（乙）說：「我可以吃剉冰嗎？」控制的父母我回應適應兒童我說：「我說不可以就是不可以，不要再吵了。」（見圖 4-3）。

　　而不互補式的溝通則是兩條線雖平行但卻各說各話而造成溝通不良，例如甲以父母我對乙的父母我說：「現在的孩子好像都很不聽話。」乙沒正面回應而是以成人我對甲的成人我說：「必須要有充分證據才能下這個定論。」另一種不互補式的溝通可能是從同一自我狀態的不同部分出發，如甲的自由兒童我問乙的自由兒童我是否愛自己，乙以適應兒童我向甲的適應兒童我說：「當然。」（見圖 4-4）。

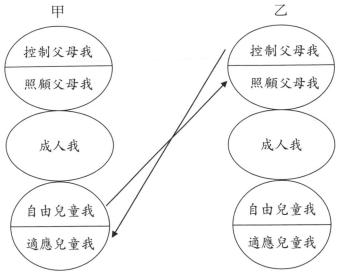

圖 4-3　交叉式的溝通
（參考 Woollams & Brown, 1978）

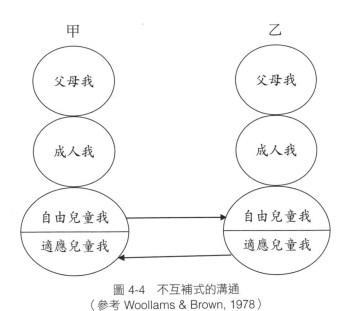

圖 4-4　不互補式的溝通
（參考 Woollams & Brown, 1978）

3. 潛藏式的溝通

潛藏式溝通指的是當人們表面傳達社交訊息時，也同時傳達隱藏的心理性訊息。例如表面上以成人我對成人我的口氣說：「你鎖門了嗎？」（訊息一）潛藏性的溝通可能是成人我在對兒童我說：「你忘記鎖門了嗎？」這潛藏式的溝通也可以是非語言的表達，如以懷疑的口氣質疑對方，或是兩眼瞪著對方後眼皮向上翻（訊息二）（見圖 4-5）。對方可以選擇對表面的訊息或非語言的訊息做反應，其互動方式可以是平行或交叉式的溝通，也因此這種溝通很複雜，也很容易造成收訊者的困惑（Woollams & Brown, 1978）。

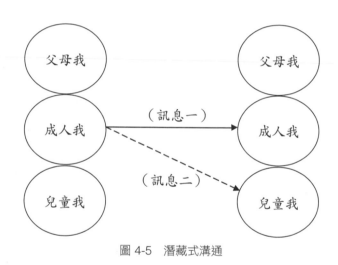

圖 4-5　潛藏式溝通

4. 其他特殊型態的溝通

除了典型的溝通，其他如絞刑、撞球式和靶心式溝通也會發生在日常生活中。

⑴ 絞刑溝通

絞刑溝通是指在傳達或接受訊息後笑出來，這反應會減低傳遞訊息的重要

性。適應兒童我可透過這種笑來削減父母我的銳氣：「這不是很好笑嗎？我怎麼會把自己說得一文不值呢？」開玩笑的對一直說沒人愛自己的人說：「哈哈，真的耶！你好可憐喔！真的沒人要你呢！」另外人們也會透過絞刑溝通來引誘他人進入絞刑的溝通裡，當兩人同時笑出來時表示對方已支持另一方的說詞了。例如案主以適應兒童我對諮商師說：「我看你已經江郎才盡了，你肯定覺得我很難搞，對不對？」講完後咯咯笑，如果諮商師也跟著笑，案主會覺得諮商師同意了他的說法。例如女案主以父母我對諮商師說：「不管怎麼說或怎麼做，就是叫不動我兒子去做功課，我看他是遺傳到他老爸，真是『朽木不可雕也』！」說完笑著搖搖頭。如果諮商師也跟著微笑，案主就會覺得諮商師同意了她的說法。

　　諮商師應避免嘲笑案主不幸的遭遇，也不要在案主自貶時跟著笑，免得錯誤增強其不當的行為。看到案主有此表現時可探問：「你是否注意到自己正在笑？」「你這個笑是要傳達什麼樣的訊息？」必要時可用誇張的笑幫助案主瞭解他此刻的笑所隱藏的意義。

⑵ 撞球式溝通

　　撞球式溝通指的是某人把想要傳達給對方的訊息透過第三者傳送出去。發出訊息者想透過撞球的原理將母球（想傳達的訊息）撞給丙球（傳達給第三者），讓丙球回撞給乙球（真正想要傳達的人）。如甲對丙說：「妹妹如果不把功課寫完就別想要去看電影。」（訊息一）潛在的訊息是想對乙說：「趕快作功課否則當心被處罰。」（訊息二）乙聽到了就對甲說：「知道啦！等一下就開始做，所以我還是可以去看電影，對不對？」（訊息三）（如圖 4-6）當真正想傳達的對象接受到了訊息也有所回應時，此溝通才算完成。

⑶ 靶心式溝通

　　靶心式溝通是成人我把指令傳達給對方的成人我，但目的是要傳給三個自我狀態。當有困難與對方的父母我或兒童我溝通時，可採用這種方式，與對方

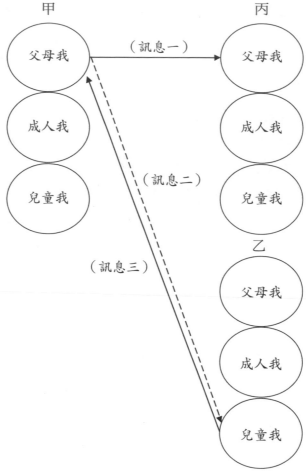

圖 4-6　撞球式溝通
（參考Woollams & Brown, 1978）

的成人我互動，讓它把三個狀態的經驗加以融合，探索新的可能性後以成人我回應。例如諮商師對案主說：「如果你不要老是責備自己（指案主的父母我，訊息一），而是探索自己真正要的是什麼（指案主的兒童我，訊息二），就不會這麼困惑（指案主的成人我，訊息三）。」案主聽後以成人我回應：「原來我是一直在責備自己而不去探索自己的需求，難怪我這麼困惑。」（見圖4-7）。

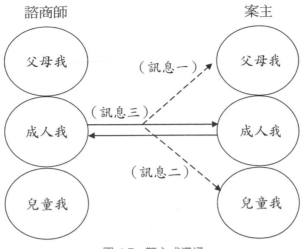

圖 4-7　靶心式溝通
（參考Woollams & Brown, 1978）

貳、人生的四個位置

溝通分析學派相信人們會根據對自己與他人滿意的程度，將人生的位置（life position）分為四類：(1) 我不好—你好（I am not OK—You are OK）；(2) 我不好—你不好（I am not OK—You are not OK）；(3) 我好—你不好（I am OK—You are not OK）；(4) 我好—你好（I am OK—You are OK）（Harris, 1969）（如圖 4-8 所示）。

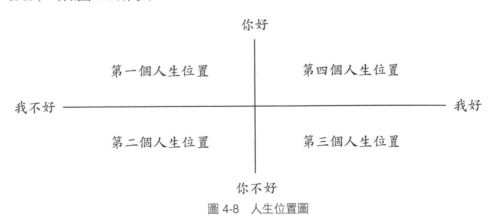

圖 4-8　人生位置圖

一、第一個人生位置：我不好—你好

人們在很小的時候通常會處在我不好—你好的人生位置，怎麼說呢？嬰兒在襁褓中要依賴他人的照顧才能生存下去，這時嬰兒還缺乏形塑自我概念的能力，只能被動接受別人的評斷與回饋，例如聽到大人說：「你怎麼這樣哭個不停呢？這樣不乖喔！」嬰兒可能就下了個結論：「你既然說我不乖，我真的就是不乖囉！」相對的，在嬰兒眼中的父母是什麼都會、可滿足他們即時需要的人。為了滿足自己的需要，嬰兒的成人我會開始運作著：「我要如何做才能獲得大人的注意？」通常孩子有兩個方法來度過這段日子，一種就是認命，接受自己的無能為力，潛意識的把這樣的心態寫成自己消極退縮的人生劇本（life script）；一種就是潛意識裡會書寫反思的劇本（counterscript），當大人說著：「如果你……，你就很棒喔！」他們便掌握大人開出的條件去配合與執行。

若一直告訴自己：「別人無所不能但我自己卻不夠好」，這些潛意識裡的內心對話都被記錄在記憶庫裡，對他日後在做任何決定都有很深的影響。比如不斷奮鬥以克服自己的不足，以期能和對方一較長短。一旦發現不管再怎麼努力，都有人比自己更好，便自怨自艾的說：「看來我這輩子是沒什麼希望，再怎麼努力也出不了頭。」不過若意識到自己被卡在這個人生位置，可透過成人我的努力來獲得改善。

二、第二個人生位置：我不好—你不好

進入人生的第二年，孩子開始能走路，然而因行動能力還不穩定，可能會被絆倒或跌跤，也因到處爬行、碰觸而挨罵，體會到世界冷酷的一面。如前所述，成人我的主要功能是在贏取獎勵，這個階段，孩子因覺得可獲得肯定與獎勵來源減少，很容易就放棄，而影響成人我的發展。如果這樣的情況經常發生，孩子就會從「我不好—你好」改變為「我不好—你不好」的人生位置。且很容易把「你也不好」的結論推論到所有的人，拒絕對他人付出愛與關心，且不以成人我的理性面去處理人際的互動關係。他們不愛自己也不愛別人，很有

攻擊性，其心態可能是：「反正我們都不好，姑且就同歸於盡吧！」常會出現退縮的行為，也許是期待退到嬰兒時期那個受到關愛的階段。

三、第三個人生位置：我好—你不好

一個人如何從「我不好—你不好」的人生位置轉為「我好—你不好」的人生位置呢？這種情況通常發生於當從逆境中因拒絕放棄而站了起來，在越挫越勇中體會到「我很好，因為我可以靠自己站立起來」。但問題是這樣的人拒絕反思，不願意理性思考問題的來龍去脈，不管發生什麼事，都是他人的錯。這樣的人極度缺乏獎賞與鼓勵的營養素，在他們眼中沒有好人，他們拒絕接受外人給予的獎賞與鼓勵，所以雖自視很高卻很寂寞。

伯尼相信孩子從出生到三歲左右，有否受到獎賞（stroking）的經驗是影響他們決定自己心理位置的關鍵要素。在此年紀人們會潛意識的將自己定位在上面三者之一的人生位置。因為「我不好—你好」的人生位置最先出現，多數的人會停留在這個位置上，但若遇到不好的對待或境遇，就會移到「我不好—你不好」或是「我好—你不好」的人生位置。這個結論是沒經過語言的意識或說明的，但也不是純然的刺激反應，它是成人我根據兒童我與父母我所提供的資料整合後的產品，可能是嬰兒的成人我為了瞭解外在世界所執行的第一個任務。除非他們能透過意識將自己移到第四個人生位置，否則該決定會左右其一生的所作所為。

四、第四個人生位置：我好—你好

不同於前面三個人生位置，「我好—你好」的人生位置是經由意識與語言文字的理解後所下的理性決定。在其決定的過程中，人們會將自己與他人，以及實際和可能發生的資訊放在一起考量。前面三個人生位置是取決於感覺，第四個人生位置則是建基於想法、信念與行動中。前面三個人生位置是在乎「為什麼？」第四個人生位置問的是「為什麼不是？」此時人們不再單單以自己的經驗來決定自己好不好，因為知道除了自己以外，還可透過與他人有效的互動

交流來達到最終的目標。不過,要進到第四個人生位置是需要經過一番努力的,若能及早得到協助,從成功的經驗中證明自己是可取的,就有機會透過理性的決定而進入第四個人生位置,肯定自己的好,也相信別人是友愛與善良的。

參、安撫

伯尼說人有渴望被刺激的需求(stimulus-hunger),所以從嬰兒期起除了尋求生理的滿足(有人照顧、有地方住、有食物可吃)外,也渴望獲得安撫(stroking)(Berne, 1961)。

一、人們有被安撫的渴望

伯尼強調人們有被安撫的渴望,嬰兒從照顧者的撫愛與擁抱中滿足此需求,若未得到身體的刺激就很難存活下去。不過除了生理的滿足外,伯尼把安撫的定義擴大,指出嬰兒也有希望被認可、與他人接觸與互動的需求。若仔細觀察嬰兒的舉動,你會發現嬰兒常會用盡各種策略去尋求大人的注意以獲得安撫需求的滿足,如母親一離開身邊就哭著要找媽媽;有大人逗就笑哈哈的,大人開心,其實小娃兒更開心。

即使長大成人,人們仍有被安撫的需求,除了透過身體的接觸外,大人也透過語言或非語言動作的表達互相關心。本書作者的一位朋友常逢人就豎起大拇指並連聲讚美對方:「厲害!厲害!」讓聽者都受到極大的鼓勵。

二、安撫的種類

每個人的需求不同,安撫的方法可分為外在或內在安撫(external or internal strokes);積極、消極或走漏安撫(positive, negative, or filtered strokes);有條件或無條件安撫(conditioned or unconditioned strokes)(Woollams & Brown, 1978)。

（一）外在或內在安撫

1. 外在安撫

外在安撫相當重要，有助於健康功能的維繫，例如別人向我們打招呼、握手、微笑請我們吃飯或養寵物等，這都是屬於外在的安撫。

2. 內在安撫

來自內在的安撫，如美妙的音樂、熟悉的地方、熟悉的食物、舊的記憶、新的想法等。

（二）積極、消極或走漏的安撫

1. 積極的安撫

是指接受者得到對方傳達的愛與關懷。

2. 消極的安撫

是指接受者感到被冷落或未得到關心。這是怎麼來的呢？不管多麼愛子女，父母的心力畢竟有限，可能無法充分滿足子女所有的需求，例如有時候手酸了必須把寶寶放下來或換別人抱一下，此時寶寶可能會害怕安撫的來源中斷，便想出一些策略來索愛，例如故意要賴、發脾氣等，以獲取大人的注意。

3. 走漏的安撫

走漏的安撫是含有一些扭曲與不相關的訊息，減低了原先訊息的價值感。如果嘴裡稱讚對方漂亮但臉上卻沒笑容，致使對方根本無法體會到你讚美的誠意。

（三）無條件或有條件的安撫

1. 無條件的安撫

無條件的安撫是表達喜歡或厭惡對方本來就存在的特質，可分為積極的無

條件安撫（如你的眼睛好美、你聲音真好聽）與消極的無條件安撫（如我討厭你的頭髮、我不喜歡你的鼻子）。

2. 有條件的安撫

有條件的安撫是表達喜歡或厭惡對方所做的努力，分為積極有條件安撫（如稱讚對方：「謝謝你這麼認真準備」）與消極有條件安撫（如抱怨：「你今天的表演不理想」）。

人們給予他人安撫的品質會受到自己所在的心理位置的影響，人若處在「我好—你好」的心理位置，傾向於傳達積極的安撫；若處在「我不好—你不好」的心理位置，傾向於傳達消極的安撫。另外安撫的來源也影響他的價值，例如來自陌生人的安撫其強度就沒有來自重要他人的那麼強。

肆、人生的劇本

人生劇本記錄著人們在兒童時期尋求生存與滿足需求的策略。伯尼相信很多問題是源自兒童時期的經驗，若嬰兒安撫的需求未獲得滿足，或表達感覺卻未能獲得回饋時，就得想辦法自圓其說。例如遇到不關愛自己且不管如何哭鬧都對自己不理睬的母親，孩子可能會下一個定論：「我是不值得被愛的孩子。」類似這些定論的劇本（script decision）被孩子收納入腦海裡，成為人生劇本（life-script）或簡稱劇本（script）（Berne, 1972）。父母所傳送的訊息〔此理論稱之為劇本訊息（script message）〕是孩童架構人生劇本的核心。

劇本訊息的傳遞可能透過語言或非語言的方式。其中透過非語言所傳遞的訊息是早期劇本的重要根基。劇本訊息可能是以要求（commands）的口吻表達出來，例如父母可能要求小孩：「不要跟陌生人講話。」或者是賦予特質（attributions）的口氣，賦予特質可以是直接的表達，例如：「你真是笨喔！」「我看你這輩子是不會有什麼出息的！」或間接的告知第三者，例如：「你知道小莉真的是挺愛哭的。」父母很容易把自己的信念融入訊息裡傳達出來成為小孩模仿的對象，例如要求自己不可以輕易掉淚的母親，其傳達的劇本

訊息可能就是「男兒有淚不輕彈」。

　　不過人生劇本的撰寫並非完全受到外在因素的影響，而是取決於他們對外在環境的感受。也因此，兩個孩子也許經驗到一樣的外在環境但寫出來的劇本卻完全不同。在人生的過程中，特別是遇到挫折時，常會不自覺的按嬰兒時期的劇本演出來。

一、人生早期寫下的兩本劇本──原有的劇本和反思劇本

　　溝通分析理論相信人們在兒童時期就已對人生的劇本做了定位，不過在兒童早期，語言還未發展，對情緒的經驗與世界的知覺與兒童晚期完全不同，所以定位的角度也有所不同，早期寫下的劇本稱為原有的劇本（script proper）；晚期寫下的稱為反思的劇本（counterscript）。兩者的區分如下（Stewart, 2007）：

- 兒童早期的劇本定型於語言發展之前，那時的經驗日後很難用文字具體說出來；兒童後期的劇本是在語言發展出來後才定型，其經驗就較能以文字充分的表達出來。
- 兒童早期的劇本是建基於具體（concrete）與魔術性（magical）的想法，相信會有奇蹟出現；兒童晚期的劇本較仰賴推理性（rational）的思維建構，相信有因才有果。
- 兒童早期的劇本對事物下的定論是總體（global）與廣泛的（sweeping），也因無法做因果推論，下的決定常是：「這一生我將要……」例如母親對其照顧的態度時好時壞，會下結論說：「沒有人是我可信任的！」反之，兒童晚期的劇本所下的定論的範圍較有時間性，例如受到挫折時會就事論事的說：「下次遇到類似這樣的情況我會謹慎而行。」
- 兒童早期的劇本是以生存為要，如要確保會得到父母的愛；兒童晚期的劇本則重在確保自己可以被接受。

二、人生劇本會周而復始的不斷重播──彈回球系統

　　人們會有意無意的重播其幼時的劇本，尤其當遇到挫折或壓力的時刻，學者稱此記錄為彈回球系統（racket system）。使用「彈回球」這個字眼是取其重複之意，來說明人們按著劇本演著同樣的戲碼，表現著相同的行為、想法與感覺的情形。這系統包括信念劇本（script belief）、彈回球的表現（racket displays）、增強記憶（reinforcing memories）三個要素（Erskine & Zalcman, 1979; Stewart, 2007）。

（一）信念劇本

　　信念劇本書寫的是人們對自己、他人和生活品質所持的信念。這是人們把幼時所做的決定加以定型後，壓抑到意識知覺之外的劇本。當遇到類似幼時發生的壓力情境時，人們不自覺的就會按著信念劇本重演，如果重演後的結果還是和小時候的經驗一樣，就再次證明其信念劇本的可靠性：「你看，我真的就是一個不值得愛的人。」父母經常傳遞給孩子的訊息而形成的信念劇本有 12 項（Goulding & Goulding, 1976; Stewart, 2007）：

1. 我不應該存在（I mustn't exist）

　　父母生氣口不擇言，詛咒孩子，孩子可能會自覺「這世界沒人要我」、「我的存在是沒有意義」等，這種消極信念劇本會導致自殺的企圖。

2. 我不應該是我（I mustn't be me）

　　在早期重男輕女的社會，可能會給女孩取名「罔市」（其唸成臺語是「姑且養一養」）、「招弟」（意即希望這女娃能引喚出一個弟弟），或說：「女孩家要認命一點」，這樣的情況很容易讓人對自己感到自卑。

3. 我不應該當小孩（I mustn't be a child）

　　如果成長於太嚴肅的家庭，父母從小就常說：「不要那麼幼稚會被人家笑」、「不要像小孩子那樣動不動就哭，那很沒出息」，這樣的話經常繞在耳

邊，長大後稍有放鬆玩樂的想法就會有罪惡感。

4. 我不應該長大（I mustn't grow up）

如果父母把孩子看得太緊，把他們看成唯一的依靠，常怕孩子長大就離開自己，這樣的環境會塑造出「我不應該長大」的信念劇本，會很怕長大負起責任，行為顯得幼稚，有鴕鳥的心態，遇到壓力就想逃避。

5. 我不應該成功（I mustn't make it）

如果父母很怕孩子比自己成功，會讓此人有自己不應該成功的信念劇本，因而很害怕成功。比如考試故意留白，免得考得太好。

6. 我不應該做任何事（I mustn't do anything）

有些父母對自己的孩子沒安全感，經常傳達的訊息就是：「你最好什麼都不要碰，我怕你碰了就會壞事。」這會讓孩子有了自己不該做任何事的信念劇本，遇到事都不敢嘗試。

7. 我不應該顯得重要（I mustn't be important）

常被教導要犧牲小我完成大我，會讓孩子塑造了不應該尋求自己的滿足、自己不應該顯得重要的信念劇本。此種人不敢開口要自己想要的東西、害怕擔任領導者、不敢在大眾面前說話、自覺微不足道。

8. 我不應該歸屬於此（I mustn't belong）

如果父母本身難以歸屬於團體中，其子女通常會有不應該有歸屬感的信念劇本，長大後到哪裡都會感到格格不入。

9. 我不應該跟別人太親近（I mustn't be close）

如果父母對孩子的情感表達時好時壞很不一致，孩子會烙下不應該跟別人太親近的信念劇本，因而對與人親近相當不自在、不敢承諾、不知如何付出或接受他人關懷或情感。

10. 我不應該處在好的狀態（I mustn't be well）

當孩子生病或遇到不好的情境，父母對他們的關心比平日還多，孩子會因而塑造我不該處在好的狀態的信念劇本，長大後很愛示弱來博取同情。

11. 我不應該思考（I mustn't think）

如果父母常否定孩子的想法，或告訴孩子要有耳無口，長大後會很懶得動腦筋，常說：「我不會思考。」「我腦筋一片空白。」

12. 我不應該有感覺（I mustn't feel）

如果在家裡父母不鼓勵或是禁止情緒的表達，如：「男兒有淚不輕彈」，孩子長大後很難體會或表達情緒感受。

（二）彈回球的表現

每個人可能從很小就知曉在家裡哪些情緒是被禁止、哪些是被允許表達的，並找到最適當的情緒表達模式。當長大後遇到壓力時，就會以小時候被允許的方式把情緒表達出來，且期待獲得同樣的結果與回饋。伯尼把這種重複相同型態的想法與行為稱為彈回球效應（rackets），而重複表現幼時被認可的情緒稱為彈回球的情緒（racket feelings）。每一回表現此彈回球的情緒受到認可，人們就更肯定其原本所持的信念劇本的可信性。除了前兩項之外，人們可能會透過幻想的劇本（scripty fantasies）來支持其信念劇本。彈回球效應、彈回球的情緒和幻想的劇本三者合起來稱為彈回球的表現。例如小時候未受到母親的注意就故意搗蛋而遭到處罰，雖然會痛卻也因此受到母親的注意而滿足了安撫的需求，因而下結論說：「母親是故意以激將法來治我（幻想的劇本）。要得到母親注意唯一的方法就是故意搗蛋（彈回球的情緒），直到得到母親的注意為止（彈回球效應）。」

（三）增強記憶

本著幼時所設定的信念劇本，經由彈回球的表現，重新執行當時所定的處

理策略，很有可能會得到相同的結果，並經驗到相同的情緒感受，原先的記憶因此獲得增強，此人就可以明正言順的告訴自己：「你看我說得沒錯吧！這世界就是這個樣子，以前是如此，現在仍舊是如此。」問題是每個人在儲存記憶的同時也儲存與該記憶有關的情緒，所以當原先的那段記憶再度獲得增強時，與該記憶有關的情緒也再度被喚起並植入記憶庫中。伯尼（Berne, 1964b）形容說人們在心理累積與烙印創傷情緒就像超級市場每次買東西都給你點券累積點數一樣（trading stamps），不一樣的是在超級市場累積足夠點數可兌換禮品，而人們不斷累積不愉快的情緒最後卻是換來劇本代價（script payoff），如頭痛、情緒困擾、與人爭執吵架、悲觀的人生，甚至會自殺了結人生（Stewart, 2007）。

伍、時間結構

伯尼的另一個論點是時間結構（time structure），是來自渴望生活中能有清楚結構的需求（structure hunger），這也是人們「渴望被刺激」需求的延伸。渴望被刺激的飢渴觸發人們去設立一些能與別人互動以獲得安撫的情境。人們對時間的結構會因其所處的人生位置以及想獲得的安撫有所不同，按情緒參與程度少至多依次為退縮（withdraw）、過程（procedure）、儀式（ritual）、消遣（pastimes）、活動（activity）、遊戲（game）和親密（intimacy）。每人在每時刻會參與一至多種的時間結構，並有彈性的在不同時間結構中自由流轉。每種結構都有其利弊，詳述如下（Berne, 1964a; Harris, 1969; Woollams & Brown, 1978）。

一、退縮

退縮是指心理上從人群中脫離，可能是在家裡獨處，也可能是處在人群中但選擇退縮，人在心不在。退縮時人們可以作白日夢、想自己的事情等。退縮時人們純粹與自己互動，不需要太多情緒的參與。適量的退縮是健康的行為，

透過獨處人們可以抓住自己的想法、整理自己的思緒、經驗和感覺。有些人害怕獨處，總是把時間填滿，免得要面對自己的想法和感覺。相反的，有些人害怕與別人互動，常把自己關起來，長久缺乏安撫變得自閉。

處於退縮的時間結構時，其心理可以是在任何一個自我狀態中。例如可能正處在天真無邪或恐懼的兒童我的幻想中；也可能處在成人我玩著心理遊戲；或是處在父母我正在煩惱的狀態中。

二、過程

過程是指人們會依循某個特定專業既定的步驟而行。其步驟是該專業領域透過研究、資料分析以及估計現實狀況的可能性後，所發展出來的最高精密而有效的技巧。例如飛行員在開飛機，或醫生在割除盲腸，就是處在過程的時間結構中，他們由成人我出發與社會互動。

三、儀式

儀式是一種已被制定好、眾人皆同意照做的同一個社會性活動，其結果可以清楚預期。儀式有正式與非正式兩種，且是有區域性的，例如宗教崇拜的儀式、學校朝會的儀式、歡迎的儀式等，可能在不同地區方式會有些不同。此外儀式也包括與他人做互補性的互動。兩人打招呼的方式可以用兒童我較天真的互相擊掌方式、成人我較正式的握手，或父母我關心的問候。例如我們看到人會問：「你好嗎？」「吃飽沒？」對方回答說：「好啊！」「吃飽了！」或要道別時，甲方說：「再見，你要保重！」乙方會說：「謝謝你，請你也要保重！」透過儀式，人們相敬如賓的互相往來，雖然經常有互動，但都是限於點頭之交。人們若將其大部分的時間結構用在儀式上，長久以後很容易會因安撫需求未能滿足而感到孤單。

四、消遣

消遣顧名思義就是在消磨時間，當人與人的互動並不期望達到什麼特定目

的，只是純為聊天打發時間，這樣半儀式對話的時間結構稱為消遣。人們針對比較安全的主題互相交換意見、想法與感覺。例如在等待集會開始前，大家閒聊，沒有預定規則，有些談人、事、物，有些談運動比賽，有些談一些「如何？」「多少？」「你知道嗎？」之類的對話，不過有時候也可能藉此認識一些人。在這過程中，會因成人我、兒童我或父母我的參與而有不同的對話。若是由父母我出發的對話可能會談哪裡在打折拍賣、學校的教育或養育孩子之道。由兒童我出發的對話，可能會是互相抱怨或談些好玩的，或是「唉呀！早知道的話……」等話題。成人我的話題可能是天氣或一些較理性的話題等。消遣可提供大量的酬賞與安撫，也可以蒐集到很多想法與興趣，經常是快樂的，又不需要跟人太過親近，話題也可能涉及一些抱怨性的主題以支持其劇本。但在這個互動中，人們開始嘗到一些與人互動的感覺，這有助於他們決定要不要與人更一步的靠近，參與較多情緒參與的時間結構。

五、活動

　　當人們將能量放在外在的目標、想法與任務時，他們所致力的時間結構稱為活動，如上班及做家事是其中的兩個例子。活動性的互動沒有涉及人與人間親密的關係或承諾，是一群人按著大家共同的興趣，以大家方便的時間與喜歡的方式共同組織起來，有目的性的一起進行一些活動。從事此類活動時，其心理可以是在任何一個自我狀態中。例如一起玩遊戲與洗盤子時可能是處在兒童我的狀態，蓋房子與做功課時可能處在成人我的狀態，大清掃與一起烹飪時可能處在父母我的狀態等，眾人從互動中得出一些有創意的成果。另外當人們從事活動時，也可以順便進行其他形式的互動。例如上班時（稱為活動）同事會互相打招呼（稱為儀式），偶爾午休時間聊聊天（稱為消遣），也可能為了爭取升遷會以試探性的口氣彼此對談（稱為心理遊戲），或變成無話不談的好友（稱為親密）。不過有工作狂的人可能就會因整天投入工作（稱為活動），而無時間投入其他類型的時間結構中。

六、心理遊戲

伯尼所界定的「心理遊戲」指的是人們常會無意識的按著某特定的行為模式重複做出同樣的反應，導致痛苦的結果。心理遊戲是一連串互補性的溝通，除了表面傳達的訊息外，還有潛藏性的溝通，通常是有清楚設定的遊戲規則與預期的結果。在遊戲中兩人你來我往的互動，表面上是一回事，心底又有隱藏的動機。遊戲與上述其他互動方式的不同在於：(1) 這個互動有潛藏性的一面；(2) 這種互動方式中有一方要負擔代價。不似其他互動方式大家是坦率的溝通，雖然有競賽的味道但沒有衝突。心理遊戲的互動通常都不夠真誠，雙方雖然會針對對方表面的訊息加以反應，但真正的溝通目的是要反應對方隱藏性的訊息，所以溝通的結果常與實際狀況大相逕庭，至少有一方會受到傷害。

玩心理遊戲者可能源自幼時「我的比你好」的心理遊戲，其實表達此話的同時內心的潛在聲音是「我沒有你那麼好」。人們常用此法來自我防衛，給自己留面子。如果成年後還在玩此遊戲，玩久了可能發現自己真的不夠好而傷到自尊。

另一種人們常玩的心理遊戲叫作「你怎麼不……。是啊，但是……。」通常是起自某一方抱怨著自己的弱點，然後另一方給予「你怎麼不……」的建議。但聽到這樣建議時，對方的回應常會是：「是啊，但是……」。以這種方式溝通久了之後，會讓建議者感覺徒勞無功而放棄努力。讓我們來看看下面這段對話：

甲：「我這輩子最大的遺憾是當學生時沒把英語學好。」

乙：「那你現在怎麼不去英語補習班報名上課呢？」

甲：「是啊！我也想過，但是每天工作很忙抽不出時間去上課。」

乙：「那你怎麼不試著聽空中英語呢？」

甲：「是啊！我也想過，但是那得要很早起床，我每天都忙到很晚，早上起不來聽。」

乙：「那你怎麼不試著買書來自習呢？」

甲：「是啊！我也買了，整個書架都是學英文的書，但每本讀不到兩頁就被束之高閣。」

　　從上述的對話你會發現，甲雖抱怨英文不好，但卻一次次把乙的建議否決掉，其藉口是「我就是不行」。最後乙放棄了努力，甲也從一次次的否決中證明自己的英文是無藥可救。進行心理遊戲時通常是處在父母我或兒童我的狀態，成人我對此一點都沒有覺察到。

七、親密

　　與前面幾個互動方式不同，當兩人親密互動時是處在「我好－你好」的心理狀態，兩人互相沒有防衛，不需玩心理遊戲，不帶隱藏訊息，以真實的感覺與需要，配合當時的情形適切的互動，是所有時間結構中酬賞度最高的。親密互動的兩人是以成人我的角度出發，自在的分享感覺與想法，必要時容許富有創意、充滿好奇與沒有恐懼的自然兒童我加入互動的行列。因為在愛裡沒有恐懼，兩人能敞開心胸互相傾聽，並能互信、互愛與互諒。

第三節。溝通分析學派的諮商策略

壹、諮商目標

　　當人們想要改變並尋求諮商時，也許是跌到谷底、對人生感到無聊想改變、對目前的自己不滿意，或是突然發現自己有改變的權利。溝通分析的諮商目標著重在幫助案主認識三個自我狀態在決定過程的角色、探討案主自由兒童我真正的需求與適應兒童我的害怕、瞭解人是可以對自己的人生不滿意且有改變的權利，並蒐集新資料來促進改變。

一、認識三個自我狀態在決定過程的角色

　　父母我與適應兒童我儲存的是老舊的資訊，成人我存放的是實際的現狀，以及從過去累積而來但是有別於父母和兒童所存放的資料。人生是一個做決定的過程，做決定時通常要透過父母我、兒童我與成人我這三個資訊管道。例如當學生想選擇某個科系當主修時，控制父母我可能會因認為該科系是冷門而提出必要的警告：「讀熱門科系，以後捧個鐵飯碗才能出頭天。」或者照顧父母我會關心的說：「讀這樣的科系以後找得到工作嗎？」聽到這樣的警告聲會喚起適應兒童我害怕的感覺，想著：「我如果選了這個科系以後真的找不到工作，那怎麼辦呢？我的前途是不是就毀了呢？」這時的適應兒童我似乎就回到三歲時期的小小孩，希望獲得父母的肯定，但自由兒童我又明知自己很愛這個科系，那怎麼辦呢？這時候就需要成人我來幫忙溝通協調。成人我應理性檢視父母我的資料：「為什麼父母會相信讀這個科系就找不到工作呢？」「為什麼父母認為一定要讀熱門科系才能找到好工作，才能出頭天呢？」「為什麼讀這個科系就會找不到好工作或出頭天呢？」

二、探討自由兒童我真正的需求與適應兒童我的害怕

　　自由兒童我喜歡自在的表達自己的好惡，但很多時候受到了壓制，因此諮商師應幫助案主透過成人我檢視自由兒童我的需求，以及瞭解適應兒童我的資料。例如：「為什麼兒童我這麼害怕？是害怕違背父母的意思惹他們生氣？還是害怕做了決定毀了前途？但已長大的他是否可以透過向父母說明實際狀況取得父母的諒解呢？」瞭解這只是「三歲的害怕」會有助於成人我較有彈性的處理新資訊。教導案主若因為害怕父母而不加思索的把父母所傳達的訊息不顧實情的奉為圭臬，會影響成人我的成長。

三、瞭解人是可以對自己的人生不滿意且有改變的權利，並蒐集新資料來促進改變

　　人有做決定與選擇做改變的自由，但有些人在小時候就失去了這個自由，

溝通分析諮商師的目標就是要幫助人們重新找到這個自由。透過瞭解哪些資料存放在父母我與兒童我裡面，這些資料如何影響著自己與環境的互動，澄清其真實性，以及真正的認識自己所處的社會環境，人們選擇的自由權就會逐漸壯碩起來。而要行使這個自由權時，也需不斷探索與瞭解自己所互動的對象的父母、兒童與成人我三個部分，除了看得見的知識層面外，也包括不確定的層面。幫助案主瞭解到雖然通常兒童我與父母我在做決定時都希望看到結果的確據，但實際上人生中很多時候我們都是在看到結果前就得做決定了，不同於兒童我與父母我，成人我清楚也接受這樣的不確定感。也因此鼓勵案主透過成人我的帶領，幫助自己有效的為自己的人生做決定（Harris, 1969; Woollams & Brown, 1978）。

貳、諮商師的角色與功能

在剛開始時，諮商師以教練的角色教導案主與其問題有關的知識，之後再以諮商師的角色與案主面對問題，此時兩人的關係是平等的，案主陳明想改變的方向與意願，雙方經討論對諮商的目標達成共識。諮商師應具有三要件：允許（permission）、保護（protection）、效能（potency），稱之為 3P（Stewart, 2007）。此外，提供案主正向的酬賞與安撫、全人的投入與善用時間結構，對諮商效果的增進是相當有幫助的（Woollams & Brown, 1978）。

一、允許案主當自己

在諮商關係中應常提醒與鼓勵案主當自己的主人，如「你是有價值的」、「你是惹人愛的」、「你有權力為自己做決定」、「你可以有自己的主見和想法」。幫助案主以積極鼓舞的訊息來替換幼時父母所傳遞的責備、被罵不中用等不健康的訊息。「允許案主當自己」很重要的是讓他自己面對與解答問題。若案主對諮商師的提問感到困惑或一時不知如何回答，諮商師不要代為回答或幫他思考，應耐心等待案主想出自己的答案。

二、讓案主感到自己是受到保護的

容許案主當自己，就是允許他們去做與父母期望完全不同的事，這種改變對案主來說是相當大的冒險，他們可能會因而受到父母責備甚至被趕出家門，此時他們會很期待得到諮商師的保護。例如以前父母強調「男兒有淚不輕彈」，現在諮商師卻鼓勵說：「勇敢面對自己的情緒，想哭就哭！」諮商師切記，當你這樣說時也同時要在動作上讓案主感到在你面前表達情緒是安全的。例如當案主表達憤怒的情緒時，提供他安全的環境充分發洩情緒。

三、當一個有效能的諮商師

有效能的諮商師知道自己所採用的策略，及為什麼要採用那些策略。並應知曉兒童發展、生理、心理和行為的理論、診斷的方法以及諮商有關的法令。

四、滿足案主安撫的需求

除了上述的 3P 外，不要忘了諮商本身就是滿足案主安撫需求的來源，諮商師若能注意並滿足案主的需要，與案主間就會有很好的互動。例如諮商中專注傾聽案主講話就是很積極正向的安撫，具有相當好的療效。切記最好的安撫是出自「我好—你好」的心理位置，因此諮商師要照顧好自己，保持好的心理位置，才有能力給案主正向的安撫。

五、諮商師應全人投入互動中

諮商師應以成人我和案主的兒童我溝通，案主的成人我和父母我在旁傾聽。不過諮商師的主要任務是要把案主「我可以」的部分誘發出來，必要時也應讓父母我和兒童我參與。最有效的諮商是當諮商師能自在的以三個自我狀態與案主溝通，尤其是處理情緒困擾的案主時，諮商師的父母我和兒童我所發出的訊息極具有諮商的意義。諮商師在這過程中有兩個重任，第一是不管是哪個自我狀態發出的訊息，最後都須由成人我來整合溝通。第二，諮商師要明察自己心理溝通的狀況，切勿送出會助長兒童劇本行為的訊息。

六、善用時間結構

諮商是案主與諮商師間持續互動關係的過程，在這過程中每種型態的時間結構都可能會出現，適當的控制與引導每個型態的時間結構是相當重要的。

（一）退縮

當案主從諮商過程退縮時，諮商師應該很敏覺，並決定要採取什麼樣的策略。諮商師可建議案主留些時間給自己與自己的感受接觸，整理自己的思緒。

（二）儀式

從諮商開始至結束，其實諮商師與案主交換了很多的儀式，如見面和離別時的打招呼和道別，或兩人間的擁抱、握手等儀式，這些儀式對案主的兒童我很重要，有助其增加對諮商過程的安全感。

（三）消遣

在每次諮商開始時可以閒聊的消遣來熱身，幫助案主準備進入諮商的過程。於團體諮商早期，透過消遣可幫助成員間彼此的認識。

（四）活動

諮商本身就是目標導向的活動，諮商師要留意在過程中發生的任何一個狀況都有助於達到案主期待的目標。每次結束後給予的家庭作業也算是一個活動，有助於增強諮商的效果。

（五）心理遊戲

當諮商師覺察到案主在玩心理遊戲時應予以對質、分析與處理，幫助案主瞭解並避免之。同樣的，諮商師本身也應真誠不可玩心理遊戲。

（六）親密

諮商師與案主間應達到某程度的專業親密關係，良好的諮商關係有助於諮商效果的提升。

參、諮商策略

　　幫助案主改變的策略，依次為計畫改變的路徑、對質其人生劇本、協助案主重新做決定、結束諮商（Berne, 1961, 1972; Erskine, 1973; Stewart, 2007）。

一、計畫改變的路徑

　　諮商計畫應在第一次與案主碰面時就設定，隨著諮商過程的進展再做必要的更新。其步驟是根據診斷的結果提供諮商處遇的建議，決定諮商的方向；徵得案主同意後訂下諮商的契約，並決定諮商處遇進行的先後順序。不過在採行時應有彈性，當案主達到其中一個目標時，諮商師與案主可共同決定是否繼續原先的計畫或要做必要的修改。

二、對質其人生劇本，以自發性反應面對實際的人生

　　溝通分析學派認為每個人都有一本人生劇本，裡面記錄了人們從小為了生存與滿足需求所採用的策略，即使長大成人後很多行為也都是按人生劇本來演。這種重複相同型態的想法與行為稱為彈回球效應，重複表現幼時被認可的情緒稱為彈回球的情緒。每一回表現此彈回球的情緒受到認可，人們的兒童我就會再次肯定自己所持的信念劇本是可信性。

　　溝通分析學派所指的對質（confrontation）不是指攻擊性或嚴苛的處遇方式，而是邀請案主重新審核其信念劇本，看其與目前實際狀況是否相合。因為這些人渴望安撫，所以不要去鼓勵劇本中自憐、無助的語言，免得錯誤的增強信念劇本；只有在表現自發性行為時可以給予鼓勵。在處理彈回球的系統時，應更新其信念劇本並處理隨信念而來的情緒。

　　下面的問題可以幫助案主探討其彈回球效應與情緒反應（Stewart, 2007）：

1. 遇到不好情況通常會有什麼樣的情緒反應？（可用此問題來瞭解案主彈回球的情緒反應）

2. 你有沒有覺得這樣的情緒反應很熟悉？

3. 你是否在不同的情況下都會有這樣相同的情緒反應？

4. 你最後感覺到這樣的情緒是在什麼時候？

5. 在什麼樣的情況下你會有這樣的情緒反應？（此問題可用來瞭解案主的彈回球效應）

6. 事後想想，你覺得有多少可能你可以說自己是該情境的始作俑者（如拿到作業卻不做完，以符合兒童我裡面自己是「壞學生」的定位）？

7. 這樣的情緒反應是否有助於你滿足此刻的需要？

8. 在你小的時候，這樣的情緒反應是否受到鼓勵與讚許？

9. 也許你小時候是用這樣的情緒反應來取代別的不被容許的情緒反應，如果這是真的，你原來是哪種情緒反應？

　　溝通分析強調有四種情緒是有憑有據的真正感覺，也就是生氣、傷心、害怕、快樂。如果案主經驗的是這四種之外的情緒，可能就是彈回球情緒。當然，上述四種情緒也可能是彈回球情緒。到底要如何區分呢？就要看談話內容而定，如果案主不管什麼情境都不斷重複經驗到同一種情緒，這位案主的情緒應是彈回球情緒。真正的感覺情緒應具有解決問題的功能，比如：

- 真正的生氣感覺可幫助我們解決現在的問題。如某人擋住了你的路，你很生氣的請對方讓路。當對方讓路，問題就解決了。
- 真正的傷心有助於幫助解決過去的問題。例如因失去親近的家人而傷心，可經過悼念的過程而慢慢痊癒。
- 真正的害怕有助於解決未來的問題。例如害怕晚上一個人走夜路回家，就先打聽哪條路燈光較亮、較安全，或請人作陪。
- 快樂的情緒表示一切很好，所以都不用改。

當問到第 9 題，如果案主回答的不是上述生氣、傷心、害怕、快樂四種情緒之一，則需多問另一道題：「你對剛剛提的那個情緒的感覺為何？」一直重複這個問題直到案主回答是生氣、傷心、害怕、快樂四種情緒之一，並繼續問直到很明顯的就是該情緒為止。

然而也許小時候那些策略是他們當時最佳的選擇，但此刻卻已不合時宜，因而無法滿足目前需求而深感挫敗。因此諮商師應鼓勵案主對質他們的劇本，汰舊換新，丟掉那些不合時宜的舊策略，取而代之的是以自發性（autonomy）的反應來面對此時此刻真實的人生，所謂自發性是指以成人我使用現在的資源來處理目前的問題。

三、協助案主重新做決定

既然人生劇本是幼時所做的決定，長大後要再以這些過時的策略來面對新的人生難免窒礙難行，所以應重新做決定（redecision）。重新做決定的過程並非一蹴可成，它是循著下面幾個步驟漸進的改變：建立契約、重新體驗早期的經驗、邀請案主帶入新的資源、讓案主用兒童我做決定、陳述新的決定、以成人我做簡報、簽行為改變契約。

（一）步驟一：建立契約

1. 配合案主準備好的進度

詢問案主希望達到什麼目標，建立以目標為取向的契約。諮商師要仔細觀察與傾聽案主的反應，如果案主的肢體動作顯得有點不自在，或其反應是「我會試試看」或「我會做做看」等類的話，顯示其兒童我試圖在掩蓋信念劇本受到挑戰的威脅感。諮商師應對這種情況做適切的對質，幫助案主真正面對自己的需求。諮商師不要急著往前衝，要耐心等到案主清楚自己要往前走的方向。目標的陳述必須是積極正向且是可測量的，唯有諮商師與案主能清楚指出希望得到的結果，諮商過程才有啟動的價值。

2. 邀請成人我負決定之責

所定的目標與契約並非要一成不變，當按照所定的契約完成諮商後，可與案主重新審視與探討下一個諮商會談的契約，這時的案主可能是處在兒童我的自我狀態中，諮商師要邀請案主進入成人我的狀態。不過有時候成人我做的決定兒童我可能不遵行，諮商師讓案主回到兒童我的狀態前可做如此的提醒：「在諮商過程中如果我要你做或說一些事情，如果你不願意就不要遵行。」如此的提醒可以幫助案主以其準備好要改變的程度來發展。

3. 從重新經驗目前的情境中探究想改變的方向

有時候案主對自己想做的改變沒有很確定，這時候諮商師可邀請案主把想改變的策略放入他們目前遇到的一個情境，重新經驗該情境，試探若改變後可能會帶來的效果。例如「請回到我們昨天談到你與母親為轉系一事而吵架的情境，你覺得可以怎樣做好讓你們兩人的溝通效果好一點？現在把你想做的改變策略放進去，想像看看，效果是不是好一點？」

（二）步驟二：重新體驗早期的經驗

回到從前（early-scene work）和椅子法（chairwork）兩個方法可以幫助案主達到此目標。

1. 回到從前

在此階段的諮商過程，諮商師邀請案主的兒童我重新經驗幼兒時的痛苦事件，可以讓案主從現在發生的事件追溯一些過去感到痛苦的人生經驗，鼓勵他們以現在式的語氣描述，最後讓他們回到目前發生的事件及其感受，案主可能會發現其相同的情緒反應一直在重複循環著。例如問案主：「你目前遇到的這種情況是否讓你回想起小時候的任何回憶？」如果案主反應：「是的！」諮商師鼓勵案主：「請停留在當時的那個情況，並請以現在式的語氣來描述當時的情況。」如此做是幫助案主能以成人我來觀察此時此刻的實際狀況，而有助於

諮商效果的提升，否則案主很容易在回憶時掉入舊時痛苦的感受裡無法自拔。過去事件已成歷史，沒有人能去改變它，諮商師是要幫助案主在此刻去經驗過去的記憶，幫助案主使用現在成人的資源來改變現在的經驗。日後當與過去事件雷同的情境再次出現時，他們能以較為有效的方法去面對與處理。

2. 椅子法

為了讓案主能更具體的以現在的心態與早期的經驗互動，諮商師可以搬出一張空椅子讓案主想像過去的自己坐在另一張椅子上，請案主放下面具或心理遊戲，以真誠的自己與過去的自己對話。當對話持續一段時間後，問案主他們看到自己的對話對象是誰？

如果諮商師聽到案主提到自己在重新做決定時有心理的衝突，也可以使用椅子法把兩邊的衝突放在兩張椅子上。若案主提到想要與某個特定的人對話以有助於做決定，案主可想像該人是坐在另一張椅子上，並與該人對話。

3. 僵局

在進行回到從前或椅子法時，案主有可能會遇到僵局（impasses），亦即案主在與自己對話的過程遇到兩方有所衝突而無法面對或處理的狀況。如父母我的信念劇本說：「不要當自己」，而想改變的兒童我說：「我要當自己」。僵局有下列三種型態，出現在兒童時期的三個不同的發展階段中。

第一型態的僵局出現在對兒童晚期所寫下的反思的劇本有所質疑。反思的劇本所記錄的父母我出現像「男兒有淚不輕彈」、「不輕言放棄」、「有志者事竟成」等類似的訊息，兒童我面臨什麼是應該做或不應該做、什麼是為社會所接受或不接受的抉擇。當案主談到此情況時若停滯不前，表示是對行之多年的劇本有所存疑，須再次決定應該照做，還是須有所改變。

第二型態的僵局出現在對於在語言能力不足的兒童早期所寫下的原有的劇本產生質疑。原有的劇本記錄的是當時父母所傳達類似「我真希望當初沒有生下你」、「再這樣哭我就把你送給別人，看有沒有人會要養你」等類的訊息

（詳見第二節介紹信念劇本中所提的 12 項父母經常傳遞給孩子的劇本訊息）。那時孩童面臨「要不要活下去？」「要當自己或別人？」「當重要的人或卑微的人？」等抉擇。若案主談到此時停頓了下來，表示是對幼時書寫的原有的劇本產生了疑惑，正考慮著是否繼續如法炮製，還是須做改變。

第三型態的僵局出現在嬰兒時期，那時候還沒有任何的語言表達能力，面臨對人信任與否、會被照顧或被放棄、有價值或沒價值的掙扎中。但因為這些經驗是以非語言的形式刻劃在心靈上，很難用語言來表達出來，因此在幫助案主處理這個階段時，很難區分出哪些訊息是來自父母，哪有些訊息可能是來自那些早已被丟棄的不喜歡的自己。

幫助案主處理這些僵局時應鼓勵案主相信自己的兒童我可以不要依賴父母我，可以從實際的環境中找資源來處理遇到的問題。通常是僵局一獲得處理後，案主體會到自己不用再根據反思的劇本行事，才開始質疑自己為什麼要再相信原有的劇本和嬰兒時期建立的信念，因而就會出現僵局二和三。當案主發現自己有資源可幫助自己時會顯出輕鬆與快樂的神情。處理僵局三時因很多是語言難以表達的，可以鼓勵案主透過非語言的動作，如大叫或捧枕頭來表達。當順利與父母我分離後，鼓勵案主與父母我以新的角色和態度建立新的關係。

（三）步驟三：邀請案主帶入目前新的資源

在幫助案主做決定的過程，諮商師常忍不住要推案主一把，但也因此案主可能會漸漸對諮商師產生依賴，因為在諮商師推他一把的過程中，案主以諮商師取代了原來父母的地位。如此的改變無法持久，可能會因諮商關係的結束而故態重萌。所以最好的做法是諮商師不要去引導，而是跟隨案主，讓案主按自己的進度決定諮商的走向。當案主卡住時應讓其靠自己的能力來解脫。遇有困難時，諮商師可邀請案主覺察自己被卡住的狀況（例如當案主說被父親給的壓力壓得喘不過氣時，就把枕頭當作是父親壓放在案主的肩上，讓他體會被卡住的感覺），然後邀請他們覺察目前環境中可用來幫助自己克服困難的資源（讓案主想像自己怎麼靠自己的能力來掙脫，把枕頭丟掉）。

（四）步驟四：讓案主的兒童我做決定

讓案主的成人我做決定（指的是以成人的資源來幫助案主達到目前所期待的改變）與讓案主的兒童我做決定，結果會完全是兩回事。比較起來，讓案主在兒童我的狀態中重新為其兒童時期所定的劇本下個新的決定是較為明智之舉，因為以成人我做決定的改變可能無法滿足兒童我的需要。例如一位案主以成人我決定期末考要考出最好的成績，便拒絕與同學出去玩，卯足全力用功讀書，結果得到全班第一名，但他的兒童我卻不快樂，因為兒童我認為得到同學的友誼比較重要，但成人我決定以拚成績為要務，案主因而失去與同學玩樂的機會，其兒童我的需求未能獲得滿足而相當失望。

重新做決定的過程中，很重要的是要讓其兒童我理解到自己可以在目前環境尋得小時候無法滿足的需求。當兒童我覺察到可以用新的策略來滿足需求，就較願意慢慢放棄舊方法。人們重新下決定時有下面幾個跡象：(1) 案主漸能以目前實際的狀況來思考問題，而花較少的時間去重演過去的信念劇本；(2) 案主漸能經驗並以真實的情緒來表達心裡的感受；(3) 案主較能以自發性反應取代彈回球效應，以實際該有的行為表現來滿足自己的需要。

（五）步驟五：陳述新的決定

當案主準備好時，鼓勵其以兒童我把自己新的決定以積極正向的態度陳述出來。此時其兒童我可能會對新的決定感到既興奮又害怕，就像在第一步驟的時候一樣，如果案主的肢體上顯得不自在，或說著「會試試看」或「會做做看」等類的話，諮商師應做適切的對質，幫助案主面對自己真正的需求。處理案主的兒童我很費力氣，所以時間上可以不要拖太長，當案主做了陳述後就邀請案主離開兒童我的狀態並慶祝新的決定。如果案主在此過程進行了 20 分鐘後還是無法陳述出新的決定，也邀請案主離開兒童我的狀態並以成人我的狀態討論為什麼無法做改變。如此的討論有助於下次兒童我做改變的決定。不過在邀請兒童我回到成人我之前，要問兒童我還有什麼話要向其對話的對象表白，

例如若是正在用椅子法和想像的父親對話，可鼓勵他們和對方做結束的道別，並請想像中的父親離開房間。

（六）步驟六：重述新的決定

當案主在兒童我的自我狀態中做了新決定的陳述而回到成人我的狀態時，諮商師要讓案主的成人我和新的兒童我有所聯結。一個有效的方法是要回到成人我狀態的案主把剛剛兒童我下的決定重新說一次給諮商師聽。

（七）步驟七：以成人我做簡報

簡報是要案主的成人我對剛獲得的改變做討論，幫助案主瞭解最有效的改變是將認知與情感結合，可與案主討論哪些信念劇本已做了改變，以及做了什麼樣的改變。

（八）步驟八：簽下行為改變契約

宣布新決定只是打開一扇門而已，如果沒有簽下改變的契約，當初承諾的熱忱可能會無疾而終。所以最後一個步驟就是與案主簽下行為改變的契約。

四、諮商結束的指標

伯尼常說溝通分析的目的是要治癒案主，到底在怎樣的情況下可以說案主已經療癒了呢？

（一）從療癒的過程來決定結案的時機

療癒的過程可分為四個階段：能掌控自己的社交互動狀況（social control）、症狀消失（symptomatic relief）、成功的轉移（transference cure）、成功的走出劇本（script cure），諮商師可以從療癒的過程來決定結案的時機。

1. 第一階段：能掌控自己的社交互動狀況

能掌控自己的社交互動狀況指的是不再需要仰賴劇本，而能自發的按實際

發生的狀況與社會環境互動。在此階段兒童我和父母我並無改變，但成人我為自己的行為負起掌控的重任。

2. 第二階段：症狀消失

此階段不僅是由成人我來掌控不讓自己按劇本行事，其兒童我和父母我也開始改變，所以案主較不會想去做出劇本裡的行為。案主不按照劇本來解決問題的時間增多了。

3. 第三階段：成功的轉移

此階段案主的兒童我會將諮商師取代原來的父母，因為諮商師傳達的訊息較正向，兒童我會感覺較放鬆。如果諮商在此階段就結束，案主會像以前黏住父母般的抓著諮商師不放。

4. 第四階段：成功的走出劇本

在此階段案主的兒童我在成人我的支持與鼓勵下改頭換面。這個階段是發生在前述的再決定的過程，當案主能脫胎換骨成功的走出劇本，這也是可以結束諮商的時刻。

（二）從案主改變的過程來判斷結案的時機

改變並非是一蹴可幾，案主在諮商過程中的改變大概會有六個階段：有所防衛（defensive）、感到生氣（angry）、覺得傷痛（hurt）、體會到問題是出在自己的身上（recognizing self as problem）、願意為改變負責任（taking responsibility for change）、原諒父母（forgiving the parents）。

1. 第一階段：有所防衛

當原先存在兒童我與父母我裡的信念被質疑時，案主常會有所防衛：「每個人不都是這樣做的嗎？」「我父母就是這樣教的。」因為已行之多年習慣了，案主不確定為什麼要改變。

2. 第二階段：感到生氣

　　當案主開始覺察到原來多年來都是跟著幼時所定下的人生策略在行事，難怪總是窒礙難行。案主也發現那些策略都是小時候因需求未得滿足所應運而生的，便開始怨恨父母。

3. 第三階段：覺得傷痛

　　有機會表達生氣之後，案主接觸到幼時需要沒有被滿足的傷痛感，並開始瞭解到目前的問題是其來有自，可追溯到早期的經驗。有了這樣的領悟時，案主可能會覺得可以結束諮商了。不過領悟不表示就會改變，如果這時就決定終結諮商，可能會前功盡棄。

4. 第四階段：體會到問題是出在自己的身上

　　這個階段案主體會到其實真正的問題是出在自己的身上，是自己選擇讓這些幼時的行為模式持續重演，所以目前問題的責任應歸於自己。這時案主也會有離開諮商的想法，因為當案主越發現其實自己是可以改變的，其兒童我就可能越加害怕。

5. 第五階段：願意為改變負責任

　　如果案主繼續諮商就可能可以進入這個階段，願意負起改變的責任並做這樣的宣告：「我不需要不斷重複那些讓我感到痛苦的老舊行為。我要改變，我要為自己的改變負起責任。」這樣的承諾提高他們自己改變的動機。

6. 第六階段：原諒父母

　　在此階段案主體會到父母也是人，他們已經盡其所能了。當案主選擇原諒父母，他們就會願意釋去對父母我的依賴，走出父母期望的框架。如果父母還在世，他們會選擇與父母和好。這也是諮商結束的好時機。

肆、功能失調的自我結構及其處理策略

理想情況下，人們三個自我狀態會清楚的分開。但事實上並非如此，有時候會出現三者不能清楚區分的現象，稱為重疊（contamination），或者三者間有互相排斥的現象，稱為隔離（exclusion）。這兩種狀況都容易引致心理與行為上的問題。

一、重疊

重疊的情況有兩種，一種是父母我與成人我重疊，這種情況的人容易出現偏見的想法（prejudice）；另一種是成人我與兒童我重疊，會出現幻想（delusion）的現象（Harris, 1969）。

（一）父母我與成人我互相重疊——偏見

有時候人們的兒童我會一味的把父母或重要他人的想法、感覺或價值觀等，未經成人我的理性考量或篩選就納為己有，這種情況稱為偏見（見圖 4-9 所示）。例如種族歧視、偏見，或認為用右手寫字是正常，稱慣用左手者為「左撇子」；又如很多學生在唸大學選擇科系時可能會忽略自己的專長或興趣，而以父母的價值觀為考量的標準。

諮商師：「你有沒有想過上大學時要主修什麼？」

　學生：「我父母說要唸理工科系將來才有前途。」

諮商師：「你自己對理工科系有興趣嗎？」

　學生：「我從來沒想過自己有沒有興趣這件事。」

諮商師：「為什麼你沒有想過有沒有興趣這件事？」

　學生：「因為我父母說興趣又不能當飯吃。他們也說興趣是可以培養的。」

若在成人我發展之前，父母憑自己主觀的成見對孩子學習的領域設限，要孩子不要去碰某些議題或人群等，子女可能就會因害怕遭父母責備，而在成人

我發展的過程關閉學習或思考這些被設限的領域，長大後這些人就很容易因不瞭解而有所偏見。此外，成人我是人們邏輯思考的重鎮，偏見者因其父母我霸占了部分的成人我，企圖左右其成人我面對思考與解決問題的方向，所以要求這樣的人做正確的邏輯思考是很難的。雖然接觸到現實社會後會看到與聽到與父母教導相左的資訊，但多數會選擇保持原來的信念，因為他們相信說謊比打破現狀來得安全些。要改善此現象是要讓他們理解到與父母意見相左並非忤逆，願意嘗試以實際看到的證據做思考，慢慢把父母我和成人我間的界線建立並鞏固起來。

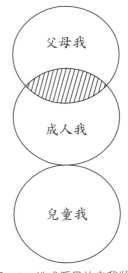

圖 4-9　造成偏見的自我狀態

（二）成人我與兒童我重疊──幻想和幻聽

當成人我與兒童我互相重疊時，很容易影響到成人我對現狀有不適當的解釋與體會，幻想與幻聽（hallucinations）是常見的癥狀（見圖4-10）。幻想是出於害怕，從小就怕父母。在擔心受怕下長大的小孩，對世界常感到害怕。看到有人來家裡推銷東西會解釋成是壞人要來抓他。幻聽是來自生活上過度的壓力感，受到太多的批評或拒絕，日後即使那些批評者已不在身邊，那些批評聲還是常撩繞於耳。其幻聽到的內容反映的，就是其幼年的經驗。例如小時候被虐待（不管是語言或非語言），長大後那些聲音可能就是其幻聽到的聲音與內容。要

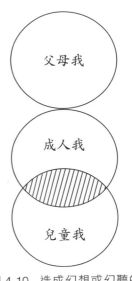

圖 4-10　造成幻想或幻聽的
　　　　　自我狀態

處理幻想和幻聽的問題光告訴他們事實的狀況是於事無補的，唯有幫助他們透過成人我蒐集資料證實兒童我所擔心害怕的威脅事件已經不存在了，才能慢慢把兒童我和成人我分開，並把兩者間的界線劃清開來。

二、隔離

隔離的現象有三類，第一種是父母我與成人我重疊但把兒童我排開，這種稱為不會玩的人（the person who can not play）；第二種是成人我與兒童我重疊但把父母我隔開，這是缺乏道德意識感的人（the person without a conscience）；第三種人是父母我和兒童我把中間橋樑的成人我摒除在外，這稱為卸任的成人我（the decommissioned adult）（Harris, 1969）。

（一）不會玩的人

你有沒有碰過有些人是工作狂，每天都工作到深夜才下班，但卻非常沒耐心陪家人玩樂或讓自己稍微放鬆。按溝通分析理論的說法，這樣的人是幼時成長於任務取向的家庭中，稍微輕鬆玩樂就會遭到責備，如古語說的「勤有功，嬉無益」，或出現任何幼稚的舉動都會被指正。反之只要用功讀書，考試得滿分，就會得到父母的喜愛。這樣的人常是因上述的父母我和成人我有所重疊，而很難有自己的思考邏輯，若讓童真的一面出現就常遭到指責：「不要老是這樣胡鬧，像小孩一樣，正經一點！」這樣的人其兒童我沒有儲存太多快樂的記憶，而且為了當父母眼中的好小孩，他們索性把兒童我摒除在外，如圖 4-11 所示。

這樣的人如果沒有適當的處理，對其

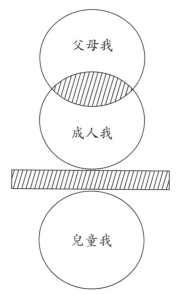

圖 4-11　不會玩的人的自我狀態
（參考 Harris, 1969, p. 101）

日後婚姻與家庭生活的維繫會深有影響，其處理方式是透過成人我的刻意努力，找機會離開任務取向的工作環境，跟著家人去旅行，參與家人互動學習傾聽童言童語，雖然無法重建兒童我，但至少可瞭解兒童我的幽默與玩樂是怎麼回事，並學習如何享受玩的樂趣，這對於他與別人的互動較有助益。

（二）缺乏道德意識者

孩子從小隨著父母的教導，學習所處的社會環境孰是孰非的標準。然而如果在其人生的早期，父母的道德觀太強讓他們望而生畏，或是不適切的道德觀讓他們無法苟同，反而從「我不好—你好」（認為父母凡事都對），移至「我好—你不好」（認為父母並非全對）的人生位置。既然父母的話不可信，人們索性把父母我排除在外，也許是軀體上的分離，也許是心理上的排斥。也因摒除了父母我，他們也摒除了父母我對孩子「應該這樣做」，以及社會控制的功能，在這樣的過程中逐漸變成了缺乏道德意識的人（如圖 4-12 所示）。

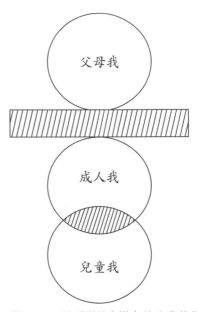

圖 4-12　缺乏道德意識者的自我狀態
（參考 Harris, 1969, p. 102）

典型的缺乏同情心的冷血精神病患者（psychopath）就是其中一例，這種缺乏道德意識者，行事為人是由已重疊的兒童我和成人我來主導，常為了達到個人的目的而不擇手段。他們的成人我雖然可以預估事情的結果，但通常是以自己的利益為考量，很少顧及可能對他人產生的傷害。問題是你怎麼知道人們是否將其父母我排除在外，Harris（1969）建議可觀察那人在做錯事時是否有害羞、悔恨、困窘或罪惡感的感覺。這些感覺存在兒童我中，但必須經由父母

我的判斷後那些感覺才會應運而生。所以當一個罪犯被抓到卻無悔意，可能就是其父母我被摒除在外的表徵。這種案例在諮商治療上相當棘手，如果在人生的早期他們從來沒有被父母關照過的經驗，日後很難用其他方式來加以補償。不過若能幫助此人瞭解自己缺乏父母我所產生的限制，然後鼓勵他把成人我和兒童我清楚分開，建立出清楚的界線，學習邏輯推理能力以及恢復純真的兒童我，應有助於其重建新的人生。

（三）卸任的成人我

當人們把成人我摒除在外，讓父母我和兒童我來擔綱時，會因成人我失去功能而無法與現實社會接觸（如圖 4-13 所示），精神官能症者（psychotic）就是一例。他們的行為反應時而像父母，時而像兒童，很不穩定與奇怪，很多時候更像是父母與兒童間的衝突反應。這樣的人因缺乏成人我可以幫助自己來理智的處理兩邊的衝突，心裡也很苦，不是以兒童我說：「太難了我不會處理！」就是以父母我責備自己。

要幫助這樣的人很重要的是協助者應以「我好－你好」的人生位置來看待他們，這樣的態度可以讓他們減少害怕或防衛而讓成人我開始萌芽。當他們願意傾聽，並開始透過學習來思考和做決定時，成人我才會逐漸茁壯。

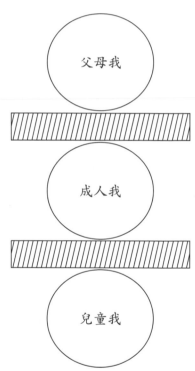

圖 4-13　隔開成人我的自我狀態
（參考 Harris, 1969, p. 104）

伍、理論與諮商策略摘要

從溝通分析理論的觀點來看，人們的自我狀態包括兒童我、成人我和父母我。父母我的主要功能是教導子女如何去覺知、面對與處理世界的事物。照顧的父母是關心和給予溫暖的保護；控制的父母則是有意見、權力以及會處罰的。兒童我是孩子對所看與所聽到的外在訊息的感覺與理解，可分為適應兒童與自然兒童。自然兒童是自發性的表達自我的喜好和創造力；適應兒童的所行所為完全是受制於父母的影響。成人我是人們做決定的核心角色並負責澄清資料的工作。三個自我狀態以互補或平行、不互補或交叉，或潛藏式的方式互相溝通，其中以互補或平行的溝通最為平順與暢通。其他如撞球式、絞刑和靶心式的溝通也會發生在日常生活中。此學派根據人們對自己與他人滿意的程度，將人生的位置分為「我不好—你好」、「我不好—你不好」、「我好—你不好」、「我好—你好」。前面三個人生位置是取決於感覺，第四個人生位置則是建基於想法、信念與行動。若能及早得到協助，就有機會進入第四個人生位置，肯定自己的好、也相信別人是善良的。

溝通分析理論相信人的很多問題是源自兒童時期的經驗。人們在兒童時期就已對人生的劇本做了定位，兒童早期寫下的原有的劇本，兒童晚期寫下的反思的劇本，以及書寫人們對自己、他人和生活品質所持的信念劇本。人生劇本記錄著孩童時期為求生存與需求滿足所採用的策略，嬰兒時除了尋求生理滿足外，還渴望被刺激，獲致酬賞與安撫。酬賞與安撫可分為外在或內在；積極、消極或走漏；有條件或無條件。為了滿足渴望生活能有結構的需求，人們對時間的結構包括退縮、過程、儀式、消遣、活動、遊戲和親密。

溝通分析學派相信每個人都是有價值、尊嚴與思考能力的，可以決定自己所要的人生，每個人的行為、想法與感覺完全取決於自己，而非他人或環境，也因此必須為此負責任。因此溝通分析的諮商目標應著重在幫助案主認識三個自我狀態在決定過程的角色、探討案主自由兒童我真正的需求與適應兒童我的

害怕、瞭解人是可以對自己的人生不滿意且有改變它的權利，並蒐集新資料來促進改變。在諮商過程中，諮商師以教練的角色教導案主與其問題有關的知識，與案主間以平等的關係討論諮商的目標，之後再以諮商師的角色與案主面對問題。除了當一個有效能的諮商師外，也應允許案主當自己、讓案主感到自己是受到保護的、給予正向的酬賞與積極的安撫、全人的投入與善用時間結構，這些對諮商效果的增進是相當有幫助的。

幫助案主改變的諮商策略依次為計畫改變的路徑、對質其人生劇本以自發性反應面對實際的人生、協助案主重新做決定、結束諮商。其中協助案主重新做決定則是循著下面幾個步驟漸進的改變：建立契約、重新體驗早期的經驗、邀請案主帶入目前新的資源、讓案主以兒童我的自我狀態做決定、陳述新的決定、以成人我做簡報、簽下行為改變契約。療癒的過程可分為四個階段：掌控社交動向、症狀消失、成功的轉移、成功的走出劇本，諮商師可以從療癒的過程來決定結案的時機。當然改變並非是一蹴可成，其過程有六個階段：有所防衛、感到生氣、覺得傷痛、體會到問題是出在自己的身上、願意為改變負責任、原諒父母。諮商師也可從案主改變的過程來判斷結案的時機。

理想情況下，三個自我狀態會清楚分開，若三者不能清楚區分則稱為重疊，三者間互相排斥的現象稱為隔離。父母我與成人我重疊容易出現偏見的想法，改善之道是讓案主理解到與父母意見相左並非忤逆，願意嘗試以實際看到的證據做思考，慢慢把父母我和成人我間的界線建立並鞏固起來。成人我與兒童我重疊則會出現幻想的現象，要處理這樣的問題光告訴他們事實的狀況是於事無補的，唯有透過成人我蒐集資料證實兒童我所擔心害怕的威脅事件已經不存在了，才能慢慢把兒童我和成人我分開並把兩者間的界線劃清開來。

隔離的現象有三類，父母我與成人我重疊但把兒童我排開者是不會玩的人，其處理方式是透過成人我的刻意努力，學習享受玩的樂趣，增進與他人的互動。成人我與兒童我重疊但把父母我隔開者是缺乏道德意識的人，應幫助其瞭解自己缺乏父母我所產生的限制，並鼓勵他把成人我和兒童我清楚分開建立

出清楚的界線，學習邏輯推理能力以及恢復純真的兒童我，才能重建新的人生。父母我和兒童我把中間橋樑的成人我摒除在外，稱為卸任的成人我，諮商師應以「我好一你也很好」的態度來面對案主，如此做可以減少案主的害怕或防衛並願意傾聽。透過學習思考和做決定，其成人我才會開始萌芽並逐漸茁壯。

綜觀伯尼的溝通分析理論與技術，提醒我們：「往者已矣，來者可追。不要讓過去的人生劇本左右你現在的演出，抓住每個此刻，架構你新人生的篇章。」

▍從理論到實務，請聽他的故事……

第四節。溝通分析諮商學派的案例分析

壹、案例：他的兒子說：「我的爸爸一直是個沒長大的大人」

翔霖，56 歲，兒子帶他來尋求協助。兒子說他爸爸：「52 歲退休，本來想尋找職場的第二春，但一直都不順利，就在家裡喝悶酒。他常動不動就生氣，不僅是對家人，對外人也是，喜歡去超市跟店員吵架，喜歡打電話去跟客戶服務處抱怨。他把身體喝壞了還笑自己是九命怪貓。他很任性，也非常不聽話。總而言之，我覺得我爸爸一直是個沒長大的大人。」翔霖本來不願意承認自己有喝酒的問題，因發現自己出現幻聽、幻覺，半夜起來上廁所尿了整盆的

血，才答應去看醫生並接受諮商輔導。

貳、諮商目標與策略

一、問題分析

（一）翔霖的三個自我狀態及退休後的自我狀態的現象

　　為瞭解案主的父母我、兒童我與成人我，請翔霖介紹成長背景，諮商師做了如下的分析：

1. 翔霖的父母我

　　翔霖的父親當警察，因常搬遷，各地的警察宿舍都有機會變成他的家。父親盡忠職守，經常到處巡邏不在家，好不容易在家，就是喝酒。父母親渴望生兒子，生到老四時終於有了他，一年後又生了妹妹老五，隔兩年又生了老么的妹妹。從小他很得寵，父母把好吃的都留給他，姊妹都很嫉妒他。雖然如此，卻很少聽到父親對他表達關愛的話；母親雖然疼愛他，但因孩子多糾紛不斷，所以聽到責備聲多於關愛聲。從小記錄了這些負向的聲音，都是控制父母的形象。而父親喝酒的背影深刻在他腦海裡，他學到用喝酒減除壓力的印象。

2. 翔霖的兒童我

　　翔霖從小得寵，父母把好吃的都留給他，姊妹都很嫉妒他。父母不鼓勵女孩子讀書，但對他卻期望相當高，他努力考好成績以便得到一塊錢的獎賞。大學畢業考入一家頗負盛名的大公司，他努力工作，優異的表現讓他很受器重，職位不斷爬升，甚至被派赴美進修，獲得學位後，肩負起到大陸建廠的重任。翔霖如此努力，顯然是適應兒童裡的依順兒童我在激勵他以符合父母或其他權威人士的期望，以獲得安撫。其自由兒童我的創造力給他設廠的點子，當事情不如他意時，其脆弱的兒童我會採退縮的方式處理，如離開現場躲起來不去面對或喝酒來麻醉自己，甚至會很生氣的和別人爭論，這顯然是抗拒兒童我的表

現。尤其是當他看到別人所作所為和父母我所存的規律、規則不合時，他的依順我就會焦躁不安、不知所措，便急著和別人辯論，希望能說服別人遵守他自己從小時候所學習的規則。

3. 翔霖的成人我

在邏輯推理的發展上，從翔霖在讀書與工作的傑出表現可見一斑。

4. 退休後其自我狀態的現象

自退休後，翔霖一直處在卸任成人我的狀態中，其兒童我和父母我把成人我摒除在外，成人我的功能喪失，由兒童我和父母我掌管人生。可能是因找不到職場上的第二春變得相當喪志，酒癮一來兒童我順性的任自己喝下去，父母我裡父親喝酒的背影增強他喝酒的行為。然而關心父母我不斷提醒兒童我不要再喝，也提醒他應當個好父親。因此他每天很盡責的煮飯，從家人吃得津津有味的樣子中其安撫的需求得到滿足，但一旦家人沒時間回家吃飯，他就很不高興。這樣反覆無常，時而像父母，時而像小孩，很不穩定。且因缺乏成人我來管理，整合父母我與兒童我間的衝突，所以不是以兒童我的喝酒來逃避問題，表明「太難了我不會處理」，就是以父母我的責備方式來怪罪社會的不公平。

（二）翔霖退休後其人生心理位置的改變

剛退休的翔霖處於「我好─你好」的心理位置，對自己自信滿滿，相信很多工作機會等著他。然而每張履歷表投出去都石沉大海，好不容易有幾個工作機會，卻因不符原先的期望只工作一小段時間後棄職而去，開始怨恨社會不公，進入「我好─你不好」的階段，心想「我這麼好的一個人怎麼會遭到這樣的待遇，都是社會的不對」。加上因喝酒身體健康變差，對自己漸沒信心，進入「我不好─你也不好」的心理狀態，他更依賴酒來安撫自己。

二、諮商目標

諮商師與翔霖討論後決定透過下列兩個諮商目標幫助其戒除酒癮：(1) 幫

助翔霖壯碩其成人我；(2) 幫助翔霖進入「我好─你好」的心理位置。諮商師要翔霖以成人我審視這個目標的可行性，不過也提醒翔霖，兒童我可能會抗拒如此做，遇到此情況暫時停一下沒關係，配合自己準備好的進度來改變。並請翔霖想一個目前令他不愉快的情境，測試看看可否在那個情境把生氣的情緒或想喝酒的衝動壓制下來，甚至轉換成積極的能量。

三、諮商策略

（一）諮商策略一：對質其人生劇本，以自發性反應面對實際的人生

翔霖出生一個月後，母親就懷了妹妹，無法再餵他吃奶。全家靠著父親微薄的薪資供養，所以成長的過程中，他與姊妹在有限資源中互相競爭，但因身為獨子，父母常讓他獨享特權，但他也知道如果沒有表現實力，以家裡的環境，機會是不會保留給他的，於是更加努力奮鬥。「我一定要贏」成了他人生的劇本。而為了成功他不惜代價，積極的努力用功、賣力工作；但當事情不如己願或力不從心時很想哭，父母教導他：「男生哭什麼哭。」如此的教導烙印「我不應該有感覺」的信念劇本，便採用生氣、責備或喝醉的手段去面對它。

為了幫助翔霖探討他的彈回球效應與情緒反應，諮商師用下面的問題與他討論：

諮商師：「退休後當遇到不如意的情況你通常會有什麼樣的情緒反應？」

翔霖：「我會很生氣，常躲在房間睡覺生悶氣、氣自己或是藉酒澆愁。如果是外人或公共事務，我就會直接去質問對方。」

諮商師：「你有沒有覺得這樣的情緒反應很熟悉？」

翔霖：（點點頭）「是啊！經你這樣一問，我真的覺得很熟悉。」

諮商師：「你是否會在不同的情況下都有這樣相同的情緒反應？」

翔霖：「我當然也有高興的時候，不過退休後可能是不如意的事多於

如意的事，所以我好像隨時都有氣可生，酒也越喝越多。至少喝醉可以麻痺生氣的感覺。」

諮商師：「在今天之前，你最後感覺到這樣的情緒是在什麼時候？」

翔霖：「就前幾天吧！路過社區的一家店正在招人，進入應徵，居然說我資歷不符拒絕了我。真的很生氣，氣自己那麼早退休變成一個無用的人；也氣這個社會不給退休的人一個再進入職場的機會，回家後就猛灌酒。都沒人要了，但至少酒不會拒絕我。」

諮商師：「是在什麼樣的情況下，你會有這樣的情緒反應？」

翔霖：「當感覺未得到該有的注意力或肯定時，就會很生氣。」

諮商師：「事後想想，你覺得有多少可能你可以說自己是該情境的始作俑者？」

翔霖：「我記得在退休前，有時候長官要來視察，因太緊張而猛喝酒，視察結果成績不佳，讓我更生氣。如果不要喝酒就不會壞事，所以我想我確實是始作俑者沒錯。」

諮商師：「經常生氣的情緒反應是否有助於你滿足此刻的需要？」

翔霖：「說實在的，一點用也沒有。」

諮商師：「在你小的時候這樣的情緒反應是否受到鼓勵呢？」

翔霖：「有啊！小時候要不到想要的東西就生氣。只要一耍脾氣，家人就會怕我，趕快把我要的東西給我。」

諮商師：「也許你小時候是用這樣的情緒反應來取代別的不被容許的情緒反應，如果這是真的，你想你原來是哪種情緒反應？」

翔霖：（想了想後）「沒能要到想要的東西很傷心和難過，很想哭，但是爸媽告訴我：『男孩子，不要動不動就哭，沒有出息。』想哭不能哭，就更生氣了。」

經過上述的問答，翔霖開始體會到小時候使用生氣、吵架的策略在當時也

許是最佳的選擇，但長大成人後仍如法炮製已不合時宜，因而無法滿足目前需求而深感挫敗。因此諮商師鼓勵翔霖對質老劇本，汰舊換新，自發性的以成人我來使用現在資源處理目前的問題。

（二）諮商策略二：邀請翔霖體驗早期與目前經驗的關聯

諮商師邀請翔霖從現在發生的事件往前追溯一些讓他感到痛苦的人生經驗，當回想起來時請他以現在式的語氣描述當時的經驗。

翔霖說：「我最近好不容易找到了一個工作，這是退休後好不容易出現的一絲生機，我好興奮的去上班，報到後老闆要我坐在一個角落的位置，叫我看一些資料，偶爾叫我做些不重要的工作。坐了兩天的冷板凳，我覺得不受到重視就遞出了辭呈。」說到此，翔霖沉默半晌後，轉了一下話題說：「小時候因家裡的孩子眾多但資源有限，所以什麼都得用搶的，為了獲取更多的注意力我很用功讀書得好成績，畢業後認真工作，表現優異因而獲得父母的肯定、老師的讚賞與長官的表揚。」

聽到此，諮商師問翔霖：「當你坐冷板凳時，是否感覺像小時候沒有搶到糖果般的失落感？」

翔霖回應：「是的！」

諮商師鼓勵翔霖停留在當時的那個情況，但請翔霖以現在式的語氣來描述小時候搶不到糖果的情景。聽完後，諮商師問：「翔霖，你沒有搶到糖果，你怎麼處理？」

翔霖回應：「我就躲進房間生悶氣，媽媽見狀，叫姊妹們不要跟我搶，把糖果給我。」

諮商師接著問：「你遞出辭呈的反應是否和躲到房間生悶氣的反應很類似？」「你希望公司老闆做何回應？」「你是否希望公司老闆像媽媽一樣可以由此動作知道你很需要注意力，然後像媽媽把糖果拿到房間給你一般的賦予你一個較重要的工作？」

翔霖思索一陣子後，點頭同意諮商師的看法：「真希望我的老闆能賞識我的能力。」

諮商師與翔霖討論後畫出溝通分析圖（圖 4-14），指出：「你的訊息一是由成人我向老闆的成人我遞出辭呈，訊息二卻是兒童我向父母我說：『老闆，我希望得到你的賞識』，可惜老闆沒接到隱藏的訊息，以成人我對成人我的態度接受了辭呈。這樣的溝通方式表面看似是平行的溝通，但真正的訊息是發自訊息二，這與老闆的回應成了交叉溝通，沒能滿足到你的需要。」

諮商師接著問：「你覺得小時候用的這一招現在還管用嗎？」翔霖看著溝通圖搖搖頭。

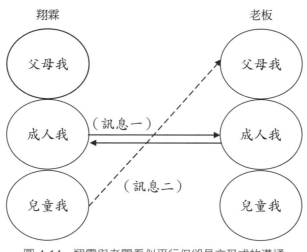

圖 4-14　翔霖與老闆看似平行但卻是交叉式的溝通

（三）諮商策略三：幫助翔霖以「為什麼不是？」來重建心理位置

翔霖退休後際遇不佳，且一直質問著：「為什麼找不到新的工作？」這種無解的疑惑把他的自信心打壓得從「我好—你好」，變成「我好—你不好」、

「我不好一你好」，而至「我不好一你不好」。不同於前面三個人生位置是建基於感覺，「我好一你好」的人生位置是由意識與語言文字的理解後所下的理性決定。在幫助翔霖重建「我好一你好」的心理位置的過程中，諮商師鼓勵翔霖將自己與他人，以及實際和可能發生的資訊放在一起考量。透過「為什麼不是？」的問句跳脫單單以自己的經驗來決定自己好不好，因為知道除了自己以外，還可透過與他人有效的互動交流來達到最終的目標。例如請翔霖列出自己目前想做與可以做或已經做的事，特別是以前不會的，可以轉成「為什麼不學學看」的態度重新開始。此時翔霖列出了他以前對攝影的興趣，並同意去學攝影。當翔霖重複經驗到成功的經驗證明自己是可取的，就有機會透過理性的決定而進入第四個人生位置，肯定自己的好，也相信別人是友愛與善良的。

（四）諮商策略四：協助案主做改變劇本的決定

1. 建立改變新契約

當翔霖的成人我逐漸壯大，並順利進入「我好一你好」的心理位置，諮商師可鼓勵翔霖進一步建立一個具體可行的契約，要件必須是積極正向且是可測量的目標。考慮了一下翔霖提出：「我希望每天能笑三次。每星期至少有三天不喝酒、不發脾氣。」

2. 鼓勵翔霖邀請成人我和兒童我參與此決定

讓翔霖的成人我審視此契約的可行性後，鼓勵翔霖進入兒童我為其兒童時期所定的劇本做改變的決定，當翔霖的兒童我覺察到可以用新的策略來滿足需求就較願意放棄舊方法，漸能以目前實際的狀況來思考問題，以真實的感受來表達心裡的感受，並以實際情況該有的行為表現來滿足自己的需要。

3. 鼓勵翔霖與過去的自己對話，測試新決定的可行性

諮商師搬出一張空椅子讓翔霖想像過去的自己坐在另一張椅子上，讓翔霖能更具體的以現在的心態（以下簡稱大翔霖）與自己早期的經驗（以下簡稱小

翔霖）互動。

大翔霖：「我不想再像過去一樣動不動就生氣。」

小翔霖：「但是你若不生氣，人家怎會知道你想要什麼呢？」

大翔霖：「其實退休後不得志我是很難過，但為什麼不可以表現出難過的樣子呢？」

小翔霖：「你如果難過的哭，那跟姊妹們有什麼兩樣，爸媽好不容易生下你這個兒子就是要你做男子漢大丈夫，他們不是常說：『男兒有淚不輕彈』。」

大翔霖：「就是因為這個信念一直在提醒我，讓我不知所措，心情不好就只好學小時候見父親喝酒的樣子，用酒來消愁了。」

　　講到此時，翔霖突然停頓，表示可能正面臨僵局，對這個行之多年在兒童晚期所決定的反思劇本所記錄的父母我「男兒有淚不輕彈」等類似的訊息開始有所存疑。這時諮商師趁勢幫助翔霖去思考應該照做，還是須有所改變。

　　翔霖表示還要再思考一下，於是諮商師鼓勵翔霖繼續對話……

大翔霖：「我發現其實喝酒不能解愁。」

小翔霖：「怎麼回事？以前父親不都是藉酒澆愁的嗎？」

大翔霖：「我還發現以前搶不到糖果就生氣耍賴那一招，現在不管用了。」

小翔霖：「怎麼回事？以前不是一生氣耍賴，糖果就是你的嗎？」

大翔霖：「好像用講道理的方式人家比較能接受，以後我要多笑、少喝酒和少生氣。」

　　這時諮商師感覺到翔霖的成人我出現了，於是建議翔霖以成人我對著椅子想像正和老闆的成人我對談。

翔霖：「老闆，我已經工作兩天了，資料看得差不多了，什麼時候可以找個時間跟你討論我工作的情形。」

這時翔霖換椅子扮演老闆的角色：「好啊！這幾天我比較忙，可能要再等幾天，可否請你把想法都寫下來，等我忙完了，我們再來討論。」

如此對話一陣子，翔霖發現老闆可能不是不重視他，只是沒時間和他討論。若能以成人我理性的溝通，要和老闆達成共識應該不難。

4. 鼓勵翔霖的兒童我以積極正向的態度陳述自己新的決定

翔霖想想後，肯定的說：「我希望每天能笑三次。每星期至少有三天不喝酒、不發脾氣。」

5. 鼓勵翔霖的成人我提出報告

鼓勵翔霖的成人我把剛剛兒童我下的決定重新說一次給諮商師聽。之後諮商師用彈回球的系統與翔霖討論哪些信念劇本已做了改變，以及做了什麼樣的改變。最後，請翔霖的成人我將此承諾與討論結果提出報告。

6. 簽署契約

與翔霖簽下改變劇本的契約，以增進承諾的強度。

參、結果摘要

翔霖接受每週一次的諮商，從翔霖改變的過程來看，剛開始時因行之多年的人生劇本受到挑戰，在諮商的早期翔霖難免常會有所防衛的抱怨：「我為什麼需要改變？」但漸漸的翔霖開始發現不改變好像不行，因為很多自幼就習慣的處理方式行不通了，不是所有事都可靠發脾氣來解決，這時他開始瞭解原來自己愛發脾氣是因為從小父母不鼓勵他因需求未滿足而難過；反之，只要他生氣大家就讓他，也因此造就了他的個性。之後在諮商中，翔霖接觸到幼時因家裡孩子眾多，很多需求沒有被滿足的傷痛感，慢慢的翔霖體會到其實是自己選擇讓這些幼時的行為模式持續重演，所以改變的責任應歸在自己身上，不過當翔霖越發現自己是可以改變的，其兒童我就可能越加害怕。隨著諮商繼續進

展，翔霖表達了願意負起改變的責任並選擇了原諒父母，這也是結案的好時機。

從療癒的過程來看，一開始翔霖的兒童我和父母我並無改變，但開始會以成人我的模式思考，為自己的行為負起掌控之責。漸漸的，他的兒童我和父母我開始改變，不讓自己按過去的人生劇本行事。之後翔霖不再像先前那麼容易生氣，很願意聽諮商師的建議。當翔霖終能脫胎換骨，不僅成人我逐漸壯大，順利進入「我好—你好」的心理位置，也達到每天笑三次，每星期三天不喝酒、不發脾氣的目標。成功的走出劇本也正是可以結束諮商的時刻。

你瞭解了嗎？

下面有 15 題選擇題，可幫助你測試自己對溝通分析學派的理解程度：

1. 溝通分析學派所指的兒童我、成人我和父母我的三個自我狀態，基本上與佛洛依德的本我、自我和超我有異曲同工之妙。

    a. 是　　　　　　　　　　　　b. 否

2. 自我狀態中，_____是自發性的表達自我的喜好和創造力，是人格中最有價值的部分。

    a. 自然兒童　　　　　　　　　b. 適應兒童

    c. 父母我　　　　　　　　　　d. 成人我

3. 在自我狀態中，_____是人們做決定的核心角色，它像個資料處理機一樣，把父母我、兒童我和成人我的資料蒐集整合後，再做出最後的決定。

    a. 兒童我　　　　　　　　　　b. 照顧父母我

    c. 控制父母我　　　　　　　　d. 成人我

4. 當溝通刺激與溝通反應兩條路線平行對等，反應者的回應適切，符合發出刺激者的期待，我們稱此種溝通是_____。

    a. 互補

    b. 平行

    c. 交叉

    d. 潛藏

    e. a 和 b 皆是

5. 甲說：「我們一起來訂個讀書計畫吧！」乙回應說：「你每次說要做計畫，後來都不了了之。」這兩人的對話是何種型態的溝通？

a. 互補或平行

b. 撞球

c. 交叉

d. 潛藏

6. 下列何種人生位置是由意識與語言文字的理解後所下的理性決定？

a. 我不好—你好

b. 我不好—你不好

c. 我好—你不好

d. 我好—你好

7. 兒童早期的劇本是建基於_____與魔術性的想法；兒童晚期的劇本則較仰賴_____的思維建構。

a. 具體；推理性

b. 推理性；具體

c. 抽象；具體

d. 具體；抽象

8. 什麼劇本書寫的是人們對自己、他人和生活品質所持的信念？

a. 原有的劇本

b. 反思的劇本

c. 信念劇本

d. 溝通劇本

9. 溝通分析學派認為人們的行為通常都是以得到安撫為目的，當某特定的行為如期的引起他人的注意與反應，唯有積極的安撫對該行為才具有增強的效果。

    a. 是   b. 否

10. 當人們與他人互動但並不期望達到什麼特定的目的，只是聊聊天打發時間，這樣半儀式對話的時間結構稱為＿＿＿＿。

    a. 消遣

    b. 活動

    c. 儀式

    d. 心理遊戲

11. 溝通分析學派認為諮商時諮商師應具有三個 P，以下哪個選項不在其內？

    a. 允許（permission）

    b. 保護（protection）

    c. 效能（potency）

    d. 允諾（promising）

12. 當人們的兒童我一味的把父母或重要他人的想法、感覺或價值觀等，未經成人我的理性考量或篩選就納為己有，這種情況稱為＿＿＿＿，很容易導致＿＿＿＿。

    a. 重疊；幻聽

    b. 重疊；偏見

    c. 隔離；幻想

    d. 隔離；偏見

13. 當成人我與兒童我互相重疊時，很容易影響到成人我對現狀有不
    適當的解釋與體會，其常見的癥狀為何？
    a. 偏見
    b. 幻想
    c. 幻聽
    d. b 和 c 皆是
14. 父母我與成人我重疊但把兒童我排開，學者把這種人稱為 _____
    a. 不會玩的人
    b. 缺乏道德意識感的人
    c. 卸任的成人我
    d. 偏見的人
15. 父母我和兒童我把中間橋樑的成人我摒除在外，學者把這種人稱
    為_____。
    a. 不會玩的人
    b. 缺乏道德意識感的人
    c. 卸任的成人我
    d. 偏見的人

（答案請見書末「你瞭解了嗎？」試題解答頁）

腦筋急轉彎

1. 溝通分析理論指出，人有兒童我、父母我與成人我。請舉例說明各自的特質與功能。

2. 請記錄日常生活中聽到的一段對話，辨別出其訊息的來源與對象，以圖示分析其溝通的形式，並陳述你認為此溝通效果的良窳。若是屬於不良的溝通，請提出改善之道。

3. 溝通分析理論指出人們的兒童我、父母我與成人我三者若互相重疊或相互隔離會造成很多心理的問題。請舉出兩個案例來說明其問題的來源與處理之道。

4. 如果你是案例分析中的翔霖，這樣的處理方式你滿意嗎？有哪些方面諮商師還需顧及到？現在請就溝通分析學派諮商師的立場提出諮商方案來幫助他。

5. 本書作者綜觀伯尼的溝通分析理論與技術，有了這樣的體會：「往者已矣，來者可追。不要讓過去的人生劇本左右你現在的演出，抓住每個此刻，架構你新人生的篇章。」你同意這個說法嗎？請舉例說明你的人生劇本在你成長過程中的影響程度，並請根據溝通分析理論的諮商策略提出你的處理對策。

＊本章的「參考書目」與「照片來源」附於書末的專頁。

2

從行為、認知的改變著手

諮商理論的第二勢力是受到行為學派的影響，強調行為是學來的，是受到外在環境的影響而造成的，因而也可以透過學習來改變它，或經由改變環境而獲得改善。後來認知學派崛起，強調人的情緒會受對外在情境解讀的不同而有影響。也因此，本書的第二篇就從「行為、認知的改變」來探討，共五章，包括「沃爾皮和拿撒勒的行為諮商學派」（第五章）、「艾里斯的理性情緒行為諮商學派」（第六章）、「貝克的認知諮商學派」（第七章）、「林涵的辯證行為諮商學派」（第八章），和「葛拉瑟的選擇理論／現實諮商學派」（第九章）。

第五章

♦

沃爾皮和拿撒勒的行為諮商學派
Wolpe's and Lazarus's Behavior Therapy

系統減敏法
（Systematic Desensitization）

多重模式諮商
（Multimodal Therapy--BASIC I.D.）

創始者
約瑟夫·沃爾皮
（Joseph Wolpe, 1915-1997）

創始者
阿諾·拿撒勒
（Arnold Allan Lazarus, 1932-2013）

—— 本 章 要 義 ——

每個心理困擾都是其來有自的，

找到問題，對症下藥，就有解決的可能。

第一節。沃爾皮和拿撒勒的人生故事

1915 年 4 月 20 日，第一次世界大戰初期，約瑟夫・沃爾皮（Joseph Wolpe）出生於南非約翰尼斯堡，是家中的老大，有兩個妹妹和一個弟弟。從小喜歡看書，每天醒來就要先看書，一天看兩本，偶爾還會因看書而上學遲到，可能因為如此，小學一年級就近視了，但他覺得不好看不喜歡戴眼鏡。他的語言能力比同年齡的孩子發展得快，讓父母感到非常驕傲，也讓他對自己的學習能力相當有信心。除讀書之外也喜歡運動，常和鄰居小朋友一起踢足球。母親喜歡約他一起逛街，但當母親跟人家討價還價時他都覺得很不好意思。高中時父母要他在就近的學校就讀，並答應買腳踏車給他通勤之用，但他選擇通車到城市另一端的一所英國系統帕唐（Parktown）男子高中就學。高中第一天上學就被摩托車撞到，腦震盪、腳斷了，因而喪失了參加學校足球隊和田徑隊的資格。雖然如此，他並沒有失去對運動的熱愛，經常出現在各種運動比賽中為選手們加油打氣。學業競賽中，因他的才智加上勤勉，不管是拉丁文、數學或地理學科，他總是榜上有名，其中他最愛的化學，很快就超越高中的程度，因而讀起了大學的化學教科書，還跟教授們借了化學儀器在家裡設置了實驗室。高中以第一名畢業，父母反對他學化學，勸他去唸醫學院，說如此做不僅日後可以有高收入與高社會地位，也會有機會做研究。他被說動了，18 歲進入威特沃特斯蘭德（Witwatersrand）大學六年制的醫學院。大學對沃爾皮在課業和社交上是個新世界，害羞的他雖然對學習能力充滿信心，但對自己的社交能力卻沒有把握。

第一次離家，高中讀的又是男校，所以一進大學就交了女朋友，未專注課業，大一的化學課居然被當掉。愛情火花熄滅後專心用功，但成績都爬不到像高中一樣的頂峰。還好他對自己的學習能力相當有自信，認為考試成績並不能代表自己真正的實力，父母對他也很有信心不斷鼓勵他。除了醫學課程的學習外，喜歡參與男同學所組的哲學討論會。從知識論（epistemology）到當代哲學家較注重實證與正向觀點的理論，他都相當感興趣。

醫學院畢業時，他的興趣在於內科、麻醉科、免疫科，對於著重佛洛依德理論的精神科興趣缺缺，但後來遇到幾件事情後他對精神科的看法有些改觀。第一件事是有一天與朋友談完話後，突然覺得整個人好像空掉，開始擔心自己可能得了精神分裂症（schizophrenic），還好那個情況幾個禮拜後就消失，但這個經驗增強了他對精神科的興趣。又有一次在實習中參與治療一個年輕的女精神病患，說她夢見自己一直要游向一個男子但卻怎麼都游不到，沃爾皮解釋那個男子就像是她一直想接近的父親。幾分鐘後那女孩的症狀變得更糟，沃爾皮又解釋這是因為這女孩正在與心中的領悟對抗而出現的自我防衛現象。之後與朋友討論，很多人支持他的看法，他開始密集閱讀佛洛依德的書，甚至開始記錄和分析自己的夢。

二次世界大戰爆發前不久，沃爾皮完成醫學的訓練，自願從軍，在南非的軍隊擔任軍醫。1942 年被派到坎伯利（Kimberly）的軍事醫院，裡面收了很

多「戰爭神經症」（war neurosis）病患。採根據佛洛依德的理論，相信神經症是將創傷的經驗與記憶壓抑的結果，但治療方式是使用硫噴妥鈉（sodium thiopental）讓其釋放出來，而不是用傳統心理分析的方法，雖省掉不少時間，且短暫的效果不錯，沃爾皮很積極參與治療，但卻發現長期效果不佳，於是便開始尋求替代的方法。這段時間他經常參加由艾德斯坦（Abe Edelstein）組成的醫生團體討論會，討論中常會以巴夫洛夫（Ivan Pavlov）的古典制約理論（classical condition）加以分析，引起他的興趣。兩年後轉到其他軍營，確定要走精神科。

1945 年艾德斯坦的太太介紹沃爾皮認識她在卡帕堂（Cape Town）大學心理系唸書的指導教授泰勒（James G. Taylor），他是制約（conditioning）和學習（learning）領域的專家。得知沃爾皮對巴夫洛夫的理論有興趣，便介紹他讀赫爾（Clark Hull）的《行為的原則》（*Principles of Behavior*）一書，讀後對赫爾有系統的理論印象非常深刻。

1946 年沃爾皮退伍後，回到威特沃特斯蘭德大學的精神科系修讀醫學博士（MD）學位，這是一個研究型的學位，須完成一篇實驗性的論文。沃爾皮決定要以巴夫洛夫和赫爾的理論作為研究的基礎。這時心理系剛好來了一位對赫爾的理論很有研究的教授瑞納（Leo J. Reyna）博士，沃爾皮認真的去聽課學習赫爾的理論，並參加有關制約理論的團體討論，瑞納博士對於他的研究發展方向給予很多建議和回饋。實驗對象的尋求上，由於貓的來源較多而且有補助可以申請，便決定以貓作為實驗對象。完成論文後，瑞納博士鼓勵他出版，定名為《制約和神經症》（*Conditioning and Neurosis*），本來是雄心勃勃要送給赫爾審核，赫爾因忙著自己出書將其轉給同行斯彭斯（Kenneth Spence）來審核，斯彭斯不認為這本書會有市場。雖然遭到拒絕，沃爾皮仍執意以赫爾的理論者為根基，撰寫一系列的文章探討赫爾的理論所缺乏的「神經生理學的觀點」（neurophysiological view），但其論點並未獲得赫爾的賞識。這期間他娶了史特拉（Stella）為妻，為了養家，他在約翰尼斯堡開業，強調焦慮是來自

制約的反應，只要能夠有效控制刺激，就能去除焦慮的反應。因為沃爾皮不是採用心理分析學派，未被納進轉介的系統裡，病人的來源自然受到影響，只有靠瑞納和一些朋友的轉介，家裡的收入來源主要是從太太當秘書的工作而來。還好靠著自信心加上太太的鼓勵，他不氣餒的繼續醞釀治療的理念，期望找到助人克服焦慮的方法。

1949 年底，瑞納博士遷往美國，離開前送給沃爾皮一本夏特（Andrew Salter）以巴夫洛夫的理論撰寫的《制約反射治療》（*Conditioned Reflex Therapy*），從中他學到評量的重要，並發展出幫助肯定反應的技巧（assertive responses）。此法雖有助於焦慮減除，但對於處理非社會性的害怕（non-social fear）效果不大。之後沃爾皮找到芝加哥大學的醫師和生理學者雅各布森（Edmund Jacobson）在 1939 年所著的《漸次放鬆》（*Progressive Relaxation*）一書，提供詳細的肌肉放鬆技巧，適用於幫助過度緊張、高血壓、大腸炎、恐慌或一般焦慮的病人，這和他的相互抑制理論（the theory of reciprocal inhibition）很適配，便將它納入治療中，並加入指導語把病人的焦慮喚起後再讓他們放鬆，不過卻發現此做法對於焦慮過強的病患效果不大。為此他又去研究赫爾以文字當制約刺激去喚起案主反應的催眠術，此法很方便，可以在諮商室內進行治療，它是用指導語讓案主進入焦慮的情境，透過語言表達的強度來控制引發焦慮的強度，再以放鬆的技巧來幫助其克服焦慮。沃爾皮開始嘗試讓病人在放鬆的情況下想像較小程度焦慮的情境；再漸漸把引發焦慮情境的強度加強，這是系統減敏法（systematic desensitization）的起源。許多接受系統減敏法的案主對治療效果相當滿意，便競相走告，吸引了許多已長期接受心理分析或其他傳統心理治療卻未能得到滿意結果的病患，沃爾皮的治療方法讓他們感到如雨後獲甘霖的喜悅。

1955 年，沃爾皮 40 歲，已有兩個兒子，回到母校當兼任教授，教到正在唸博士的瑞曼（Stanley Rachman）和正在唸大學的阿諾・拿撒勒（Arnold Lazarus）。拿撒勒成長於南非一個很安靜沒有很多孩子的社區，是家中四個

孩子的老么，生性膽小感到寂寞。從小就彈得一手好鋼琴，但到 14 歲時自覺鋼琴能力已達水平未能再有所增長而終止。想到自己身體弱小常被欺負，便開始學拳擊，並得獎無數。上大學時，因感覺種族歧視是個不可容忍的議題，便想主修英文，希望將來專注在雜誌的編輯與撰寫上，後來發現心理學才是自己的興趣而轉系，因而認識了沃爾皮教授，急切的想學他的新技巧，便經常找時間與沃爾皮在一起，不僅是在學校、也到他的家，還和他的孩子玩在一起。

這時的沃爾皮收入穩定，專業聲望高升，介紹新技巧的文章刊登後，來信索求允許複印者不斷，多數是來自美國。之前的指導教授瑞納去美國之前曾告訴過他：「你待在南非太可惜了！」（You are too big for South Africa!）（Poppen, 1995, p. 15），並與波士頓大學及同事分享沃爾皮的文章，還積極鼓勵他到美國發展，但沃爾皮不為所動。1955 年，史丹佛大學行為科學進階研究中心（Center for Advanced Studies in the Behavioral Science）的研究員伯貝克（John Brodbeck）讀了沃爾皮的文章後，提議邀請他到該中心來訪問，沃爾皮接受邀約於 1956 年到美國訪問，他的門診就交由已拿到博士學位的瑞曼代班。抵達美國後全家都很喜歡史丹佛的氣候，也認識了許多朋友。沃爾皮利用這個機會，將他原有的作品在史丹佛大學出版社（Standard University Press）出版，書名為《相互抑制的心理治療》（*Psychotherapy by Reciprocal Inhibition*）。並在舊金山灣區到處旅行，拜訪附近大學心理系的教授和心理學家。在柏克來的加州大學認識了認知學者托曼（Edward C. Tolman）和瓊斯（Mary Cover Jones）。看到自己的理論受到很大的肯定，他決定要來個演講之旅，便以火車（Sunset Limited Train）代步，沿著美國南部對很多專業的團體和大學教授進行演講。維吉尼亞大學精神科系主任史蒂芬森（Ian Stevenson）想聘他，但他想探看其他的機會而沒有立即答應。一年結束，沃爾皮回到約翰尼斯堡繼續門診和教學，和瑞曼、拿撒勒一起做研究。而拿撒勒本人於 1957 年拿到實驗心理學的碩士，1958 年發表的研究論文首次將「行為治療」（behavior therapy）應用於實證研究，1960 年獲得臨床心理學博士後在

約翰尼斯堡開設門診。

　　沃爾皮這邊，深感南非的種族歧視越來越嚴重，開始考慮回到美國的可能性，況且維吉尼亞大學精神科系主任史蒂芬森一直沒有放棄要聘請他的念頭，每次他拒絕，對方提出的薪水就越高，沃爾皮便決定把門診的營運交給拿撒勒代勞，全家並於 1960 年 1 月來到維吉尼亞州的卡利特為利（Charlottesville）。抵達後才發現受聘的精神科系是以心理分析學派為主，身為行為治療的教授要得到完全的支持並不容易，對心理分析批判的言詞讓他在系裡更加孤立。他被安排教授幾個特定的課程，督導一些學生，大部分的時間則是用來看病人和寫作、演講和展示他的諮商方法。雖然系主任支持他的理念，卻沒有跟他站在同一線上來反對佛洛依德，這種種情況讓他感到卡利特為利並非久留之地。因舊交艾森克（Eysenck）住在倫敦，且在美國精神科學會的研討會中他遇到倫敦大學精神科的主任路易斯（Aubrey Lewis）鼓勵他到倫敦發展，於是在 1962 年暑假，請了一年無薪假到倫敦去探究發展的可能性。為了養家他設立私人診所，幫忙艾森克編輯《行為研究和治療學刊》（*Behavioral Research and Therapy*），過程中他體會到推動行為治療的難度。更糟糕的是，1963 年回到維吉尼亞大學的時候，系主任休假，整個系裡完全是心理分析學派的人，他更加孤立，於是將自己埋進演講與寫作，幫忙研討會編輯研討會刊和審核文章，邀請拿撒勒一起撰寫教科書，並於 1966 年出版。內心裡，他一直在尋找設立行為治療和訓練中心的機會。

　　1965 年美國精神科協會的年會上，沃爾皮認識幾所大學的系主任，都表示歡迎沃爾皮加入他們的團隊。沃爾皮先後到費城的天普大學（Temple University）醫學院和約翰霍普金大學（John Hopkins）面試，雖遭天普大學精神科系教授的拒絕，但是院長決定聘請他到行為科學系，六個月後，精神科系才同意也同時聘他，而他設立行為治療訓練中心的夢想終於要實現了。行為治療單位（Behavior Therapy Unit）設在天普大學西部賓州精神科中心（Eastern Pennsylvania Psychiatric Institute），在安排職位時，沃爾皮爭取讓他的學生拿

撒勒來幫助他發展中心。拿撒勒曾於 1963 年受班都拉（Albert Bandura）之邀到史丹佛大學心理系擔任一年的訪問學者後回到南非，然後又去費史爾（David Fischer）的行為治療中心工作，但仍希望能夠找到一個更好的機會。雖然沃爾皮和拿撒勒沒有一起工作過，但長期合作撰寫教科書的經驗讓沃爾皮相信他們兩人應該會是很好的工作夥伴，未料，沃爾皮後來形容與拿撒勒一起工作的那一年是他「人生中最糟的一年」（the worst year of my life）（Poppen, 1995, p. 21）。在沃爾皮的眼裡，拿撒勒畢竟是自己的學生，比自己還資淺；但拿撒勒並不如此想，他覺得自己的能力已超過沃爾皮，所以會不客氣的批評沃爾皮的論點。佛洛依德和榮格分手的歷史在沃爾皮和拿撒勒兩人的身上重演，不僅兩人對理論未來發展方向有不同的看法，在專業和個人的互動都出現了僵局，兩個人連碰面都不講話了。

1970 年拿撒勒因為沒有拿到天普大學永久教授的資格而離開，他的朋友任職於紐澤西的羅格斯（Rutgers）大學，為他找到一個職位。拿撒勒離開後，沃爾皮於 1969 年出版《行為治療的實務》（*The Behavior Therapy Practice*），來取代先前兩個人共同合作的著作。拿撒勒也於 1971 年出版《行為治療之上》（*Behavior Therapy and Beyond*）。雖然師生倆不歡而散，但兩人的良性競爭讓他們在行為學派的發展上有極大的貢獻，也都先後擔任過美國的進階行為治療學會〔Association for the Advancement of Behavior Therapy，現改名為認知和行為治療學會（Association for Cognitive and Behavior Therapy）〕的理事長一職。

沃爾皮於 1979 年榮獲美國心理學協會的「應用心理學傑出科學獎」（Distinguished Scientific Award for the Applications of Psychology），以及進階行為治療學會頒贈「終身成就獎」（Lifetime Achievement Award）。1986 年他的母校威特沃特斯蘭德大學頒贈榮譽科學博士學位。1997 年死於肺癌，但其理論仍繼續被沿用，造福人群。

拿撒勒的發展也不落人後，除了擁有在天普大學醫學院（1967-1970）、

耶魯大學（1970-1972）和羅格斯大學（1972-1999）的教學資歷外，也得獎無數，包括兩個美國心理學協會的「傑出專業貢獻獎」（Distinguished Professional Contributions Award），和「傑出心理獎」（Prestigious Cummings Psyche Award）。出版 17 本書和發表 300 篇以上的文章。更重要的是他是臨床行為治療以及多重治療模式（multimodel therapy）的先鋒，和他兒子和媳婦在紐澤西州的 Skillman 設立了拿撒勒中心（Lazarus Institute）的心理治療機構。2013 年去世，與太太結褵 57 年（Corey, 2013; Poppen, 1995）。

◖照片 5-2　沃爾皮和拿撒勒在 1991 年美國進階行為治療學會（現改名為美國認知和行為治療學會）25 週年歷任理事長的紀念會上受到表揚時合照。

　　拿撒勒去世後，擁有心理學博士的兒子克里夫繼續執掌拿撒勒中心，繼續傳揚父親的志業，並將多重治療模式與健康心理學（healthpsychology）和心理藥物（psychopharmacology）加以結合，期許更多領域的人能受惠於父親的理念。

　　下面將分別來介紹沃爾皮與拿撒勒的行為理論，及其對人性本質和心理問題來源的看法以及如何運用到諮商的過程中。

照片 5-3　克里夫・拿撒勒博士（左）傳承父親阿諾・拿撒勒博士（右），是目前多重模式理念首屈一指的權威。

█ 從沃爾皮和拿撒勒的人生故事到他們的理論……

第二節。沃爾皮的行為諮商理論

壹、沃爾皮對人性本質的看法

　　行為諮商是以學習理論為根據，相信人類所有的行為都是學來的。所謂學習（learning）是指刺激能夠引發反應，兩者互相聯結的過程，即使是焦慮或害怕也是。到底害怕是如何學來的？佛洛依德認為人們潛意識裡有著快樂與痛苦兩極內在的衝突、生與死兩種本能的衝突，焦慮則是來自想解決這種衝突的結果。心理分析的目的是要讓案主能有意識的體驗到這股衝突；但沃爾皮則認

為焦慮是因刺激與反應的連結方面出現問題而產生的狀況。當遇到痛苦的刺激時，人們會自然的想要逃避，所有學到對焦慮的反應，不管是適應或不適應的，都是暫時性的，這些反應是可透過制約來控制。根據行為學習理論的原理，害怕或焦慮的來源可歸納如下（Wolpe, 1990）。

一、經由古典制約學習而來

害怕或焦慮是非制約的反應（unconditioned response, UCR），亦即不用學就會的反應。根據巴夫洛夫的古典制約作用的原則，當原先中性的制約刺激（conditional stimulus, CS）與引起害怕或焦慮的非制約刺激（unconditioned stimulus, UCS）同時出現，會引發感到害怕或焦慮的非制約反應（unconditioned response, UCR）。若經常如此配對出現，個體受到制約後，以後中性的制約刺激單獨出現時就會引起害怕，此時的害怕或焦慮稱為是制約反應（conditioned response, CR）。之後透過第二層次的制約作用，被制約的中性刺激再與其他中性刺激相結合，會讓其他中性刺激受到制約而變成其他會引起害怕或焦慮的刺激物。可見害怕或焦慮可以起自一件小小的事物，透過制約作用，像星星之火可以燎原一樣一發不可收拾。

二、經由操作制約學習而來

根據史金納（Skinner）操作制約（operant condition）的原則，刺激與反應能否聯結取決於反應後所帶來的結果。如果結果是正向的酬賞，稱為增強（reinforcement），刺激與反應就會產生聯結。例如第一次上醫院的小孩，因打針痛得大哭，以後看到醫院就會感到害怕或焦慮。

三、經由觀察學習而來

根據班都拉的觀察學習理論，人們不需實際經驗古典或操作制約的學習，害怕的產生也可以經由觀察別人害怕或焦慮的反應而學習得來。

四、內在驅力減除的原則

赫爾認為，個體要適應環境才能生存。而個體對環境的適應依靠兩種刺激與反應的聯結。一種是不用透過學習刺激與反應的聯結，這是在神經組織中當個體面對經常發生的緊迫情境就會自動做出適當行為的反應機制，是學習的起點。其實所有的反應，包括知覺反應，都和中樞神經系統的興奮反應（central neural excitation）有關，亦即當覺知到某個目標物停止時，焦慮或興奮感也會停止，所以驅力就減低了。另一種是透過學習得來的，當個體對某個刺激物做出反應之後，減弱了原有的內在驅力，該反應因而獲得增強，而使得該刺激與反應之間產生了聯結的關係。所以赫爾的理論又稱為內驅力減弱論（drive reduction theory）。此理論強調學習的目的就在於降低內在驅力和滿足需要，使得個體能和環境保持平衡。驅力的減少是增強的來源，例如吃了某種食物後不再感到飢餓，因而增強了與該食物的聯結力。遇到一個令自己害怕的情景馬上逃跑，離開該情境後不再害怕，因而增強了想逃跑的動力。

五、由於資訊的錯誤而引起的

所謂非神經性的害怕（nonneurotic fear）是指那些對具體事物的害怕都是以認知為主，都是透過資訊的獲得而引起的。這些因得到錯誤的資訊而引起的害怕和對具體事物害怕的情況，一樣都是強而有力而且可以持續很久的。

六、取決於其他的因素

同樣經歷了一些情境，有些人會引發出神經性的焦慮反應（neurotic anxiety reactions），有些人卻不會，這表示每個人先天的生理差異是探討害怕時一個很重要的考量因素。

第一個因素是每個人先天情緒的敏感性（emotional liability）。情緒較敏感的人較不敏感的人容易被制約。

第二個因素是人們在遇到引發焦慮之情境前的狀況，這會影響對情境的敏感度。如果先前就已經遇到過一些焦慮的經驗，再度遇到類似情況時，其引發

焦慮的程度會比未有該經驗者高。

第三個因素是要看是否有會抑制焦慮刺激者（anxiety-inhibiting stimuli）在旁。例如遇到較容易引發害怕或焦慮的事件時，如果有人在旁，特別是父母，較不會感到害怕。

第四個因素是看是否有足夠的資訊。很多時候人們遇到很奇怪的情況，就告訴自己說：「我要崩潰、要瘋掉了。」（falling apart）。這種經驗引發出來的次級害怕（secondary fears）會比原來的經驗更嚴重。

第五個因素是每個人身體的狀況。如果身體不適、疲累或使用藥物等狀況，較容易感受到焦慮的經驗。

貳、沃爾皮的諮商策略

沃爾皮的行為諮商目標、諮商師的角色與功能以及諮商策略將介紹如下（Poppen, 1995; Wolpe, 1990）。

一、諮商目標

諮商的目標就是要幫助案主能夠減除心中的害怕與焦慮。諮商師要讓案主知道其不適應的行為是學來的，所以諮商的過程要往相反方向走，目的是要透過反學習把原來學到的不當行為去除掉。

二、諮商師的角色與功能

（一）讓案主覺得他是被接受的

在諮商中很重要的是要讓案主在諮商中感到自在，要達到此目標，諮商師要抱持友善和樂觀（permissive）的態度，讓案主覺得他是被接受的，諮商師知道他是環境的受害者，沒有任何理由可以被責備。

（二）幫助案主瞭解焦慮或害怕的可能緣由

大部分的案主在開始時都不太會覺察到不適當的焦慮或害怕是他們主要的

問題，諮商師應幫助案主瞭解焦慮或害怕若未能妥善的處理對其身心可能會有的影響，並分析其造成的可能緣由。

（三）向案主介紹行為諮商的進行策略與方法

　　行為諮商師很重要的一個角色與功能是向案主介紹行為諮商的進行策略與方法，教導案主焦慮或害怕是一種情緒性的學習（emotional learning），是透過刺激與反應的聯結而產生的，所以也可以透過有科學依據的方法來打破兩者的聯結。為了要增強諮商效果，諮商師就要確實知道到底是什麼事、想法和感覺引發神經性的害怕反應。引發焦慮或害怕的事物會因人而異，諮商師要仔細的透過問話和問卷取得充分的資訊，才能真正瞭解案主問題的起因而提供有效的諮商。

（四）使用主觀的焦慮量表來瞭解案主焦慮的程度

　　行為諮商師很重要的是要知道案主在何時與何種狀況下會感到焦慮。如果諮商師問：「你焦慮程度有多高？」案主通常的回答會是很含糊的說「很焦慮」、「一般焦慮」或「一點點焦慮」。這種答案無法具體顯示出他們真正的焦慮程度。主觀的焦慮量表〔Subjective Anxiety（sud）Scale〕可以請案主從 0 到 100 標明他們目前感到焦慮的等級。當然也可以用 0 到 10 來讓案主標明。此法會比前面的問法更能具體的瞭解案主焦慮的等級。

三、諮商策略

（一）反學習

　　如前述的，既然刺激與反應是透過學習而產生聯結，所以諮商策略之一是可以透過「反學習」（unlearning），讓原來刺激與反應的聯結力減弱。其做法是當案主對原先特定的刺激物表現出先前獲得酬賞的反應時，並未給予酬賞。若連續多次該反應都未能獲得酬賞的增強，該刺激與反應兩者間的聯結力就會越來越弱，沃爾皮的「反學習」諮商策略就是根據這個理念發展出來的。

（二）肯定訓練

在去除古典制約所學到的焦慮反應時，雖然最常使用的是後面會介紹到的系統減敏法，但其實最先要進行的應該是肯定訓練（assertive training）。因為很多的改變是發生在諮商室之外，所以在諮商初期介紹肯定訓練是很有幫助的。所謂肯定的行為（assertive behavior）指的是在社交場合能夠不感到焦慮的使用適當的語言和肢體動作與他人互動。當案主訴苦說自己在社交場合會因為焦慮而有困難表達自己的想法和感覺時，就應考慮給予肯定訓練。訓練時可分為下面幾個步驟：

1.步驟一：教導案主學會區別怎麼做是合理的

進行肯定訓練之前，案主要先學會區別怎麼做是合理的。因為很多時候人們會為了他人的需要而做一些事，其理念是我們應把他人的需要擺在自己需要之前。沃爾皮認為，有時候人們認為需要這樣做主要是因為社會的焦慮所導致的。進行時諮商師可以先請他們指出在真實情境中一個傷害他們的情況，然後問他們希望能夠如何處理這樣的情境。可以先用一些跟他們無關的情境來探測他們的想法，例如：

(1) 如果你到店裡買東西，結帳時發現少了 10 塊錢，你會怎麼處理？

(2) 如果你買完東西發現東西是壞的，你會如何處理？

(3) 如果你排隊時有人插隊，你會如何處理？

(4) 如果你買東西後按照規矩排隊等著要結帳，服務人員結完前面那個人的帳後居然就直接結另外一個人的帳，遇到這種情況你會如何處理？

(5) 你點牛排要五分熟，結果來的時候是全熟的，你會如何處理？

2.步驟二：提醒案主每個人都可以站出來為自己爭取權利

提醒案主，人們必須要能夠站出來為自己的爭取權利，如果做不來的話可能就是需要肯定的訓練。當案主能夠表達出自己因不敢說出自己的想法而生氣時，焦慮就會逐漸減低一些。當然情緒不是唯一影響焦慮的因素，語言行為也

是重要的關鍵。當人們第一次建議插隊者要照規矩去排隊，對方居然照著去做時，會讓說的人對自己這種肯定的行為得到很好的增強。這種增強會讓此人繼續有勇氣將自己的想法說出來。

3. 步驟三：學習用其他情緒來取代原先不適當的情緒反應

　　鼓勵案主思考在同樣的情境是否可以引發出其他的情緒來取代原先不適當的反應，例如讓每次到一個新地方都會有焦慮感的案主想像自己來到一個新的班級，鼓勵案主以新鮮與好奇的心情去探索新的環境，並鼓勵案主用肢體來表達出感到新鮮與好奇的動作。因為這樣的反應與原先會出現的焦慮反應是不相容的，可以用此來減除（decondition）原先的社會焦慮感。諮商師可透過鼓勵案主從練習中不斷強化正向與積極的肢體動作表達，當其強度越增加，與原先的焦慮感就越不相容。

4. 步驟四：提供給案主成功的經驗

　　肯定能力的進步取決於成功的經驗，所以諮商師在給予肯定訓練之前，必須要能夠詳細且明瞭整個情境的細節。不要強迫案主去表現他還沒準備好的肯定行為。經由鼓勵和練習一段時間後，案主慢慢可以學習到如何肯定的表達出自己的看法。在每次會談時，案主報告其嘗試的狀況，諮商師給予回饋與更正。並提醒案主要把握每個可學習自我肯定的機會，成功的學到肯定的技巧可幫助焦慮感的減除。不過也要注意狀況，「識時務者為俊傑」，小心不要因過度或不當的自我肯定行為而導致處罰，如不要在老闆面前過度自我肯定讓老闆感到你不聽話，這可不是聰明的做法。

（三）行為預演

　　若發現案主難以在實際狀況中練習肯定的技巧，就需要靠行為預演的方式來幫助他們。行為預演也可稱為行為性的心理劇（behavioristic psychodrama）（Wolpe, 1958），是由諮商師和案主透過互動的方式將案主真實的人生演出

來。案主演他們自己，諮商師則扮演會讓案主感到焦慮但又需要表現出自我肯定的對象。諮商師把那人與案主對立的情況真實的演出來，看案主會做何反應。諮商師給予建議後繼續練習，直到滿意為止。能夠在預演中把假設的情況演出來的能力，有助於真正諮商過程的改變。在行為預演中不但要注意案主所使用的語言，還要注意其聲量、聲音表達的肯定性與聲音的情緒表達、眼神接觸的狀況、肢體動作的適切性。

（四）相互抑制法

相互抑制法（retroactive inhibition）指的是可透過鼓勵案主針對某個原先讓他感到害怕的刺激物，表現出另一個與原先完全不同的反應，來消除人們原先所學到的焦慮感。例如一個害怕小丑的人，通常看到小丑的臉就說：「看到鬼了，好可怕喔！」越說自己越害怕，現在要他看到同樣小丑的臉要說：「這不是鬼，那個臉是畫上去的。」這樣說可以讓此人看到小丑的臉慢慢不再害怕。此法通常是用來處理認知產生的害怕感。認知產生的害怕感是來自相信某個沒有傷害性的事物是危險的，減除其害怕的方法就是改變其信念。所以要克服認知造成的不當焦慮，相互抑制法是相當有效的策略。

當諮商師發現案主因為錯誤的概念（misconceptions）而感到害怕時，處理方式是幫助案主用事實為主的信念來取代不實的信念。原先刺激（A）與錯誤信念（B）已產生聯結，所以案主看到刺激才會相當害怕。諮商師幫助案主將同樣的刺激（A）和適當的信念（C）相聯結後，原先 A 和 B 的聯結力就會減弱。

（五）系統減敏法

前面提到因為需要處理的事件通常是發生在諮商室之外，所以要盡快介紹肯定訓練。然而如果外在情境會引發焦慮，肯定訓練就得延期，得先進行系統減敏訓練。系統減敏法可用來減除神經性的焦慮反應，包括三個步驟：訓練深度的肌肉放鬆、架構焦慮的階層，和在肌肉放鬆的情況下將焦慮的情況按其階

層從最低到高一一呈現出來。

1. 肌肉放鬆訓練

這是根據 Jacobson（1939）發展而來，要六次才能完成，每次要用到三分之一的會談時間。在介紹時，要告訴案主肌肉放鬆是減除焦慮的方法之一，每天要練習兩次，每次要做 10 到 15 分鐘，並沒有非得從哪裡開始的順序（表5-1，參考駱芳美、郭國禎，2009）。

2. 架構焦慮的階層

在架構焦慮的階層過程中，可以把主觀焦慮量表融入。一開始可以用來設定焦慮的起始點（baseline），之後，再讓案主將其焦慮分成幾個階層（anxiety hierarchy），主觀焦慮量表可用來幫助案主針對自己在每個情境裡的感受，評量每個情境讓自己感到焦慮的程度。當然在最理想的狀況下，最放鬆的狀況是達到 0 度的焦慮等級，但不是每次都可以達到這樣的狀況。所以可以稍微有彈性，以達到 5 或 10 的焦慮低點為目標。主觀的焦慮量表可以用來表明每個情境出現時，焦慮增加的程度。當每個情境結束（termination）之後，問案主其焦慮等級增加了多少。一般來說，當每個情境每次出現時，其焦慮程度會漸次降低直到零點，然後再進到另一個焦慮程度較高的情境。

3. 在肌肉放鬆的情況下將焦慮的情況按其階層從最低到高一一呈現出來。

參、沃爾皮的理論與諮商策略摘要

沃爾皮相信人類所有的行為都是學來的。所謂學習是指刺激能夠引發反應，兩者互相聯結的過程，即使是焦慮或害怕也是。根據行為學習理論的原理，害怕或焦慮的來源包括古典制約、操作制約、觀察學習、驅力減除、資訊錯誤以及其他個人的因素。諮商師要讓案主知道其不適應的行為是學來的，所以諮商的過程要往相反方向走，幫助案主透過反學習把原來學到的不當行為去

表 5-1　放鬆技巧範例

現在請大家在團體諮商室的地板上找個舒適的姿勢躺好，將全身都放鬆，讓腦部全部放空。現在請做幾個深呼吸，然後我們要開始一部分一部分的來將肌肉放鬆。

首先請將注意力放在你的左腳上，請將左腳的肌肉緊繃，緊繃，再緊繃，5，4，3，2，1，好，現在將左腳完全放鬆，感覺你的左腳很鬆很鬆。

現在請將注意力放在你的左腿上，請將左腿的肌肉緊繃，緊繃，再緊繃，5，4，3，2，1，好，現在將左腿完全放鬆，感覺你的左腿很鬆很鬆。

現在請將注意力放在你的右腳上，請將右腳的肌肉緊繃，緊繃，再緊繃，5，4，3，2，1，好，現在將右腳完全放鬆，感覺你的右腳很鬆很鬆。

現在請將注意力放在你的右腿上，請將右腿的肌肉緊繃，緊繃，再緊繃，5，4，3，2，1，好，現在將右腿完全放鬆，感覺你的右腿很鬆很鬆。

現在請將注意力放在你的肚子上，請將肚子的肌肉緊繃，緊繃，再緊繃，5，4，3，2，1，好，現在將肚子完全放鬆，感覺你的肚子很鬆很鬆。並將這輕鬆感散到你身體的各個部分。

現在請將注意力放在你的左手上，請將左手握拳，握得很緊，很緊，再握緊，讓左手臂也覺得很緊，5，4，3，2，1，好，現在將左手打開，讓你的左手及手臂都完全放鬆，感覺你的左手很輕鬆很輕鬆的感覺。

現在請將注意力放在你的右手上，請將右手握拳，握得很緊，很緊，再握緊，讓右手臂也覺得很緊，5，4，3，2，1，好，現在將右手打開，讓你的右手及手臂都完全放鬆，感覺你的右手很輕鬆很輕鬆的感覺。

現在請將注意力放在你兩邊的肩膀上，請將肩膀挺到靠近耳朵的位置，挺在那裡，挺得很緊，很緊，5，4，3，2，1，好，現在將肩膀放下，讓你的肩膀完全放鬆，感覺你的肩膀很輕鬆很輕鬆的感覺。

現在請將你的頭左右搖擺幾下，好去掉你脖子的緊繃感。深吸幾口氣，感覺全身放鬆的感覺。

現在請將嘴巴打開，打很開像打哈欠的樣子，合起來。把嘴唇嘟得很緊，很緊，然後放鬆。把眼睛緊閉，緊閉，慢慢放鬆。

現在你靜靜的躺幾分鐘，享受一下全身放鬆的感覺，然後再慢慢的坐起來。

（駱芳美、郭國禎，2009，202 頁）

除掉。並透過肯定訓練、行為預演、相互抑制法、系統減敏法來減除心中的害怕與焦慮。

第三節・拿撒勒的行為諮商理論

壹、拿撒勒對人性本質的看法

拿撒勒相信人是社會性的（social beings），有感覺、知覺、有想像、會思考，也是以神經化學物質等架構而成的生物性個體。並以 BASIC I. D. 來表明這七個部分：

B 是指人行為（behavior），A 是情感與情緒（affect），S 是感官感覺（sensation），I 是圖像（imagery），C 是認知（cognition），I 是人際關係（interpersonal），D 是藥物或生理功能（drugs/biology）。常有人會問哪個部分比較重要，其實每個部分都需要被關照到，不過其中生物性和人際關係兩部分尤其重要。因為生物層面會影響人們其他部分的運作。例如不愉快的感官反應可能就是來自生理的疾病。過度的情緒反應（如焦慮、憂慮等）可能是來自生理因素的困擾。偏差的思考、消極的自我圖像可能來自生理上化學物質的不平衡。當人們的身體狀況良好，而且擁有溫暖、快樂和愛的關係時，較容易發現其人生是快樂與滿足的。圖 5-1 表示多重模式的最底部是生物因素，是影響人們的基本要素，人際關係是在頂端，其他的因素沒有特別的先後順序，都是互相交互影響的。

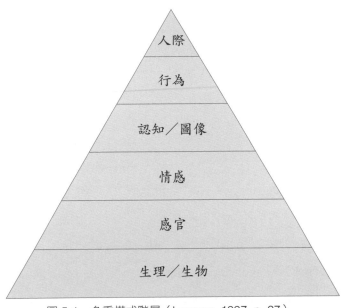

圖 5-1　多重模式階層（Lazarus, 1997, p. 27）

金字塔由上而下：人際、行為、認知／圖像、情感、感官、生理／生物

　　拿撒勒（Lazarus, 1997）相信下面幾個因素是人們人格塑造和維持的基礎：

一、事件間的相互關聯

　　如同古典與操作制約理論指出了刺激與反應間的聯結性一樣，拿撒勒也相信事件間皆有其相互的關聯性（association and relations among events）。且這些關聯性也可以透過班都拉所說的觀察學習與模仿而學得。

二、無意識的過程

　　拿撒勒所提的無意識與心理分析的概念不同，他用無意識的過程（nonconscious processes）這個名詞，是要強調人們有不同層次的自我覺察，即使沒有被覺察到的〔如出現在我們周邊任何暗示性的刺激（subliminal）〕也會影響人們意識的想法、感覺和行為。因此要瞭解人的認知、學習或行為，對有意識的經驗和無意識的心理過程都需要注意到。

三、防衛反應

拿撒勒所提的防衛反應，並非如心理分析所說的防衛機轉要將衝動轉換到能被意識所接受的自我和超我的現象。他說防衛反應是一種「逃避反應」（avoidance response），是為了減除痛苦、不適、焦慮、憂鬱、罪惡感和害羞，而這種注意力的轉移，努力的將行動的方向轉到另一個方向。

四、私人事件

傳統的行為學派認為古典、操作與觀察可以解釋所有人類的過程，但證據顯示人們的想法可以取代所有原先被制約的行為。如班都拉所說的「人們對行為反應可能產生的結果的想法會減弱、扭曲，甚至消除了反應後會產生的效果」（beliefs about how probabilistic outcomes are related to actions can weaken, distort, even nullify the effects of response consequences）（Bandura, 1986, p. 129; Lazarus, 1997, p. 40）。私人事件（private events）指的是信念、價值觀、態度、想像、自我反映、自我調整、自我效能、歸因和期待等。所以要認識人時必須要瞭解其私人事件，一個人對外在刺激做反應時，他們的想法一定是參與其中，會影響到他們會注意到哪項刺激、對該刺激的覺知與價值觀的判斷，甚至影響到他們記憶該刺激物的持久度。

五、元資訊傳遞

人們不僅溝通（communicate）他們的想法，還會進一步檢查和分析他們溝通的內容、型態和過程，稱為元資訊傳遞（metacommunications）。例如在諮商中架構 BASIC I. D. 時，當案主提到他和父母的關係，可以探問：「如果讓你的父母來評量你和他們的關係，從 1 到 10，你想他們會給你幾分？你又會給你自己幾分？這中間的差距是怎麼來的？」

六、臨界值

每個人對於挫折、壓力、痛苦、噪音等的容忍力都有不同的臨界值

（threshold）。這些臨界值的高低其實是天生的，取決於自動神經系統喚起的狀況。神經系統較穩定者，其人格特質與較容易喚起者就不一樣。

貳、拿撒勒的諮商策略

一、諮商目標

　　拿撒勒提出諮商師和案主的關係有兩個「不」，其中之一是不要太死板（don't be rigid）。多重模式強調的是諮商過程的彈性與多變性，因為沒有一個單一的方法可處理所有人的問題，所以不要太拘泥於某種形式，應配合案主的情況有彈性的採用不同的策略來幫助他們。很重要的是諮商師要站在教育的立場來幫助案主處理行為、情感、感官、想像、認知、人際關係和生理／藥物等各個層面。諮商師提供指引的方向、表達關心、提供資訊、改正錯誤的概念、給予支持，幫助案主達到其所設定的目標（Lazarus, 1989, 1997）。

二、諮商師的角色與功能

　　拿撒勒提出諮商師和案主的關係的第二個「不」是不要讓案主的尊嚴受到羞辱。拿撒勒強調「諮商的關係是讓諮商技巧生根發芽的沃土」（The therapeutic relationship is the soil that enables the techniques to take root）（Lazarus, 1997, p. 11）。諮商關係中應尊重彼此的界限，在諮商開始之前讓案主簽署同意書瞭解諮商的目的、要求、應注意的事項與他們自己的權限。諮商師應抱持中立、為案主守密、避免與案主有私人的關係、避免不當的身體接觸、避免雙重關係、最少量的開放自己透露自己的隱私。保持這樣的界限是為了保障案主的福利和避免受到傷害與侵犯。讓案主確實得到最大的尊重、尊嚴與誠實的對待（respect, dignity, integrity）（Lazarus, 1997）。

三、諮商策略

　　拿撒勒強調光有諮商關係沒有諮商技巧是不夠的，有效的諮商是在溫暖與關愛的關係裡，正確的執行適當的技巧中才會發生。拿撒勒在心理諮商的過程

可歸納為下面四個步驟（Lazarus, 1997）。

（一）步驟一：先決定案主問題的主因是來自 BASIC I. D. 七個層面的哪一個，評量案主所困擾的問題與犯病的嚴重性

拿撒勒相信人格特質是由 BASIC I. D. 七個項度架構而成的，要瞭解每個人以及其問題所在就是要從該七個項度去分析。以發展多重模式諮商來做此評量，其重要特色就是幫助案主畫出他們自己的 BASIC I. D. 來作為諮商的指南。透過 BASIC I. D. 可以：(1) 瞭解每個人的人格在這七個項度上的架構；(2) 每個項度的影響以及每個項度對彼此的影響。如此做時稱為模式側面圖（modality profiles），在進行 BASIC I. D. 評量時也可以鼓勵案主以 1 到 10 或 1 到 6，來評量自己在每個項度的高低狀況，如此做時稱為結構側面圖（structural profiles）（Lazarus, 1989, 1997）。

1. B（行為）

行為指的是外在觀察得到的行動、習慣、姿態、反應。諮商師可以鼓勵案主分享他是做些什麼事讓自己感到高興或獲得滿足感？什麼事是他自己該多做或少做的？什麼事是他自己該停止做或是該動手開始做的？可以請案主寫下他希望能開始做哪些行動？希望能增加哪些行動的次數？希望減少哪些行動的次數？

2. A（情感）

情感指的是情緒、心情和感覺。諮商師應瞭解案主此刻的情緒狀況是什麼？是在處理生氣、焦慮、憂鬱，或是上述種種情緒的結合？情緒的強度有多強？跟這個情緒而來的認知、想像和人際上的衝突是什麼？此人是用怎樣的行為去抒發其情緒？可以鼓勵案主寫下哪些情緒是他經常會表達的？哪些情緒是他不想要的。注意在「行為」那一項中有哪些行為是案主在某種感覺中特別會表現的行為。

3. S（感官）

感官指的是視覺、聽覺、觸覺、味覺、嗅覺等。諮商師應瞭解案主目前的感官狀況，是否哪個部分感覺特別不舒服（例如身體的哪個部分感到特別緊張或疼痛）？有什麼情緒、想法和行為是和這個不舒服的感官知覺相關的？案主有否報告身體哪部分感到特別的舒暢（例如報告說看到美好的事物、聽到好聽的歌曲）？請案主列出任何負向的感覺（如緊張、疼痛、昏眩、出汗等）。假如任何這種感覺讓案主做出什麼舉動或引致什麼感覺，記得在「行為」和「情感」兩項下面把它們標明出來。

4. I（圖像）

圖像是指去瞭解案主腦海裡常會出現什麼樣的景象？對自己有怎樣的自我圖像（self-image）？自我圖像呈現的是成功或是失敗的圖像？有些什麼消極負向的自我圖像（例如回想到一些不快樂或創傷的經驗）呢？對於過去、現在和未來，案主是否有任何感到困擾的圖像？若有，請他寫下對自己任何消極的自我印象。寫下其經常做的夢及任何讓他印象深刻及經常困擾他的記憶。此外，也應幫助案主探索任何聽覺圖像（auditory images），對於過去、現在和未來，是否常聽到什麼聲音或聲調很困擾他？這些圖像和案主的認知、行為、情感的反應有什麼關聯？如果這些圖像會引發出任何行為、情緒和感官的反應，要記得回過頭去把它們寫下來。

5. C（認知）

認知是指瞭解案主做人做事主要的態度、價值信念和對事情的看法。案主認為什麼事是應該做、必須做，和需要做到的？是否有哪些功能不良的信念或是不合理的想法呢？是否能夠偵查到哪些不好的自動性想法會影響到他身心功能的運作呢？幫助案主瞭解是什麼樣的想法、價值觀和態度讓他不快樂？請他寫下常告訴自己的負面想法，例如：「我很笨」、「我為自己感到羞愧」、「我很有罪惡感」。請他寫下曾有的不合理想法，如果這些想法會引發出任何

行為、情緒、感官的反應和圖像，要記得回過頭去把它們寫下來。

6. I（人際關係）

人際關係是去瞭解案主人際關係的狀況。他人生中的重要他人是誰？他希望從哪些重要他人的身上得到什麼？另外一個方向來說，他想給那些人的是什麼？這樣的人際關係給他什麼樣特別的快樂或痛苦呢？請案主寫下他和朋友、家人、同學、同事或其他認識人的人際困擾。對於別人對待他的方式他有什麼困擾嗎？如果這些人際問題會引發出任何行為、情緒感官的反應、圖像或認知想法，要記得回過頭去把它們寫下來。

7. D（藥物／生物）

藥物或生理功能是要去瞭解案主生理是否健康、意識是否清楚？他有什麼健康上的顧慮？蒐集他在飲食、體重、睡眠、運動以及是否使用藥物或飲酒等方面的資料。請案主寫下他目前正在服用的藥物，以及身體健康狀況與困擾。

多重行為模式的方法提供給臨床工作者一個詳細（comprehensive）的模式可以來偵測案主的情況，較有機會找出需要改進的任何部分。將感官和情緒分開，把想像的圖像和認知做個區別，同時強調個人內在與外在人際上的互動，重視生理因素對人們的影響力。若用此模式來評量，沒有一個因素會被忽略掉（leave no stone unturned）。多重模式的評量是要提醒諮商師要檢查七個向度的每個部分，以及它們之間互動的關係。所以當一位案主來求助時，其所抱怨的問題也許區分出來會包含到七個方面的問題，例如：

情緒：「我感到很焦慮和憂鬱。」

行為：「我有強迫性的習慣，這讓我很困擾。」

人際關係：「我太太和我的關係很不好。」

感官：「我常會有劇烈的頭痛。」

圖像：「我一直無法擺脫祖母喪禮的那一幕圖像，睡覺時也常會做惡夢。」

認知：「我知道自己設的目標不切實際，對別人的期待也相當高，但是我卻無法改變這樣的情況。」

生理：「只要按時服藥，應該就沒有問題。我就是需要一個人來監督我。」

（二）步驟二：瞭解事件發生的前因、症狀與問題的狀況

拿撒勒建議諮商師和其他學派一樣著重在關係的建立、瞭解與評量案主的問題、決定對案主最適當的處理策略。下面建議的策略可用在首次會談中，對瞭解事件發生的前因與問題的狀況會相當有幫助（Lazarus, 1989）。

1. 讓案主感到希望感

當人們來找諮商師時，通常是因為自己的克服方法都無效了而感到焦慮、憂鬱，因而會問：「對這個諮商我能期待得到什麼樣的結果呢？」所以諮商師應讓案主感到有希望感（inspiring hope），通常來說具體、目標取向的陳述句最為有效。

2. 一個字的技巧

諮商師可用一個字的技巧來開始諮商的過程。例如問案主：「假如你只能用一個字來描述你的問題，那個字會是什麼？」案主可能會說生氣、憂鬱、罪惡感、困惑、緊張、疲累、憂慮、傷心（註：通常英文的一個字中文可能需要兩到三個字來表達，所以這個技巧可翻譯成一個詞的技巧）。其次諮商師可以請案主就選擇的那個字或詞把它變成一句話。例如案主說：「我的憂慮狀況已超乎正常了！」之後再請案主將其問題做更詳細的說明。

3. 尋找問題的起因和問題還一直存在的理由

所抱怨的問題通常是在某個特定的情境下才有其意義，所以諮商師可用下面兩個問題來瞭解案主的狀況：

(1) 是什麼原因導致目前的情況？

(2) 是什麼人或什麼樣的事導致這個問題還持續存在著？

4. 將基本資料化成實際問題

　　諮商師的目標是要評量案主和其所遇到問題。當然應從案主想表露的方向著手，通常案主會簡單告知其基本資料如姓名和遇到的問題與症狀，等到確定諮商師是個值得信任的人，才會將真正遇到的問題具體詳細的說出來，所以諮商師要能取得案主的信任是相當重要的。在評量問題時諮商師應仔細記下案主在說什麼以及他們是如何說的。且因為案主說話時的神情通常會比說話的內容透露更多的資訊，所以也要仔細記下所觀察到的面部表情、手勢和動作等非語言行為。然後幫案主把這些基本資料化成實際問題。

5. 內圈策略

　　許多案主會很猶豫去分享個人的資訊，有些則不確定哪方面的資訊是應該與諮商師分享的。諮商師可畫出圖 5-2 的圓圈圖並向案主解釋，不同的圈表示不同等級的私人隱密性。最裡層的 A 代表著個人最隱密的私人領域。有些人會將自己的想法、做的事、感覺和期許都藏到這 A 圈中不和任何人分享；有些人則是會把部分的 A 和自己完全信任的人分享。B 圈的資料通常是留給最親近的朋友和最信任的人。不過有些人即使是好朋友也只能接觸到 C 圈。對只是認識的人通常只會分享到 D 圈。E 圈則是用來與外界接觸，例如我們與他人短暫接觸時所獲得的片面資料。說明完圓圈圖後，諮商師可向案主解釋最好的諮商是在 A 和 B 圈進行的，並問案主說：「我覺得你都一直把我放在 C 圈，你願意將我納入 A 和 B 圈裡嗎？」根據拿撒勒的經驗，如此問法還滿有效的。也可以向案主說有些人會在 A 圈的周圍設下層層保護，讓別人都進不去，無法理解他們。只有當案主願意將那些隔絕板撤掉，諮商師才能進入他的心裡頭去瞭解他。

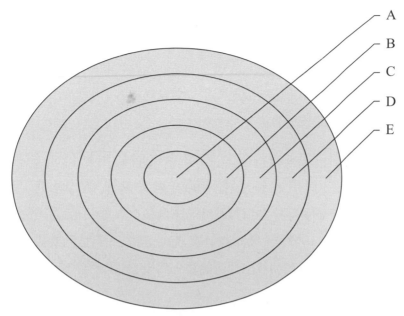

A
B
C
D
E

圖 5-2　內圈策略圖（參考 Lazarus, 1989, p. 55）

6. 超乎問題和答案的

　　諮商師要特別留意案主在表達自己時的行為（哪些是案主企圖粉飾、跳過或選擇來分享的）；觀察案主講話的速度（猶豫不決、想不出來、困惑），當案主講到不同主題時說話聲音的語調是否改變。案主的面部表情、身體姿態、手勢更是重要的線索，要注意每個細節的重要性。此外蒐集資料時要越具體越好，例如案主說：「我母親對我很兇！」諮商師應具體瞭解案主所謂「很兇的行為」是怎麼回事。可用「什麼」、「何時」、「哪裡」、「誰」、「如何」等方式來問，例如「發生了什麼事？」「誰在那裡？」「你對於該件事覺得怎麼樣？」「是什麼時候發生的？」「在哪裡發生的？」

　　諮商師是會談方向的主導者，要注意到自己的一言一行其實也會影響到案主。例如諮商師的外表、年紀、性別、說話的神情與姿態等都會影響到案主，所以要注意到案主是如何來覺察自己的。諮商師要常問自己：「表達哪些訊息是對案主較有幫助的？」

（三）步驟三：要確定案主有做身體檢查，必要的話需服用藥物

拿撒勒強調生物因素是影響人們心理狀況的基本要素，過度的情緒反應可能是來自生理因素的困擾。偏差的思考或消極的自我圖像可能來自生理上化學物質的不平衡。所以諮商師要鼓勵案主去做身體檢查，必要的話需服用藥物，再配上諮商可增加諮商的效果。

（四）步驟四：仔細的評量以瞭解會讓問題不斷持續下去的原因與環境，採用有科學根據的有效方法來進行諮商

以搭橋、找出發彈順序和追蹤的技巧來做多重評量，有助於增加諮商過程的順暢性（Lazarus, 1997）。當諮商過程遇到瓶頸時，可以用次級 BASIC I. D. 再次評量，以期能更具體的找出問題癥結，然後才能對症下藥。

1. 搭橋

當案主還沒有準備好要分享情緒，但卻很理性的談論了許多大道理，此時諮商師可以採用搭橋（bridging）的技巧先進去案主目前的項度（例如是在認知模式中），幾分鐘後再把他帶到較中性的項度（如圖像或感官），然後再試著把他導入情感的項度中。

2. 找出發彈順序

每個人反應事物時所採用項度的先後次序，稱為發彈順序 （firing order）。一般來說，患有相同心理失調症的案主其發彈順序都很類似。例如患廣場焦慮症（agoraphobia）的案主到很多人的地方時，第一個出現的可能是自己暈倒的圖像（I），此圖像帶出不舒服的感官反應（如呼吸困難、發抖等）（S），此時此人會開始思考（C）自己可能會死掉，也因此就更恐慌，這個 I-S-C 模式就是導致他焦慮恐慌的發彈順序。拿撒勒建議針對這樣的狀況，使用實務探索加上系統減敏法，讓案主漸次想像自己處在人越來越多的環境中，如何克服問題的圖像，並教他反暈倒的過程，例如感到頭輕飄飄的好像

快暈倒時，趕快把全身繃緊讓血壓往上提升，如此做可以讓案主克服怕暈倒的擔心。如果案主擔心在公共場所會緊張到尿失禁，可以允許案主使用特殊的尿片，如此做讓案主較能放心的跨出去冒險。

3. 追蹤

當案主表示對自己的情感反應感到不可理解時，例如說：「我不曉得我怎麼會有這種感覺？我不曉得自己這種感覺是從何而來的？」可用追蹤（tracking）的過程來幫助他澄清，所謂追蹤的過程就是請案主把他最近一次發生的過程清楚描述出來。例如案主說他最近一次的恐慌症是發生在他看電視的時候，他感到自己的心跳比平常還要快、還要大聲（S），那一刻他記起前不久在一個宴會上因酒喝太多而覺得頭昏要暈倒的景象（I），想到在場的朋友一定會對自己的印象很差（C），就感到很差恥的感覺（A）。這樣的 S-I-C-A 模式導致他擔心自己可能又要發作了。對此人的諮商可針對感官和圖像兩個部分──首先教導他肌肉放鬆技巧，並教他鼓勵自己（reassuring self-talking）「不會有事情發生」。慢慢的他就會對這些本來會引發情緒的情境變得較不敏感，而改善了恐慌症的問題。

使用此技巧的目標在增進自我瞭解而非行為改變。鼓勵案主聚焦在不同的圖像可幫助案主將忘記的事物回憶起來。搭橋和追蹤法可讓諮商過程聚焦，節省許多時間。主要是要找出引發問題的緣由。可以出家庭作業讓案主自己練習用追蹤法找出其他問題的緣由，好能對症下藥。

4. 第二層次 BASIC I. D.

當諮商過程遇到瓶頸時，可以用第二層次 BASIC I. D. 再次評量，以期能更具體的找出問題癥結，然後才能對症下藥。

多重模式強調的是諮商過程的彈性與多變性，因為沒有一個單一的方法可處理所有人的問題，所以不要太拘泥於某種形式，也不排斥將其他學派的技巧納入其諮商策略中，強調應配合案主的情況有彈性的採用不同的策略來幫助他

們。總之，拿撒勒的諮商理論從行為諮商出發，再發展出多重諮商的模式，其異同類舉如下，讀者更能對此學派的梗概一目了然。

相似之處：

1. 直接處理該處理的行為。

2. 處理的過程會針對每個人的不同而異。

3. 諮商師需為諮商計畫負責任，諮商的過程是否有所進展，也是諮商師的責任。

4. 大部分的問題都是起因於錯誤的社會學習過程。

5. 使用特殊技巧前先讓案主簽署同意書。

6. 仔細檢查事件剛發生前發生的事，或一些有長久影響的事。

7. 諮商師與案主的關係是訓練師與訓練員的關係，而較不是醫生和病人的關係。

8. 諮商中學到的東西並不會自動轉到案主日常生活中，而是要刻意用家庭作業和其他實務的作業去學習。

9. 強調行為和操作性的定義，而不強調診斷、特質或太廣泛的描述。

10. 整個諮商中都會有測量和評量。

相異之處：

1. 多重諮商模式將人格分為七個模式，它們之間會互相影響。

2. 諮商師會將案主的問題架構為 BASIC I. D.，作為諮商的藍圖。

3. 當諮商中遇到僵局時，可以進行第二層次的 BASIC I. D.，做進一步的處理。

4. 諮商師和案主間需要相似性，在技巧的使用上要配合案主的期望，並透過 BASIC I. D. 分析後找出最好的方法。

5. 使用搭橋技巧將案主導入諮商師希望其進入的項度中。

6. 使用追蹤技巧，諮商師請案主把他最近一次發生的過程清楚描述出來，以探索案主的發彈順序。

7. 對每個層次深入的探討已超乎原先行為諮商者只是強調刺激與反應的範疇（Lazarus, 1989, pp. 100-101）。

參、拿撒勒的理論與諮商策略摘要

以行為理論為根基，拿撒勒發展出 BASIC I. D. 的多重模式，他相信人是社會性的，要瞭解人就得從行為（B）、情感與情緒（A）、感官感覺（S）、圖像（I）、認知（C）、人際關係（I）和藥物／生理功能（D）七個項度去認識，其中生物性和人際關係兩項度尤其重要。拿撒勒提出諮商師和案主的關係不要太死板，強調諮商過程的彈性與多變性，不要太拘泥於某種形式，應配合案主的情況有彈性的採用不同的策略來幫助他們。此外諮商關係中應尊重彼此的界限，不要讓案主的尊嚴受到羞辱。不過除了諮商關係外，諮商技巧更是重要。諮商中拿撒勒建議第一步先決定案主問題的主因是來自上述七個項度的哪一個，評量案主所困擾的問題與犯病的嚴重性。第二步是瞭解事件發生的前因、症狀與問題的狀況。第三步是要確定案主有做身體檢查，需要的話需服用藥物。第四步是仔細的評量以瞭解會讓問題不斷持續下去的原因與環境，採用有科學根據的有效方法來進行諮商。

探討了沃爾皮和拿撒勒的兩個理論，我們的體會是「每個心理困擾都是其來有自的，找到問題，對症下藥，就有解決的可能。」以此和大家共勉！

第四節。沃爾皮和拿撒勒行為諮商學派的案例分析

壹、案例：天下無難事

柯苓從小就很膽小，不敢騎腳踏車、摩托車，也不敢開車，但一向都有人代勞或有公共運輸工具代步，所以並不覺得不會騎車或開車有什麼不方便之處。孩子長大了她才到一個社會福利機構去申請工作，知道社會福利機構希望員工有摩托車或汽車駕照，面試時她坦白的說：「我什麼事都可以做，就是不要叫我騎摩托車或開車，因為年紀不小，學不來。」主任聘了她當不用跑外勤的業務助理的職位。

爾後獲升遷，接掌專案，經常需要外出開會及辦活動。她的工作能力要勝任此工作是綽綽有餘，但不會開車卻是個限制。想想開車好像比騎摩托車安全些，她便鼓起勇氣去報名學開車，不料好事多磨，在車子啟動時，因換擋的手把放錯位置且加油過猛，使原先要後退的車往前衝，被教練大罵一頓，原有那一丁點的開車勇氣也喪失殆盡，不敢再去學了。

她放棄學開車的念頭，繼續當公車族，但工作上實在不便。雖然同事都好心幫忙，但偶爾為之還好，若經常麻煩，恐怕影響他人工作。所幸她的督導對她很好，經常要同去開會或出席她舉辦的活動，所以就常順便載她一程，解決她不少困擾。不過深感依賴他人的不便，她暗地裡又跑回去學開車，並順利考取駕照，但仍沒勇氣上路。經過數年，交通上一直有督導的照應，不敢開車上路的事幾乎被她拋諸腦後。

這幾天這位經常載她的督導告訴她三個月後將辭職，她非常震驚，但相信督導的離職代表上天要訓練她獨立，談話間她秀出駕照，並表明決定接下來要

開車上路。但是她真的很害怕，不知道要如何克服這個障礙。

貳、諮商策略

一、策略一：一個字的技巧

諮商師問柯苓：「假如妳只能用一個字來描述妳的問題，那個字會是什麼？」

「害怕。」柯苓不假思索的回答。

「可以請妳把『害怕』這個字變成是一句話嗎？」諮商師引導著柯苓往前跨一步。

柯苓皺起了眉頭說著：「我一想到有輪子的東西就害怕。」

二、策略二：尋找問題的起因和問題還一直存在的理由

諮商師相信柯苓所抱怨的問題一定是有由來的，便問她：「是什麼原因導致妳『一想到有輪子的東西就害怕』的情況？」

「小時候爸爸要教我騎腳踏車，我以為他一直扶著就很有信心的往前騎，騎了一大段路才發現爸爸早已放手，嚇了一跳就跌倒了，之後就不敢再騎腳踏車了。一想到要坐在有輪子的工具上還要操作它，我心裡就很害怕。我為了工作勉強學會開車，但每次坐上駕駛座就感到害怕。」柯苓說著眉頭皺得更緊。

諮商師想要進一步瞭解是什麼人或什麼樣的事導致她這個問題持續存在著，便問她：「從小時候到現在這麼久了，都沒有人鼓勵妳去克服它嗎？」

柯苓搖搖頭說：「沒有啊！爸媽很疼我，看我那麼害怕就不敢叫我再學騎腳踏車。小學和國中住在小鎮上，有事要出去，近程就用走的，遠一點的路爸爸會用摩托車載我。同學們辦騎腳踏車郊遊活動我就不能參加，所以跟同學們都很不親。反正我的個性本來就很內向，不出去玩也無所謂，躲在家裡看書也不錯，長輩們都稱讚說我很乖。高中到臺北唸書，公共交通工具那麼方便，我根本就忘了不會騎腳踏車這件事。」

「唸大學時，學校所在地通車不太方便，同學紛紛騎起摩托車，勸我學，

還有同學自願要教我,不過我寧願多花一些時間通車上下學。後來索性就住校,校園很美,同學們喜歡在校園裡騎腳踏車,我倒是很享受走在校園的悠哉。結婚以後先生很體貼,出入都是先生開車。」

三、策略三:讓案主感到希望感

諮商師跟柯苓介紹操作制約學習的原理,解釋她之所以可以一直「逃避學車」是因為該行為一直受到增強所致。不過既然「逃避學車是學來的,也可以透過學習而學會不再逃避」。聽到此,柯苓半信半疑的說:「真的嗎?我還有學習的可能嗎?」諮商師點點頭,鼓勵柯苓:「只要妳有心,天下無難事!」

四、策略四:整理出模式側面圖和結構側面圖——先決定案主問題的主因是來自 BASIC I. D. 七個項度的哪一個,評量案主所困擾的問題與犯病的嚴重性

先跟柯苓解釋人格特質是由 BASIC I. D. 七個項度架構而成的,她不敢開車的問題也可能可以區分出七方面的原因。柯苓仔細思考後一一列出在每個項度的症狀;之後諮商師請她以 1 到 10 的等級標出她覺得自己的問題在每個項度的強度的結構側面圖。

項度	症狀	症狀的強度
B 行為	不敢開車上路、開車技巧不熟練。	10
A 情感情緒	一想到開車上馬路就緊張害怕。	10
S 感官	一想到開車上馬路就全身冒冷汗、手腳發抖。	10
I 圖像	看到自己開車被撞的景象。	10
C 認知	告訴自己不要開車,因為開車很危險、馬路如虎口、自己可能會死掉。	10
I 人際關係	不會開車出門常要麻煩人家,很多同事為了不載她常會有意迴避。	5
D 生物生理	因擔心而睡不好。	8

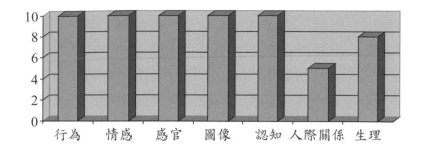

由圖表中可看出柯苓的最大問題是來自「行為」、「情感」、「感官」、「圖像」和「認知」，諮商師以此作為諮商的指南。但到底是其發彈順序是如何呢？

五、策略五：找出柯苓害怕開車上路的發彈順序

諮商師問柯苓一想到「開車上路」和「騎車上路」會出現的反應是什麼？柯苓說：看到自己開車被撞的圖像（I），看到這樣的圖像會有全身冒冷汗、手腳發抖的感官反應（S）及緊張害怕的情緒反應（A），此時會開始告訴自己不要開車，因為開車很危險、馬路如虎口、自己可能會死掉（C），也因此就更害怕，這個 I-S-A-C 模式就是導致她害怕開車上路的發彈順序。

六、策略六：相互抑制法

因為引發柯苓害怕的起始點是看到自己開車被撞的圖像，所以諮商師計畫以相互抑制法來幫助柯苓取代這個消極的圖像。讓她閉上眼睛想像自己正在開車，諮商師播放輕鬆的音樂然後請柯苓想像自己開著車，從家裡到上班的地方，順利的經過每一條路，遵照每一個交通指示與時速，路上車子很少，終於順利抵達上班的地方。這樣的方法要進行多次，直到能順利的取代原先負向的圖像。

七、策略七：系統減敏法

（一）第一步驟

　　諮商師看出柯苓其實是個很容易緊張的人，而想到騎車或開車一事，心情就更無法放鬆下來。於是在將諮商的重點引入實際開車前先教她放鬆的技巧，使用表 5-1 放鬆技巧的步驟教她如何一步步的從頭到腳慢慢放鬆。剛開始柯苓感覺很難，她說：「我深怕一放鬆就會失去警覺心。到處都很危險的，不小心怎麼可以呢？」諮商師提醒她：「妳現在人在諮商室是很安全的，放下心裡的重擔，跟著我的指示學習放鬆。」就在不斷的鼓勵中，柯苓慢慢的能一步一步的慢慢放鬆。諮商師要柯苓每天在家裡練習一次，之後每次的諮商開始時，諮商師就以肌肉放鬆法開始。

（二）第二步驟

　　其次，諮商師請柯苓按照令她害怕的開車情境從害怕程度最低到最高一一列出，並以 0 到 100 標明她對每個階層感到焦慮的程度。柯苓想想，列了出來。

階層 （由低而高）	情境	感到焦慮的程度 （0-100）
1	坐在駕駛座不發動引擎。	70
2	坐在駕駛座發動引擎，旁邊有人陪，慢慢開在人煙稀少的鄉間小路。	75
3	獨自開在人煙稀少的鄉間小路。	80
4	旁邊有人陪，慢慢開在較熱鬧的小鎮。	85
5	獨自開在較熱鬧的小鎮。	88
6	旁邊有人陪，在半夜練習不上高速公路的上班路線。	90

（續）

階層 （由低而高）	情境	感到焦慮的程度 （0-100）
7	獨自以不上高速公路的上班路線開車上班。	92
8	旁邊有人陪，練習上高速公路。	96
9	獨自上高速公路。	100

（三）第三步驟

　　幫助柯苓在肌肉放鬆的情況下由開車上路害怕程度最低的等級先練習，等到熟練後再進入第二層次。切記每次練習都要先做放鬆練習，再一步步的往焦慮層次高的情境練習。

參、結果摘要

　　柯苓從小就很膽小，有一次爸爸教她騎腳踏車，趁她不注意時放手，發現後嚇了一跳跌倒了，之後就不敢再騎腳踏車。唸大學時學校所在地通車不太方便，同學紛紛騎起摩托車，勸她學，還有同學自願要教她，她也敬而遠之，寧願花很多時間通車上下學。結婚以後在家裡當家庭主婦，出入都是先生開車。直到上班了因為工作性質的需要，才開始有不會開車的壓力，但學習過程遇到阻擾就又回去依賴督導，不過深感依賴他人不便，暗地裡又再度去學開車並順利考取駕照，但仍沒勇氣上路。這樣過了數年，直到督導決定離職，她終於下定決心該是學會開車上路的時候，只是這對膽小的她真是一個艱鉅的任務，便決定尋求諮商師的協助。諮商師決定結合沃爾皮和拿撒勒的諮商策略來幫助她。

　　從策略一到策略六大約花了三個月的時間，每星期一次來接受諮商，柯苓慢慢對自己問題的癥結與緣由有所瞭解，相信自己真的可以透過學習克服害怕勇敢上路。這時福利機構的督導離職的時間已到，柯苓對自己還沒有準備好要

開車很著急，諮商師勸她開車技術需要時間練習才能熟悉，不能急，幫助她先預想在自己還不會開車上路的這段時間，如何處理出去開會時交通工具的問題。她決定不要麻煩其他同事，她要用搭公車或必要時坐計程車的方式來解決。

當進入策略七系統減敏法的階段，在學會肌肉放鬆法與列出害怕的階層後，她感到對自己害怕的狀況較有瞭解，對學習的目標也相當具體。買了車，貼上「初學者」的標誌，在先生的陪同下，柯苓試著放鬆心情，循序漸進的慢慢學習。這段時間諮商的時間較有彈性，原則上每個月見一次面瞭解其學習的進度，檢視所訂的階層是否適當，好做必要的調整與教導。三個月後她先生常陪她回鄉下去練習，終於進步到可以「獨自開在較熱鬧的小鎮」。下一個目標是回到所住的城市可以「旁邊有人陪，在半夜練習不上高速公路的上班路線」。這時剛好遇到連續假日，很多城市的人都回鄉下過節，人較少，她和先生白天睡飽一點，每天晚上趁夜深人靜時起來練習。連續三個晚上後她感覺有點信心，想試下一個階層「獨自以不上高速公路的上班路線開車上班」。那天早上她坐上駕駛座後先做了肌肉鬆弛，然後按著晚上練習的路線開車去上班，當順利抵達辦公室停好車位後她好高興，用手機幫自己拍了張自拍傳給了先生和諮商師，很快獲得先生和諮商師的稱讚。不過她坦承下班時想到需開車回家心理頗有壓力，所以在車上做了較長時間的肌肉放鬆後才上路。不過她都慢慢開，柯苓分享說，每當有人因她速度太慢，猛按喇叭時，她就抱持著「我不趕路，急的人自己想辦法」的心情去面對。漸漸的，開車技術日趨熟練，敢走的路線也日漸增多，三個月後，在先生的鼓勵下她開始嘗試下一個階層「旁邊有人陪，練習上高速公路」。因為有先生幫忙指揮，她感到有安全感，所以這階層進行得還不錯，但要她自己上高速公路仍被她視為畏途。

直到有一天，原先計畫的路線受阻，指揮交通的警察要她隨著車隊往高速公路前進，她搖下車窗，詢問是否有其他路線，警察應了一聲：「沒有。」她只好硬著頭皮開上去，並使出渾身解數來應付這突如其來的狀況，要換路線出

交流道時，更嚇出一身冷汗。不過這個突如其來的意外，倒是激出她上高速公路的潛能與信心。下了高速公路回到家，她又驚又喜的馬上傳電子郵件告知諮商師說：「我今天不小心進入了『獨自上高速公路』階層。」這成功的經驗增強了她上高速公路的信心，以後她開始鼓勵自己上高速公路。一回生，但兩回就更熟了。

最後一次與諮商師會談，她眉開眼笑的與諮商師分享開車的心路歷程，並表示當初決定去學開車，是這輩子做的最聰明的一項選擇，是送給自己最好的禮物。敢開車後，不僅工作效率提高，生活與人際圈也擴大許多，她這才發現，當初因害怕開車，失去很多學習的時間與機會，甚是可惜。

聽她自信說著：「現在只要車子加滿油，帶著導航器與駕照，到哪裡去都不怕了。」想起剛來接受諮商時，她那張自認太老、學不來開車的無奈面孔，真的應驗了什麼叫作「天下無難事，只怕有心人」的道理了。

你瞭解了嗎？

下面有 15 題選擇題，可幫助你測試自己對沃爾皮和拿撒勒的行為諮商學派的理解程度：

1. 沃爾皮和拿撒勒兩人都是出生於哪一個國家？
   a. 美國　　　　　　　　　　b. 南非
   c. 德國　　　　　　　　　　d. 奧地利

2. 根據行為學習理論的原理，沃爾皮認為下面哪一項不是害怕或焦慮的來源？
   a. 經由古典制約學習而來
   b. 經由操作制約學習而來
   c. 經由觀察學習而來
   d. 內在驅力增強的原則

3. 沃爾皮強調學習的目的就在於降低內在驅力和滿足需要，使得個體能和環境保持平衡。此論點是由哪個學者學來的？
   a. 赫爾　　　　　　　　　　b. 班都拉
   c. 巴夫洛夫　　　　　　　　d. 史金納

4. 沃爾皮提出下面哪些方法可用來治療害怕與焦慮？
   a. 系統減敏法
   b. 自我肯定訓練
   c. 相互抑制法
   d. 以上皆是

5. 沃爾皮建議可透過鼓勵案主針對某個原先讓他感到害怕的刺激物表現出另一個與原先完全不同的反應，來消除人們原先所學到的焦慮感，此法稱之_____。

    a. 系統減敏法   b. 自我肯定訓練

    c. 相互抑制法   d. 行為預演法

6. 沃爾皮建議若發現案主難以在實際狀況中練習肯定的技巧，就需要靠行為預演的方式來幫助他們。行為預演也可稱為_____。

    a. 行為性的心理劇

    b. 心理劇

    c. 角色預演

    d. 空椅技巧

7. 下面哪個論點是沃爾皮的諮商目標：

    a. 幫助案主找到潛能發揮自我

    b. 幫助案主能夠減除心中的害怕與焦慮

    c. 幫助案主整合兩極端的衝突

    d. 以上皆是

8. 下面哪一個項目不是屬於系統減敏法的步驟之一？

    a. 練習肌肉放鬆

    b. 架構焦慮階層

    c. 行為預演

    d. 在肌肉放鬆的情況下經驗焦慮的情境

9. 下面哪個學者提出多重模式諮商？

   a. 沃爾皮

   b. 拿撒勒

   c. 赫爾

   d. 班都拉

10. 拿撒勒的 BASIC I. D. 裡面的 A 所指的是什麼？

    a. 行為   b. 想法

    c. 情感   d. 認知

11. 拿撒勒的 BASIC I. D. 裡面的 C 所指的是什麼？

    a. 行為   b. 想法

    c. 情感   d. 認知

12. 在拿撒勒的 BASIC I. D. 裡面，他認為最重要的是哪兩個因素？

    a. 行為與認知

    b. 情感與人際關係

    c. 感官與生理

    d. 生理與人際關係

13. 諮商師請案主把他最近一次發生的過程清楚描述出來，這個過程
    拿撒勒稱之為＿＿＿＿。

    a. 搭橋

    b. 追蹤

    c. 第二層次的 BASIC I. D.

    d. 找出發彈順序

14. 當案主還沒有準備好要分享情緒，但卻很理性的談論了許多大道理，此時諮商師可以先進去案主目前的模式，幾分鐘後再把他帶到較中性的模式，然後再試著把他導入情感的模式中。這個技巧稱之為_____。

a. 搭橋

b. 追蹤

c. 第二層次的 BASIC I. D.

d. 找出發彈順序

15. 拿撒勒建議當諮商過程遇到瓶頸時，可以用_____再次評量，以期能更具體的找出問題癥結，然後才能對症下藥。

a. 搭橋

b. 追蹤

c. 第二層次的 BASIC I. D.

d. 找出發彈順序

（答案請見書末「你瞭解了嗎？」試題解答頁）

腦筋急轉彎

請想一件令你害怕的東西或感到焦慮的事，據此回答問題 1 到 4：

1. 根據沃爾皮的論點分析造成你害怕或焦慮此事物的緣由，並請詳細說明之。

2. 根據沃爾皮的諮商策略，提出一套處理計畫來幫助你自己克服對該事物害怕或焦慮的心情。

3. 根據拿撒勒的 BASIC I. D. 七個項度來分析你害怕或焦慮的詳細狀況。

4. 根據拿撒勒的諮商策略，提出一套處理計畫來幫助你自己克服對該事物害怕或焦慮的心情。

5. 如果你是本章所提的案例分析中的柯苓，這樣的處理方式你滿意嗎？有哪些方面諮商師還需顧及到？現在請就行為諮商師的立場提出一套諮商方案來幫助她。

6. 本書作者探討沃爾皮和拿撒勒的行為諮商理論後體會到：「每個心理困擾都是其來有自的，找到問題，對症下藥，就有解決的可能。」你同意這個說法嗎？學了這個理論對你在處理焦慮或害怕等情緒困擾時有何新的體會？請詳述之。

＊本章的「參考書目」與「照片來源」附於書末的專頁。

第六章

艾里斯的理性情緒行為諮商學派
Ellis's Rational Emotive Behavior Therapy

創始者
艾伯・艾里斯
（Albert Ellis,1913-2007）

──── 本章要義 ────

想改變自己，先從腦袋瓜著手。

不要盲目的聽從想法的使喚，

當指令來時，不妨先停、聽、看，

學習當自己想法的主人。

▌每個諮商學者都有其人生故事，這是艾里斯的故事……

第一節。艾里斯的人生故事

　　1913 年 9 月 27 日，艾里斯出生於美國賓州匹茲堡的一個猶太人家族，四歲時搬至紐約，是三個孩子的老大。艾里斯的自傳提到父親是個忙碌的生意人，母親又要忙於照顧兩個年幼的弟妹，且在乎她自己的自由超乎對孩子們的關心，四歲時母親第一天帶他上幼稚園後，就要他自行上下學。雖然不是很遠的距離，但交通也是挺繁忙，要過馬路尤其可怕。小小年紀的他就學習以自我語言（self-talk）來減緩自己的害怕。艾里斯自幼體弱多病，有腎臟炎（nephritis）、頭痛、過敏，經常住院，父母很少來看他，又長期失眠，所以所有的苦痛都得自己承受。他不想像其他小孩一樣呻吟或叫痛，便告訴自己：「我有腎臟炎是很不幸但也不是最糟的，雖然要住院但我可以從中更知道自己的情況，也會變得更健康。住院幾個星期後就可出院去上學，又可和同學見面了」（Yes, this damned nephritis is a restricting problem and bad. But not too bad or terrible, and through being hospitalized for it, I'll learn more new things about myself, look forward to further health, and after a few weeks be able to enjoy activities like playing ball, going to school, and conversing with Sid and my other friends）（Ellis, 2004, p. 23）。因為不去責備自己的病痛，透過這種合理性的克服策略，不僅可避免悲傷，更可專注在期望帶給自己真正快樂的事件，而從中獲得喜悅。對失眠的處理方式，他選擇不去煩惱而是安靜的躺著，讓腦筋利用那個時間去自由幻想或去想解決問題的方法。

　　1932 年他 19 歲，被選為一個青年團體的領導者，必須要上臺講話，深知

自己有上臺恐懼症，他告訴自己：「即使我覺得不舒服或表現得很差，也不至於會因此而喪生」（If I felt uncomfortable or performed poorly during the process, it wouldn't kill me）（Ellis & Ellis, 2011, p. 8）。此時他以無條件的自我接受（unconditional self-acceptance）（即無條件的接受自己的失敗，只是因為人有存在的價值，而不在乎他人的接受與否）與高挫折容忍（high frustration tolerance）（如容忍與接受自己所不喜歡的）的方式來面對。這些自幼以來克服困難所用的招術有效，為他日後的理論奠下根基。

1934 年艾里斯上大學主修商業，畢業後從商同時從事寫作。但正值美國經濟不景氣，從商不易，想寫小說但出版也不易，便轉型撰寫人類的性行為，從而引發他對臨床心理學的興趣。1942 年進入紐約哥倫比亞大學攻讀臨床心理學，1943 年拿到碩士，1946 年取得博士學位。1943 到 1947 年之間他處理案主的方式是以認知過程為主，但因在哥倫比亞唸書時主要的臨床訓練是心理分析學派，所以在拿到博士後的 1947 到 1952 年之間，他較常採用心理分析的方式來幫助案主。

艾里斯原是專注於婚姻、家庭與性方面的諮商，教導案主如何改善溝通、教養子女與性關係，從中他發現「要與別人和諧相處，是要先能與自己和平共處」（If people were to be most effective at living harmoniously with others, they'd better first learn how to live peacefully with themselves）（Ellis & Ellis, 2011, p. 9），便將諮商的重心轉向個別諮商。但他逐漸發現光是採用傳統心理分析的作法，案主接受諮商後雖然覺得好一點，但許多不健康的情緒，例如焦慮、憂鬱和生氣，卻未能減緩也不知要如何避免，1952 至 1955 年便開始採用主動引導的心理分析。後又發現案主光是對問題有領悟（insight）是不夠的，付諸行動（action）去面對造成問題的癥結更為重要。臨床工作越久越發現案主常受到幼時認為自己沒有價值的不合理想法的影響，而這種信念常會持續到成人時期，成為想法的一部分，便開始在諮商中幫助案主指認出來其「必須」（must）和「應該」（should）的念頭會如何影響他們的情緒。

1955 年他的理念與實務開始成形，在心理學的會議上首次向同行報告其理論粗略的概念，1956 年 8 月 31 日美國心理學會的年會上他以「理性的心理治療」（rational psychotherapy）為題提出報告，1957 年發表 10 篇與此主題相關的文章。1961 年出版《理性生活導引》（*A Guide to Rational Living*）一書，並於該年將理論定名為理性情緒治療（rational emotive therapy, RET）。不過雖然理論是強調認知、情緒與行為的關係，但很多人還是把重點擺在「理性」兩個字上。許多朋友和同事都勸他應改名為理性情緒行為治療（rational emotive behavior therapy, REBT），但因 RET 已廣為人知，艾里斯對改名的建議一直有所保留，直到 1993 年才在《行為治療師》（*The Behavior Therapist*）雜誌正式提出 REBT 一名，從此理性情緒行為治療的名稱開始被採用並沿用至今（Ellis & Ellis, 2011）。

● 照片 6-1　2004 年與澳洲心理學家潔菲（Debbie Joffe）結婚，兩人成為工作上最佳夥伴。這是艾里斯和妻子潔菲合照，自喻這是他一生中最美好的愛，以及一生中最快樂的日子。

　　艾里斯講話相當直率與風趣，在自傳中毫無保留的分享自己的人生，但也自嘲因怕坦承會得罪太多人，所以一直等到人生晚期很多書中人皆已離世才出自傳。艾里斯一生致力於理性情緒行為諮商學派的推展，因他「從小就不喜歡自己無所事事，總盡量去避免那樣的狀況，睡覺和放鬆不是我的興趣所在……很討厭為了睡覺而得從生活中停擺」（In fact, all life I have hated inactivity and done my best to avoid it. Sleep and relaxation just not suit me⋯. I hated the time out from living that went with sleep）（Ellis, 2004, pp. 15-16），到 2006 年他 92 歲生病之前仍每天工作 16 個小時，即使年事已高仍到處演講，並著書立說與教導，除非是為了辦 REBT 的工作坊和演講，他是不會純粹為了旅行而旅行的。

　　艾里斯一生著作等身，撰寫 80 本書，發表 1,200 篇文章，2013 年心理學會年會頒贈給他「對心理學界終身傑出貢獻獎」（Outstanding Lifetime

◐照片 6-2（左）　即使年事已高艾里斯仍到處演講。
◑照片 6-3（下）　2000年 8 月 29 日本書作者在美國俄亥俄州的哥倫布市參加艾里斯親自帶領的工作坊，感到相當榮幸。

Contributions to Psychology），感謝他對心理諮商界的偉大貢獻。他自詡雖帶著許多問題來到人世，但也同時帶著處理這些問題的使命來到這個人世，雖然自幼健康欠佳，40 歲時就發現得了糖尿病，但他很樂觀，積極的思考如何處理自己遇到的問題與不幸事件，以創新的方法尋求解決之道，且忙著把解決問題的福音傳給世人，所以不知老之將至。直到 2006 年 4 月他因肺炎住院，之後健康情況逐漸下滑，2007 年 7 月 24 日在太太愛的臂彎中病逝於自創的艾里斯機構的樓上，享年 93 歲（Ellis, 2004, 2010）。

在本章中我們將就艾里斯的理性情緒行為諮商學派對人性本質的界定，來探討心理問題的來源及處理的策略。

▍ 從艾里斯的人生故事到他的理論……

第二節。艾里斯對人性本質的看法

壹、理性與非理性的思考

艾里斯的理情行為諮商被歸屬於認知行為學派，他認為人天生就具有理性（rational）和非理性（irrational）思考的能力，其思考方向與內容會影響隨之而來的感覺和行為。人的情緒並非來自發生的事件，而是來自對事件的解釋。理性與功能性的思考會引出積極健康的情緒；反之，非理性與功能不佳的思考會帶出負面消極的情緒反應。人其實是有能力或是也可以透過學習而有能力選

擇自己的思考方向，並區分出其思考功能的良莠。雖然如此，但人們經常會選擇做較非理性的思考，還好人們有能力可逆轉自己思考上的偏差，如果能即時發現並願意即時改正做出較好的選擇與改變，思考的方向就能獲得導正。

一、理性思考

理性思考是植基於實際狀況的考量，對事情有個清楚的理解，對人生、自己或他人沒有非要怎樣不可，不會有先入為主的判斷或要求，對事情發展的狀況有期待但不強求，有很高的挫折容忍力，這些都會導致健康和適當的情緒狀態。

二、非理性思考

非理性思考是對實際狀況有誇大不實的反應，認為事情的發展狀況非要（必須、應該、一定）達到某個特定的狀況不可，常愛對人或事論斷是非，有很低的挫折容忍力，這些都很容易導致情緒化和消極的情緒狀態。

貳、情緒困擾的來源

艾里斯認為情緒困擾的來源就是非理性的思考，而很多非理性的思考可能是學自幼時身邊的重要人物。例如大人告訴小孩：「考試非得考100分不可，否則你就是一個不用功的小孩」、「飯要吃得乾乾淨淨，否則臉上會長麻花」、「你一定要乖乖聽話，否則父母會不喜歡你」。孩子們幼時把這樣的話聽起來，若照做就獲得大人的稱許，而成長的過程中又不斷被要求，也不斷把外在的要求內化成自我語言的一部分。後來即使父母或人生中的重要他人已不再當面要求，人們可能仍會按著原先的記憶不斷的重新創造與擴大這些非理性的要求。因在腦海裡不斷重複這些自我期許，無形中就會相信那是不可磨滅的定律。

讓我們就下面這些例子來比較理性與非理性思考區別：

非理性思考	理性思考
每個人都必須被愛或得到重要他人（如父母、配偶、師長等）的愛與認可。	能被愛或得到重要他人（如父母、配偶、師長等）的愛與認可固然重要，但能無條件的自我接受更有意義。
某些行為是錯的，做了那些事的人必須受到咒詛。	某些行為是不恰當的，做了那些事的人最好是得到適當的勸阻或限制，而不是被完全否定他們當人的價值和意義。
當事情未能完全達到自己想要的結果，這是很不得了的，人生就完蛋了。	我們當然很希望事情能達到我們期望的結果，但如果無法如願，我們就來接受其結果，人生也還有路可走的。
讓人不快樂的事一定不能存在或發生，否則會造成人世間相當大的困擾。	人們會不會快樂很多時候是看人們怎麼想，跟那件事本身並沒有什麼關係。
如果某些事可能是危險的或害怕的，你就必須要很憂慮。	如果某些事是可能是危險的或害怕的，你就盡可能坦然的去面對，以不危險的方式去處理它。如果你真的無法處理，就轉移自己的注意力，但否定它的存在並不明智。
困境是不應該存在的，逃避它比面對處理它來得容易些。	人生本來就沒有易路，遇到困難的情境，最好的解決方式是面對它。
你需要某個比你更強的人或事來讓你依靠。	其實最好的依靠是來自能用自己的雙腳站起來，增進自己的自信心，相信自己有能力來面對困難。
你必須具有足夠的能力與智力來完成所有需要完成的事。	你要盡己所能去做你期望達成的目標，但也要無條件的接受自己的不完美與限制。
如果人生受過某個打擊，這個陰影就必須永遠存在，一輩子都抹滅不掉。	你可以從過去的事件學到經驗，但不用讓它成為你身上的印記。

（續）

非理性思考	理性思考
你若不喜歡別人做事的方式，就應該去把它改變成你喜歡的樣式。	別人的行為如果有所不妥，那是他們的問題，你要求他們做什麼改變其實是無補於事的，除非他們自己想要改變。
人類應該不用努力就可以得到快樂的。	當你能夠有快樂的思想，主動去創造並與他人互動，追求自己想要的目標，快樂就會在你身上。
人們無法掌控自己的情緒，以及某些東西會帶給自己的情緒感受。	如果你選擇去處理非理性的信念，你就能擁有對情緒的掌控權。

（參考 Ellis & Ellis, 2011）

這些概念是艾里斯於 1956 年在心理學會年會首次提出他的新理論所提出來的，請你仔細品味左欄與右欄的陳述句帶給你情緒的影響，你應該會同意艾里斯的論點「非理性的想法是情緒困擾的罪魁禍首」吧！

參、從 A-B-C 到 A-B-C-D-E-F 的理論

在生活中每天都會遇到大大小小的事件，我們也都會有起起伏伏的情緒反應。如遇到考試感到緊張、要趕著上班或上課卻遇到塞車而感到焦慮的狀況。看了前面這樣的陳述，你很自然的就會推想我們的情緒都是受到事件的影響，所以人們很容易把心情的不好怪罪到發生的情境上。真的是這樣嗎？

A-B-C 是理性情緒行為諮商學派的中心理論，艾里斯以 A-B-C 三個字母來說明事件、當時的想法、對情緒的影響（Ellis, 2000a, 2000b, 2010; Hauck & McKeegan, 1997）。

一、A：活動的事件

A 是英文 activating event（活動的事件）或 activities（活動）的縮寫。代

表的是人們遇到的事件。

二、B：信念

B 是英文 belief（信念）的縮寫，代表的是人們對事件的想法。人們的信念包括功能性或理性的信念以及非功能性或非理性的信念。理性的信念是有彈性且具有相對性、有邏輯性、與真實情境是一致的，而且是目標導向的。非理性的信念包括兩組自我干擾的信念：一是人們常對自己有很嚴格的要求，例如告訴自己我必須、我應該或我絕對必須達到那個重要的目標；另一方面當該目標無法達成時，人們又有另外一組非理性的信念來責備自己。例如我如果沒有達到我必須達成的目標，我就是很糟糕（百分之百的糟）、我就不能忍受了（我就不能活下去或再也快樂不起來了）、我就一文不值（完全沒用了）、我將永遠無法得到我要的了。

三、C：結果

C 是英文 consequences（結果）的縮寫，代表的是人們經驗到的負向與不健康的情緒或行為，如焦慮、憂鬱、害羞等。負向的行為可能是生氣的咆哮、難過的哭等；但也有可能是健康的負向情緒，如挫折、懊惱、失望或遺憾，稱其為健康的負向情緒是因為這些情緒是遇到困難情境時一般人都會有的反應，不會讓人失去面對與處理困難事件的能力。

根據艾里斯，當發生的事件（A）並不符合人們本來的期望時，人們有意識或無意識中可以選擇要如何解釋該事件（B），而該解釋就會導致干擾性或非干擾性的結果（C）。如果人們解釋的信念是合理、自助的，這理性的信念（B）會創造出健康的情緒結果（C）（例如感到失望、難過、懊惱及挫折感），而且也會同時去幫著他們採用健康的行為（例如試著改進、改善其行為）以達到預期的目標。但不幸的是，我們能同時對事物有理性及非理性兩種極端的解釋；能同時在努力追求自我實現的時候，又想要逃避或否定自己的努力。所以如果人們採用自我干擾的信念（B），就會導致不一樣的結果（C）。

四、D：爭辯

A-B-C 理論後面跟著 D，D 是代表爭辯（dispute）的意思。當人們發現自己在用非理性的信念（B）來自我打擊時，就理性的找出證據以實證來對抗這個非理性信念。爭辯非理性信念時需要理智與情感雙管齊下。可分為三個步驟：

第一步驟是採用理性科學的方法，亦即幫助案主找出他或她要求自己「必須」及「絕對」等非要追求完美的理由。例如鼓勵案主問自己：「我是希望做得很好，但為什麼我需要做得那麼完美呢？」

第二步驟是鼓勵案主想像，如果他或她沒有達到原訂的目標時，最糟糕的情況是什麼樣子？讓他或她去體會憂鬱的感覺，然後幫助案主將憂鬱的感覺轉變成失望與懊惱的感覺。

第三步驟是幫助案主去付諸行動。例如因怕被別人拒絕而把自己關在家裡的案主，鼓勵他或她付諸行動，同時說服自己：「萬一被拒絕，只是少個伴可以一起出去玩而已，也不是什麼很可怕的事啊！」

爭辯可以分為三種形式：針對現狀與實證性的爭辯（realistic and empirical dispute）、邏輯推理式的爭辯（logical dispute）、針對所得結果的爭辯（gragmatic dispute）。

（一）針對現狀與實證性的爭辯

這種爭辯主要是要挑戰躲在信念後面的真實情形，可用下面的問題來挑戰案主：

「為什麼你必須表現得很好？」

「你有什麼證據可支持你『一定要得到那些重要人物的認可』的想法？」

「證據寫在哪裡？」

（二）邏輯推理式的爭辯

這種爭辯主要是去挑戰案主信念後面所做的邏輯推理，可用下面的問題來

挑戰案主：

「你的想法合乎邏輯嗎？」

「按照這種推理來看，如果我沒有獲得重要他人的認可，表示我是一個很差勁的人嗎？」

（三）針對所得結果的爭辯

這種爭辯主要是去挑戰案主持守此信念會得到的實際結果，可用下面的問題來挑戰案主：

「持守這個信念對你是有利還是有害？」

「假如我相信我絕對必須表現得很好，而且總是要得到重要他人的支持，我會得到什麼樣的結果？」

「這結果是我真正要的嗎？」

五、E：有效的新哲理

當人們發現自己在用不合理的信念（B）來自我打擊時，就應該對抗這個非理性的信念，直到能找出 E。E 是代表一個有效的新哲理（effective new philosophies）。例如我很希望能成功且受到歡迎，但不一定非成功不可。

六、F：新感覺

如果能夠有效的發展出新哲理，就能夠幫助個體體會出新的感覺（new feeling, F）。A-B-C-D-E-F 之間的關係可以由圖 6-1 看出來。

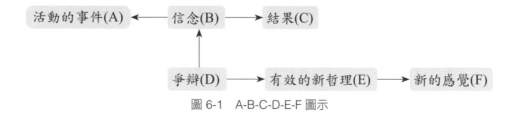

圖 6-1　A-B-C-D-E-F 圖示

第三節。理性情緒行為學派的諮商策略

壹、諮商目標

諮商師的主要目標是要幫助案主瞭解非理性信念對情緒的影響，並學會透過與非理性信念的爭辯能減輕負向的情緒反應，取而代之的是以理性的信念來帶動積極正向的情緒與感受。除此之外，艾里斯認為如果人們能做到無條件的接受自己（unconditional self-acceptance, USA）、無條件的接受他人（unconditional other-acceptance, UOA）、無條件的接受人生（unconditional life-acceptance, ULA），就能夠保持情緒的穩定性。因此諮商師應幫助案主學會無條件的接受自己、無條件的接受別人、無條件的接受人生，鼓勵案主當遇到困難的狀況與人生的困境時，更要不斷的練習 USA、UOA、ULA，這會有助於士氣的提升（Ellis, 2001; Ellis & Ellis, 2010）。

一、無條件的接受自己

在艾里斯的自傳裡他毫不忌諱的暴露自己的缺點，如自幼體弱多病，有腎臟炎、頭痛又會過敏，及其克服的方法，是要鼓勵人們，行走人生路上沒有人是一帆風順的，但要珍惜自己所擁有的。艾里斯在自傳裡說：「我在 20 歲時決定這是我唯一能擁有的一生，我最好不要去浪費它，因為有太多事情可以做了，特別是我的寫作」（In my twenties, I decided that this was the only life I was going to have, so I'd better not waste much of it. There was much to do—especially my writing）（Ellis, 2010, p. 524）。他接受自己的不足，但發揮自己能擁有的極限，連在人生的末期臥病在床也在教學生、接受訪問以及回答問題，這就是無條件接受自己的很好的例子（Ellis, 2010）。

二、無條件的接受他人

就像我們有時不接受不完美的自己，看到別人出差錯時常常心中就產生恨

意，討厭起那些人。其實人都不完美、都會有錯，艾里斯鼓勵我們對犯錯的人能有同情心是很重要的。

三、無條件的接受人生

當我們看到人世間的不完美與不公平時，努力去改善它；但不要因此就判定這個人生是無望或改變不了的。每個人都希望人生是一帆風順，若出現挫折或遇到阻礙難行，暫時又改變不了時，你可以抱怨「真的會很不方便」或「狀況真的很不好」，但不要定義那是「很糟糕」、「太恐怖」或「無可救藥」等喪氣的話。

貳、諮商師的角色與功能

艾里斯認為太多的溫暖與瞭解易造成案主過度依賴諮商師，事事都非得諮商師的認可不可。諮商師應接受案主是不完美的，但是可透過教導而獲得成長。因此在建立諮商關係的過程中，理情行為學派的諮商師扮演的是主動教導的角色，主要的功能是要幫助案主達到下面的任務：首先讓案主看出他們的非理性想法（如「應該」、「必須」、「一定」或「非要不可」等）是如何影響其情緒，與案主的非理性想法爭辯，以理性想法取代非理性想法。諮商過程的第二個任務是讓案主知道由於他們持續採用非理性想法，心情才會困擾重重，所以他們應該為自己的情緒困擾負責。第三個任務是幫助案主以針對現狀與實證性的爭辯、邏輯推理式的爭辯、針對所得結果的爭辯等方式，來修正他們的思考並減少自己的非理性思考。第四個任務是挑戰案主對人生發展出理性的理念，免得變成非理性想法的受害人（Corey, 2013）。

參、諮商策略

一、A-B-C-D-E-F

A-B-C-D-E-F 是理性情緒行為諮商學派主要的理念與技巧，可採用下面三

個步驟來進行，以幫助案主與非理性理念對抗，導出好的情緒以維護心理的健康（駱芳美、郭國禎，2009；Froggatt, 2000）。

步驟一：鼓勵案主把生活上讓自己感到不舒服的情境、想法和感覺寫下來，再從其陳述句中區分出 A、B、C（如表 6-1）。

表 6-1　找出 A、B、C

這個練習是要幫助你區分出事件（A）、信念（B）與結果（C）。閱讀左手邊的陳述句，然後將你認為的事件（A）、信念（B）與結果（C）的部分寫在右邊。這並無所謂的正確答案，你只要盡量試試看就好！	
例如找工作沒著落，非常焦慮，他想這輩子恐怕是完蛋了。	A. 找工作沒著落 B. 這輩子恐怕是完蛋了 C. 感到非常焦慮
	A. _____ B. _____ C. _____

（參考 Froggatt, 2000; 駱芳美、郭國禎，2009）

步驟二：「證據在哪裡？」挑戰案主為自己的非理性想法找出證據。教導案主理性與非理性的想法，然後鼓勵案主針對表 6-1 的所找出的信念（B），找出能否證實的證據，用此來評量自己的想法是理性的或非理性的想法（如表 6-2）。

表 6-2　證據在哪裡？

信念一：
請案主根據自己相信是真實的信念用下面五個問題來過濾。 1. 我能否證明這個想法的真實性？ 2. 這樣的想法能否幫助我有健康快樂的生活？ 3. 這樣的想法能否幫助我得到我所要的？ 4. 這樣的想法能否幫助避免與他人有衝突？ 5. 這樣的想法能否幫助我真正體會到我實際的感覺？ 如果有三題左右的答案是肯定的，那個想法大概是合理的；如果只有兩題或以下是肯定正向的答案，那個想法大概是非理性的。
過濾後我發現此信念是：
（　　　）非理性信念　　　　　　（　　　）理性信念

（參考駱芳美、郭國禎，2009）

　　步驟三：若案主發現自己的想法是非理性的，則鼓勵案主練習把非理性想法變成理性想法，然後寫下對情境的新體會和新的感受（如表 6-3）。

表 6-3　轉換非理性的想法

從表 6-1 你學會將生活上發生的事情區分出事件（Ａ）、信念（Ｂ）和結果（Ｃ）。這個練習是要幫助你練習將對某事件（Ａ）的非理信念（IB）轉化為理性想法（RB）。然後請寫下用理性想法來看待同一情境帶給你的新體會（Ｅ）和新感覺（Ｆ），這並無所謂的正確答案，你只要盡量試試看就好！

IB（非理性信念）	E（新體會）
RB（理性信念）	F（新感覺）

二、多重與整合性的模式

　　理性情緒行為諮商學派從認知、行為與情緒三方面幫助案主，是多重與整合性的模式。下面將介紹這些技巧的使用方法與範例（Ellis, 1977; Ellis & Ellis, 2010; Wilde, 1996）。

（一）認知方面的技巧

1. 覺察到可能的次級症狀

　　所謂的次級症狀（secondary symptoms）是指案主會為自己的焦慮感到焦慮，或為自己的憂鬱而憂鬱。諮商師應讓案主知道這是一種自我懲罰（self-castigation）的現象，人有憂慮或焦慮等情緒，就像人有時候會跌倒一樣，是正常的現象。跌倒本身並不會讓你成為失敗者，倒是可以透過跌倒來提醒自己走路要小心一點，並學習如何再站起來。焦慮、憂慮是非理性想法的結果，不要以「不可以憂鬱或焦慮」來責備自己，用 A-B-C 的原則去幫助案主矯治他們的次級症狀。

2. 使用「為什麼？」

理情行為治療鼓勵諮商師用「為什麼」（asking "why?"）的問題來與案主的非理性想法爭辯。例如：

案主：我將永遠不會快樂，除非我考上理想大學？

諮商師：為什麼你不能快樂？

案主：因為我必須要唸到全國最好的學校。

諮商師：我知道你很想唸名校，但是我不懂為什麼你非得唸那所大學不可？

案主：其實我只是很希望能考上。

諮商師：好，現在你說其實你只是很希望能考上。如果你只是很希望能考上，萬一你沒考到，你只是會很失望；但是如果你必須要唸到，而且非唸到不可，萬一你沒考到該校，你會感到那是全世界最糟的事情。

3. 故意違背

若爭辯法對案主無效，可以用故意違背（paradoxical intention）讓案主故意表現相反的行為，例如讓憂鬱的案主表現快樂的樣子。艾里斯相信讓案主表現出相反的行為可減低案主的憂鬱感。

4. 認知轉移

認知轉移（cognitive distraction）技巧是讓案主回憶其生活中最快樂或最有趣的記憶，這個技巧的目的不是在挑戰案主的信念，而只是要讓案主在因不理性的認知出現而感到憂鬱時，可以將注意力轉移到快樂的記憶中。

（二）情緒喚起技巧

1. 強迫性的對話

強迫性的對話（forceful dialogue）鼓勵案主與自己的非理性信念對質，剛

練習時可以讓案主大聲的講出來，熟練後案主可以在腦海中與非理性信念對質。讓我們來看下面的例子：

非理性信念：我絕對找不到一個好的理想伴侶！

理性信念：有可能，不過在此刻誰也不可能真的知道未來會怎麼樣。而且即使沒辦法找到真正理想的伴侶，一個人過日子也沒什麼不好。

非理性信念：一個人過日子會很寂寞的，不是嗎？

理性信念：人生的路雖然不會盡如所願，不過你到目前為止都活得很好。未來的日子還很漫長，就好好珍惜現在吧！

2. 理性角色交換

使用理性角色交換（rational role reversal, RRR），諮商師提醒案主非理性想法對案主情緒的影響，並鼓勵案主對諮商師所呈現出來的非理性信念給予對質。透過此技巧，諮商師可以瞭解到案主對非理性信念的概念瞭解了多少。

3. 理性情緒想像

使用理性情緒想像（rational-emotive imaginary, REI），鼓勵案主想像一個可能在自己身上發生的最壞的情況，之後去想遇到這樣的情況會出現的自我打擊（self-defeating）的信念。當信念出來時停在那個感覺一兩分鐘，然後慢慢把自我打擊的信念轉變成健康的負向情緒（例如我沒做好這件事，我真的很失望）或理性的信念。如果能夠每天做這種練習，大約 30 天，案主可以學習如何將自我打擊的信念轉化為健康的信念，而克服自我打擊的感覺。

4. 打擊害羞

很多人之所以感到害羞是因為他們常告誡自己「一定不可以」也「不應該」做出任何愚蠢的舉動。如此的非理性信念會讓他們感受到害羞、困窘、憂鬱等負向情緒。害羞就是因為本著非理性的要求，自己對自己的行動給予錯誤

的解釋與責備所造成的結果。打擊害羞（shame-attacking exercises）不是反對人們去評量自己事情的成敗，而是鼓勵人們去除自我責備的信念。艾里斯建議可以刻意去做些自認害羞的事，穿件會讓自己感到困窘的服飾，在做這些事時就練習以理性信念（例如人有打扮自己的自由，我只要穿得自在舒服就好了）來取代非理性信念（例如絕對不可以這樣穿或這樣做，那是會很糗的事）。艾里斯自爆自己會在紐約坐地鐵時做此練習，每次地鐵要離站時他就大叫，如此做時旁人可能會盯著他看，他就藉此機會練習無條件的自我接受，當人們越能無條件的接受自己，就較少會責備自己了。

5. 完全接受

諮商師告訴案主自己已完全接受（full acceptance）他或她的問題，所以案主也可以接受他或她自己的長處與短處、正向與負向特質。

6. 使用幽默

幽默的方法可以幫助案主瞭解他或她的想法是非理性的，但切勿讓案主覺得你是在開玩笑。例如：

諮商師：你可以描述一下你自己嗎？

　案主：我一文不值。

諮商師：你真的覺得自己這麼沒用嗎？

　案主：是啊！我父母就常這樣罵我。

諮商師：你可否幫我把那張椅子搬過來呢？

　案主：（照著指示做了。）

諮商師：你才說你自己一文不值，但是你剛剛才幫我了一個忙，你真的可以說自己一文不值嗎？

7. 爆胎技巧

案主常常因為把自己遭遇的一個挫折所帶來的負向感覺過度擴大，而無法

完全接受自己。例如考試沒考好就推論人生再也沒有什麼希望了。爆胎技巧（flat tire techniques）就是要挑戰案主以偏概全的非理性想法。例如：

　　諮商師：想像你自己是一輛嶄新的車子，你會不會很喜歡並且很小心的照顧它？

　　　案主：當然會啊！

　　諮商師：如果哪一天你發現這輛車子的輪胎破掉了，你會就不要這輛車子了嗎？

　　　案主：當然不會！我這麼愛它，怎麼可能這樣就丟棄它呢？

　　諮商師：那你會做怎麼樣的處理？

　　　案主：我會送去修車廠修理或換新的輪胎。

　　諮商師：是啊！那你怎麼會因自己犯的一點小錯誤，就這麼絕望，好像有了這麼一點小錯誤你就否定自己，連修理都不想修理了。這是怎麼回事呢？

8. 自我肯定訓練

　　很多案主無法接受自己也不能肯定自己，很容易因此而變得憂鬱。其實歸咎其因，可能就是非理性的信念在作祟，例如擔心著：「如果我真的告訴對方我真正的想法與感覺，對方可能就會不喜歡我。那是很糟糕的事，因為那就證明我真的是一無是處了。」所以進行自我肯定的訓練（assertiveness training）時，要先幫助案主探究是什麼非理性的信念在作祟，鼓勵他們與自己的非理性信念爭辯，例如挑戰案主：「你會因為沒有人喜歡而喪失生命嗎？」「天下有哪一個人這麼偉大，你要讓他或她來左右你的生命，你要因為他或她不喜歡你就否定自己嗎？」當案主能夠改變其非理性的信念時，諮商師就可以繼續以角色扮演及角色演練等方式來幫助他或她練習自我肯定的技巧。

9. 善用克服性的陳述句

　　艾里斯建議鼓勵案主想一些克服性的陳述句（coping statements），強迫

自己不斷的重述，有助於幫助自己建立理性的信念並改善心情。例如：

「有些事情我雖然不喜歡，但可以忍受。」

「雖然我有些事情可能沒做好，但我永遠也不會是個失敗者。」

「當事情無法盡如人意時，只會帶來一些不方便，但並不會太可怕。」

（三）行為方面的技巧

理性情緒行為諮商中，也沿用行為理論的原理原則來幫助案主的改變。

1. 給予酬賞

鼓勵案主和家人設定目標與酬賞的計畫，當案主順利完成諮商師所給的家庭作業時，就可按此計畫給予酬賞。

2. 橡皮筋法

使用橡皮筋法（robber band techniques）是把一條橡皮筋套在案主的手腕上，鼓勵案主當覺察到自己有負面或讓自己情緒低潮的非理性想法出現時，就拉一下橡皮筋，提醒自己轉換理性想法來代替非理性的想法。

3. 懸崖勒馬

很多案主之所以感到憂鬱，是因為他們很容易從心情不好快速的滑入深深的谷底，沉溺在痛苦中無法自拔，所以諮商師要幫助案主設定出一個停止沉溺的計畫。例如：心情低落時就出去走走、去做運動等來幫助自己能懸崖勒馬（stop ruminating）。

4. 系統減敏暴露法

艾里斯建議給案主漸進式的作業，幫助他們去面對讓自己不舒服的情境，此稱為系統減敏暴露法（in vivo desensitization）。例如對有社交恐懼者可以從參加人數少的聚會，等自在後再把人數漸漸擴充。

5. 暴露法

上述的方法也可採直接暴露法（In Vivo）來進行，例如在 1933 年艾里斯 20 歲生日的前一個月，他決定要使用系統減敏暴露法來克服自己不敢與異性說話的害羞與恐懼，冒著失敗與被拒絕的危險，他在 8 月的一整個月強迫自己在公園（Bronx Botanical Gardens）裡找 100 個女子談話，其中他只有約到一名女子，後來仍是爽約了，儘管如此，他發現也沒有可怕的事情會發生，而且他因此克服了害怕，並學會如何和女人聊天，也領悟到認知、哲理、自我勸說等技巧在改變功能不良的想法與行動的效用（Ellis & Ellis, 2010）。

6. 唱理性幽默短歌

艾里斯自創了很多理性的幽默短歌（signing rational humorous songs），配上大家耳熟能詳的曲調，雖然歌詞盡是非理性的概念卻稱其為理性幽默的歌帶有嘲諷之意，這是艾里斯的風格，因為很多有此類想法的案主都認為自己的想法是理性的。其目的是希望案主從歌唱中去體會到非理性想法的愚蠢而願意改過來。例如下面這首歌譯自艾里斯編的「愛我愛我、愛我、只愛我」（Love me, Love me, Only me），可配上我們中文「農夫歌」的旋律來唱。

Love Me, Love me, Only Me
Or I will die without you!
O, Make your love a guarantee
So I can never doubt you!
Love Me, Love me totally
really, really try dear,
But if you demand love, too
I'll hate you till I die, dear!
愛我、愛我、只愛我
我沒有你，我會死
請快給我愛的保證
我才不會懷疑你
愛我、愛我、百分之百
真的、試著、親愛的
但是如果你也要愛
我會恨你一輩子！

肆、理論與諮商策略摘要

　　理性情緒行為諮商學派的創始人艾里斯認為人天生就具有理性和非理性思考的能力，其思考方向與內容會影響隨之而來的感覺和行為。情緒困擾的來源就是非理性的思考，而很多非理性的思考可能是學自幼時身邊的重要人物。艾里斯以 A-B-C 三個字母來說明事件、當時的想法、對情緒的影響。A 代表的是人們遇到的事件，B 代表的是人們對事件的想法，C 代表的是人們經驗到的負向與不健康的情緒或行為。根據艾里斯，當發生的事件（A）並不符合人們本來的期望時，人們有意識或無意識中可以選擇要如何解釋該事件（B），而該解釋就會導致是干擾性或非干擾性的結果（C）。A-B-C 理論後面跟著 D，

D 是代表爭辯的意思。當人們發現自己在用不合理的信念（B）來自我打擊時，可理性的找出證據以實證來對抗這個非理性信念，直到能找出一個有效的新哲理（E）。如果能夠有效的做到這一步，就能夠幫助個體體會出新的感覺（F）。

諮商過程中理情行為學派的諮商師扮演的是主動教導的角色，幫助案主瞭解非理性信念對情緒的影響，學習以理性的信念來帶動積極正向的情緒與感受，並願意無條件的接受自己、別人和人生。

A-B-C-D-E-F 是理性情緒行為諮商學派主要的理念與技巧，可採用下面三個步驟來進行，以幫助案主與非理性理念對抗，導出好的情緒以維護心理的健康。步驟一：學習區分出 A、B、C；步驟二：「證據在哪裡？」；步驟三：轉換非理性的想法。事實上，理情行為諮商學派從認知、行為與情緒三方面來幫助案主，是多重與整合性的模式。認知方面包括覺察可能的次級症狀、使用「為什麼？」來詢問、故意違背、認知轉移等技巧；情緒喚起方面包括強迫性的對話、理性角色交換、理性情緒想像、打擊害羞、完全接受、使用幽默、爆胎技巧、自我肯定訓練、善用克服性的陳述句等技巧；理性情緒行為諮商中，也沿用行為理論的原理原則來幫助案主的改變。其技巧包括給予酬賞、橡皮筋法、懸崖勒馬、系統減敏暴露法、暴露法、唱理性幽默短歌等。

中國古語裡所說的：「天下本無事，庸人自擾之」，正是艾里斯所創的理性情緒行為諮商學派的主要概念。文末我們體會到這麼一句話：「想改變自己，先從腦袋瓜著手。不要盲目的聽從想法的使喚，當指令來時，不妨先停、聽、看，學習當自己想法的主人。」以此和各位互勉之。

第四節。理性情緒行為諮商學派的案例分析

壹、案例：叫我「憂慮博士」

　　艾茹，50 多歲，大學畢業後留在家裡當家庭主婦，兩個孩子漸大後返校攻讀碩士與博士。苦讀成功，獲得學位並在大學教書。雖然學業有成，但自信心不夠，經常活在憂鬱中。她聽從朋友的建議，希望透過諮商師的協助讓自己快樂一點。

　　諮商師首先鼓勵她多看事情的正面有助於改善心情，然後要她談一些生活的近況，特別是是否有什麼好消息是值得分享的。艾茹似乎有些訝異，本來是要來談心事的，怎麼諮商師要她談喜事。

　　想了想後，她接二連三地告訴諮商師幾個令她振奮的好消息，有工作上的、有家庭的，也有個人的。但不多久艾茹話鋒一轉，聲調變低，開始用三個「但是我擔心……」把前面三個振奮人心的好消息全盤否定掉。聽著那從高亢轉為低沉的聲調，聽著從充滿希望轉為無助的語氣，專業的直覺讓諮商師忍不住開口打斷她：

　　「請問妳在做什麼？」

　　她說：「我正在做最壞的打算啊！古訓上不是說要『先天下之憂而憂，後天下之樂而樂』嗎？」

　　諮商師說：「根據理性情緒行為諮商學派的說法，想法是會影響情緒的。」

　　「那我該怎麼辦呢？」她問。諮商師說：「妳不是有三個好消息嗎？就好

好去慶祝一番啊！當妳有快樂的想法妳才會有快樂的情緒，這對身體健康是有幫助的。」

她不安地問：「但古人不是警告我們太快樂時可能會『樂極生悲』嗎？所以雖然有這些好消息，但誰知道事情會不會生變？我想擔憂應該會比高興實際一點吧！」

知道要她馬上改變這根深柢固的信念並非易事，諮商師只能告訴她：「憂慮的想法與快樂的想法是無法同時存在的。妳只能選擇一項，妳的情緒會聽命行事的。」

她很為難地說：「我當然希望能快樂地享受這些好消息，但萬一……」後面的話還沒出口就被諮商師止住了。諮商師引用聖經上的一句話來鼓勵她：「不要為明天憂慮，一天的難處一天擔就夠了。」「快樂的心情可增加身體的抵抗力，這樣當真正憂慮來時，才有足夠的體力來面對與應付喔！」

為什麼艾茹這麼大方地給自己時間去憂慮，卻吝於給自己充分的時間享受快樂。推究其因，她的憂慮來源是因她腦中存在的信念：『先天下之憂而憂，後天下之樂而樂』，她不敢快樂，因為她怕會『樂極生悲』（參考駱芳美，2012）。

經過上面的晤談，諮商師觀察到艾茹「為擔心而擔心」的心態是讓她常感到憂慮的原因之一，便向艾茹介紹 A-B-C-D-E-F 理論，目的是要幫助她瞭解讓她不快樂的原因是出自自己，並建議艾茹學會以理性思考來代替非理性思考是幫助她減低憂鬱的最佳管道。艾茹同意以此為諮商目標，原則上每一至兩星期來見諮商師一次。

貳、諮商策略

一、策略一：A-B-C-D-E-F

（一）步驟一：區分 A、B、C

諮商師以表 6-1 請艾茹把她所擔憂的一件事寫出。艾茹寫下：「系主任同意讓我開一門我一直期望要開的課，但我很憂慮萬一沒上好把它給搞砸了，系主任以後就不再信任我。」寫完後，請艾茹學習區分出事件、想法和信念。在諮商師的引導下，艾茹寫下：「A 是系主任同意給我開一門我很有興趣的課；B 是萬一沒上好把它給搞砸了，系主任以後就不再信任我；C 是我很憂慮。」

剛開始艾茹一直堅持是要開新課這件事讓她憂慮，但經過諮商師介紹 A-B-C 理論的概念後，慢慢發現原來讓自己憂慮的是怕自己會搞砸的想法。

（二）步驟二：「證據在哪裡？」

諮商師交給艾茹表 6-2 請她把「萬一沒上好把它給搞砸了，系主任以後就不再信任我」這個信念寫下來。然後鼓勵她用下面五個問題來過濾自己相信是真實的信念，為自己的非理性想法找出證據。

諮商師：「妳能否證明這個想法的真實性？」

　艾茹：「到目前為止我的課都上得很好不至於會搞砸，而且主任也知道老師上新課程難免會要適應一段時間，不會一次上得不好就不信任我吧！所以答案是否。」

諮商師：「這樣的想法能否幫助妳有健康快樂的生活？」

　艾茹：「當然不會，它讓我過得很痛苦，所以答案是否。」

諮商師：「這樣的想法能否幫助妳得到妳所要的？」

　艾茹：「當然不會，這樣的想法常使我變得很懦弱，想要的東西卻不敢去爭取，事後又很氣自己，所以答案是否。」

諮商師：「這樣的想法能否幫助妳避免與他人有衝突？」

艾茹：「當然不會，這樣的想法常讓我以為系主任故意刁難我，常會
　　　想要跟他爭辯，所以答案是否。」

諮商師：「這樣的想法能否幫助妳真正體會到實際的感覺？」

艾茹：「當然沒有，經你這樣一問我才發現，其實我還滿高興有這個
　　　機會，但我卻整天都在憂慮，所以答案是否。」

　　根據評分標準「如果有三題左右的答案是肯定的，那個想法大概是理性
的；如果只有兩題或以下是肯定正向的答案，那個想法大概是非理性的。」艾
茹這才願意接受自己的信念原是非理性的。

（三）步驟三：練習把非理性想法變成理性想法

　　當艾茹發現自己的想法是非理性的，諮商師取出表 6-3 鼓勵艾茹試著把非
理性想法變成理性想法，然後寫下對情境的新體會和新的感受。艾茹想一想後
寫下如下的反應：

非理性想法：「萬一沒上好把它給搞砸了，系主任以後就不再信任
　　　　　　　我。」

理性想法：「到目前為止我的課都上得很好不至於會搞砸，而且主任
　　　　　　也知道老師上新課程難免會要適應一段時間，不會一次上
　　　　　　得不好就不信任我吧！」

新的體會：「我可以放心按我自己的實力去發揮，其實我一直都教得
　　　　　　還不錯啊！」

新的感覺：「沒有原先那麼憂慮了。」

二、策略二：「認知轉移」技巧

　　諮商師從艾茹的談話中發覺自信心不夠是因為她經常以非理性的信念否定
自己，腦中沒有放太多屬於自己的快樂回憶，便使用「認知轉移」的技巧，請
艾茹回憶其生活中最快樂或最有趣或成功的記憶，並把它寫下來，當她不合理

的認知出現（如「我什麼都不會」）而感到憂鬱時，可以將注意力轉移到快樂或成功的記憶中。

三、策略三至七：「為什麼」、「幽默」、「爆胎技巧」、「自我肯定訓練」、「打擊害羞」、「故意違背」技巧

不過要艾茹回憶成功的經驗，她不斷的推託自己一事無成、沒什麼可感到驕傲的事，這時諮商師便採用「為什麼」、「幽默」、「爆胎技巧」、「打擊害羞」技巧來挑戰艾茹。

諮商師：「為什麼拿到博士叫做一事無成？」（「為什麼」和「幽默」技巧）

艾茹：「那也沒什麼？」

諮商師：「為什麼拿到博士是沒什麼？」（「為什麼」和「幽默」技巧）

艾茹：「因為我還有很多別的事沒做好。例如為了讀書沒能百分之百完全盡到做母親的責任啊！」

諮商師：「如果我們把博士學位看作是一輛新車，沒能百分之百完全盡到做母親的責任是輪胎破了，妳會因為這點瑕疵就丟掉整輛車嗎？」（「爆胎技巧」）

艾茹：「那當然不會啊！況且我讀完書後很多時間都給了小孩喔！」

諮商師：「那妳可不可以勇敢的說自己很努力拿到博士是值得驕傲的呢？」（自我肯定訓練）

艾茹：（唯唯諾諾的，在諮商師不斷的鼓勵下終於說出）「很努力拿到博士是值得驕傲的。」

諮商師：「現在講出來後覺得怎樣？」

艾茹：「還是有點不自在，因為從小都被教導『謙虛是一種美德』，公然宣布自己是博士覺得很害羞。」

諮商師：「但是妳真的得到博士學位又不是撒謊。現在我要妳在學生面前用博士的字眼來稱呼自己，一直到妳習慣這個頭銜為止。」（「打擊害羞」技巧）

艾茹：「你出這個作業還挺難做喔！」

諮商師：「是嗎？好！現在不要去想那些，我只要妳表現出很快樂的樣子就好了。」（「故意違背」技巧）

艾茹聽話的做出愉快的表情，這時諮商師鼓勵她盡量笑開，並體會笑時的心情與感受。

諮商師：「妳喜歡這種感覺嗎？」

艾茹：「當然喜歡，快樂比憂鬱舒服太多了。」

諮商師：「妳知道自己是帶給自己快樂的主人喔！」

四、策略八至十：「懸崖勒馬」、「橡皮筋法」、「給予酬賞」技巧

當艾茹體會到快樂的感覺且願意追求快樂時，諮商師問艾茹如何可以讓心情變好，她說住家離海邊很近，到海邊走走有助於心情的改善（設定停止沉溺的計畫）。問及她最喜歡做的事，艾茹說是逛街。諮商師把一條橡皮筋套在艾茹的手腕上，鼓勵她當覺察到自己有負面或讓自己情緒低潮的非理性想法出現時，就拉一下橡皮筋（橡皮筋法）叫自己停止；到海邊去走走並以理性想法來代替非理性的想法（懸崖勒馬技巧）。若能成功的把憂鬱轉換成健康積極的情緒，就可去逛街（給予獎酬，與艾茹約定每次轉換成功賺 20 分鐘的逛街，時間可累積起來日後一起用）。

參、結果摘要

艾茹的非理性信念非常多，把她壓得很不快樂，不管是什麼樣的情境，艾茹都可以抹上憂鬱的色彩，也因此當諮商關係逐漸穩定後，諮商師幽默的戲稱

艾茹為「憂鬱博士」。但她陷在其中卻不知情，總覺得自己如此的想法是理所當然，並認為所有的不快樂是外在因素造成的。每回經過策略一的練習後，艾茹新奇的發現原先所憂慮的事真的是「庸人自擾」。在諮商的過程中好像很有領悟，心情也有了改善，但回到現實環境很快又整個被擊垮，因此在諮商早期的階段艾茹進步得很慢，每星期一次的諮商都是帶著愁容進來。

經過不斷的練習後，諮商中期艾茹漸漸能把在諮商中所學的應用到外在的環境，憂慮逐漸減少，不過一向憂慮成習慣的她還是很難相信人生可以無憂無慮過日，諮商師提醒艾茹這種「為憂鬱而憂鬱」是一種自我懲罰的現象，稱之為「次級性的症狀」。這個階段諮商師焦聚在處理艾茹次級性的症狀。此外諮商師鼓勵艾茹學習無條件的完全接受自己愛憂鬱的特質，為此艾茹漸漸也會開玩笑的稱自己是「憂慮博士」，表示她接受自己的特質。

不過減少憂鬱不表示就會快樂，諮商的後期諮商師要幫助艾茹從刻意表現快樂中去體會到快樂的感覺。艾茹愛唱歌，所以諮商師便介紹艾里斯的幽默短歌，艾茹邊唱邊被歌詞逗笑了，也從誇張的歌詞中體會到什麼叫作非理性想法。漸漸的艾茹學會以理性的觀點來肯定。以前與他人的互動很容易因非理性信念使然而覺得別人是在欺負她，抱怨自己的人生是不幸的，因而害怕走入人群。現在快樂的機會越多，累積的逛街時數越多，她從逛街中以理性的信念學習無條件的接受別人、無條件的接受人生，她終於能從由衷而笑中體會到什麼叫作真正的快樂。

你瞭解了嗎？

下面有 15 題選擇題，可幫助你測試自己對理情行為諮商學派的理解程度：

1. 艾里斯的理情行為是屬於哪種派別取向的諮商？

    a. 人性取向　　　　　　　　b. 心理分析取向

    c. 認知行為取向　　　　　　d. 存在主義取向

2. 理情行為諮商學派認為情緒的困擾是來自：

    a. 幼年時期的創傷經驗

    b. 需求未獲得滿足

    c. 缺乏互補的溝通

    d. 非理性的思考與信念

3. 艾里斯所提的 A-B-C 理論中，每個英文字母分別代表的是什麼？

    a. A：先前的情況；B：行為；C：結果

    b. A：遇到的事件；B：信念；C：結果

    c. A：先前的情況；B：行為；C：結果

    d. A：遇到的事件；B：行為；C：結果

4. 理情行為的諮商師採用何種方法來幫助案主解決情緒的困擾？

    a. 心理分析的方法

    b. 傾聽的方法

    c. 夢的解析的方法

    d. 證據驗證的方法

5. 艾里斯繼 A-B-C 後又提出 D-E-F 的理論，後面這三個英文字母分別代表的是什麼？

　　a. D：爭辯；E：有效的新哲理；F：新的感覺

　　b. D：忽略；E：有效的新哲理；F：新的感覺

　　c. D：爭辯；E：有效的新情緒；F：新的感覺

　　d. D：忽略；E：有效的新行動；F：新的感覺

6. 下面哪種說法對艾里斯來說是非理性的想法？

　　a.「對即將面臨的考試，我會盡力而為。」

　　b.「這個考試我非成功不可，否則我的前途就完蛋了。」

　　c.「我當然會希望考到好成績，但我認為有學到東西比成績更為重要。」

　　d.「這個考試我當然希望成功，但即使不盡理想，我的前途也不一定就會完蛋。」

7. 理性情緒行為的諮商師主要扮演哪種角色？

　　a. 傾聽案主的故事

　　b. 表達對案主的同理心

　　c. 分析案主的問題

　　d. 主動教導並挑戰案主的想法

8. 有些案主會為自己的焦慮感到焦慮，或為自己的憂鬱而憂鬱，艾里斯稱此為＿＿＿＿。

　　a. 次級症狀　　　　　　　　b. 非理性信念

　　c. 不必要的困擾　　　　　　d. 認知轉移

9. 艾里斯認為人們保持情緒的穩定性的要素是：

a. 能夠無條件的接受自己

b. 能夠無條件的接受他人

c. 能夠無條件的接受人生

d. 以上皆是

10. 理情行為的諮商師會用哪個技巧來挑戰案主以偏概全的非理性想法？

a. 打擊害羞

b. 爆胎技巧

c. 懸崖勒馬

d. 唱理性幽默短歌

11. 艾里斯自爆自己在紐約坐地鐵時，有時地鐵要離站時他就大叫，如此做時旁人可能會盯著他看，他就藉此機會練習無條件的自我接受。請問他是在用什麼方法來治療自己？

a. 打擊害羞　　　　　　　　b. 爆胎技巧

c. 懸崖勒馬　　　　　　　　d. 唱理性幽默短歌

12. 有位案主告訴你說：「我昨天忘了交作業，我看我慘了，我這門課要被當掉了，我開始焦慮起來了。」根據理性情緒行為學派的理論，請問造成這位案主焦慮的主要原因是什麼？

a. 忘了交作業這事

b. 「我看我慘了，我這門課要被當掉了」的信念

c. 以上兩者皆是

d. 以上皆非

13. 理情行為治療諮商師認為用「為什麼」（why）的問法來與案主的非理性想法爭辯是無效的，最好用「如何」（how）來問會好一點。

a. 是

b. 非

14. 理情行為諮商採用何種取向的諮商技巧來幫助案主？

a. 認知技巧

b. 情緒技巧

c. 行為技巧

d. 以上皆是

15. 理性情緒行為諮商學派強調挑戰案主非理性信念的重要性，所以諮商師要很嚴肅，不容許用幽默的態度來對待案主。

a. 是

b. 非

（答案請見書末「你瞭解了嗎？」試題解答頁）

腦筋急轉彎

1. 當生活遇到不順利的境遇時，人們常會怪罪事件本身是讓自己不快樂的主因。學了理情行為學派的論點後，你對上述的說法有什麼不同的體會？請舉例，並以艾里斯的 A-B-C 論點來說明事件─想法─結果之間的關係。然後請以 D-E-F 論點來說明其解決之道。

2. 根據艾里斯的論點，非理性的想法是情緒困擾的罪魁禍首。請舉一個你生活中碰到的例子，說明理性與非理性信念的區別，並比較這兩種不同的信念對你的心情有何不同的影響。

3. 從艾里斯的生平，你可否看出其人生與他所創的理情行為諮商學派的關聯。請舉二到三個例子說明你的觀察與體會。

4. 如果你是案例分析中的艾茹，這樣的處理方式你滿意嗎？有哪些方面諮商師還需顧及到？有哪些技巧可以再加入來幫助艾茹讓諮商的效果獲得提升？

5. 本書作者縱觀艾里斯的理情行為理論後體會到：「想改變自己，先從腦袋瓜著手。不要盲目的聽從想法的使喚，當指令來時，不妨先停、聽、看，學習當自己想法的主人。」你同意這個說法嗎？學了這個理論對你在面對自己人生難題時或協助他人時有何加分效果？請各舉一例說明你的觀察與體會。

＊本章的「參考書目」與「照片來源」附於書末的專頁。

第七章

◆

貝克的認知諮商學派
Beck's Cognitive Therapy

創始者
艾瑞・貝克
（Aaron T. Beck, 1921-2021）

—— **本 章 要 義** ——

要營造快樂的人生，請用祝福取代控訴、

以積極代替消極來跟自己說話；

換個角度，就可換出不一樣的人生。

第一節。貝克的人生故事

艾瑞・貝克的母親伊莉莎白・譚金（Elizabeth Temkin）16 歲時隨家人從蘇俄移民美國，住在羅德島，有志從醫但教育機會不允許，因為身為長女必須盡心幫忙家人照顧弟妹，但仍積極參與猶太社區活動。艾瑞・貝克的父親亨利・貝克（Harry Beck）出生於烏克蘭，於 1892 年（18 歲）到美國的羅德島，熱愛寫作，積極參與社會運動。由於譚金家在社區頗有名望，當伊莉莎白和亨利兩人結婚時，有 1,000 人參加，盛況空前。婚後定居於羅德島，生有五個子女，1921 年 7 月 18 日老么艾瑞・貝克誕生，由於老大和老三都不幸夭折，所以母親對最小的兒子非常的保護。

幼年經驗對貝克影響極大，小時候玩耍，哥哥喜歡把枕頭蒙到他臉上，直到他幾乎不能呼吸才拿掉，這種經驗讓他日後過山洞常會有窒息感。七歲時有次溜滑梯時被人推倒，手臂骨折，送到醫院時母親告訴他只是要照 X 光，結果就被送進手術房。還沒有麻醉，醫生就開始動手術，他感覺自己像要死掉般。手術之後又感染引發了併發症，當外科醫生告訴母親貝克恐怕會性命不保，母親急切的叫著：「他不會死！我兒子不會死！」（He will not die! My son will not die!）（Weishaar, 1993, p. 10）。貝克說：「只記得八歲生日是在醫院度過。生日那天醫生宣布我脫離了危險期，母親非常高興。」（I had my eighth birthday in the hospital. I remember the day my mother was so happy because I was off the danger list）（Weishaar, 1993, p. 10）。後來貝克才知道住院的兩個月他都處在危險期中，情況還滿嚴重的。那次住院後他變得很容易焦慮、擔心被拋棄，且對手術、受傷和血液深有恐懼感。讀小學一年級時有次他用藍色

筆畫天空，老師說他畫錯顏色大聲吼他，雖只是一次的經驗，但他日後回憶時仍覺得「很受傷害」。學業開始落後而必須重讀一次一年級的經驗，讓他深感自卑。因不願意落於人後，他極為用功，三年級時說服母親幫他申請跳級獲准，小小心靈極受鼓舞，體會到「遇到挫折時不要放棄，可將危機變成轉機」。

雖然母親幫他爭取跳級一事讓他銘記在心，但母親脾氣不穩定的情況也讓他相當受不了。印象中母親生氣時會尖叫，或無緣無故就掉淚。也因為母親這樣無常的脾氣加上畫圖被罵的經驗，讓他對這種脾氣不穩定的人相當敏感。父親對他的影響比較正向，常鼓勵他探索科學、大自然和寫作，高中時貝克就擔任校刊的編輯。

他以第一名的優越成績畢業於希望高中（Hope High School），並追隨兩位兄長就讀伯朗大學（Brown University），也擔任校刊的編輯。申請的獎學金可支付他部分的學費，其他的費用則得靠送報紙、圖書館打工、幫人打掃庭院等收入來支持。大學時主修英文和政治科學，也修了藝術、音樂和會計等其他領域的學科。當他開始探索大學畢業後進入伯朗大學醫學院的可能性時，當時的院長基於學校對猶太人名額的限制所以不鼓勵他，儘管如此，他仍然努力修完醫學院預科的課程，1942 年以優異的成績畢業，進入耶魯大學攻讀醫學院。其實他堅持要學醫的其中一個理由是想挑戰他從小就有的恐懼症，但過程其實是挺辛苦的。例如他害怕手術，只要聞到藥味就會暈倒，記得第一次在手術房當助理時，他恐懼得直冒冷汗，護士一直幫他擦拭。但他強迫自己不斷面對直到恐懼感消失，就這樣一步一步的慢慢克服，直到後來他已可以勇敢的執行手術。他發現只要抱持主動的態度去做事，焦慮感較不會來襲。又有一次要經過紐約的賀蘭隧道（Holland Tunnel）時，突然一陣窒息感襲來，便開始用認知的方法去面對它，終於平安度過，之後就不再發生。其他的恐懼與害怕，他也勇敢的一一去面對。從這些經驗中他學會系統減敏法（systematic desensitization）。不過也因這些脆弱的一面，讓他更能瞭解別人的困難。

醫學院選科別時他對精神科是有些興趣，但因對心理分析的概念無法理

解，望之卻步，但對其他科別的興趣也不明顯，所以到 1946 年醫學院畢業時仍未能決定自己的專科取向。1946 到 1948 年他在羅德島醫院的輪科實習中，到過外科、皮膚科、產科、傳染病科實習，也完成病理學的實習，終於決定以腦神經為專科。1949 年申請到麻薩諸塞醫院（Massachusetts General Hospital）的腦神經科做住院醫師，那時候很多軍人從第二次世界大戰戰場上回來，該醫院通知他必須要等一年才能開始工作，他便轉到庫辛退伍軍人行政醫院（Cushing Veterans Administration Hospital）。不料半年後因該醫院精神科醫生短缺，院方規定所有腦神經科醫生都要到精神科工作六個月，他無法推辭，只好勉強上陣。無奈該醫院的精神科深受波士頓心理分析機構（Boston Psychoanalytic Institute）的影響，強調對病人的情況應從深層次的潛意識去探討，當他跟同事提起自己對心理分析的理論與方法很不理解時，同事回應說也許是他內心的抗拒使然。

抱著「既來之則安之」的心態，他決定撇開先入為主的印象深入鑽研，原先六個月的約期結束後他決定繼續留在精神科，相信待在這個領域越久就越能抓到這個聽說「對每件事都有答案」的心理分析論。在這期間他認識了斐麗絲‧懷門（Phyllis Whitnman），當時她在潘伯克（Pembroke）女子大學唸書，畢業後又搬到紐約從事雜誌採訪工作，貝克對她一見鍾情，展開熱烈追求，兩人於 1950 年 6 月 4 日結婚。婚後斐麗絲去唸社會工作，畢業後進法律學院，後來當了賓州最高法庭的法官，家人讚譽她是個「很優秀且很有決心的人」（Weishaar, 1993, p. 16）。

1950 年貝克到麻州斯托克布里奇（Stockbridge）以心理分析為取向的奧斯丁瑞克中心（Austin Riggs Center），接受兩年更專精的訓練，艾瑞克遜（Eric Erickson）擔任他的督導。1952 至 1954 年正值韓戰，他便自願到費城外的維力霍際醫院（Valley Forge Army Hospital）擔任精神科門診主任、神經精神科副主任、精神部門的總主管。這期間他發現要治療壓力後創傷失調者（Posttraumatic Stress Disorder）不需要催眠，只要讓他們用想像的也可以達到

同樣的效果。

　　1953 年他取得精神科醫師的證照（board-certified in psychiatry），1954 年在賓州大學（University of Pennsylvania）醫學院當講師，1958 年在費城精神分析機構（Philadelphia Psychoanalytic Institute）受訓，1959 年在賓州大學醫學院當助理教授，同一年拿到第一筆研究經費從事夢的研究，期望透過研究驗證心理分析學派的實證性。為了能進行更科學化的研究，他積極的與賓州大學心理系及心理學界的舊識接觸，吸收實驗研究法與測驗評量的知識。也體會到要說服心理學家對心理諮商理論的信服，實證是必要的管道。無奈夢的研究並未能支持心理分析理論的假設，他發現夢是受到自我概念的影響，亦即夢是反映個人的想法。而從臨床的觀察中，他注意到病人內在的對話影響到他們的情緒。

　　1960 到 1963 年是他專業發展上的關鍵時刻，他再次檢驗心理分析理論，研究結果仍與原來心理分析學派的假設不合，便毅然離開心理分析開始發展新的理論。面對新程途，貝克坦言：「不曉得這個與原先受訓的心理分析截然不同的方法會把我帶到哪裡去？」（Beck, J. S., 1995, p. vii）但「要從心理分析改變成去發展新的諮商理論，我好興奮，經常為此而失眠，我為此事感到非常興奮」（changing from psychoanalysis and developing a new theory of therapy. It was very exciting. I even had trouble sleeping sometimes, I was so excited about this thing）（Weishaar, 1993, p. 21）。

◖照片 7-1　貝克（左）和艾里斯（右）常有聯絡、彼此鼓勵。

在賓州大學拿到第一筆研究獎助時，就在費城醫院成立了憂鬱研究單位（Depression Research Unit）和憂鬱診所（Depression Clinic）。1961 年發展出 21 個題項的貝克憂鬱量表（Beck Depression Inventory），被 200 多個研究沿用。之後除了憂鬱症之外致力於研究認知諮商在其他心理失調的療效。諸多研究文獻證實此學派對治療焦慮失調、恐懼失調、飲食行為失調、藥物濫用及其他因認知導致心理失調者都有很好的療效。雖在發展初期受到行為學派的排斥，但貝克堅持不休，和開創理情行為學派同屬認知諮商範疇的艾里斯常有聯絡、彼此鼓勵。終於相繼獲得歐洲與美國心理學會的認可，並讚揚這是具有實驗研究強力支持的諮商方法。

自從 1963年發表第一篇文章〈思維與憂鬱〉（Thinking and Depression）後，貝克一生致力於研究憂鬱的本質，直到 2021 年 11 月 1 日離開人世，享年 100 歲。共出版 25 本書，157 篇文章和 600 篇研究報告（"The Beck Institute," 2022），堪稱為 20 世紀極具影響力的一位心理諮商學家（Beck, A. T., Beck J. S., 1995; Freeman, Davis, & Associates, 2004; Weishaar, 1993）。貝克和斐麗絲育有四個子女，其中之一的裘蒂・貝克博士（Dr. Judith Beck）也是心理學家。於 1994年與父親一起在費城設立貝克認知行為治療機構（Beck Institute for Cognitive Behavior Therapy），是一個國際性的訓練和資源中心。父親擔任榮譽主席，她則擔任主席，且是賓州大學醫學院的精神心理臨床副教授。透過著作、教學、訓練和督導為貝克的認知學派發展與傳承奮力不懈（Beck, J. S., 2011）。在本章中我們將就艾瑞・貝克的認知諮商學派對人性本質的界定，來探討心理問題的來源及處理策略。

⊙照片 7-2　裘蒂・貝克博士（右）與父親艾瑞・貝克博士（左）攜手共進，為貝克認知學派的發展不遺餘力。

第二節。貝克對人性本質的看法

　　貝克的理論是以認知模式（cognitive model）為基本架構，相信人的認知過程就像處理資訊（information-processing）的流程一樣，會先評量內外在的環境所提供的線索與資訊後，再以最適當、最能被接受的方式來反應。而此對事件的評量、知覺與解釋也會相對的影響到人們對該事物的情緒與行為反應。所以影響情緒的主因並不是來自事件本身，而是來自人們對情境的解釋。例如憂鬱或焦慮等心理問題通常是來自思考上的失調，這些失調也反映出此人在解釋該特定經驗時所存有的偏見（Beck, J. S., 2011）。還好處理資訊的過程是相當有彈性的，人們有能力可以透過澄清與再次評量後有意識的改變自己的想法，並透過此想法的改變而轉換情緒，並帶至心理健康的改善（Schuyler, 2003）。

壹、認知的組織架構

　　人們認知的組織架構（cognitive organization）可按其可觸及（accessibility）的程度分為不同層次。較能觸及的是存在意識中的自願性想法（voluntary thoughts）；較難觸及的是自動想法（automatic thoughts）、中介信念（intermediate belief）與核心信念（core belief）。自動想法常會在無意識中被喚起，遇到壓力的情況下就很難壓抑得住。再下一層是中介信念，是人們對人事物的假設和價值觀，人們可意識到自己的中介信念，但卻無法清楚表達出來。藏在更深層次且是超乎人們意識之外的核心信念或稱為是基模（schemas）（本章中我們將其合稱為基模核心信念），裡面包含著很多人們自己並未覺察到的想法、信念和世界觀（Beck, A. T. & Freeman, 1990; Beck,

J.S., 2005, 2011; Freeman, Pretzer, Fleming, & Simon, 2004; Leahy, 1996; Padesky & Greenberger, 1995; Schuyler, 2003; 駱芳美、郭國禎，2009）。

一、基模的核心信念

在認知最底層的是基模核心信念，這是人們用來界定自我的中心概念，這些信念緣自於早期生活經驗的累積。雖然意識不到，卻常在不自覺中就用它來看待現實的世界，也用它來篩選或解釋所遇到的情境。若基模中存有偏差的信念，人們看待事物的焦距與擷取資料的方向也就受到了影響。

大部分的基模核心信念是正向的，但當遇到困難的情況時，偏差的信念就會跑出來干擾。這些偏差信念都是來自早期生活經驗的累積，與個人息息相關，看事物時很容易會有以偏概全以及過度推論的現象。有偏差的核心信念者常會感無助（helplessness）或不被愛（unlovable），或兩者並存，感到無助且不值得被愛，經年累月受到這些扭曲信念的控制很容易導致情緒困擾。例如小時候常被拒絕的人，其基模核心信念存有「不值得被愛」的偏差信念，對被拒絕的徵兆就會特別敏感。一見到別人表情冷淡、未給予注視的眼神或傾聽的耳朵時，就會感覺到被別人拒絕了；小時候常被父母挑剔的小孩，其基模裡有無助的核心信念，例如存有「隨時可能會失敗」的偏差信念，只要看到有類似的徵象就解釋說自己要失敗了，而變得相當沮喪。就是因為認知模式會影響情緒，存有偏差信念和無偏差信念者即使面對同一件事物，其情緒反應也會有相當大的區別。

二、中介信念

認知的第二層面是中介信念，包括對人事物的態度（attitude）、基本假設（underlying assumptions）以及規範與原則（rules），人們藉此來評價自己或他人。基模核心信念與中介信念是如何產生的呢？依據貝克的說法，人們在早期發展時為了要理解自己所處的環境以便能與之做有效的互動，必須要將經驗做個整理與歸納，先架構出基模核心信念，然後再導出中介信念，如圖 7-1 所

示。不過，這些信念未必都是正確與具有功能性的。

基模核心信念：	「我是被拒絕的。」

中介信念

態度：	「被拒絕是很可憐的」
基本假設：	「我必須要很努力聽從別人的意見，才不會被拒絕。」
規範與原則：	「為了不被拒絕，我必須要事事順應別人的意思。」

圖 7-1　核心信念與中介信念的關係圖

　　正如俗語所說的「近朱者赤、近墨者黑」，負向的基模核心信念很容易導出功能不良的假設和信念（maladaptive assumption or dysfunction belief）。例如一個具有「不討人愛」的基模核心信念者冀望贏得他人的喜歡，便會發展出「我應該處處逢迎討好他人，別人才會認為我是個可愛的人」的功能不良假設。另一種極端功能不良的假設是「我最好是不要與人太親近，否則別人就會真的發現我是一個不可愛的人」。

　　功能不良的假設含括著「必須、應該」（should）的信念，他們常告訴自己：「我應該做……」（如：我凡事都應該要贏別人一步）、「我應該做甲事，乙事才會跟著來」（如：我應該要強作堅強才不會被別人瞧不起）、「我必須要……」（如：我凡事都必須要力求完美，證明我不是一個失敗者）等；或是抱持「假如……就」（if...then）條件性的信念（「假如我沒考 100 分就慘了」）。

　　基模核心信念與中介信念兩者都是受到早期經驗的影響，是廣泛未針對特定情境的想法。不同的是，人們意識不到自己的基模核心信念，卻能意識得到中介信念中功能不良的基本假設。認知學派相信人們可以透過學習改正功能不良的信念，以符合實務的需要。

三、自動想法

　　自動想法是個人在某個特定情境出現時所表達出來一個直接、簡短、未有計畫的想法，可能是以語文（通常都不是一個完整的句子）、圖像或記憶等型態出現，它在認知的表層，算是最容易接觸得到的層面。整體來說，人們的基模核心信念先影響到中介信念的態度、基本假設與規則。當某種特定情境出現時，基模核心信念與中介信念會影響人們所出現的自動想法的內涵，進而影響其情緒和反應（如圖 7-2 所示）。

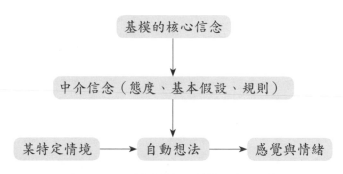

圖 7-2　不同層次的認知結構間的關聯性

（參考 Beck, J. S, 1995, p. 17）

　　如將圖 7-1 的例子繼續發展成圖 7-3，人們的基模核心信念（如「被拒絕是很糟糕的」）會影響到中介信念基本假設（如「我必須要很努力才不會被拒絕」），而影響自動想法。所以當某種特定情境出現時（如諮商師因臨時有事跟案主取消諮商會談），此人就可能會出現如「糟糕！我一定不夠努力，你看諮商師不要我了！」的自動想法。這個想法就因而影響其情緒（顯得很難過與自責）。

　　所以要瞭解一個人時應該站在那個人的角度，從其生活經驗所塑造出的基模核心信念中去瞭解其中介信念，及其引導出的自動想法。譬如認知扭曲的現象可能就是從偏差的基模核心信念開始，引致中介信念中錯誤的假設（faulty assumption）與誤解（misconception），因而產生扭曲的自動想法。當偵測出扭曲的想法對情緒是帶來如何的影響，就可以從修正想法著手去改善情緒。因為自動想法在認知的表層最靠近意識層面，所以貝克相信要減輕情緒困擾的症狀以便改善心理的健康，首先要認定、評量與修正自動想法，然後再深層的進去修正中介信念與基模核心信念，越深入的去修正，以後再犯的機會就越低。

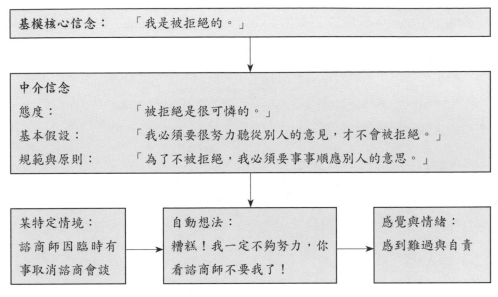

圖 7-3　不同層次的認知結構間的關聯性的例子

貳、情緒與心理困擾的來源──認知扭曲

　　貝克原先接受心理分析的訓練，在憂鬱的實驗中以佛洛依德所強調「憂鬱是來自人們對自己生氣的一種反映」為主要的假設，但研究結果該假設未獲證實，反而發現到人們的憂鬱是來自對所遭遇的事情有負向偏差的解釋。這樣的發現為貝克專業的發展開啟另一條路，提出了認知諮商理論，強調人們心理或情緒困擾並非來自他們所遇到的情境，而是緣自其邏輯推理上的錯誤（logic error），貝克稱其為認知扭曲（cognitive distortion）。從前面的討論中我們瞭解了扭曲的基模核心信念影響了扭曲的中介信念，可能會引導出扭曲的自動想

法。常見的認知扭曲現象可歸納為下面數項：極端化（polarization）或稱二分法的思考方式（dichotomous thinking）、個人化（personalization）、過度推論（overgeneralization）、選擇性的摘要（selective abstraction）、打折（discounting）或稱低估（minimize）、誇大（magnetizing）、不當的推論（arbitrary inference）或稱太快下結論（jump to conclusion）、貼標籤（labeling）或稱貼錯誤的標籤（mislabeling）、災禍來臨了（catastrophizing）、自認能解讀他人的想法（mind-reading）與自認能預知未來（future-telling）。雖然我們每個人難免也會有這些想法，但若完全被其左右，毫不思考的用其來看待或推論其環境與事物，而變成心理困擾，就是病態的現象（Corey, 2013; Schuyler, 2003; 駱芳美、郭國禎，2009）。下面我們分別來說明這些認知扭曲的現象。

一、極端化或稱二分法的思考方式

認為每件事只有兩種可能的結果：非黑即白，不是對就是錯，沒有中間地帶。例如沒考到理想的學校就是失敗；考試沒考到滿分就是失敗。

二、個人化

腦筋所思與所想的都是自己，對自己與別人的互動關係從單向出發，總是從自己的角度來看待別人和自己的關係。因為太在乎自己，對所處的環境沒有客觀的認識。很難將自己抽離出來客觀的觀察自己所處的環境，當事情發生時不會去思考其他可能影響的因素，只一味的怪罪自己。例如老師要開會所以停課，這位同學卻自認是因為自己上回上課問問題得罪了老師，老師不高興才取消全班的課。

三、過度推論

常根據一點點的資料就做了一個超乎證據的結論。例如老師在該學生所交的報告上給了一個批評性的建議，這位學生卻推論說老師一定非常不喜歡自己，這門課要被當掉了；若參加比賽沒有表現得符合自己的期待，就說自己永

遠是個失敗者。

四、選擇性的摘要

看待事物只重視小細節而忽略去做全盤的考量。例如期末考除了一科得 80 幾分，其他每科都得 90 幾分，這位學生卻為了 80 幾分那一科而沮喪萬分。

五、打折或低估

很難接受別人的讚美，而且也很容易輕看自己所獲得的成就。例如獲得讚美時會說：「這沒什麼，這是很多人都會的。」或說「這點小成就沒什麼可值得高興的。」這樣的人很容易否定自己正向的經驗，例如常說別人的讚美只是善意的謊言而把自己否定掉。

六、誇大

很容易將自己所做一點點的小錯誤誇大成很大的錯誤。例如交完報告後發現有一個錯字，就誇大的說自己犯了很大的錯，並覺得那篇報告寫得很不好，準會受到老師責備。

七、不當的推論或太快下結論

常在還未有明顯的證據時就下結論，例如考完試不等老師發考卷，就說自己考得不好，這門課準是要被當掉了。

八、貼標籤或貼錯誤的標籤

會因一點小錯誤就給自己貼標籤，例如考試沒考好就說自己是個笨蛋，是永遠的輸家。

九、災禍來臨了

會把事情的發生都想到最壞的可能結果，所以儘管事情沒有太嚴重，也可能先把自己嚇壞了。例如遇到一個小地震就擔心是世界末日；颱風來襲就覺得大災難要降臨了。

十、自認能解讀他人的想法

常自認能解讀別人的想法，未得到適當的證據就下了負向的結論。例如發電子郵件給老師，沒有得到回音就解釋為老師不喜歡他而故意不回。

十一、自認能預知未來

常在事情發生以前就先做出消極的預測，因而顯得相當悲觀。例如想創業但還沒有開始就說自己會失敗。

第三節。認知學派的諮商策略

壹、諮商目標

貝克走出心理分析的架構，以科學實證的方法探察人們心理困擾的原因與諮商之道。不斷研究後，發現人們扭曲的認知想法是情緒困擾的罪魁禍首。不同於心理分析強調過去的創傷，認知諮商注重目前遇到的問題，以下面的諮商目標為主（Corey, 2013）。

一、處理案主目前感到最急切的問題

認知諮商是短期諮商的型態，諮商師的目標是幫助案主從目前最急切的問題著手，助其減輕症狀並教導其預防再犯的策略。

二、鼓勵案主辨認出自動想法

人們遇到事情時所出現的自動想法是影響情緒的緣由，因為這是最靠近案主意識的層面，案主較容易覺察得到，所以諮商師應鼓勵案主辨認出其自動想法，然後探討影響該自動想法的基模核心信念與中介信念的出處與緣由。

三、將過去納入諮商中，幫助案主檢查與重新架構其基模核心信念

為了瞭解案主基模核心信念形塑的過程，必要時諮商師可將其過去納入諮商中，鼓勵案主蒐集資料驗證該基模核心想法的正確性與評量其功能性的高低，如果無法找出證據，則協助案主找出替代性的想法，以有助於心情的改變。

四、幫助案主修正偏差邏輯推理的誤導

人們心理的困擾通常是來自錯誤的思考，或是由不正確的資訊做出不正確的邏輯推理，而對所遭遇的事情有負向偏差的解釋所致。因此，諮商師的目標是協助案主找出並改變其被扭曲的認知，以較正確與合乎實際的觀點來看待所遇到的情境與所處的環境。

貳、諮商師的角色與功能

認知諮商相信：(1) 案主可透過內省去接觸到內在的信念；(2) 案主的信念對自己具有相當重要的意義；(3) 案主所存的信念只有他們本身才能發掘到其意義，這是諮商師無從教起也無法加以解釋的。據此認知諮商師具有如下的角色與功能（Beck, A. T., & Young, 1985; Beck, A. T., & Weishaar, 1989; Corey, 2013; Padesky & Greenberger, 1995; Weishaar,1993; 駱芳美、郭國禎，2009）。

一、諮商師是主動者

認知諮商是一個結構很清楚、諮商師主動性很強的諮商形式。透過主動與刻意與案主互動，諮商師幫助案主把原先所下的結論變成是可測量的假設性的陳述句。

二、與案主是合作關係

認知諮商師與案主是合作者（collaborator）的關係，例如會談的次數、會談時間的長度、每次會談的目標與專注的問題以及會談的程序都應與案主討論後共同決定。並鼓勵案主一起合作討論辨識出扭曲的想法、摘要出諮商會談的重點，並完成家庭作業。

三、諮商師與案主是協同調查員

認知諮商是以架構案例的認知概念（case cognitive conceptualization）為起步，在此過程中諮商與案主扮演著協同調查員（co-investigator）的角色，從案主的經驗為出發點去著手，瞭解案主對問題的看法。

四、諮商師是案主的夥伴

諮商師以夥伴（partnership）的角色與案主一起探討其負向想法對他們個人的意義是什麼，並以催化者的角色來引導案主瞭解他們的信念與態度對其感覺和行為的影響。此外，在諮商目標設定與回饋的過程中，鼓勵案主積極參與。在尋找證據時，請案主審視所提出的假設，若案主不同意，兩人一起討論並提出新的假設。

五、諮商師是提問者

認知學派強調透過問問題可以幫助案主：(1) 澄清並清楚界定出所要問的問題；(2) 清楚的確認出自己的假設或想法；(3) 檢查每個事件的發生對案主的意義與影響；(4) 評估特定想法與行為的結果。因此對於處在抉擇、遇到兩難困境的案主，與其直接給他們資訊、解答，或加以解釋或對質，貝克認為諮商師最好的策略是採用蘇格拉底的對話方式（socratic dialogue）來問問題，亦即抱持著好奇的態度，先充分瞭解案主的觀點，然後以問問題的方式與案主腦力激盪、交換意見。鼓勵案主提出正反兩面的意見並挑戰其想法的實證性，藉此可幫助案主學會以邏輯性的推理去評量自己的想法、做出符合邏輯的結論，並為自己的問題找出答案。

六、諮商師是催化員和引導者

諮商師的任務是要幫助案主瞭解其信念是如何影響其情緒感受，但很多時候案主對自己的情緒感受可能還相當籠統，此時諮商師可以採用引導發掘（guided discovery）的技巧去幫助他。所謂引導發掘技巧是鼓勵案主主動去發現他們想法中所存有的不符合邏輯性或錯誤知覺的那一面。透過此技巧可幫助

案主從他們目前的信念與過去的聯結中找到相關聯的主題。進行引導發掘時諮商師有四個專注點：

1. 可透過問題來幫助案主意識到原先尚未覺察到的層面。
2. 應仔細傾聽並給予適時的反映。
3. 將其摘要後提供給案主具體的回饋。
4. 資訊整理後變成問題，來引導案主以新訊息來探究舊訊息的邏輯性與確實性。

藉此可以幫案主把情緒感受具體化，找到影響情緒的核心信念。

參、諮商策略

一、諮商會談的基本架構

貝克的認知諮商是短期、結構性、以案主為主及注重問題取向的諮商學派。針對憂鬱的諮商通常是 12 到 20 次，針對焦慮的諮商通常是 5 到 20 次，治療人格失調的案主時間會較長，也較重視人生早期經驗。不過不管是何種問題或次數多寡，設定議程（setting agenda）、回饋（feedback）與家庭作業（homework assignment）都是諮商過程三個重要的步驟（Weishaar, 1993; 駱芳美、郭國禎，2009）。

（一）設定議程

在認知諮商中，設定議程是相當重要的一個步驟，剛開始時諮商師與案主要共同設定議程、決定要討論的問題與想達成的任務，並將其排出優先順序。如此做，諮商師可以因瞭解案主的需要而助其按所定的計畫目標前進，諮商過程較能聚焦，也較不會隨意按自己的偏愛左右諮商進行的方向，而忽視了需要討論的項目。

（二）回饋

在諮商進行過程中，特別是結束時，諮商師可透過回饋來檢查自己對案主

的問題是否有正確的瞭解，並隨時修正可能的偏差。案主可將到目前為止的體會做摘要，表達在諮商過程中遇到的困難或困惑之處，及確定諮商是否仍朝所定的目標前進。透過回饋也有助於諮商師和案主建立與維持合作及互相坦誠開放的關係。諮商師若能坦然接受回饋與建議，案主就能從中學到自我接受的榜樣，而有助於諮商關係的增進。

（三）家庭作業

透過訂家庭作業，可幫助案主將該次諮商中所學的應用在實際生活的情境。不同於行為諮商使用家庭作業來幫助案主做技巧上的練習，認知諮商是使用訂家庭作業來鼓勵案主在生活中找尋其某個特定想法的證據、檢驗該想法的正確性，並思考較具功能性的替代性想法。諮商早期在訂定家庭作業時諮商師會站在主導者的角色，隨著過程的進展，諮商師可鼓勵案主一起討論並共同決定作業的內容。每次的諮商，應花一些時間與案主討論所要完成的作業，探查所下的結論中是否有扭曲的論點、關心作業中所得的結論對案主的意義，並檢驗替代性想法是否功能較佳並較適當。

二、瞭解扭曲想法的來龍去脈——架構案例認知概念

貝克反對諮商師只是根據診斷的病名或案主所說的問題來提供諮商方案，他相信每個外顯行為與情緒都是源自於基模核心信念，為了顧及每個人的個別性，諮商師應先透過架構「案例認知概念圖」（case conceptualization）（如圖7-4），對造成案主情緒困擾的來龍去脈有個清楚的瞭解後才對症下藥。例如經常抱怨疼痛者，可能其基模核心信念是相信自己是「有缺陷」、「很容易受傷害」的。

通常諮商師架構「案例認知概念」會先從案主的自動語言開始，然後再進入深層次的核心信念。若缺乏這個認知概念的大圖像，較無法提供有效的諮商策略。下面介紹使用圖 7-4 來幫助案主架構案例認知概念的具體步驟（Beck, J. S., 1995, 2005; Weishaar, 1993）。

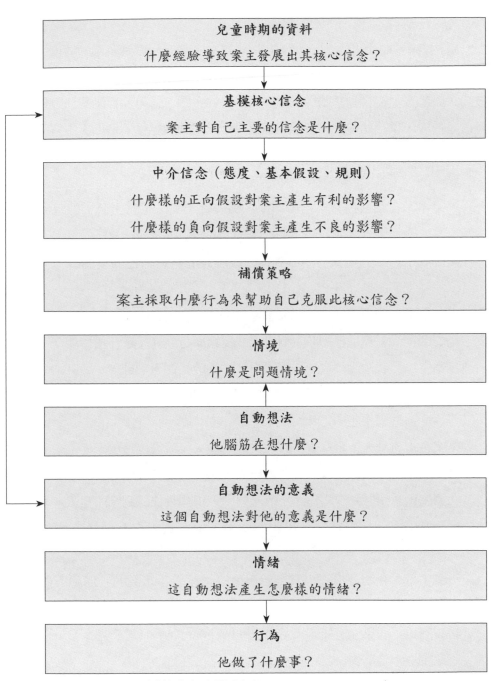

圖 7-4　案例認知概念圖（參考 Beck, J. S., 1995, 2005）

（一）步驟一：從自動想法著手

這個表要由「情境」那一格填起，先讓案主想三個感到難過的情境，針對每個情境寫下當時腦筋出現的自動想法，然後用蘇格拉底的對話和引導發掘的技巧，鼓勵案主從自動想法中找出顯而易見的主題，思考此自動想法對他們的意義是什麼，以及此想法和自己的情緒與行為間的關聯性。例如案主寫下他的情境是：「老師在發英文考卷的時候。」

諮商師：「當老師在發英文考卷時你在想什麼？」

案　主：「我很擔心自己考不好，別人會笑我。平常上英文課時我也很害怕老師叫我起來問問題，擔心自己回答不出來。」

諮商師：「拿到英文考卷看到你的成績沒有符合自己的理想時，你腦中想的是什麼？」

案　主：「別人一定會笑我怎麼這麼笨。」

諮商師：「當你這樣想時，對自己的情緒與行為產生了什麼影響？」

案　主：「我感到很自卑、很沮喪。也不敢抬頭看老師。」

諮商師：「那如果上英文課時老師叫到你起來問問題，你回答不出來時你腦中想的是什麼？」

案　主：「別人一定會覺得我像白癡一樣，笑我怎麼這麼笨。」

諮商師：「如果你這樣想，對自己的情緒與行為有什麼影響？」

案　主：「我感到很自卑，不敢看同學，很想趕快躲到廁所裡去。」

諮商師：「如果平常你父母叫你做事，但卻直說你沒做好，你會怎麼想？」

案　主：「我會罵自己，責備自己怎麼這麼笨手笨腳的，怎麼不如哥哥姊姊那麼厲害。」

諮商師：「如果你這樣想，對自己的情緒與行為有什麼影響？」

案　主：「我感到很自卑。」

諮商師：「你從這些情境的想法反應中，有沒有看到其中的關聯性？」

案主：「我的情緒是來自我覺得別人如何看我，那很重要，我不要被別人瞧不起。」

諮商師：「如果你真的被別人瞧不起，對你有什麼影響？」

案主：「如果真的被別人瞧不起，那我活著就沒什麼尊嚴了。」

（二）步驟二：瞭解基模核心信念

此步驟是要瞭解什麼樣的基模核心信念影響到自動想法，諮商師幫助案主思考影響其自動想法的基模核心信念是什麼？填上基模核心信念後，幫助案主透過探索這些信念是怎麼來的？怎麼會維持這麼久？幼童時期發生什麼事導致此基模核心信念的建立與發展？

貝克相信幼童時期所發生較大的事件，例如可能因遇到父母離婚，或與父母、兄弟姊妹或老師的關係不良等情況，讓他感到自責，甚至感到自卑。或是在幼時遇到親人生重病或死亡、身體受到虐待或受到性侵，或成長於貧窮環境等，都會影響基模核心信念的建立與發展。此外，在孩童時期若感覺父母對待不公，或常因自己不如其他人或不符合老師或父母的期望而自責，這也是導致負向消極核心信念的來源。跟著步驟一的例子繼續下去……

諮商師：「當你在想著『自己怎麼這麼笨』時，有什麼念頭環繞在你腦中？」

案主：「我從來就做不好事情，是個沒有用的人！」（基模核心信念）

諮商師：「你小時候是有什麼樣的經驗讓你對自己有這樣的信念？」

案主：「我們家幾個兄弟姊妹裡就是我最不會讀書，每次學校發成績單那天，父母要檢查成績單，我就恨不得有個地洞讓我躲下去。」

諮商師：「父母看了成績單後都怎麼說你？」

案主：「他們常對我說：『你怎麼這麼笨，再不用功以後長大就只能去撿牛糞了。』」

（三）步驟三：中介信念

　　在此步驟諮商師在意的是案主的基模核心信念帶出什麼樣的中介信念（包括態度、基本假設和規則），諮商師可使用下面的策略來找出其中介信念。

　　首先，仔細傾聽案主的自動想法，從中可能會說出他們的信念。例如案主說：「當老師發考卷時我告訴自己：『我應該更用功一點，應該考得更好一點。』我真的很笨呢！」這裡案主就透露了他自覺自己很笨的核心信念。

　　此時諮商師可試著把案主心中從該核心信念可能引出的基本假設起個頭，也許可誘發案主說出他們真正的假設。例如當諮商師說：「這時候你是否告訴自己：『如果我不眠不休加倍用功，可能會成功』？」案主回說：「是啊！如果我不如此做，我就會考砸，我的前途就毀了！」「我告訴自己：『只要我加倍努力用功就會成功』、『若不加倍用功就會失敗』。」這些陳述就是案主對讀書的基本假設。這時諮商師可直接問出與這個基本假設相關的態度、規範與規則為何，例如：

諮商師：「父母的話以及你對讀書一事的基本假設，讓你對讀書這事抱持什麼樣的態度？」

　案主：「我覺得笨是很可恥的！」

諮商師：「所以你對讀書訂出什麼樣的規範和規則？」

　案主：「我必須要非常努力。」

　　另外，諮商師也可以採用引導發掘的方法來幫助案主探察中介信念。引導發掘法又稱為箭頭向下法（downward arrow technique），其作法是找出一個可能是直接源自不良的核心信念的自動性語言，問案主這個想法是什麼意思、對他真正的意義是什麼。若案主的反應是負向與消極的，諮商師可以加上「如果那是真的，又怎樣？會有多糟嗎？」「最壞的情況會是怎樣？」「如果真的是那麼壞的情況，那對你來說代表的是什麼意思？」這樣的問法可以幫助案主發掘出真正的中介信念，甚至核心信念。當案主表達出其信念時，此技巧就可暫停。例如：

諮商師：「好！我來摘要一下，你說昨天晚上作業寫到很晚，因為很多數學題目都做不出來。一面寫你一面想著：『作業寫不完就慘了』，然後你覺得很緊張。」

案主：「是啊！」

諮商師：「我想先來探討為什麼你的想法會讓你覺得很緊張，你說『作業寫不完就慘了』這句話對你來說是什麼意思？」

案主：「表示我這個作業會不及格。」

諮商師：「如果那是真的，又怎樣？會有多糟嗎？」

案主：「表示我這門課會被當掉。」

諮商師：「如果真的是那麼壞的情況，那對你來說代表的是什麼意思？」

案主：「老師可能會覺得我不夠用功。」

諮商師：「就算老師覺得你不夠用功，那對你來說代表的是什麼意思？」

案主：「我不希望老師這麼想，因為我一直告訴自己要用功讀書，有問題要自己把它弄懂（中介信念的規則與規範），我相信只要用功讀書就會成功（中介信念的基本假設），但是有些部分我就是聽不懂。」

諮商師：「聽不懂為什麼不問老師或同學呢？你對尋求協助的看法是什麼？」

案主：「那就表示我是很笨的。」（核心信念）「笨是很可恥的！要別人幫忙才會，那更丟臉。」（中介信念中的態度）

（四）步驟四：補償策略

在此步驟諮商師想瞭解案主是採用什麼樣的補償策略來克服其基模所傳達負向性的核心信念。不過請切記，其克服基模核心信念的補償策略的採用是端賴案主的基本假設，例如前面案主的基模核心信念是「我從來就做不好事情，是個沒有用的人」，其基本假設是「只要我加倍努力用功就會成功」或是「若

不加倍用功就會失敗」；其補償策略可能就是設立高標準，加倍用功。一般常被用來克服痛苦的核心信念的補償策略可歸納如表 7-1。

表 7-1　常見的補償策略

過度消極	過度積極
逃避不悅的情緒	表現極高昂的情緒，冀望贏得掌聲
故意顯得無能與無助	力求完美
逃避責任	過度負責任
逃避親密關係	過度渴求，即使是不適當的親密關係也來者不拒
避免受到注意	極度尋求認可
逆來順受、不與人爭	凡事據理力爭
讓別人掌權、聽命擺布	冀望擁有主導權
表現得像個孩童般	表現得權威無比
遠離人群或自己高興就好	極度要討好人

（Beck, J. S., 1995, p. 144）

　　其實每個人在日常生活中多多少少都會表現類似的行為，那是正常的，但若過度使用這些策略而影響到正常功能運作，就要加以警醒了。

三、針對扭曲想法的根源個個擊破

　　案例認知概念圖架構好後，接下來的步驟就是幫助案主清除每個層次的功能不良信念。

（一）修正自動想法

　　認知諮商師會使用想法的記錄單（thought records）來讓案主記錄功能不

良的想法（見表 7-2）以偵察其自動想法。其作法是鼓勵案主當覺察到自己的
情緒往下掉時就記錄當時的想法，之後再協助案主以合理的想法取代扭曲的自
動想法，以減少其情緒的困擾。這表格包括日期和時間、情境、當時的情緒與
感受、自動想法、證據、替代性的想法／合理的反應和此刻的情緒與感受，下
面將逐欄加以說明（Beck, 1995; Greenbeger & Padesky, 1995; Leahy, 1996;
Weishaar, 1993; 駱芳美、郭國禎，2009）。

表 7-2　想法的記錄單

日期、時間、誰在場	情境	自動想法	當時的情緒與感受	證據	替代性的想法／合理的反應	結果評量／此刻的情緒與感受

（參考 Beck, J. S., 1995; Greenberger & Padesky,1995; Leahy, 1996; Weishaar, 1993; 駱芳
美、郭國禎，2009）

1. 第一欄：日期、時間、誰在場

當遇到讓自己感到困擾時，具體寫下當時的日期與時間，並註明是在什麼
樣的情境，當時是獨處或有誰在一起。

2. 第二欄：情境

在這欄記錄下當時是發生了什麼事？若是真實發生的請記錄發生的狀況。
若是自己想到了什麼事，請記錄想到的事。若是自己的身體突然有怎麼樣的不
舒適感，請具體描述下來。

3. 第三欄：自動想法

當第二欄的情境發生時，腦中有什麼樣的想法或圖像閃過腦際，請把它寫或畫下來。如果有超過一個以上的想法都把它記下來。

4. 第四欄：當時的情緒與感受

請寫下當第二欄的情境發生時，當時的情緒與感受（生氣、傷心、難過、焦慮等）或生理反應（心跳加速、手心冒汗等），並且以 0-100% 註明當時某個特定的情緒或生理反應的強度。切勿以句子方式表達，免得變成在寫想法。

⑴ 找出思想的熱點

請案主以 0-100%標明每個自動想法引發情緒的強度，找出影響該情緒最強的自動想法，把它圈起來，此想法稱為思想的熱點。另外一種方法是找出在該事件發生時最主要的自動想法，該想法對情緒的反應應該具有最關鍵性的影響，也稱為是思想的熱點。

⑵ 找出自動想法與情緒的關聯

自動想法列出後，請把第三與第四欄的想法與情緒有關聯者畫條線做個聯結（如「糟糕我要被當掉了」的自動想法可能與焦慮情緒有關），幫助案主瞭解自動想法與情緒的關係。

5. 第五欄：證據

認知諮商學派極強調以科學家驗證假設的精神是幫助案主改變負向信念的主要方法，所以諮商師鼓勵案主透過證據的驗證來過濾所列的自動想法的真實性，例如：

- 有否證據來證明該想法是真實存在的？
- 是否可找出替代性的想法？
- 這個想法是否行諸四海皆準？
- 你下此結論時是否已將證據做了全盤的考量？
- 你自己完全相信這個想法嗎？

- 如果你所關心的人有著這樣的想法，你會百分之百的贊同他／她嗎？
- 這樣的想法有助於你負向情緒的改善嗎？
- 你這些想法裡是否有認知扭曲的現象？如果有，請標明出來。
- 你是否有遇過類似的經驗？結果有很糟嗎？
- 在這經驗中你是否低估了你自己的長處？
- 過幾年後再省思這段經驗，你是否會有不同的看法？
- 這些自動想法真的都很有效、值得信任嗎？

　　經過這些思考後，請案主過目一次第三欄所列的自動想法，然後以0-100%註明此刻對這些當時閃過腦際的每個想法或圖像的相信程度。

6. 第六欄：替代性的想法／合理的反應

　　經過第五欄的省思後，鼓勵案主以替代性的想法來取代產生負向情緒的自動想法，對發生的情境做出合理的反應。最主要的就是要糾正認知扭曲的想法，再提出較適切、符合邏輯的替代性想法（下面介紹的原則也適用於改善中介信念與基模核心信念中認知扭曲的現象）。

⑴ 不再有極端化或二分法的思考方式

　　請案主將絕對性與主觀的語言（例如從來不、總是、沒有一個人或每個人），改為客觀的語言（例如有時候、常常等），並請案主將想法以等級或百分比的量化方式來表達。

⑵ 不再有個人化的歸因或自認能解讀他人的想法

　　請案主將所發生事情的責任歸屬方面，重新加以審視。

⑶ 不再有過度推論、選擇性摘要、不當的推論或太快下結論的思考模式

　　請案主在提出替代性想法時，將所有的證據做個全盤考量。問案主若換個角度來看這件事情，他會提出什麼樣不同的論點？

⑷ 不再有打折或低估自己優點，或誇大自己小錯誤亂給自己貼標籤的現象

　　問案主如果遇到這件事的人是他的家人或朋友，而且有跟他一樣的想法，他會給予什麼樣的建議與忠告？

⑸ 破除災禍來臨了或能預測未來的想法

　　問案主這件事情可能發生的最壞的情況是什麼？如果遇到那樣的情況能否安然過關？最好的情況會是什麼？事實上最可能發生的又是什麼？如果其思想熱點擔心事情真的發生，最壞的情況是什麼？如果遇到那樣的情況能否安然過關？最好的情況會是什麼？最可能發生的又是什麼？

7. 第七欄：結果評量／此刻的情緒與感受

　　鼓勵案主回到第四欄，再次以 0-100% 註明此刻對這些當時閃過腦際的每個想法或圖像的相信程度。經過這些挑戰後目前其情緒狀態如何？並且以 0-100% 註明其強度。現在計畫採用何種策略來處理該情境？

（二）改變中介信念

　　當諮商師幫助案主認定出中介信念後，可透過下面幾個步驟來進行修正的過程（Beck, A. T., & Young, 1985; Beck, J. S., 1995; Weishaar, 1993 ）：

1. 步驟一：決定哪個信念需要修正

　　當認定出案主的中介信念後，諮商師可問案主下面幾個問題，來決定哪個信念需要修正：

・請案主以 0-100% 來表明他對該信念相信的程度。

・請案主以 0-100% 來表明該信念對他生活影響的程度。

・請案主以 0-100% 來表明該信念對其情緒與行為有著不利影響的程度。

・應考慮案主是否準備好改變？諮商時間是否足夠做這些改變？

　　如果前面三項的程度都很強，表示案主已準備好且時間也充裕，便可開始進入步驟二。

2. 步驟二：把案主中介信念中的規則與態度都改為假設性的語氣

若發現案主的中介信念有扭曲的現象時，則先將其規範、原則與態度改成假設性的語氣，如此案主較容易偵測到其扭曲性。例如諮商師對案主說：「你抱持『笨是很可恥的！要別人幫忙才會，那更丟臉』的態度，以及『要用功讀書，有問題要自己把它弄懂』的規則。我現在說：『假如你功課不會去請教別人那是丟臉的事，更表示你很笨』，針對這句話，你現在相信的程度是如何？」

3. 步驟三：請案主檢查這些中介信念帶來的好處與缺點

請案主針對自己所持的信念，檢查若繼續保持這些信念的好處在哪裡、缺點又是在哪裡。若案主體會到保持這些信念是缺點多於優點，改變的意願就會增強些。

4. 步驟四：構思新的中介信念

在構思新的中介信念時，諮商師最重要的是要省思什麼樣的中介信念對案主最好。例如案主原有的中介信念是「假如我沒有做得比別人好，我就是一個失敗者」，較好功能的信念可能是「假如我沒有做得比別人好，我並不是一個失敗者，因為我也是個凡人」。又如案主原有的中介信念是「假如我請求協助，這表示我是一個弱者」，較好功能的中介信念則是「當我需要而請求協助時，表示我有尋求問題解決的能力」。

5. 步驟五：修正中介信念

雖然諮商師對如何修正案主的舊中介信念已有想法，但並不直接告訴案主或要其被動的接受，下面幾個方法可以用來幫助案主修正新的中介信念：

(1) 蘇格拉底的對話

採用蘇格拉底的對話方式來問問題，鼓勵案主針對某個情境以 0-100% 評量其原有的中介信念應用在此情境的確實性。然後幫助案主針對同一情境發展

出替代性的信念，再以 0-100%評量此新的信念應用在此情境的確實性。並將新舊兩信念做個比較，評量哪個想法對案主的情緒較有積極的助力。

(2) 用實際行動來評量

針對案主所持的某個信念，例如「假如我請求協助，這表示我是一個弱者」，把它放在案主所認識的朋友身上，例如：「假如阿華有事請求你的協助，你是否會認為她是一位弱者？」讓案主看看這個信念是否如其所說的那麼可信。如果案主回應說：「不會啊！我一定盡力幫助她的。」當案主體會到原先的信念並不完全是真的時，諮商師可和案主做些尋求協助的行動計畫，用實際行動來評量其所持信念的真實性。

(3) 認知的連續性技巧

若案主持有二分法或兩極化的信念，可採用認知的連續性（cognitive continuum）的技巧來修正其信念，正確的評量自己的狀況。例如：

案主：「這次考試沒考到 90 分，我是完全失敗了。」

諮商師：「以 0-100%來看，你在哪裡？」（諮商師用一張紙畫一條線，一端寫上 0%，另一端寫上 100%）

案主：「0%的成功率。」（諮商師要案主在 0%下寫上自己的名字）

諮商師：「就你所知是否有同學考得比你低？」

案主：「就我所認識至少有五個。」

諮商師：「如果你考得比他們好但是是在 0%的成功率，那他們在哪裡？百分之多少叫及格？」

案主：「我猜 60%是及格，我和這五個同學都有考及格啊，這樣說起來我就不會是在 0%的成功率。」（案主邊說邊標明其他同學的位置，甲在 63%，乙在 69%，丙在 71%，丁在 75%，戊在 80%）「這樣看來我應是在 83%的成功率，我不是一個完全失敗的人。」

諮商師：「你可否換個方向來說，我是一個 83%成功的人。這樣說說

看，並觀察你自己心情轉變的情況。」

案主：「我是一個 83% 成功的人。」「我感覺較有能量了。」

⑷ 理性情緒角色扮演

諮商師與案主分別扮演「理性」和「情緒」的角色。首先諮商師扮演「理性」的角色，案主扮演其功能不良的想法帶出來的情緒角色。兩個角色互相對話，之後再角色互調。諮商師要盡量使用案主的用語、行為和情緒狀況，如此做，案主才能與其真正的情緒接觸。必要時可重複交換多次，直到案主對自己功能不良的信念有真正的體會且能夠改變。

⑸ 假裝技巧

信念改變有助於行為改變，同樣的，透過行為改變也會有助於信念的改變。有些信念容易改變，但有些信念已深植於案主的心中很難馬上改變，這時諮商師可採用假裝技巧（"as if"），扮演「假如自己就是那樣相信的人」，例如要一個相信自己一無是處的人假裝自己很有信心的樣子。希望透過行為改變，案主漸漸改變信念，相信自己是有能力的人。

⑹ 善用自我分享

當幫助案主改變時，若諮商師善用自我分享，讓案主知道諮商師也經歷過類似的過程，這樣的分享可以鼓勵案主勇敢嘗試新的改變。

（三）重塑基模核心信念

基模核心信念是個人自我認同的中心信念，從小就深植心中，長久以來都信以為真，因此要幫助案主重塑其基模核心信念是相當不容易的，認知學派建議可透過下面幾個步驟來進行重塑的過程（Beck, J. S., 1995）：

1. 步驟一：教育案主基模核心信念的真正意思

重塑基模核心信念的過程，很重要的起步是要教導案主知道自己所認定的基模核心信念事實上都只是一些想法，並非都是百分之百的真理。很多時候只是因為我們太相信那些道理，所以感覺好像都是真的。很多信念是來自小時候

的經驗，也許當時這些信念是真的，但經過長久時日，這些信念必須要透過實證才能知其真偽。

2. 步驟二：構思新的基模核心信念

負向扭曲的基模核心信念大致可歸納為無助和不被愛，或兩者並存。所以諮商師的目標是要幫助案主重塑積極正向的基模核心信念，例如把「我是不值得愛的」變成「我是一個可以被喜歡的人」；把「我很糟糕」變成「我具有正向與負向特質，我是個有價值的人」；把「我不夠好」變成「我是個正常人，我有優點和缺點」；把「我無能為力」變成「我對人生有掌控權」。誠如中介信念一樣，雖然諮商師對如何修正案主的舊基模核心信念已有想法，但並不直接告訴案主或強迫其接受，下一個步驟將介紹可以用來幫助案主修正新的基模核心信念的方法。

3. 步驟三：基模核心信念的重塑

前面所介紹的蘇格拉底的對話、用實際行動來評量、認知的連續性技巧、理性情緒角色扮演、假裝技巧、自我分享等方法皆可以用來重塑基模核心的信念。除此之外，還有其他方法也可用來幫助案主重塑基模核心信念。

⑴ 基模核心信念單

諮商師可用基模核心信念單（見表 7-3）幫助案主審視其基模核心信念。要案主寫下其消極與積極的基模核心信念，並以 0-100%評量其對此兩種信念相信的程度。然後請案主報告其生活情形，若是正向的經驗，記錄在右欄「支持積極基模核心信念的證據」，負向的經驗則記錄在左欄「支持消極基模核心信念的證據」。但寫下負向經驗後請案主以「但事實上是……」寫下與證據不符的陳述。例如案主寫下「我上數學課時聽不懂」做為支持「我很笨」消極基模核心信念的證據，之後案主可能寫下「但事實上是我上課前還來不及先預習，也許如果我有先預習，下課後再複習幾次，可能就懂了」。單子填好後，請案主審視兩邊的證據，及「但事實上是」一欄的資料後，重新評審一下消極

與積極信念，然後最下面以 0-100%評量其對此兩種信念相信的程度。諮商師如果要案主用這單子當作家庭作業，則請案主先將對消極與積極信念相信程度的百分比寫在新單子的上面，從日常生活中蒐集資料、記下證據，並填下完成作業後兩種信念相信的程度，作為下次諮商討論之用。

表 7-3　基模核心信念單

基模核心信念單		
消極的基模核心信念		新架構的積極基模核心信念
此刻你對此舊信念相信的程度 （0-100%）		此刻你對此信念相信的程度 （0-100%）
支持消極基模核心 信念的證據	但事實上是	支持積極基模核心信念的證據
經過討論後你對上述消極信念 相信的程度（0-100%）		經過討論後你對上述積極信念 相信的程度（0-100%）

（參考 Beck, J. S., 1995）

⑵ 過往必究技巧

諮商師以發展階段的基模核心信念單（表 7-4），鼓勵案主往前追溯任何讓其形成消極的基模核心信念事件。可按成長階段或教育階段來分段探討，每

表 7-4　發展階段基模核心信念單

發展階段基模核心信念單		
發展階段：		
該階段所持的消極基模核心信念		該階段所持的積極基模核心信念
該階段你對此舊信念相信的程度 （0-100%）		該階段你對此新信念相信的程度 （0-100%）
支持消極基模核心 信念的證據	但事實上是	支持積極基模核心信念的證據
該發展階段對目前所持的消極基模核心信念的影響：		

（參考 Beck, J. S., 1995）

階段填寫一張基模核心信念單。每個階段都討論之後請案主寫下摘要與結論。

(3) 重新架構早期的記憶

　　諮商師可透過角色扮演讓案主有機會重新架構早期的記憶。要進行此技巧時，諮商師可選取一個讓案主深感困擾且對其消極信念影響極大的情境。探討該情境時可以採用蘇格拉底的對話方式來問問題，以瞭解案主的自動性語言、想法和情緒。讓案主先演出真實的情況以重新經驗當時的狀況，然後再讓案主以其期待的較積極的方式參與角色扮演中。透過重新架構其早期的記憶，有助

於幫助案主重塑其基模核心信念。

　　重新架構早期的記憶時，諮商師可採用下面的問題來探問案主，幫助他們挑戰原先想法的可信性，並做必要的修正（Leahy, 1996）。

a. 人的核心信念在約五歲時學到，你覺得用五歲的信念來引導自己的人生是明智的做法嗎？

b. 你有什麼證據可證明自己從來就做不好事情，是個沒有用的人？

c. 請從 0-100%來評斷你的能力。你認為自己真的很愚笨？或不值得愛嗎？

d. 你覺得要多完美才能證明你並非愚笨的？

e. 如果你如此要求自己結果會是怎樣？

f. 你覺得偶爾當個愚笨或無助者可以嗎？偶爾跌倒可以嗎？偶爾依賴他人可以嗎？偶爾不被贊同可以嗎？

g. 現在你已經長大了，如果有人還批評「你怎麼這麼笨」，你如何為自己據理力爭？

肆、理論與諮商策略摘要

　　從心理分析訓練跳脫後，貝克堅持以科學驗證的嚴謹態度發展出認知諮商學派。此理論強調心理或情緒困擾是緣自邏輯推理上的錯誤或對所遭遇的事情有偏差的解釋所導致的結果。例如極端化或二分法的思考方式、個人化、過度推論、選擇性的摘要、打折或低估、誇大、不當的推論或太快下結論、貼標籤或貼錯誤的標籤、災禍來臨了、自認能解讀他人的想法與自認能預知未來等，就是常見的認知扭曲的現象。

　　貝克指出認知過程就像處理資訊的流程一樣，會將所得資訊加以評量與解釋後再加以反應，而其解釋的不同也就影響到情緒與行為反應的不同。人們的認知結構可按其可觸及性分為四個層次，較能觸及的認知是自願性想法；較難觸及的認知，由淺入深是自動想法、中介信念與基模核心信念。自動想法是人在某個情境出現時所表達的直接、簡短、未有計畫的想法，常在無意識中會被

喚起，在壓力情況下很難壓抑得住。中介信念是人對人事物的假設和價值觀。基模核心信念裡面包含著很多自己並不知覺的想法、信念和世界觀，它是人們定義自我最中心的概念。這些層面存有偏差的資訊，就會形成認知上的扭曲。

認知諮商的基本假設是人的內在信念可透過內省而接觸得到，唯有個人本身才能發掘其意義。因此諮商師以主動、合作、夥伴的角色，透過問題的提問和案主以協同調查員的姿態，幫助案主檢查與重新架構其基模核心信念、修正偏差邏輯推理的誤導、減輕症狀並教導其預防再犯的策略。諮商過程的基本架構是設定議程、回饋與家庭作業三部分，諮商師以案例認知概念圖將所蒐集的資料把案主的信念、想法、情緒的關係畫出梗概，然後透過想法的記錄單與各種認知諮商技巧將導致扭曲想法的根源個個擊破。不過礙於篇幅，還有許多認知諮商的諮商策略無法一一介紹，有興趣者請詳見駱芳美、郭國禎（2009）。

按貝克的說法來看，很多時候造成人們心理困擾的是自己內心控訴的聲音，是來自從小接受錯誤的資訊而干擾了邏輯推理的正確性。因此文末我們體會到這麼一句話：「要營造快樂的人生，請用祝福取代控訴、以積極代替消極來跟自己說話；換個角度，就可換出不一樣的人生。」以此和各位互勉之。

第四節。認知諮商學派的案例分析

壹、案例：永遠的老么嗎？

　　子強，功課還算不錯，但卻一直覺得不夠好，所以經常顯得悶悶不樂。老師注意到每次發考卷時子強就顯得坐立難安，拿到考卷後，除非是考了滿分，才看他露出笑臉，否則就愁眉苦臉的，好像天要塌下來一樣。老師問他怎麼了，他嘀咕著說：「我怎麼這麼笨！這樣的成績是會被笑的！」進入國三之後，這樣的情況更嚴重，每次要考試時，雖然已準備了很多次仍擔心會考不好，考試時常見他手心冒汗眉頭緊蹙，有好幾次還差點昏了過去。監考老師說要送他去保健室休息，他說：「不行！這樣會影響考試成績！」在桌上趴了一下後努力撐著考完。結果成績不如理想讓他更沮喪，覺得自己前途完蛋了。看他經常這樣，老師很擔心便鼓勵他去諮商中心尋求輔導。

　　一日午休時間，子強如約來到了輔導室，一見面時就提醒諮商師：「老師，下午第一堂課前就得讓我回教室，我不想缺課。」諮商師點點頭並歡迎他來到輔導室，然後便邀請子強坐下，問他：「你好嗎？」子強毫不思索的說：「沒有很好，不曉得為什麼，我很認真但是考試時常緊張得腦筋一片空白，考試結果都很不理想，我永遠比不過我的哥哥姊姊，我常覺得自己很笨，我的前途是沒什麼希望的。」

　　諮商師表示同理他的苦衷，然後設定議程：「今天是我們第一次的晤談，讓我們先決定這整個諮商會談的議程。剛才你提出了很多困擾之處，你希望我們先著重在哪些問題？」子強表示希望能處理考試焦慮的問題。因為學校考試

那麼多，每天都過得很焦慮。諮商師點頭表示理解後接著說：「以後每次見面，我們會先針對當次的諮商會談列出希望討論的問題及想要達到的目標，再一起決定當次討論的重點，這樣做可避免漏掉一些重要的議題。」子強表示瞭解後，兩人約好以後每星期五的午休時間來見諮商老師一次。

貳、諮商策略

之後每個星期五的午休時間，子強都會如期的到輔導室。每次都從設定議程開始，在家裡不太有機會為自己做決定的子強，很高興諮商師讓他參與決定要探討的議題，這無形中增強了他來輔導室的動機。總共來諮商中心會談 20 次，進行過程遵行下面四個步驟。

一、步驟一：架構子強的認知概念

為瞭解狀況，諮商師鼓勵子強談一下自己的問題及其來龍去脈。子強邊說諮商師邊畫認知架構圖，每次結束時就把自己架構的概念圖讓子強看，聽聽他的回饋，其家庭作業是回想小時候的成長故事及閃過腦中的想法。從諮商會談中，諮商師對子強有這樣的瞭解：

子強是家中三個孩子的老么，與哥哥相差六歲，與姊姊相差三歲。因長得很可愛，一直被視為嬰兒對待，在家裡很得寵，很多事也都輪不到他做。即使他想嘗試，最常聽到的一句話就是：「你太小了，這個你不會，你不要去摸，你會弄壞的。」如果他堅持要去做，但卻做得不好，家人就會以玩笑的口氣說：「說你不會你還不相信。」在這種情況下子強總覺得很委屈，會躲到廁所去哭，家人因此也給他冠上「愛哭鬼」的名號。常被這樣笑，子強更不敢嘗試任何事，對自己相當沒信心。

子強小學畢業時，哥哥以第一志願考進了一流的大學，姊姊也進入了明星高中。家中賀客不斷，爸媽喜上眉梢。談話中，親友難免會把話題轉到子強的身上：「老么呢？功課也很棒吧！三年後就看他了，來個一門三傑，肯定很光

彩。」這時父母總會嘆口氣說：「這個孩子讀書比不上他的哥哥姊姊，我看未來對他也不用有什麼指望。」聽到這樣的話，子強更相信自己真是個沒用的小孩，但也暗自告訴自己要迎頭趕上。

進入國中後，子強真的用功很多，上課認真聽講，下課後去補習，回家後就馬上進房間讀書。不過遇到不會的功課他都不敢吭聲，上課時看旁邊同學都會的樣子，他怕問了會被笑。哥哥姊姊不在家只能問父母親，母親常會唸：「不是讓你去補習了嗎？怎麼還不會？」問父親又被罵：「這小學生就會的題目，你怎麼現在還不會？」所以常不敢問，不懂的就硬背起來。學校每天都有考試，他忙著囫圇吞棗的死背，希望可以拿到好成績讓父母驚喜。但不管怎麼努力，成績都沒有預期的好，父親看到成績單會說：「很好！要繼續加油！因為功課不好的人是沒有前途的。」聽到這話又加上父親表情沒有很興奮，子強感覺父親對自己一定是很失望的，所以對自己更沒有信心。自己準備要考高中，在外地求學的姊姊準備要升大學，常聽到父親說：「姊姊成績很好、很用功，你也要加油喔！」他就很緊張，因怕沒能上好高中前途沒希望。但是越怕，考試時就越緊張……

二、步驟二：從子強的自動想法著手

問題有了個梗概後，諮商進入第二個步驟，著重在處理自動想法。此步驟的主要的目的是幫助子強瞭解面臨情境時出現的自動想法對情緒的影響。

諮商師：「子強，你可否告訴我，老師在發考卷時你在想什麼？」

子強：「我一直告訴自己背在腦海裡的東西可能都不見了。」

諮商師：「當你這樣想時，對自己的情緒與行為產生了什麼影響？」

子強：「我就開始緊張起來，一打開考卷，我腦筋一片空白。」

諮商師：「那樣的情境下，什麼想法閃過你的腦海？」

子強：「我想著如果這個考試沒考好，父母會罵我不用功，說功課不好的人沒有前途。我想我是前途無望的。」

諮商師：「這樣想時，你的身體、行為或情緒上產生了什麼反應？」

子強：「我的心跳開始變快、手心冒汗，並且更加緊張了。」

諮商師向子強解釋他在考試情境中出現的想法叫作自動想法，這想法會影響情緒。之後便問子強：「從這兩個情況你有沒有看到想法與你的緊張感受及反應間的關聯性？」

子強：「好像我的緊張情緒是來自我覺得家人是如何看我，但那很重要，我不要讓父母覺得我沒前途。」

諮商師：「如果你真的被父母責備和瞧不起，對你有什麼影響？」

子強：「如果真的被父母責備或瞧不起，那我在家裡就沒什麼用。」

此階段中，諮商師每次會給子強想法記錄單的家庭作業，鼓勵他記錄每次遇到考試時的想法與心情，並於下次會談時討論，以下是其中的一例：

子強填好前面四欄（日期與時間、情境、當時的情緒、自動想法），諮商師請子強以 0-100% 標明每個自動想法引發情緒的強度，並把程度最強的自動想法圈起來，此想法稱為思想的熱點。子強想想，圈了「糟了，背的東西好像都忘了」，強度是 98%，相關的情緒是緊張異常。接下來諮商師問子強：「有否證據來證明該想法是真實存在的？」子強想想說：「該次考試考了 85分，表示並沒有都忘光。」

這時諮商師解釋有時候人們會有認知扭曲的現象，並逐項解釋後問子強：「你覺得自己的想法裡是否有認知扭曲的現象？」子強說：「好像是『不當的推論或太快下結論』吧！」諮商師問：「這樣的想法有助於負向情緒的改善嗎？」子強搖頭。經過這樣的體會，諮商師問子強：「這些自動想法真的都很有效、值得信任嗎？」子強搖頭。諮商師趁機追問：「是否可找出替代性的想法？」子強說：「也許我應該說『我希望背的東西都還記住』。」諮商師問：「這樣想你的情緒是如何？」子強說：「我的緊張程度減低到 65%。」

每次會談後，諮商師鼓勵子強將其體會做個摘要，子強表示這樣的練習有助於他覺察到自動想法對情緒的影響，體會到正向的自動語言對改善情緒的影

響。連續好幾個禮拜，諮商師給予想法記錄單的作業，以上述的過程進行直到子強的自動想法已逐漸由負向轉為正向為止。諮商進入第三個步驟，幫助子強探討基模核心信念和中介信念對自動想法的影響。

三、步驟三：轉換子強的中介信念

此步驟的目的是幫助子強探討是什麼中介信念影響他的自動想法。諮商師向子強解釋人的自動想法是受到中介信念的影響後，問子強：「當你在想著『自己前途無望』時，有什麼念頭環繞在你腦際？你對讀書一事存著何種中介信念？」

子強說：「我告訴自己『跟不上別人是很羞恥的』，這大概是我對讀書所持的態度；基本假設是：『我必須要考100分前途才會有希望』，規範與原則是：『我必須努力準備考試，必須考得很好，免得跟不上別人，沒有前途』。」

諮商師向子強解釋很用功不會辜負父母和老師的期望是很好，但可能是這樣的想法讓他考試時就很緊張。並要子強以 0-100% 來表明他對該信念相信的程度，以及對其生活、情緒與行為影響的程度。子強說：「我從小聽這些話長大的，相信程度當然是 100%，但這些信念對我負向的影響程度也是 100%，我考試時才會那麼緊張。」

這時諮商師用實際行動方法來評量，便問子強：「在班上是否有同學成績比你差，若有，會覺得他們很羞恥嗎？」子強說他並不會瞧不起成績比自己差的同學，或認為他們以後會沒有前途。所以「跟不上別人是很羞恥的」這樣的態度並不完全是事實。諮商師要子強問哥哥姊姊以前考試每次都考100分嗎？子強問了之後發現那不是事實，但現在他們還是很好，這表示「我必須要考100分前途才會有希望」的基本假設並不完全是事實。這時諮商師把子強所定的規範與原則及態度改成假設性的語氣，來幫助子強偵測到原先想法中是否有扭曲的現象。諮商師對子強說：「你原先相信『我必須努力準備考試，必須考

得很好，免得跟不上別人，沒有前途』，我現在說：『假如你考試考得不好，你就跟不上別人，就沒有前途了，更表示你再也沒用了』，針對這句話，你現在相信的程度是如何？如果你的同學有這種想法，你會給他們什麼樣的建議？」子強想想說：「我可能會告訴我的同學，他這是『誇大自己小錯誤亂給自己貼標籤』以及『極端化』認知扭曲的現象。」諮商師便鼓勵子強找出替代性的想法，子強與諮商師討論後寫出：「成績本來就有高低，只要有盡力努力就可以了，即使沒有比別人好也不表示將來就沒有前途。」

諮商師給子強的家庭作業就是鼓勵他以這樣的心態面對考試，試了幾次後，子強發現自己的考試焦慮稍有減緩。不過子強說：「當想起爸爸跟別人說的：『這個孩子讀書比不上他的哥哥姊姊，我看未來對他也不用有什麼指望。』就又希望自己馬上能變得很厲害，但卻又做不到，考試就又緊張起來。」這顯示該是處理最深層基模核心信念的時候了。

四、步驟四：從根做起——改正子強的基模核心信念

此步驟要幫助子強探討影響自動想法與中介信念的罪魁禍首，以及其對情緒與行為的影響。

諮商師：「當你在想起爸爸告訴別人你讀書比不上哥哥姊姊，對你未來不抱什麼指望時，什麼想法出現在腦海裡？」

子強：「其實爸爸說得沒錯，我做什麼事都沒有人家好，長大大概沒什麼希望！」

諮商師：「小時候曾經有什麼經驗讓你對自己有這樣的信念？」

子強：「哥哥姊姊都很優秀，身為家中老么，從小不管做什麼事父母都拿我跟他們比較；上學後老師也常會問說：『你是某某同學的弟弟嗎？他們很優秀喔！你一定很厲害吧！』我不管怎麼努力，就是追趕不上他們，我好累喔！」

此時諮商師向子強解釋什麼是基模核心信念，說明此信念是受早期經驗的

影響。他所說的「我做什麼事都沒有人家好，長大大概沒什麼希望」，就是他所持的基本核心信念。這可能就是從小跟不上哥哥姊姊的經驗所引致的。然後諮商師又進一步向子強解釋此基模核心信念會導出中介信念與自動想法，所以要減除他的考試焦慮就得斬草除根，從核心信念改起。

諮商師問子強，在他印象裡誰是一個很有信心的人，子強回答說是哥哥。於是諮商師給子強的家庭作業是假裝技巧，即要子強在一個星期中隨時想像自己就是哥哥，假裝自己是一個很有信心的人，並記下這個有自信的子強在面對困難處理的事情時腦筋都是在想什麼。一星期後子強來諮商時報告說：「我的想法較理性、積極與正向，如面對考試時是想著：『我只要努力去準備，考試盡所能的去考。』結果考試真的較不緊張，成績也沒有比較差。我真希望自己可以常這樣。」這時諮商師鼓勵他只要願意改變想法，經常做此練習，就可以變成有自信的人。

既然子強已經驗到用理性思考所帶出的自信，諮商師便採用理性情緒角色扮演的技巧，與子強分別扮演「理性」和「情緒」的角色。諮商師扮演情緒角色時盡量使用子強的用語、行為和情緒狀況，讓子強與自己真正的情緒接觸。剛開始子強有點難做角色扮演，但從不斷的角色互調後逐漸進入狀況，對自己功能不良的信念有真正體會且能夠改變。

諮商師給子強基模核心信念單當作家庭作業，請他先將對消極與積極信念相信程度的百分比寫在新單子上面、從日常生活中蒐集並記下證據，以及填下完成作業後兩種信念相信的程度。從此作業中，子強逐漸發現其實自己並沒有什麼事都做不好，況且現在哥哥姊姊都出外讀書，父母很多時候都需要他，尤其是當電腦或手機有問題時，父母就常叫他幫忙處理並誇獎他很棒，讓他逐漸產生信心。

參、諮商結果

20 週以來的每個星期五午休時間，子強從不缺席的來到輔導室。諮商師

用認知諮商的技巧幫助子強從偵測認知扭曲的自動想法、中介信念和基模核心信念，到漸能用理性的想法來取代消極的想法，子強的考試焦慮慢慢有了改善，心情逐漸開朗起來。這過程中，諮商師有與子強的父母溝通，請他們多用鼓勵的話與子強互動，且因子強在諮商中提到喜歡運動，爸爸一有空就會帶子強到球場去打球，還鼓勵他參加校隊。這是哥哥姊姊不會的專長，讓子強找到自己獨特的優點，對子強自信心的增進很有加分效果。漸漸的，子強不再以「自己是個沒有希望的老么」來看待自己，相信「只要努力就會走出一片天」。以前會嫉妒哥哥姊姊的成就，現在會換個角度把他們當作學習的榜樣與資源，他們放假回家時，子強比較敢向他們請教問題。若他們開玩笑嘲笑他，子強比較不會像以前一樣覺得委屈，而能用取代的想法回應說：「你們較年長所以比較會，你們教了我就會了。」有時邀兄姊跟他打球，他一副教練的樣子相當神勇。上課聽不懂時就告訴自己：「一次聽不懂沒關係，下課去問老師，多問幾次總會吧！」因如此想，下課較敢問老師。因為不怕問，對所學的功課能融會貫通，不像以前不懂硬背，考試時一知半解，所以功課就比以前進步了不少。

以前考試很焦慮的他，現在會告訴自己：「我已經『盡人事』，結果如何就『聽天命』了。」較能以適中的緊張度來應試。發考卷時他抱著「看我的努力得到什麼結果」的心情來期待，所以心情是好奇與興奮的。如果看到答錯的題目，他勉勵自己說：「就把它當學習點，再多做複習，不就會了嗎？」

畢業前夕，子強特別來到輔導室謝謝諮商師教會他正向的思考，帶他走出考試焦慮的陰霾。他說：「以前我是自己最大的敵人，現在我是自己最好的朋友。其中的不同，只是一念之間。」這個原來以為跟不上隊伍的老么，正在一步一步的走出自己的天空。

你瞭解了嗎？

下面有 15 題選擇題，可幫助你測試自己對認知諮商學派的理解程度：

1. 貝克的憂鬱實驗證實憂鬱是來自：

    a. 對所遭遇的事情有負向偏差的解釋

    b. 人們對自己生氣的一種反映

    c. 非理性的信念

    d. 以上皆是

2. 一個學生認為每件結果非黑即白，不是對就是錯，沒有中間地帶。也因此考試沒考到滿分就很失望，認為自己已徹底失敗了。這是何種認知扭曲的現象？

    a. 過度推論

    b. 極端化或稱二分法的思考方式

    c. 不當的推論或太快下結論

    d. 打折或低估

3. 有一位員工在考績上獲得不錯的評價，並說他工作態度非常認真，不過也建議他在人際關係上可以再加強一下。這員工就抓住後面這一點直說自己的考績很差。這是何種認知扭曲的現象？

    a. 災禍來臨了

    b. 自認能預知未來

    c. 自認能解讀他人的想法

    d. 選擇性的摘要

4. 貝克認為人們的認知有不同層次之分，其中常在無意識中會被喚起、在壓力的情況下很難壓抑得住的是哪個認知層次？

a. 基模核心信念

b. 自動想法

c. 中介信念

d. 基本假設

5. 貝克認為人們的認知可按其可觸及的程度分為不同層次。較難觸及的是自動想法、中介信念與基模核心信念。若再把這三種按層次之分，由淺入深的順序分別是：

a. 自動想法、中介信念、基模核心信念

b. 基模核心信念、自動想法、中介信念

c. 中介信念、基模核心信念、自動想法

d. 三者的存在並沒有特定順序

6. 人們常在不自覺中依據哪個認知層次來看待現實的世界，也用它來篩選或解釋所遇到的情境？

a. 基模核心信念

b. 自動想法

c. 中介信念

d. 基本假設

7. 貝克說人們的基模核心信念大部分都是負向的，所以人們常常都不快樂。

a. 正確

b. 錯誤

8. 人們根據哪個認知層次裡列出的態度、基本假設、規範與原則去評價自己或他人？
   a. 基模核心信念　　　　　　　b. 自動想法
   c. 中介信念　　　　　　　　　d. 基本假設

9. 下面哪一個選項未能正確指出基模核心信念與中介信念兩者的相同之處？
   a. 兩者都是受到早期人生經驗的影響
   b. 兩者都是廣泛未針對特定情境的
   c. 兩者都是人們意識不到的
   d. 當某一情境出現時，這兩者就會導出下一層次的自動想法，然後影響人們對遭遇到的情境所產生的情緒和所做的反應。

10. 貝克相信要幫助減輕情緒困擾的症狀與增進心理的健康，應從認定、評量與修正哪個認知層面著手？
    a. 基模核心信念　　　　　　　b. 中介信念
    c. 自動想法　　　　　　　　　d. 規範與原則

11. 貝克認為案主的情緒困擾是來自其認知上的扭曲，所以認知學派的諮商師應採指導的角色來幫助案主指出其認知的扭曲並糾正其錯誤。請問此陳述正確嗎？
    a. 正確　　　　　　　　　　　b. 錯誤

12. 下面何者是認知諮商中不可或缺的基本架構？
    a. 設定議程　　　　　　　　　b. 回饋
    c. 家庭作業　　　　　　　　　d. 三者皆是

13. 諮商師在架構案例認知概念時通常會先從案主哪一部分的認知層次著手？

    a. 自動想法   b. 規範與原則

    c. 基模核心信念   d. 中介信念

14. 當諮商師聽到案主一個自動性語言，猜測可能是直接源自不良的基模核心信念時，便問案主：「這個想法是什麼意思？對你產生的意義是什麼？最壞的情況會是怎樣？如果真的是那麼壞的情況，那對你來說是代表什麼意思？」該諮商師正在採用什麼樣的策略？

    a. 架構案例認知概念

    b. 重新架構其早期的記憶

    c. 引導發掘法

    d. 認知的連續性

15. 當諮商師鼓勵案主針對某個情境以 0-100% 評量其原有的中介信念應用在此情境的確實性。然後要案主針對同一情境再發展出一個取代性的信念，並以 0-100% 評量此新的信念應用在該情境的確實性。最後要案主將新舊兩信念做個比較，評量哪個想法對案主的情緒較有積極的助力。該諮商師正在使用何種策略？

    a. 蘇格拉底的對話   b. 理性情緒角色扮演

    c. 假裝技巧   d. 想法的記錄單

（答案請見書末「你瞭解了嗎？」試題解答頁）

腦筋急轉彎

1. 你曾有心情不好的時候嗎？請針對其中的某一個情境，以表 7-2 想法的記錄單逐欄填下來。看看你的想法裡是否有認知扭曲的現象？若有，請具體標明出來。請完成整個表並比較改變想法對改變心情的影響。

2. 請使用圖 7-4 的案例認知概念，根據題 1 的自動想法往上推，你是否能找出影響此自動想法的基模核心信念是什麼？有什麼經驗導致你有了這樣的基模核心信念？此核心信念導出的中介信念是什麼（請標出態度、基本假設、規範和規則）？

3. 請將你題 2 所找到的消極基模核心信念變成是積極性的，用表 7-3 基模核心信念單找出證據來驗證兩種信念的確實性。並比較積極與消極想法對心情的影響。

4. 從貝克的生平，你是否可看出其人生與他所創的認知諮商學派的關聯。請舉二到三個例子說明你的觀察與體會。

5. 如果你是案例分析中的子強，這樣的處理方式你滿意嗎？有哪些方面諮商師還需顧及到？有哪些技巧可以再加入來幫助子強讓他的信心獲得更高的提升？

6. 本書作者探討貝克的認知諮商後體會到：「要營造快樂的人生，請用祝福取代控訴、以積極代替消極來跟自己說話；換個角度，就可換出不一樣的人生。」你同意這個說法嗎？學了這個理論對你在處理情緒困擾時有何新的體會，請詳述你的體會。

＊本章的「參考書目」與「照片來源」附於書末的專頁。

第八章

林涵的辯證行為諮商學派
Linehan's Dialectical Behavior Therapy

創始者
馬莎·林涵
（Marsha M. Linehan,1943- ）

———— **本章要義** ————

人生未必全然順利，但能接受自己、

面對改變、當好自己情緒的管家，

就有能量迎戰每個新的明天。

第一節。林涵的人生故事

　　1943 年 5 月 5 日，林涵出生於美國奧克拉荷馬州的土撒城（Tulsa），是家中六個孩子中的老三。父親是油商，母親在當地很活躍，雖忙著照顧六個孩子，也會撥冗參與社區的活動。林涵從小就有鋼琴天分，在學校的表現也相當不錯。不過因家裡每個孩子都很傑出，她從小就很自卑，也是讓父母最頭痛的一個孩子，家裡的人認為那是成長的一部分，並沒有太留意，直到高中最後一年她突然發病，家人嚇了一跳。她的小妹回憶說：「在 1960 年代大家對心理疾病沒有概念，父母根本不知道要如何處理林涵的情況」（This was Tulsa in the 1960s, and I don't think my parents had any idea what to do with Marsha. No one knew what mental illness was）（Carey, 2011, par. 19）。聽了當地精神科醫師的建議，1961 年 3 月 9 日，17 歲的她被父母送到「養生療養院」（Institute of Living）去做徹底檢查，被診斷是患了精神分裂症（schizophrenia），醫院讓她服用劑量極高的藥物、進行心理分析，並把她綁起來進行電療，但都無法穩住病情，她會無由的打著自己、用香菸燙自己的手腕，只要拿到利器就會朝自己的手臂、腿或腰部猛砍。為了不讓她再傷害自己，院方把她關在專門關病情嚴重病患的單人隔離室內，裡面只有一張床、椅子和小小的一扇鐵窗。儘管裡面找不到利器可以用來傷害自己，她仍一心想死，經常朝著地板或牆壁猛撞頭部。林涵回憶當時的情況說：「好像是有外力在指使我去做這些事。每次發作時，我都知道那個衝動要出現了，但卻無法控制自己，而且沒有人可幫得上我的忙去止住這個衝動」（I know this is coming, I'm out of control, somebody helps me）（Carey, 2011, par. 16）。「那段日子我感覺自己像那個沒有心的銅

人，整個心是空的，無法說出自己的狀況，也不瞭解自己究竟是怎麼回事」（I felt empty, like the Tin Man; I had no way to communicate what was going on, no way to understand it）（Carey, 2011, par. 16）。院方使用的治療方式對她都無效，不斷使用藥物讓她的情況變得越來越糟。在藥石罔效的絕境中，林涵說自己好像是掉在地獄一樣飽受煎熬，痛苦極了。吶喊著：「上帝！祢在哪裡？」（Where are you, God?）（Carey, 2011, par. 16）但卻聽不到任何的回應。

　　這樣痛苦的心情讓她體會到其實住在療養院裡的人心裡都是相當無助與害怕的，不發病時她很能照顧人，常暗暗發誓著：「如果我有機會出去，一定要想辦法再進來把大家救出去」（And I made a vow: When I get out, I'm going to come back and get others out of here" Linehan promised to herself）（Carey, 2011, par. 29）。

　　林涵在療養院待了 26 個月後，終於在 1963 年 5 月 31 日獲准出院，醫生在病歷上寫著：「過去的 26 個月，林涵是在這段住院期間內的所有病人中狀況最糟的病人。」（During 26 months of hospitalization, Miss Linehan was, for a considerable part of this time, one of the most disturbed patients in the hospital）（Carey, 2011, par. 22）。那年她 20 歲，醫生對她出院後能否適應外面的環境不抱任何希望。而事實上也是如此，剛出院回家時她常會有自殺的念頭，想換換環境便搬到芝加哥的青年會去住，想要重新起步卻又止不住極強的自殺念頭，只好再次去住院。想重新開始卻又欲振乏力的情況讓林涵更加感到困惑與孤寂，便開始熱心的投入信仰，希望從中找到生命的動力。住院一陣子病情稍穩定後出院，搬到另一個青年會去住，白天在保險公司上班，晚上到羅又拉（Loyola）大學修課，並經常到善拿可退休中心（Cenacle Retreat Center）的教堂去禱告。有天當她再次屈膝禱告時，突然看到前頭的十字架布滿金光，並感到一股暖流進入她的身體，她說：「這是一個很奇妙的經驗，我驚訝的跑回住處，心中充滿了前所未有的喜樂，禁不住喊了一聲：『我愛我自己！』這是

多年來第一次感受到自己的存在感，找到愛自己的能力」（It was this shimmering experience, and I just ran back to my room and said, 'I love myself.' It was the first time I remember talking to myself in the first person. I felt transformed）（Carey, 2011, par. 33）。頓然間好像從迷霧中醒了過來，這樣的好光景持續了一年。雖然之後偶爾會再出現自殺的念頭，但情況已經沒有先前那麼糟了，至少不會再出現自我傷害的行為。

「我要好起來，要幫助像我一樣受精神疾病之苦的人。」這是她的志向，但要如何開始呢？1968 年以優異的成績畢業於羅又拉大學的心理系，早在畢業前一年她就開始計畫未來進修的走向。最原先的計畫是唸神學院，將來當神職人員；之後改變主意想唸醫學院，希望日後可在州立的精神療養院當精神科醫師，便向醫學院提出申請，沒多久，她突然發現在當時沒有資料顯示醫學處理有助於改善精神疾病的證據，便決定從心理學的領域來發展，計畫從研究與發展諮商處理策略著手。主意打定後，便決定留在羅又拉大學繼續攻讀研究所，專攻社會與實驗人格心理（social and experimental personality psychology），也開始在心理系授課。1970 年獲得碩士學位，1971 年取得博士學位。

1971 到 1972 年她到紐約州水牛城（Buffalo, New York）的自殺防治與危機處理服務中心做博士後的實習，同時在水牛城的紐約州立大學當兼任的助理教授。之後到史東尼柏克大學（Stony Brook University）完成行為修正

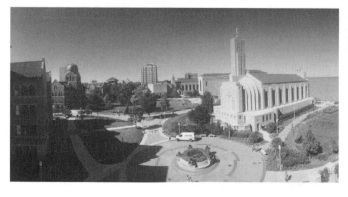

☾照片 8-1　林涵的母校芝加哥的羅又拉大學（Loyola University Chicago）。

（behavior modification）的博士後研究。1973 到 1975 年回到母校當兼任教授，同時也在華盛頓特區的美國天主教大學（The Catholic University of America in Washington, DC）當助理教授直到 1977 年。1977 年她應聘到華盛頓大學（University of Washington）的精神科與行為科學系（Psychiatry and Behavior Sciences Department）當兼任助理教授，目前她是該系與心理系的教授，兼任行為研究與臨床治療中心（Behavioral Research and Therapy Clinics）主任。曾任促進行為治療協會（The Association for the Advancement of Behavior Therapy）理事長，也是美國心理協會（American Psychology Association）和美國心理病理協會（American Psychopathology Association）會員，以及美國行為心理學理事會的公關（a diplomat of the American Board of Behavioral Psychology）。

從精神病患到專業諮商師，林涵把自己的痛苦化作祝福，經過多年的努力研究，林涵找出她當年患的病症是邊緣人格失調（borderline personality disorder），致力探討發病的原因，並發展出辯證行為治療來處理自殺行為、邊緣人格失調、藥物濫用及其他較嚴重與複雜的心理失調，特別是有嚴重的情緒調節失控者（emotion dysregulation）。她也創設行為科技研究公司（Behavioral Technology Tech Research, Inc），期望以網路科技設計具有科學基礎的行為治療來幫助心理困擾者。

林涵在臨床與研究贏得不少的獎項，對諮商輔導界有極大的貢獻，包括路易斯都柏林在自殺領域的終身成就獎（Louis I. Dublin Award for Lifetime Achievement in the Field of Suicide）、美國自殺防治協會頒發的傑出研究獎（Distinguished Research in Suicide Award）、美國臨床心理學科學學會頒發的傑出科學家獎（Distinguished Scientist Award）和傑出科學貢獻獎（Distinguished Scientific Contributions to Clinical Psychology）、美國應用與預防心理學會頒發的對心理實務傑出貢獻獎（Distinguished Contributions to the Practice of Psychology），以及美國進階行為治療學會頒發的傑出臨床貢獻獎

（Distinguished Contributions for Clinical Activities）（Carey, 2011; Grohol, 2011; White-Ajmani, 2010; Wikipedia, n.d.）。

看完林涵的故事，在本章中我們將就她所發展的辯證行為治療學來探討心理問題（特別是邊緣人格失調與藥物濫用者）的來源及處理的策略。

▌從林涵的人生故事到她的理論⋯⋯

第二節。林涵對人性本質的看法

辯證行為諮商學派是屬於認知—行為學派的範疇，著重在幫助患有嚴重心理社會失調、特別是有自殺傾向的邊緣人格失調和藥物濫用者。邊緣人格失調者在人際關係、自我形象、情緒和行為四方面都相當不穩定。在人際關係方面，患有這種病症的人很難與自己相處，獨處時感到相當痛苦，很依賴他人且常擔心被拋棄、與他人分離或被拒絕。他們很會操控他人，常會貶抑對自己或他人的評價。自我形象方面，常以不實或奇怪的想法看待自己，對自我的認同上瞬息萬變。情緒方面極不穩定，經常感到憂慮、覺得空洞、寂寞與無價值感，經常生氣並有焦慮和罪惡感。行為方面，他們很容易有衝動的舉止，例如鬧自殺或自殘、性關係複雜、依賴或濫用藥物、常有不負責任的舉動（例如超速或花錢無度）。這種人翻臉如翻書般，常在沒有預警的情況下就爆發脾氣，會在一瞬間就完全變成另一個人似的，讓周遭的人感到措手不及（Nolen-Hoeksema, 2014）。

是什麼原因導致這樣的問題行為，林涵舉出情緒調節不良以及成長於未能獲得適切認可的有效環境，是導致邊緣人格失調者、藥物濫用者和許多心理疾病的主要原因。

壹、情緒調節功能脆弱

　　邊緣人格失調者的情緒調節功能比一般人還要脆弱無辜（emotional vulnerability），其主要的特徵有三，第一是對情緒的刺激相當敏感，尤其是對刺激性較小的刺激物敏感性比常人高，這也是他們會對極微的一點小刺激也感到像天塌般受不了的原因；第二是對情緒刺激物的反應極為快速與強烈；第三是情緒反應之後要恢復穩定的降溫速度比常人還慢（Swales & Heard, 2009）。

　　林涵以生物社會論（biosocial theory）與生物心理社會模式（biopsychosocial model）的觀點來解釋這種情緒調節失控的現象。她認為通常天生體質較脆弱的人，較常會產生情緒調節失控的現象，他們的情緒很容易被某個情境引爆，但有了強烈的情緒反應之後卻無法馬上恢復平靜。由於行為與情緒是互相關聯的，所以當情緒失控時，行為通常也會跟著失控。從生物的觀點來看，這樣的情況可能起因於基因的異常、在胎兒或早期發展時受到創傷導致中樞神經系統的失調所致，調節情緒較有困難。多數邊緣人格失調者的症狀可能都是來自這種生理失調的現象（Dimeff & Koerner, 2007; Harvey & Penzo, 2009; Swales & Heard, 2009）。

　　人們對引發情緒線索的反應是一個多重性的系統，包括內在生物性的反應（如傳導神經物質的改變、血液循環和肌肉緊張度的改變）、內在的知覺反應（如心裡緊張得七上八下、臉部的反應、語言行為和外顯的反應）和負向的認知反應。這些多重系統的反應有些是自發性的（如遇到危急時會有自我防衛或逃生的反應，或透過古典制約學到的反應），有些則是透過認知的判斷思考或解釋後才做的反應（Swales & Heard, 2009）。有些人可能會因缺乏有效的情

緒管理能力，便轉向藥物或酒精，企圖用它們來處理這種不舒服的情緒狀態（Courbasson, Nishikawa, & Dixon, 2012）。

貳、失效的環境

邊緣人格失調的另一個起因是失效的環境。所謂失效的環境（invalidating environment）指的是人們成長的環境未能提供適切的認可與回饋，例如家庭氣氛相當負向與消極、父母的管教不當、表達的想法常遭到否定。問題是別人可能會高估他們問題解決的能力或可用來解決問題的資源，所以當他們遇到的挫折與困難想與他人討論時，家人和朋友可能不會給予太多的注意力。失效的環境也指所處的環境過度簡化問題解決的步驟，沒有教導規範行為、忍受不順利的狀態或解決問題的技巧，甚至未能提供機會讓受困擾者表達心聲或傾聽其訴苦。成長於這種環境的人可能會因而抑制想溝通的衝動，由於其苦悶未能適時得到抒發，等到再也按捺不住時就會一發不可收拾，採用較偏激的方法來表達，如有自殺的企圖、濫用藥物、厭食等方法來引起他人的注意。成長於失效的環境下，人們逐漸會否定自己（self-invalidation）的情緒經驗（例如告訴自己「我不應該做如此反應」）或逃避自己的情緒感受，因而破壞了其調節情緒的能力（Barlow, 2008; Carbaugh & Sias, 2010; Feigenbaum, 2007; Linehan, 1993a; Swales & Heard, 2009）。

參、交易論──缺乏情緒調節能力與失效環境的相互影響

根據上述，邊緣人格失調者的源由之一是情緒調節功能脆弱，但若能有好的情緒管理，情緒無辜與脆弱的現象就較能獲得改善。另一方面來說，雖然情緒調節功能脆弱可能會導致心理問題，但只有當此人長期處在未能受到認可的失效環境，才會發展出邊緣人格失調的現象。因此林涵提出交易理論（transactional theory），她認為很多邊緣人格失調的問題行為之所以持續不斷，是因為人們生理上的情緒調節能力失控，與成長於失效的環境兩者交互作

用的結果。例如一個先天較無法有效控制情緒的孩子，會因父母未能適當認可他們的反應感到挫折而鬧脾氣；若常鬧脾氣，父母就較會沒耐心來善待他們，甚至施予處罰或責備。長久如此下去，這孩子便開始忽略或者否定自己的情緒經驗，且關閉與他人溝通的管道，因而阻礙了溝通能力的發展。不幸的，邊緣人格失調者通常是從小時候就缺乏情緒管理的能力，又成長於失效的環境中情緒未能獲得適當的處理，兩者交互作用下所造就出來的（Swales & Heard, 2009）。

第三節。辯證行為學派的諮商策略

壹、諮商目標、諮商師的角色與功能

林涵認為一個完整的心理諮商應該具有下面五種功能，諮商師的角色就是在幫助案主達到這些目標。這也是她架構辯證行為諮商的五個重點（Dimeff & Linehan, 2008; Feigenbaum, 2007; Linehan, 1993a）。

1. 教導案主新技巧以增進其調節情緒與適應環境的能力

教導案主新技巧以增進其調節情緒與適應環境的能力固然是好，然而當案主情緒發作時，可能想都不想就以原有的行為來反應，其新學習的技巧常會被置之腦後。所以諮商的目標不能僅止於此。

2. 增進案主的改變動機，幫助他們練習將這些新技巧應用在不同的情境中

諮商師可透過討論、角色扮演、示範與預演的方式來幫助案主熟悉這些技巧。在練習過程中的回饋與支持相當重要，會有助於此目標與功能的達成。

3. 幫助案主能觸類旁通，適切的將所學的技巧應用到不同的情境裡面

要達到這個目標，首先教導案主針對某個特定的情境在其情緒穩定的情況下，案主可以使用且是安全的技巧。然後再學習如何在情緒發作、可能會抗拒使用這些技巧情況下來有效的應用出來。

4. 將案主所處的環境架構成有系統可遵循的系統

辯證行為諮商學派很注意要將案主所處的環境架構成有系統可遵循的系統，例如與案主的家人見面討論教養案主的原理原則，目的是希望透過此案主在家裡不會被錯誤的增強不當的行為，而當表現正向與適當的行為時不會被忽視。

5. 增進諮商師幫助案主的動機與技巧

為了增進案主的健康與福祉與增進諮商師助人的動機與技巧，諮商師應該要定時與諮詢團隊碰面，一方面透過案例討論增進諮商技巧的有效性，另一方面也避免諮商師會有職業倦怠感。

貳、諮商策略

辯證行為諮商學派所根據的原理原則就如同該諮商學派所取的名字「辯證」兩個字一樣，意即要一面激發正反兩方的互動，一面又要增進其整合性（Dimeff & Linehan, 2008）。在諮商中案主就是處在一個辯證的過程中，一面當自己，一面又得與環境互動（Heard & Linehan, 1993; Sun, 2013）。

一、接受與改變策略

「接受與改變」（acceptance and change）是辯證行為諮商學派的主要核心策略，主要的目的是幫助案主在接受自己的同時又願意為改善生活品質而做改變。所謂接受，意指不扭曲、不加上好壞的判斷、不執著或推遲、不將自己的期望或好惡加在其中、能充分與完全的去體驗自己人生的一切。改變是成長的重要步驟，當人們在統整心理兩極端的衝突時，若能學習讓自己與環境有較

好的互動，改變就會跟著發生。在諮商中一面幫助案主改變他們所能改變的，例如行為與環境；同時也鼓勵案主接受他們目前自己所不能改變的現狀。通常案主必須先感覺到被接受才有改變的可能。要案主傾聽諮商師說話，案主會先想知道諮商師是否也在傾聽他們說的話。要案主能夠接受任何建議，需先讓他們感覺到自己是被接受的，改變是成長的必要過程。所以做改變時不用覺得是因有錯才在改變的罪惡感（Corey, 2013; Harvey & Penzo, 2009; Robins & Rosenthal, 2011; Sun, 2013; Swales & Heard, 2009）。

例如一位女案主有情緒失調又有藥物上癮的問題，她提到對來接受諮商有些顧慮，但又知道如果不參與諮商，對她的戒毒不會有幫助。諮商師可先鼓勵案主接受自己有這樣的趨避衝突，然後教導她如何整合這兩種極端的理念，一面接受自己一面努力改變以期更能調整自己的情緒與行為。又如當諮商師能直接針對案主的想法予以反應，而不是在猜測或解釋其潛藏的意思，這對接受案主的舉動就起了一個很好的示範作用。若從案主的敘述中聽出她一直在用藥物來逃避面對婚姻的問題，諮商師可以給予對質：「如果妳一直沉浸在藥物裡，對改善妳和先生的婚姻關係就更沒有希望了喔！」以對質再加上一點幽默的語調，有助於讓案主看到自己矛盾的所在與面對問題的重要性。為了增加諮商的效果，諮商師在溝通時要平衡接受與改變兩個項度（Dimeff & Koerner, 2007）。「只有在接受現狀的情況下治療性的改變才會發生，而接受的舉動本身就是一種改變」（Therapeutic change can occur only in the context of acceptance of what is, and the act of acceptance itself is change）（Swales & Heard, 2009, p. 18）。

在這個策略中案主的承諾是很重要的，此承諾包括承諾改變以及承諾自我接受。下面介紹幫助案主達到這兩項承諾的方法。

（一）鼓勵案主承諾其願意改變的心

諮商中若要案主有所改變，其承諾是很重要的。例如諮商師要案主百分之百的承諾不再濫用藥物或不再發脾氣，要能夠成功達到此目標，應讓案主自己

決定戒斷或不發脾氣時間的長度，可能是一天、一星期或一個月，即使是五分鐘也值得慶祝。與案主討論其想要承諾的時間長度時，有三種方法可以使用。分別是留面子效應（door in the face）、登門檻效應（foot in the door），以及當魔鬼代言人的角色（Devil's advocate role）（McMain, Sayrs, Dimeff, & Linehan, 2007）。

1. 留面子效應

　　是先要求案主做一個很大的承諾，如：「你可以同意永遠保持戒斷嗎？」或「你可以同意永遠不要發脾氣嗎？」案主可能會覺得這樣的承諾太大自己做不到，這時候諮商師再將承諾的項目縮小一些。如此的做法會增加案主接受小承諾的機會。

2. 登門檻效應

　　是先要求案主做一個很小的承諾，如：「你可以同意保持一天的戒斷嗎？」或「你可以同意一天不要發脾氣嗎？」當案主同意後諮商師就有機會再要求大一點的承諾。

3. 當魔鬼代言人的角色

　　例如讓案主探討他們持續酗酒、使用藥物或不斷發脾氣等的理由後，諮商師可扮演魔鬼代言人的角色說：「你對酒（或藥物、壞脾氣等）做了這麼大的承諾，有什麼意義呢？」如此問法可幫助案主重新省思其人生的價值，有助於做出較長時間且是積極健康的承諾。

　　當案主做出願意改變的承諾後，諮商師就可以教導他們認知性的自我控制技巧（cognitive self-control strategies）。例如學會透過預測可能會出現的消極想法，來幫助自己保持警覺的心來面對戒斷的階段。又例如可以鼓勵案主往遠處看、為未來會出現的危險做出應對的計畫、學習如何拒絕誘惑與預防機先。學習忍受癮頭來襲的時刻，以及將負向的環境改變為較具有建設性的環境。

（二）鼓勵案主承諾其願意自我接受的心

雖然諮商的目標是要幫助案主成功的達到目標，但也提醒案主要一蹴可幾並非易事。所以諮商師就是要幫案主為跌倒做好萬全的準備（preparing clients for failing well）。這就像在坐飛機時每次空姐都會講解萬一飛機出狀況要如何逃生的方法，目的是在幫助乘客做好跌倒時如何爬起的準備。有三個策略可達到這個目標，包括鍊分析（chain analysis）、假如（what if）、萬一（just in case）技巧（McMain et al., 2007）。

1. 鍊分析

當案主違反了承諾，如吸了毒、喝了酒或發了脾氣，不用氣餒，因為這並不代表諮商過程失敗了，只是意味著有問題仍待處理。可以幫助案主透過鍊的分析，從發生的事情追溯回去，從來龍去脈中找出產生問題的來源。然後幫助案主找出解決的方法，以備未來遇到相同情況時可以採用。

2.「假如」技巧

與案主討論一些假如追求痊癒的目標受挫時可以使用的因應策略與技巧。

3.「萬一」技巧

請案主列出聯絡人的清單（如聯絡電話和住址等），萬一案主突然失蹤，沒有來接受諮商，諮商師可以聯絡這些人找到案主。

幫助案主為跌倒做好萬全的準備是很重要的，這可增加案主對負向行動可能會帶來負向的結果多了些警覺性。提醒案主若將整個諮商過程當作一場球賽來看，過程的順不順利並不重要，不管中間輸了幾分，諮商師都會像教練一樣隨時都有策略可幫助他們扳回一城，只要案主有恆心努力奮戰，達到最後勝利的目標才是最重要的。

二、依附策略

在諮商過程中有些案主可能會缺席，沒來參加諮商會談或團體，或是沒有完成作業。林涵稱這樣的案主為「蝴蝶」（butterflies）（Linehan, Schmidt, Dimeff, Craft, Kanter, & Comtois, 1999）。並建議可用建立萬一計畫和社交網絡（establish a just in case plan and build a social network），以及透過團隊力量找回案主（make a team effort to pursue a lost client）等依附（attachment）策略來幫助案主讓諮商的過程更能順利進行（Dimeff & Linehan, 2008; Linehan et al.,1999; McMain et al., 2007）。

（一）建立萬一計畫和社交網絡

在第一次會談時就與案主討論在諮商過程中可能會遇到的問題與阻礙，請案主列出常有來往的人的資料與所在地。這些資料可幫助諮商師找到不告而別的案主。此外，要能有效的幫助案主，最好能與案主的其他協助者以及家人和朋友建立網絡，這會有助於案主對諮商關係的依附。

（二）透過團隊力量找回案主

辯證行為諮商學派認為當案主迷失時正是他們最無助的時刻，所以諮商師要想辦法聯繫到並把他們找回來。但如果是較難處理的案主，可以透過諮商團隊利用案主所留的聯絡資料積極尋找。這些案主平常很少受到關愛，如果能透過團隊力量找回案主，對他們往後對諮商的參與感會有增強作用。

三、正念策略

為了要與其他的行為與認知學派有所區別，林涵在辯證行為諮商中加入源自佛教禪學的正念（mindfulness）概念與實務（Linehan, 1993b）。正念是強調刻意的集中注意力，專心的經驗此時與此刻。對人生經驗反應的意念（mind）又可分為情緒意念（emotion mind）、理性意念（reasonable mind）和明智意念（wise mind）（Swales & Heard, 2009）。

（一）情緒意念

有些人是以情緒來體驗人生，林涵稱此種人為情緒意念者。他們是以對該時刻的感受來解釋該情境的意義，並據此來與該情境互動。如果其情緒感受有些扭曲，他們對實際情境的體會可能會有些扭曲，並會以此扭曲的體會來做決定。

（二）理性意念

有些人是以邏輯推理的方法來認識世界，此種人為理性意念者，他們的反應比較合理，不容許任何情緒融入其做決定的過程中。這種人很難想像為何有人會受到情緒的影響。

（三）明智意念

將情緒意念與理性意念整合起來就成為明智意念，因為是將理性的推理和直覺感受加以整合，觀察事物時比較會清楚的觀察全貌，並將邏輯推理與感覺融合入思維中，所以在做決定時比較冷靜，所做的決定也比較令人安心。

辯證行為諮商師的主要任務就是要幫助案主透過觀察、描述和參與，發展出明智的意念。當案主能夠以客觀的心態有效的進行觀察、描述和參與，就能清楚的覺察到此刻，接受真實的人生面，完全的經驗此時此刻的每個律動（Corey, 2013; Robins & Rosenthal, 2011; Swales & Heard, 2009）。

四、進入清晰意念的路徑

清晰的意念（clear mind）是明智意念的先決要件，特別是針對有上癮症狀的案主，辯證行為諮商是要幫助他們從上癮的意念（addict mind）進展到乾淨的意念（clean mind），最後進到清晰的意念。處在上癮的意念時，案主的情緒、想法和行動受制於癮頭（craving），一意在尋找和使用藥物中，所以其藥物濫用諮商通常始於此上癮的意念中。停止藥物一陣子之後，案主漸漸進入乾淨的意念。此時案主已不再使用藥物，其成功的經驗可能會讓案主以為自己

已經不再會受藥物的誘惑了，豈知此時正處在很無助又脆弱的狀態中，也可能會再次上癮。

在上癮的意念與乾淨意念的辯證中，案主逐漸發展出清晰的意念，處在清晰意念的案主非常努力的保持戒癮狀態，享受自己進步的成果，但卻沒忘記自己還沒到達最終的目標。所以雖然已不再使用藥物卻仍需要很努力保持戒癮狀態。就用登山來形容，處在清晰意念的案主就像一個人很努力的爬到山頂，可以看到美麗的景觀，但下山的路仍需要一樣的體力與資源，需要跟上山一樣的努力才能順利下山達到真正戒癮的目標。

清晰意念的目標是不再有癮頭、濫用任何藥物或做出不當的行徑，且也沒有痛苦的戒斷症狀。下面幾個技巧可用來幫助案主保持戒癮狀態，減少再次上癮的機會（McMain et al., 2007）。

（一）忍受苦難的技巧

1. 緊急衝浪技巧

教導案主緊急衝浪（urge surfing）技巧可幫助他們遠離癮頭來襲的急迫感。此技巧是鼓勵案主把自己當作觀察者，以不帶是非評價的客觀心態以及較有建設性的方法來描述急迫感。描述時並標以「只是急迫感」的標題，提醒自己此急迫感很快就會消失。

2. 過河拆橋技巧

過河拆橋技巧（burning bridges skill）是要案主與過去不良的資源隔開。因為很多案主不願意主動提出這些資訊，諮商師可直接問他們有哪些資源必須要砍除才能使他們保持在清晰的意念中。

3. 適時否定的技巧

所謂適時否定的技巧（adaptive denial）是教導案主刻意的把一些有用但可能會讓其感到壓力很大的訊息先暫時放在一邊。例如「不管怎麼樣絕對不可

以再使用任何藥物了」，這個訊息雖然是對的，但因目標甚高可能會讓案主因感覺達不到而放棄繼續接受戒癮諮商。反之，如果刻意不要去面對這麼高標準的規定，案主可能較能夠持續努力一步一步慢慢進步。

4. 檢視優點與缺點的技巧

鼓勵案主列出如果繼續原來的行為有何好處或缺點，這個清單可提供作為警訊。

（二）調節情緒的技巧

幫助案主時應先提醒他們，行為只是他們的行動並不等於是他們這個人。若能夠做這樣的區分，就較能夠幫助案主體會到不管自己的行為如何，都是受到尊重、也是被接受與被愛的，如此的思維方式較有助於幫助案主發展出較積極的自我形象。下面一些技巧可幫助案主調節情緒（Harvey & Penzo, 2009; Swales & Heard, 2009）。

1. 教導案主使用一些技巧來減少情緒引發的強度

例如使用放鬆技巧來減低焦慮或生氣的情緒。做此練習時，可從程度較低的情緒著手，再漸漸處理較強的情緒狀況。

2. 轉移注意力

鼓勵案主遠離會引發其情緒的刺激物，有助於情緒狀況的轉變。

3. 抑制與情緒有關的行為

做出與情緒背道而馳的行為，有助於情緒的調整。例如很想生氣的時候就叫自己靜靜的坐在椅子上不要動。

4. 將控制情緒的行動改為目標取向的行動

很多情緒失調者常以控制情緒為主來做任何行動，其實應該要調整為以追求目標的達成為主才較為積極正向。例如跟案主訂一個目標是和一個好朋友一

起去看電影且能看完全場，當案主能這樣做中途都沒發脾氣，諮商師再讚美他們控制情緒的能耐。

5. 以反向行動來幫助改變

　　教導案主想法、感覺和行為之間的相互關係，並特別強調想法對感覺和行為是會有直接影響性的。其實每種情緒都有隱含的衝動在其中，如傷心時會跟著哭泣；生氣可能會跟隨著咆哮或想揍人的衝動。而案主選擇用來表達其情緒的動作也將影響到結果，而其結果也會影響到情緒。例如鼓勵想生氣的案主大笑，其心情會因笑聲而變得較好。

6. 教導案主策略免於掉進情緒的漩渦

　　首先提醒案主自己目前是處於較無辜的狀態，所以最好是想辦法避開較有壓力的情境；或用一些方法減低自己的壓力等級。其次教導案主如何改變想法，例如深呼吸、數到 10 或放鬆手部或肩膀等。再來是引導案主找出一些有效的方法來處理遇到的情境，好讓自己能感覺好一點（Harvey & Penzo, 2009）。

7. 練習「請求」技巧

　　很多人脾氣不好、情緒不穩定是因為身體不舒服、睡眠不充足以及營養不夠所致。「請求」兩字是以其英文首字母 P L E A S E 直譯，但實際上並不是這個意思。P 和 L 是指「身體的疾病」（physical illness），諮商師要提醒案主如果身體有病或有受傷的話，一定要接受適當的治療。第三個字母 E 指的是「吃」（eat），提醒案主飲食上營養均衡的重要性。第四個字母 A 是「避免」（avoidance），提醒案主避免使用會引發情緒或傷害身體的藥物。第五個字母 S 指的是「睡眠」（sleep），鼓勵案主要有充分的睡眠。最後一個字母 E 指的是「運動」（exercise），提醒案主適當的運動不僅可維護身材、促進身體的健康，並有助於情緒的平衡（McMain et al., 2007）。

8. 把檸檬變成檸檬汁的技巧

把檸檬變成檸檬汁（making lemonade out of lemons）的技巧是教導案主把負向的想法改成正向的觀點，這對於幫助其情緒的改變是很重要的。諮商師可針對某個特定的情境，鼓勵案主用正向的觀點來看它。當案主能夠從其中找到正向的力量而增強活力的時候，其解決問題的能力就會因而增強（Barlow, 2008; Carbaugh & Sias, 2010; Linehan, 1993a）。

（三）有效的人際技巧

1. 用「快速」的原則學習說不

「快速」兩字只是從其英文頭字母 FAST 直譯，實際上並不是這個意思。英文字母 F 代表的是「公平」（fair），A 代表「道歉」（apologies），S 代表「堅持自己的價值觀」（stick to your values），T 代表的是「誠實」（truthful）面對自己的信念。在諮商中，諮商師可用角色扮演的技巧幫助案主以上述「快速」的原則學習對誘惑說不。教導案主要站在對自己和他人都公平的立場，對自己不當的行為只要道歉一次就可以。鼓勵案主誠實面對自己的信念，不要讓別人影響他們做出違背自己信念的事。要他們以誠信為上，不然會破壞他們和別人的關係和對自己的尊重。

2. 學習用「親愛的先生」的技巧來提出要求

「親愛的先生」的技巧也是從其英文首字母（DEAR MAN）直譯，此技巧是幫助人們在提出要求的時候能夠順利得到自己想要的東西。「親愛的先生」真正的意思如下：提出要求時首先要用到英文字母 D，即是「描述其情境」（describing situation）；之後是 E，「表達」（expression）出為什麼覺得那是一個重要的議題和對這個議題的感覺。A（asserting）指的是清楚地「陳述」自己的需求和想法。R 是「增強」（reinforcing），指的是要表示當得到所要的東西時會有的幫助，藉此陳述來增強自己做此要求的強度。M 指的是

對於所在的環境會有的影響力要很「在意」（mindful），不要受其擾，要專注在想要的東西上面。A 指的是在提出要求時即使沒有自信也要「顯現」（appearing）出很有自信的樣子。N 指的是與他人「協調討論」（negotiating）以爭取到自己所要的東西（McMain et al., 2007）。

3. 使用「給予」技巧來學習給予

「給予」技巧是從其英文首字母 GIVE 直譯。G 代表「溫和」（gentle）；I 代表「興趣」（interested）；V 代表「肯定他人的想法」（validating）；E 代表「容易」（easy）。案主學習用給予的技巧，以較開放的心情與他人互動。教導他們用適當和正向的語言和別人溝通，當別人說話的時候要表現很有興趣的樣子。鼓勵他們瞭解和同理別人的情境。並能沉穩、自在、幽默和微笑的和別人談話。

4. 創造機會增強有效的行為

透過練習上述的行為技巧，諮商師可以幫助案主練習有效的人際互動，瞭解可以不必用藥物或酒精等其他輔助品也可以和別人建立關係。當案主的行為受到增強時，他的自信心也會跟著增加（McMain et al., 2007）。

（四）自我管理的技巧

諮商過程中要幫助案主發展出自我管理的技巧，例如透過寫日誌卡的技巧（diary card technique）和建立健康的生活型態，這是鼓勵案主繼續努力很好的方法（McMain et al., 2007）。

1. 使用日誌卡技巧

諮商師要求案主每天用日誌卡的技巧記錄自己進步的情形，例如針對戒毒的案主可以請他們每天記錄使用藥物的次數與強度、發脾氣的狀況，以及其行為正向改變的情形。諮商師可根據治療的目標，配合案主所提供的資料，以瞭解案主進步的狀況。如果發現有影響心理健康發展的情況，要勘測問題解決的

替代方法以促進目標的達成。即使諮商過程已完成，鼓勵案主自己當諮商師，繼續使用這個技巧，以促進心理健康的有效恢復。

2. 建立健康的生活型態

諮商師可幫助案主透過建立健康的人際關係、尋找機會進修、獲得工作與鍛鍊身體等管道來建立健康的生活型態。

參、理論與諮商策略摘要

行為辯證諮商學派的創始人林涵認為，情緒失調是很多問題產生的主要來源，例如酗酒、藥物濫用以及邊緣人格失調症等都是源自情緒失調，再加上成長於無法獲得適切認可的環境所致。邊緣人格失調者可能是天生體質上較脆弱，較容易產生情緒調節失控的現象。人們對引發情緒線索的反應是一個多重性的系統，這些多重系統的反應有些是自發性的，有些則是透過認知的判斷思考或解釋後才做的反應。有些人可能會因缺乏有效的情緒管理能力，而轉向藥物或酒精企圖藉此來舒緩消極的情緒狀態。有些是因長期處於不被接受的環境，逐漸否定自己的情緒經驗或逃避自己的情緒感受，因而破壞了其自我認可與調節情緒的能力，此種環境稱為失效的環境。根據林涵所提出的交易理論，很多酗酒、藥物濫用以及邊緣人格失調症的問題行為之所以不斷持續，則是來自上述生理上的情緒調節能力失調與成長於失效的環境兩者交互作用所導致的結果。

諮商師的目標與功能是著重在：(1) 教導案主新技巧，以增進其調節情緒與適應環境的能力；(2) 增進案主的改變動機，並幫助他們練習將這些新技巧應用在不同的情境中；(3) 幫助案主能觸類旁通，適切的應用到不同的情境裡面；(4) 幫助案主將環境架構成特定的結構，而不會被錯誤增強不當的行為，而當表現正向與適當的行為時卻被忽略；(5) 最後為了增進諮商師助人的動機與技巧，諮商師應該要定時與諮詢團隊碰面，以期能增進案主的健康與福祉。

接受與改變是辯證行為諮商學派的主要核心策略，主要的目的是幫助案主能在接受自己的同時又願意為改善自己的生活品質而做改變。要情緒困擾的案主做出改變的承諾可能很有困難，辯證行為諮商師在諮商初期就與案主建立萬一計畫和社交網絡，萬一案主失蹤時諮商師可透過團隊力量找回案主，幫助案主不要半途而廢，能繼續接受諮商的服務。不同於其他的行為與認知學派，林涵在辯證行為諮商中加入源自佛教禪學的正念策略與實務。指出對人生經驗反應的意念可分為情緒意念、理性意念和明智意念。正念策略是鼓勵案主刻意的集中注意力，專注的經驗每一個此時與此刻。清晰的意念則是明智意念的先決要件。特別是針對有上癮症狀的案主，在辯證行為諮商中，幫助他們從上癮的意念進展到乾淨的意念，最後進步到清晰的意念。要幫助案主維持在清晰的意念則應從訓練他們忍受苦難、調節情緒、人際關係與自我管理等技巧著手。

　　辯證行為諮商相信想法對感覺和行為是會有直接影響性的，而要處理行為問題與促進心理健康就要先從改正想法與管理情緒開始。從林涵辯證行為諮商學派的理念，我們體會到孔子所教導的「小不忍則亂大謀」的道理，一個人要心理健康應從正向的思考和學習情緒管理著手。文末我們領悟到這麼一個道理：「人生未必全然順利，但能接受自己、面對改變、當好自己情緒的管家，就有能量迎戰每個新的明天。」以此和各位互勉之。

第四節。辯證行為諮商學派的案例分析

壹、案例：我沒有你們想像的厲害

詩容來接受諮商的時候是大學三年級，年紀是 21 歲。她表明自己是家裡的獨生女，父母的期望很高。從小在課業上一直都表現得很好，生活與人際適應上一點都沒困難。偶爾當她提到對某些事情感到有些挫折或壓力感時，家人並未多加留意，因為他們總是相信只要有任務交給她，一定會有很完美的結果。多數時候她會忍著不說努力完成被交代的任務，但當壓力與挫折感累積到一個程度時，她會失去耐心而大發脾氣，並大聲咆哮的說：「我沒有你們想像的厲害，為什麼從來沒有人瞭解我！」然後跑進房間大聲的把門關上。這種情況下父母總是默不作聲，深怕再得罪她，情況會越來越糟，她與父母之間的溝通越來越少，即使有，效果也不好。

第一次喝酒是在 17 歲的時候，是和一個大她兩歲的男孩子喝的。她說跟他喝酒時，她第一次感覺有人聽她說話，有人真正聽到她的聲音，而喝酒也讓她感到放鬆。她多數是在週末的時候喝，有時候會半夜從家裡溜出來或逃課去跟他一起喝酒。當父母發現這個情況，就禁止她再跟這個男孩子碰面。父母這樣講她並沒有聽，反而離家出走躲到男孩子家裡去，對方的父母不喜歡這樣子，便親自把她送回家來。不久之後，詩容的媽媽就把她轉學並住到學校宿舍去。有諮商師的輔導和舍監的管理，詩容開始能專心課業，終於順利從高中畢業，並考上大學。

大二的時候有一次參加朋友的生日舞會，無意間碰到那個男孩子。久不見

的兩個人都很興奮，便約好下一個週末出去聊聊。之後便經常再碰面，現在碰面不只喝酒，還開始吸毒。久了以後詩容便上癮了，很多的麻煩便又一一發生。有一次她使用藥物過量，突然汗流滿身，事後好幾天小便解不出來、失去胃口。她很痛苦但是不敢讓父母知道。父母不知道她又上癮了，直到有一次在唱 KTV 時被臨檢的警察查到吸毒被抓。父母把她保了出去，但規定要強制接受治療。回到家她覺得很沒面子，但又脫離不了癮相當痛苦，便把身旁所有的藥物都吞了下去。還好父母及時發現把她送去就醫，這次臨死的經驗讓她醒悟過來，終於決定真正面對問題接受治療。

貳、諮商策略

諮商師決定以辯證行為諮商幫助詩容，其過程可分為三個階段。

一、階段一：瞭解戒癮的過程和承諾

第一階段的主要目標是幫助詩容瞭解酒精和藥物的副作用，並分析戒斷後生活型態的優缺點，以增進詩容接受諮商處理的動機。然後諮商師提醒詩容能否完全戒斷是仰賴她戒癮的動機與承諾。不過詩容只需要按照她的能力承諾自己可以維持在百分之百戒斷狀況的長度。經過討論之後，詩容說她可以承諾一個禮拜的戒斷。當詩容做了承諾之後，諮商師便和她一起列出「假如萬一」的清單，並向她解釋這清單只有當她無故缺席或停止來接受諮商的情況下才會用到。諮商師給詩容卡片，記錄她藥癮發作的狀況以及她處理的情況。詩容準時接受諮商，並為下星期戒斷努力做再次的承諾。

二、階段二：進行並維持戒癮行為的改變

這階段專注在進行並維持戒癮行為的改變。諮商師檢查上階段所使用的每日記錄卡，詩容坦承要一直保持戒斷是非常困難的，所以在上個階段她曾經失敗，違背諾言喝了一次酒，用了兩次藥。諮商師趁機解釋說「我們不稱它為失敗，而是看成又有一個問題亟待解決與處理」。透過「鍊的分析」，諮商師瞭

解到面對課業壓力以及和父母溝通不良時，詩容就變得很急躁，跟男朋友訴苦，他鼓勵她用藥物來鬆緩、用酒精來麻醉自己。瞭解這種狀況後，諮商師便透過角色扮演，教導詩容學習使用「快速」技巧來學會對藥物的引誘說不。亦即對自己和他人要公平、不要做超過一次以上的道歉、持守自己的信念，並勿撒謊。練習後，諮商師要她想像如果下次再發生這樣的情況時要如何解決處理。

在此階段的每次會談中，諮商師請詩容專注在一個想要改變的行為，以此為家庭作業，並以每日記錄卡來記錄該行為改變與進展的狀況。包括每個正向行為發生的次數、量數和強度。諮商師和詩容根據這些資料來評量某個特定目標達成的程度，並針對阻礙戒毒的障礙物找出解決的方法。

諮商師告訴詩容清晰的想法是明智意念的先決要件，其中很重要的是要學習忍受困難的技巧。為幫助詩容增加克服困難的能力，首先教導她「緊急衝浪」技巧，學習以客觀的方法描述情緒衝動的感受，並提醒自己衝動感覺會隨著時間而消失。其次鼓勵詩容使用拆橋技巧，拆除所有可能讓她再次使用藥物的資源。再來是告訴詩容，假如她對戒癮有任何懷疑的話，使用「適時否定」的技巧把想法遠遠推開。練習這些技巧的過程中，詩容坦承要斷掉與男朋友的關係是最困難的，但從每日記錄卡的資料中顯示男友是讓她重新使用藥物最主要的來源。透過「優點與缺點的分析」，她終於決定忍痛斷除這個關係。

在諮商過程中，諮商師提醒自己要平衡接受和改變的取向，亦即一方面鼓勵詩容改變她可以改變的，另一方面也接受在此刻她沒有辦法改變的部分。畢竟改變是一個長期的過程，耐心是相當重要的。在這樣的鼓勵中，詩容繼續許下戒癮的承諾，持續接受諮商，酗酒與用藥的情況逐漸獲得改善。

三、階段三：建立正向的生活型態

在這個階段中，詩容表達很難過的是沒能和父母有很好的溝通，當初也是因為這樣不好的關係，她才去接近那個男孩子，也是這樣她才有了酗酒和藥物濫用的問題。因此在這個諮商的最後階段，諮商師的重點是要幫助她透過改進

與父母和重要他人的溝通技巧，來建立正向的生活型態。

　　首先諮商師教導詩容如何使用「給予」的溝通技巧，鼓勵她以自在與溫和的態度與父母溝通，讓父母感覺到自己對話題有興趣，並表示對父母觀點的肯定。並教導她如何使用「親愛的先生」的技巧，讓父母瞭解自己的需要。鼓勵她清楚的描述問題的情境、表達自己的感覺和這個問題對自己的重要性、清楚的陳述自己的需求與想法、表明得到所要的東西對自己正向的意義、以有自信的態度做必要的協調與溝通。教導了這些技巧之後，諮商師要詩容指出一個與父母溝通較困難的具體情境，採用角色扮演的方式來練習剛學過的技巧。透過不斷的練習，詩容學習以正向的語言和溫暖的態度來讓父母知道她有興趣和父母溝通，並練習在溝通時如何能忽略其他讓她分心的線索以專注表達自己的想法。較熟悉這些技巧後，詩容同意使用這些學過的技巧來讓父母瞭解自己的興趣。溝通技巧逐漸成熟後，諮商師開始給詩容家庭作業，要她把這些技巧應用在實際的情境中，下回諮商的時候詩容向諮商師坦承剛開始時真的很難，但經過不斷的角色預演後，詩容終於漸能按所期望的與父母做有效的溝通與互動，其自尊心也隨之增長。

參、結果摘要

　　詩容接受六個月的辯證行為戒癮諮商後，回到學校繼續學業的追求。她搬到學校宿舍去住，並在學校裡找到打工的機會。在剛開始的階段她曾忍不住喝了兩次酒，用了一次藥。諮商師以鍊的分析技巧幫助詩容找到引誘其重新上癮的原因，以防制機先；並鼓勵她把像檸檬一樣酸楚的經驗變成像檸檬汁一樣的美味。所以在那之後，詩容逐漸進步且戒癮計畫不再破功。問她覺得辯證行為諮商中哪個技巧對她的幫助最大，她說「把檸檬變成檸檬汁」的概念對她的幫助最大。而且整個諮商的經驗中她感到受益良多，新的克服技巧和新的思維方式幫助她能夠把負向的思想變成正向的觀點，從原先以為的弱點中找出強項。她有自信，成功戒癮的日子是指日可待的。

你瞭解了嗎？

下面有 15 題選擇題，可幫助你測試自己對辯證行為諮商學派的理解程度：

1. 辯證行為諮商學派的創始者是哪一位學者？
   a. 林涵（Linehan）　　　　　　　b. 艾里斯（Ellis）
   c. 羅吉斯（Rogers）　　　　　　　d. 貝克（Beck）

2. 辯證行為諮商學派當初創立的目的主要是治療哪一種問題的案主？
   a. 憂鬱症　　　　　　　　　　　　b. 強迫症
   c. 邊緣性的人格失調　　　　　　　d. 飲食失調

3. 辯證行為諮商學派提出_____，指出很多邊緣人格失調的問題行為之所以不斷持續，是因為人們生理上的情緒調節能力失調與成長於失效的環境兩者交互作用的結果。
   a. 認知扭曲理論　　　　　　　　　b. 交易理論
   c. 接受－改變理論　　　　　　　　d. 無條件接受理論

4. 下面哪些是辯證行為諮商學派的諮商目標？
   a. 增進案主的改變動機
   b. 教導案主新技巧以增進其調節情緒與適應環境的能力
   c. 幫助案主能觸類旁通，適切的應用到不同的情境裡面
   d. 為了增進案主的健康與福祉，諮商師應該要定時與諮詢團隊碰面
   e. 以上皆是

5. 辯證行為諮商學派使用「辯證」二字，其主要的核心信念是：

    a. 對質案主其假設和行為間的不一致

    b. 鼓勵案主的非理性與理性信念間辯論

    c. 用空椅技巧來幫助兩極端的自我互相對話

    d. 幫助案主接受自己同時又願意為改善自己的生活品質而做改變

6. 下面哪個技巧可用來鼓勵案主承諾改變的意願？

    a. 留面子效應　　　　　　　　b. 鍊分析

    c. 假如技巧　　　　　　　　　d. 萬一技巧

7. 在辯證行為諮商學派中，當一位戒癮的案主破戒了，諮商師的觀點是如何？

    a. 表示還有問題待解決，提供機會可幫助案主瞭解問題的可能來源

    b. 表示案主的戒癮努力徹底失敗了

    c. 表示諮商應專注並加強在行為改變

    d. 表示案主並不瞭解辯證行為諮商的理論，需要再重新教育案主

8. 在諮商中案主的流失是一個很大的問題，辯證行為諮商師與案主發展萬一計畫，此計畫是：

    a. 與案主的其他專業協助者以及家人和朋友建立網絡，以清楚瞭解其各方面進展的情形

    b. 請案主列出他們常有來往的人的資料與所在地，若案主不告而別時可透過這些資料幫忙找到

    c. 提供給案主一些假如追求痊癒的目標受挫時，可以使用的技巧與策略

    d. 以上皆是

9. 當人們以對該時刻的感受來解釋該情境的意義，並據此來回應與該情境互動，他們是處在何種意念中？

    a. 情緒意念

    b. 理性意念

    c. 明智意念

    d. 清晰意念

10. 為了要與其他的行為與認知學派有所區別，林涵在辯證行為諮商中加入源自佛教禪學_____的概念與實務。

    a. 改變與接受　　　　　　　　b. 交易論

    c. 正念　　　　　　　　　　　d. 積極正向

11. 鼓勵案主把自己當作觀察者，以不帶評價的客觀觀察及較有建設性的方法來描述急迫感。描述時並標以「只是急迫感」的抬頭，提醒自己此急迫感很快就會消失。諮商師正在使用何種技巧？

    a. 「請求」技巧

    b. 「緊急衝浪」技巧

    c. 「過河拆橋」技巧

    d. 使用日誌卡技巧

12. 諮商師教導案主使用「給予」技巧的主要目的是幫助案主：

    a. 增強忍受苦難的耐力

    b. 加強調節情緒的能力

    c. 增進有效的人際關係

    d. 幫助自我管理能力的提升

13. 諮商師教導案主以反向行動來幫助改變，此技巧的主要目的是幫助案主：

　　a. 增強忍受苦難的耐力

　　b. 加強調節情緒的能力

　　c. 增進有效的人際關係

　　d. 幫助自我管理能力的提升

14. 諮商師教導案主「過河拆橋」技巧主要目的是幫助案主：

　　a. 增強忍受苦難的耐力

　　b. 加強調節情緒的能力

　　c. 增進有效的人際關係

　　d. 幫助自我管理能力的提升

15. 諮商師教導案主使用日誌卡技巧主要目的是幫助案主：

　　a. 增強忍受苦難的耐力

　　b. 加強調節情緒的能力

　　c. 增進有效的人際關係

　　d. 幫助自我管理能力的提升

（答案請見書末「你瞭解了嗎？」試題解答頁）

腦筋急轉彎

1. 從林涵的生平你是否可看出她的人生與其所創的辯證行為諮商學派的關聯。請舉二到三個例子說明你的觀察與體會。

2. 接受與改變是辯證行為諮商學派的主要核心策略。甚至強調「治療性的改變只有在接受現狀的情況下才會發生，而接受的舉動本身就是一種改變。」請說明其涵義何在？你贊成這個說法嗎？請以你周遭所見過的實例來證實此論點的可信性。若你不贊成這個說法，也請以你周遭所見過的實例來支持你的論點。

3. 辯證行為諮商學派指出清晰的意念是明智意念的先決要件，特別是針對有上癮症狀的案主，請舉出一個案例並提出你如何幫助此個案進入清晰意念的處遇計畫，及你預期對方會有的改變。

4. 如果你是案例分析中的詩容，這樣的處理方式你滿意嗎？有哪些技巧可以再加入來幫助詩容讓諮商效果獲得提升？

5. 林涵的辯證行為諮商理論強調要處理行為問題與促進心理健康就要先從改正想法與管理情緒開始。因此本書作者體會到「人生未必全然順利，但能接受自己、面對改變、當好自己情緒的管家，就有能量迎戰每個新的明天。」你同意這個說法嗎？學了此理論與林涵的人生故事後，對於你在面對與幫助自己、案主或周遭的人在情緒管理上有何新的領悟？哪一個策略你覺得受用最大？並說明它對你有何幫助。

＊本章的「參考書目」與「照片來源」附於書末的專頁。

第九章

◆

葛拉瑟的選擇理論／現實諮商學派

Glasser's Choice Theory/ Reality Therapy

創始者
威廉・葛拉瑟
William Glasser（1925-2013）

———— **本 章 要 義** ————

自己的人生掌握在自己的選擇中。

傾聽內心的聲音，

做出符合你自己需要的選擇，

寫出屬於你自己的故事。

第一節 · 葛拉瑟的人生故事

　　1925 年 5 月 11 日出生於美國俄亥俄州的克里夫蘭，是三個孩子的老么。葛拉瑟從小就極愛閱讀，母親也極為鼓勵。小學一年級老師教他如何認字與發音，六星期後就展開了他閱讀與書寫的人生。葛拉瑟經常清早起床看書，看完兩本書後才吃早餐。他所就讀的 Coventry 小學沒有圖書館，學校對面的克里夫蘭公立圖書館（Cleveland Heights Public Library）就是他經常駐足的地方。小學四年級時就開始借閱成人圖書部的書籍了。他閱讀的範圍相當廣泛，只要看到書就拿起來讀，連百科全書也愛不釋手。

　　母親喜歡掌控人，個性極不穩定，時而大發脾氣時而憂鬱，很少能有人和她合得來，但葛拉瑟卻不抱怨，他說：「母親是跟別人很不一樣，不過她畢竟是我唯一的母親，我要珍惜這份情誼」（She's a very unusual person and I may as well make the most of her, because she's the only mother I'm going to have）（Roy, 2014, p. 25）。父親對他的影響可從兩個小例子看出來：14 歲時常趁父親不在時自己試著學開車，車子弄髒了就順便清洗一下。有一次，父親見他在洗車便出來查看，看到輪胎沒洗乾淨便對他說：「假如你要洗車，就洗乾淨；如果你不想洗，我也不會介意或不會因此不讓你開車。但是我要你瞭解的是，一旦你決定要做的事，就要徹底去執行它」（If you want to wash the car, wash it thoroughly. If you don't want to wash the car, that's okay with me. I'm not going to stop you from driving the car or anything like that, but I just want you to understand that if you do something, do it thoroughly）（Roy, 2014, pp. 28-29）。另外有一次葛拉瑟問父親為什麼他們沒像別人家的小孩去教會上主日學一事，

父親提醒他想上主日學可以，要確定是有好理由，而不是「因為其他小朋友都去了，自己就得跟著去」（Don't do it just because other kids are doing it）（Roy, 2014, p. 31）。這兩件事也許看起來是小事，但父親這樣的教導對葛拉瑟往後一生的發展卻有極深的影響。

1942 年從克里夫蘭高中（Cleveland Heights High School）畢業，進入凱斯西儲大學（Case Western Reserve University）就讀化學工程，因為課程密集，兩年八個月後於 1945 年拿到學士學位，但葛拉瑟並不喜歡這個專業，學業表現並不理想。不過可喜的是，那兩年他認識了未來的終身伴侶諾密（Naomi Silver），感情日有增長。畢業一個月後，葛拉瑟找到化學工程師的工作，擔任化學工程部門的主管，且在當地一間工廠（Lubrizol Corporation）兼有要務，但在表面風光的背後他對自己嚮往的心理學專業仍不能或忘。1946 年他終於決定去修幾科心理學的入門課試探自己是否真有興趣。一學期課修下來，他得到了肯定的答案，確定未來往心理學發展的方向。時逢二次世界大戰，他計畫先去當兵，預定 9 月 30 日入伍，便於 9 月 13 日向諾密求婚，一星期後兩人成婚。婚後葛拉瑟入伍，諾密繼續求學完成在凱斯西儲大學女子學院的語言治療（Speech Pathology）學位。

在軍隊待了七個月後退伍，1947 年的秋季進入凱斯西儲大學的心理系唸碩士，不同於大學時讀書只求過關，此時他求知若渴，學業成績表現卓著。只是該研究所非常重視傳統佛洛依德的分析學派，他不解的是既然心理分析學派的心理師必須經過專門訓練，並非是一般碩士畢業者可勝任的，為什麼系裡的課程要那麼著重在心理分析學派的訓練。不過知道自己改變不了事實，便在選課上做了一些調整，以對自己有助益的課程為修習的重點。1948 年以優異的成績拿到了心理碩士，繼續攻讀博士班。不過越讀卻越發現臨床心理學家所專注的心理測驗之領域並不是他真正的興趣。經過探索後他發現在當時的環境下只有精神科醫生的職位才符合他的志向，因而起了上醫學院的念頭。

但大學成績不好，申請幾所醫學院都被拒絕，還好唸碩士時成績還不錯，

凱斯西儲大學給他面試的機會，1949 年得到醫學院入學許可，1953 年畢業，申請到位於加州洛杉磯的退伍軍人中心（Veterans Administration Center）實習。此時家裡添了一個男丁，取名約瑟夫（Joseph）。

　　1954 年實習結束，家裡添了一個女兒，葛拉瑟到退伍軍人中心位在洛杉磯西部的班梧退伍軍人神經精神醫院（Brentwood Veterans Neuropsychiatric Hospital）當住院醫生，由洛杉磯加州大學精神科督導。這一年 Smith、Kline 和 French 藥廠把氯丙嗪（Thorazine）這種治療精神疾病的藥物介紹入美國市場。葛拉瑟一向反對藥物治療，亟力倡導如何幫助人們做更好的選擇以增進其心理的健康。聽到精神科醫師將心理疾病解釋為是病理的原因，葛拉瑟直言告訴對方：「我一點都不相信那個論點」（I don't really believe any of that stuff）（Roy, 2014, p. 60）。針對強調心理疾病是來自腦部的問題之說法，葛拉瑟反駁道：「如果是腦部有問題，那為什麼我們治療時沒針對他們的腦部而只是與他們談話，明顯的他們的腦袋瓜沒問題，只是使用的方法不當」（If it was so, why are we treating them? We don't do anything for their brain, we just talk to them. I said obviously the brain's okay. It's how they're using it that's not okay）（Roy, 2014, p. 60），但持這種論點在精神科裡是曲高和寡。1956 年中心聘了新督導哈靈頓（Harrington），有次兩人討論一個特殊的案例，葛拉瑟毫無忌諱的說出自己的觀察與處理方式：「我無法理解這位病人已經接受四年的治療，也換了四位精神科醫師，其祖父已去世多年，但治療中還一直繞著與祖父有關的話題。我告訴她：『我對妳的祖父沒有興趣，如果妳要見我，我們要討論的是妳現在人生的問題，而不是過去出了什麼錯。』」其實當住院醫師的頭兩年，葛拉瑟一直在嘗試這樣的治療方式，現在工作已進入第三與第四年，他決定要堅持自己的理念，只是不曉得新督導能否接受。沒想到哈靈頓聽了葛拉瑟的報告，居然握著他的手說：「歡迎你加入這個團隊」（Chief, join the club）（Roy, 2014, p. 68）。受到同業的肯定，葛拉瑟興奮無比。

　　住院醫師的最後一年，葛拉瑟在醫院附近設了門診，然而因不贊同醫院所

持的佛洛依德理念，院方同意督導他卻不轉介病人給他。這時他發現離家 70 哩外有所州政府為問題青少女設立的學校需要精神科醫師卻沒有人申請，他抓住這個機會，申請獲聘。從 1956 年秋天，每星期一天到這所隸屬加州青年局（California Youth Authority）的凡拉圖女子學校（Ventura School for Delinquent Girls），其他時間則繼續住院醫生的工作。

這所女子學校是專門針對 14 到 21 歲犯罪青少女的教育單位，共收容 400 個人。第一天上班時他注意到一個剛進來的高大女孩，不斷對著女舍監咆哮謾罵，一陣子之後，一位個子嬌小已 75 歲的舍監走到女孩子身旁抱住她輕聲的說：「甜心！怎麼了呢？」就這麼一句話讓那女孩子的心柔軟了下來，開始哭泣。女舍監安慰她說：「這裡的每個孩子都很好，她們知道妳要來都很期待。」葛拉瑟看到這和醫院訓練完全不一樣的處理景況非常感動，體會到諮商關係的重要性。從 1956 到 1967 年的前五年他每星期來一次，後六年每星期來兩次，這期間他於 1957 年完成住院醫生的訓練，1961 年拿到精神科醫師的執照。此外，他還在整型外科及自己的診所工作，但凡拉圖女子學校的工作對他的理論發展影響最大。在這裡，除了諮商外他也負責員工訓練，透過實務演練，「現實諮商」的概念逐漸成形，例如鼓勵案主專注現在而非過去、專注現在的行為與對明天的計畫而非症狀、鼓勵案主與父母聯絡，並歡迎父母來探視。另外，強調「沒有處罰、沒有失敗」（no punishment, no failure），即不以成績來處罰不良的學業表現，只有當學生學會了某一門課才給成績。學生知道她們沒有選擇失敗的權利，只有認真的全力以赴，實施下來很多原先常惹事生非的學生，都順利完成高中學業。學區的女督學佩瑞 （Perry）甚賞識他的理念，介紹他到加州青年局的其他隸屬機構去分享，聖地牙哥緩刑部（San Diego Probation Department）在國際性的報紙上介紹他。1958 年家裡添了老三，也開始在加州各處密集演講，雖然個性害羞不免緊張，但每次演講都有所改善，並把這些演講稿集結起來於 1960 年出版了第一本書，定名為《心理健康或心理疾病？》（Mental Health or Mental Illness?）得到《紐約時報》很好

的評價。此書中他開宗明義就介紹人的心理需求，並強調人們不快樂的原因主要是需求未獲得滿足，為自己負責任是成功人生的關鍵。

不過，至此他還沒有為他的理論命名，有次一位精神科同事告訴他：「我想轉介一位個案到你的私人診所，但想一想我覺得你的方法太過於注重現實取向，可能不適合她」（I was going to send you a patient for your private practice, but I thought you were too reality-oriented for her）（Roy, 2014, p. 99）。雖然葛拉瑟覺得這個不轉介的理由有點牽強，但這個對話把「現實」兩字植入葛拉瑟的腦海。這時他正準備 1962 年 9 月美國刑事學會（American Correctional Association）在西雅圖的一場演講。因聖地牙哥緩刑部特別報導他在加州犯罪防治系統的貢獻，所以這場演講吸引了很多聽眾，就在這場演講上葛拉瑟以「現實精神治療」（Reality Psychiatry）來介紹他的理論。同年 10 月，受邀在溫哥華針對英國哥倫比亞犯罪防治學會（British Columbia Correctional Association）演講時，他再次介紹自己的理論名為現實諮商（Reality Therapy），目的是要幫助人們有效的處理其人生的現實面。並將其想法整理成《現實諮商》（*Reality Therapy*）一書於 1965 年出版，1967 年成立現實諮商中心（The Institute of Reality Therapy）教導現實諮商的理念並培養專業人才。

再把時序倒回 1963 年，加州一所培新學校（Pershing School）的校長奧大納（Donald O'Donnell）參加他的工作坊後，邀請他協助將現實諮商的理念應用到班級的經營與管理，1969 年葛拉瑟把這些經驗寫下出版《沒有失敗的學校》（*School Without Failure*）一書，強調學校的任務是幫助學生獲得成功的認同，這本書對學校行政管理與教師的訓練有極大的影響力。1970 年他的努力獲得肯定，榮登美國名人榜。1972 年出版《社會的認同》（*The Identity Society*）詳述如何將現實諮商的概念用在生活上。

儘管現實諮商逐漸廣為接受，葛拉瑟仍一直在尋找一個理論來為現實諮商奠基。1976 年，友人介紹他閱讀威廉・包爾斯（William Powers）所著的《行

為：知覺的控制》（*Behavior: The Control of Perception*），這本書生硬難懂，1977 年葛拉瑟飛到芝加哥與作者對談，並一起著手寫下《心靈的驛站》（*Stations of the Mind*）。該書於 1981 年出版，介紹控制理論，強調人的行為是如何受到內在動力的影響。葛拉瑟將威廉・包爾斯「內在世界」（internal world）的概念更名為「美好的世界」（quality world）。然而書評家卻說此書雖然比《行為：知覺的控制》好讀，但比起葛拉瑟之前寫的書仍艱深許多，葛拉瑟對此評論頗為介意，加上許多現實學派的工作人員也不諱言的表達對此理論的不滿，葛拉瑟決定把這理論重新整理歸納，並召集一些資深的現實諮商從業者集思廣義後，於 1984 年出版《有效控制你的人生》（*Take Effective Control of Your Life*），但銷路不佳，葛拉瑟認為是書名出了問題，透過該書他是想詮釋「控制理論」，但「有效控制你的人生」這個書名彰顯不出理論的成分。仔細思量後於次年將該書名更名為《控制理論》（*Control Theory*），之後從 1977 年到 1996 年的 19 年間，現實諮商本著控制理論的根基繼續發展。直到 1996 年葛拉瑟深悟到繼續使用控制理論一詞會誤導他的理念，「選擇」兩字應是較好的取向。《選擇理論：讓人自由的新心理學》（*Choice Theory: A New Psychology of Personal Freedom*）於 1998 年出版，成為現實諮商的理論架構，強調人生是人們主動選擇的結果。並於 1990 年獲得舊金山大學人文學科榮譽博士。

妻子諾密一直是他專業發展的親密夥伴，葛拉瑟的著作都是她親自修改潤飾，結褵 47 年後諾密不幸於 1992 年癌症去世。1995 年娶了威廉葛拉瑟洛杉磯中心（William Glasser Institute in Los Angles）的講師卡琳（Carleen）為妻，兩人併肩繼續推展現實諮商的理念。他一生著作等身，貢獻卓著，直到於 2013 年 8 月 23 日逝世，享年 88 歲（Roy, 2014）。

○照片 9-1　卡琳‧葛拉瑟教導 WDEP 的情景。

　　在現實諮商學派的發展過程中，羅伯特‧伍伯登（Robert Wubbolding）博士的貢獻也不可忽視，獲得諮商博士學位的他追隨葛拉瑟門下多年，1988 年獲葛拉瑟親自派任，擔任威廉葛拉瑟洛杉磯中心訓練部的主任，並在自己的故鄉俄亥俄州的辛辛那提市設立現實諮商中心（Center for Reality Therapy in Cincinnati），與其妻莘蒂（Sandie）齊力以著書和提供訓練，繼續把現實諮商的精髓傳承下去。

　　本章我們將就葛拉瑟現實諮商／選擇理論對人性本質的界定，來探討心理問題的來源及處理的策略。

○照片 9-2　伍伯登（左）努力傳承葛拉瑟（右）的理念。

●照片 9-3　2013 年 5 月 25 日駱芳美（右）於俄亥俄州的辛辛那提市參加現實諮商工作坊後與伍伯登博士（左）合影。

⌂照片 9-4　駱芳美（後排左三）參加訓練後與全體成員合照。後排右一是伍伯登博士的妻子兼得力助手莘蒂，前面拿牌子的右邊是伍伯登博士，左邊是在英國推廣現實諮商的 John Brickell, DC。

第二節 。葛拉瑟對人性本質的看法

　　葛拉瑟以選擇理論作為現實諮商的理論根據，主張人生是一連串選擇的過程及其所帶出的結果。在做選擇時，個人的需求與個人心底對美好世界的形象會影響個人選擇的方向與整體行為。

壹、人的五項心理需求

　　一提到心理需求，很多人馬上會聯想到馬斯洛（Maslow, 1943）的動機需求層次論。他將人的需求從最底層到最高層分為生存、安全、愛與歸屬、自我尊重和自我實現。這些層次是固定的，底層的需求要先滿足才會有動機追求上面層次的需求。類似於馬斯洛的理論，葛拉瑟也提出每個人都有五項基本需求，包括生存（survival）、愛與歸屬（love and belonging）、掌控權（power）、自由（freedom）和快樂（fun）（Glasser, W., 1998），不過這五項需求間的關係與馬斯洛的論點不同（這點稍後再詳述）。

一、生存

　　生存是很基本的一項需求，每種生物都有求生的本能，包括從食物、水與空氣中獲得生理的滿足，尋找溫暖和安全的棲身之所，穿著衣裳以保護身體等等都是滿足生存需求之道。人類和其他動物在追求生存需求滿足的不同，是人類對生存需求的追求較有長遠的計畫，例如透過運動、吃健康的飲食等來延長壽命。

二、愛與歸屬

　　人們有愛與歸屬的心理需求，會想去關心與照顧他人，同時也冀望能受到關心、期望能屬於群體的一員、能和別人有人際上的互動。在五項需求中，愛與歸屬需求的滿足最為重要，葛拉瑟相信很多心理問題都是緣自於這項需求未獲得滿足，這也是現實學派的諮商師在諮商過程中要注意的重點（Wubbolding & Brickell, 2009）。

三、掌控權

　　人們有擁有掌控權的心理需求，並非意味著想要駕馭他人；此處的掌控權涵蓋著自我價值感（self-worth），是指期望能獲得他人的認可與重視、對自己的人生有掌控的能力、對自己的能力有信心，並感到有成就感。葛拉瑟說掌控權是只有人類才有的一項需求，小時候從引起父母的注意中得到自己想要的東西，而嚐到掌控權獲得滿足的滋味。漸漸長大後，從別人的關心與互動中，這份掌控權獲得滿足。最基本的掌控權滿足來自當他人願意傾聽自己說話的時刻，這也就是為什麼我們常強調傾聽在諮商關係或人際關係的重要性，透過傾聽可增進對方的自我價值感與感受到自己對人生是有掌控權的（Glasser, W., 1998）。

四、自由

　　人們有擁有自由的心理需求，希望能獨立、自主、有能力並按自己的意願和興趣為自己做決定，並能創意的表達自己的自由意志。外來的控制力是自由需求的最大敵人。通常人們不會太注意到這個需求，除非他們的自由權受到威脅。尤其是當要選擇到底應以自己或他人為重時，這個自由需求的拿捏就會受到挑戰。葛拉瑟建議在此情況下的取決之道是：「以你希望別人對待你的方式來對待別人」（Do unto others as you would have others do unto you）（Glasser, W., 1998, p. 40）。

五、快樂

　　葛拉瑟說每個人都有獲得快樂的需求，在快樂的氣氛下學習可獲得最好的效果（Fun is the genetic reward for learning）（Glasser, W., 1998, p. 41）。你看小小孩的學習都是從快樂的遊戲中學到的。人類是唯一一生都在玩、知道如何享受快樂的動物，這也是為什麼人類一生都可以不斷的在學習。當哪天人們不玩，對人生感到索然無味時，其學習能力也就喪失了。快樂的定義就是笑，「成功與長久的人際關係是建立在歡笑與學習中」（laughing and learning are the foundation of all successful long-term relationship.）（Glasser, W., 1998, p. 41），當互相不再覺得對方好玩時，其關係也就開始惡化了。其實快樂是最容易滿足的一項需求，因為我們有很多管道可營造出快樂的氣息（Glasser, W., 1998）。

　　不同於馬斯洛，葛拉瑟並不認為這些需求間是有層次之分。卡琳·葛拉瑟（Carleen Glasser）以椅子來描述五項需求間的關係。她說生存需求就像是椅面，其他四項需求則像是椅子的四隻腳，可見愛與歸屬、掌控權、自由、快樂四方面需求獲得平衡的滿

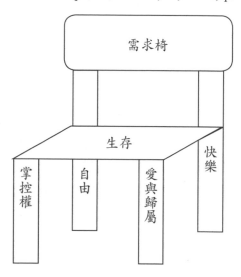

圖 9-1　人的五項心理需求椅（參考Glasser, C., 1996, p. 2）

足是支撐生存需求穩固的重要支柱（駱芳美，2014）（見圖9-1）。人們生而具有追求這些需求滿足的傾向，事後不用後悔，因為「我們所有的行為在做決定的當下，都是基於滿足上述一項或多項需求的考量下，所做出最好的選擇」（All our behavior is always our best choice, at the time we make the choice, to satisfy one or more of these needs.）（Glasser, W., 1998, p. 28）。

貳、美好的世界

一、每個人心中的香格里拉

　　葛拉瑟在其選擇理論中提出美好世界的概念。他說每個人對外在事物的知覺與好惡會受到心中美好世界的影響。這個美好世界就像是一本照相簿，自出生之日起，人們把成長歷程中滿足自己需求的人、事、物的圖像、被教導的想法以及看法一一收納起來。這個美好世界是由每個人的需求架構起來的，可稱為是心理的相簿（mental picture album），裡面所呈現的美好世界就是每人的香格里拉，心中所冀望的理想世界（Glasser, W., 1985, 1998; Wubbolding, 2000）。

二、每個人透過自己的美好世界探索外在的世界

　　每個人的成長背景與環境不一樣，被收進去的影像不一，這也是為什麼每個人的喜好和興趣常大相逕庭。每日生活中，人們按照腦海裡這本相簿的提醒去行動，以滿足自己的需要。當外在的經驗與心中的影像相符合，人們會有需求獲得滿足的快樂。萬一不符合，人們就會感到很錯愕，大失所望。所以葛拉瑟提醒我們，在人際互動上如果雙方都能覺察且尊重彼此都有個不同的美好世界的事實，就可減少很多人際上的衝突（Glasser, W., 1998）。

三、美好世界形塑了人們自認的真實世界

　　每人在每日的生活中都會接收到很多外來的訊息，但這些訊息必須是與心中美好世界的需求相符合者才會被採認，累積起來形成每個人的真實世界（reality）。葛拉瑟舉例說有次他去看女兒表演，因是自己的女兒，在他的美好世界有個特殊的位置，他怎麼看都會覺得很棒，即使有缺失也看不出來。當別人讚賞女兒時，他會很高興的接受；若有批評的話，因與美好世界不符，根本聽不進去。所以看完表演後，他結論出自認的真實世界就是——女兒是個很

棒的表演者。由此葛拉瑟結論說，除非世界上每個人都有同一個美好世界，要一個人保持全然客觀的態度只是個理想而已，事實上是不太可能的（Glasser, W., 1998）。

四、美好世界的內涵可替換，但唯一不能丟掉的是自己

為了滿足自己的需求，每個人會不斷的創造或再創造自己心中美好世界的圖像，例如為滿足快樂需求，可能會在美好世界裝了很多旅遊的資訊與地圖，並把到各處旅行的照片都放入美好世界中。不過有些原先存在的記憶，例如以前很喜歡穿的衣服卻捨不得丟，因為這美麗的衣服以前曾滿足自己快樂的需求，要把它剔除出美好世界會很捨不得。

葛拉瑟說人有自主權來決定要把哪些人事物或想法放入或移出自己的美好世界相簿裡，但唯一無法去除的就是自己。美好世界中人們會存著兩個我的圖像，一個是極端理想的我，一個是接近理想的我。攬鏡自照時，常不自覺的會和極端理想的我比較，很容易感到失望，不妨靜候片刻再照，這時人們會和接近理想的我比較，因為這是自己較易達到的目標，會讓自己覺得好過些。學習愛自己，葛拉瑟（Glasser, W., 1998）鼓勵人們把喜歡的自我圖像放在美好世界中，努力讓自己變成自己喜歡的樣子。

參、整體行為

誠如前面提過的，選擇理論認為人的一舉一動都是透過選擇而來，即使是負向的行為也是一種選擇。這也就是為什麼葛拉瑟不贊成像「憂鬱是心理疾病」的說法，他認為是人們選擇了憂鬱的行為，人也可以透過選擇來停止負向消極的行為。葛拉瑟（Glasser, W., 1998）建議三個方法：一是改變你的需求；二是改變你的行動；三是同時改變需求和行動。

一般字典將行為（behavior）定義為是人們表現自己的方法（the way of conducting onselsef），葛拉瑟（Glasser, W., 1998）認為光用「方法」（way）

這個字眼來說過度的籠統，他進一步再把「方法」分成四個元素：行動（activity/action）、思維（thinking）、感覺（feeling）、生理反應（physiology）。再加上基本需求（basic needs）和想要（wants），葛拉瑟將其合稱為是「整體行為」（total behavior），並以車子來形容人的整體行為，四個車輪就是上述的四個元素，車子的引擎代表的是人們的五個基本需求，方向盤代表人們那時刻心中的想要。從下面的說明，你就可看出這些元素之間是息息相關的（Wubbolding, 2011）。

圖 9-2　整體行為和動機系統（參考 Wubbolding, 2011, p. 48）

一、基本需求（引擎）：人的基本需求是整體行為的動力來源

人的基本需求是整體行為的動力來源，就像車子需要有引擎才能發動一樣，所以人們的基本需求是整體行為很重要的部分。一輛沒有引擎的車只能擺著觀看，中看不中用。一個人若沒有需求，也就失去了動力。

二、人的「想要」（方向盤）：人的「想要」提供整體行為的方向

人的需求會影響心中的想要，就像一輛起動的車子要往哪裡開去是由人們心中的想要來引導的，這份心中的想要就像車子的方向盤一樣，決定了整體行為行動的方向。例如快樂的需求可能就引發了某人想要去歐州旅遊的念頭。

三、行動和思維（兩個前輪）：付諸行動＝行動＋思維

車子的前輪之一是整體行為的第一個元素「行動」，它指的是人們表現的行為，如走路、跑步、吃飯、睡覺等等日常生活中的一舉一動。車子的前輪之二是整體行為的第二個元素「思維」，它是指人們腦筋隨時都在想的一些東西。其實當我們在做任何一件事的同時也會有想法出現，葛拉瑟就把這兩個元素合起來稱為「付諸行動」（doing），指出「付諸行動」是行動與思維的結合，當人們告知他人自己正在做某些事情時，其傳達的訊息就同時包括「做」和「想」兩個成分。

開車的人應該會注意到當人們轉動方向盤時，前面兩個輪子的方向會跟著調整，然後當車子開動後，兩個後輪就跟著順勢改變方向，整個車子就朝著駕駛人想要進行的方向前進。可見駕駛者對前輪的控制與影響力是最直接的，也就是說人們心中的想要就直接影響人們對所要付諸的行動的選擇。

四、感覺和生理反應（兩個後輪）：雖是跟隨者但整體行為有問題時它們會先出聲

選擇理論相信這個整體行為是人們選擇的結果。對此論點有人可能會質疑，因為很難想像有人會主動選擇要當個憂鬱的人。葛拉瑟（Glasser, W., 1998）的解釋是雖然人們並非直接選擇自己的情緒，但卻是主動選擇自己的行動和思維。就像車子的前輪帶動後輪的道裡一樣，因為行動和思維會帶出情緒和生理反應，所以可以推論說人們的選擇間接的影響到與其行動和思維有關的情緒和生理反應。

（一）思維和感覺經常如影隨形

車子的後輪之一是整體行為的第三個元素「感覺」。雖然人們不一定有自覺，但其實每個思考都會伴隨著一些感覺。就像車子在前進時，前輪的轉動就會帶動後輪一樣的道理，思維會喚起感覺。例如寫這一段時，作者之一（駱芳

美）正坐在飛往美國加州度假的飛機上，想起即將展開的假期，心中感到相當快樂。又如讀此書時若你正在準備考試，想起即將到來的考試你是否難免會感到緊張。

（二）行動、思維、感覺都動了，生理反應當然也跟著動了

車子的另一個後輪是整體行為的第四個元素「生理反應」，用汽車的原理來思考，當其他三個輪子都在轉動時，第四個輪子哪有不跟著轉的道理。自然的，當人選擇了行動、思維、感覺時，人們的腦筋就會跟著動，身體裡的各器官會跟著釋放出相關的荷爾蒙、激素與養分，身體會做出必要的反應。

（三）整體行為有問題時的傳聲筒

再用車子概念來看整體行為的運作，當車況正常時，前輪啟動後兩個後輪就尾隨而行，意即當人們有了某些行動和思維，其相對的感覺和生理反應就應運而生。但萬一前面兩輪的方向轉錯了，後兩輪就會出現系統有問題的訊號。就以路邊停車為例，通常我們會先調整前輪的方向後再把車子後退開進想停的空間，但若前輪的方向沒調整好後輪就無法順利進入甚至出現狀況。這時前輪需要不斷的再調整，直到後輪能順利進入為止。就像人們有了負向的思維或喝了過量的酒之後，就會出現憂鬱的感覺，或喝酒後會不斷嘔吐或感到頭痛。這樣的感覺和生理反應就是提醒身體的主人其思維和行動是不當的，需要做調整。

既然人的整體行為是選擇的結果，要有較積極與正向人生的關鍵就是從選擇著手。積極的選擇帶出積極的人生，當案主知道對自己的整體行為擁有選擇權時，會增加他們克服問題的希望感（Law & Guo, 2015b）。葛拉瑟（Glasser, W., 1998）建議要能夠有效的行使選擇權，講話時所用的時態就很重要。例如若案主說自己是憂鬱的（depressed），等於是對自己下了個已被命定的標籤；但若改成是正在感到憂鬱（depressing）的說法，表示這是目前還在進行的狀況，既然是目前的狀況就有改變的可能。

第三節。選擇理論／現實學派的諮商策略

　　葛拉瑟所採用的諮商策略是根據現實諮商的原理原則。讀者可能會困惑到底選擇理論與現實諮商兩者是什麼樣的關係。作者之一（駱芳美）親自問了辛辛那提現實諮商中心的負責人伍伯登（Wubbolding），他用火車與鐵軌的關係做了一個解釋，如果選擇理論是鐵軌，現實諮商則是火車。現實學派的諮商師在幫助案主時是以選擇理論的理念為架構，然後用現實諮商的原理原則來進行（Personal Communication, 2014）。

壹、諮商目標

　　現實諮商的目標有三（Corey, 2013）：

　　目標一：幫助案主審視他們放入美好世界的人事物，並重新與這些人事物產生聯結。

　　目標二：幫助案主瞭解自己真正的需要，並學習能以較有建設性的方法來獲得這些需要的滿足。

　　目標三：幫助案主做出較好的選擇，而能以較有建設性的方法來獲得需要的滿足。

貳、諮商師的角色與功能

　　現實諮商是個督導（mentoring）的過程，在這個過程中諮商師是以教師的角色來幫助學生達到下列的功能任務。

　　第一個功能任務是以教師的立場幫助案主探索他們想要的是什麼。例如人生想要的改變、在諮商過程想要達到的目標等。

　　第二個功能任務是探問案主他們正在做什麼。可以請案主列出所有他們正在做的事，越具體越好。

第三個功能任務是要案主自我評鑑正在做的事是否有助於其達到想要的目標或達到想做的改變。諮商師不去評鑑案主,而是挑戰案主透過檢查其行動來檢查其行動與目標達成間的一致性。在探問時盡量越具體越好,特別注意到評鑑什麼樣的行動是希望可以達到什麼樣的目標,並評鑑其達到的成效為何。

第四個任務則是幫助案主設定計畫。當發現案主的行動與目標不一致或不知應如何做以達到其目標時,諮商師要以積極和正向的態度讓案主有希望感,知道不管其情況多糟,只要做出適當的計畫,每個人都有改變的可能(Corey, 2013)。

參、諮商策略

誠如在葛拉瑟的生平事略中提到,葛拉瑟不贊同佛洛依德的諮商方式,也不相信藥物對心理問題的治療效果。雖然曲高和寡,他仍是一本初衷。諮商師若要知道如何使用現實諮商法就必須清楚瞭解其特質,下面是執行現實諮商時,應有及不應有的態度與方法(Corey, 2013; Glasser, W., 1998; Wubbolding & Brickell, 2009)。

一、現實諮商中應具有的特質與忌諱

(一)諮商中應具有的特質

1. 專注的態度

專注的態度包括以整個開放和接受性的身體語言動作來傾聽案主說話,如透過眼神接觸、顯示真誠興趣的臉部表情、對案主的話語表示瞭解等。

2. 強調現在而非過去

很多案主常認為如果他們要獲得協助就得回顧過去,葛拉瑟卻不做如此想。過分強調過去,會使案主找到很好的理由不用去面對或處理他們此刻面臨的困難、未滿足的需要,或未處理好的關係。他相信唯有此時此刻才是人所能

掌握的，人們只有在此刻才能為滿足自己的需求而努力，也只有在此刻才能為未來做計畫，並為達到未來的目標而努力。

3. 強調選擇和責任，並允許案主嚐到自己選擇的結果

葛拉瑟強調人既然有選擇的權利，就應該為自己的選擇負責任。但這不表示若人們的選擇未達到預期的結果時應自我責備，諮商師應相信案主每個決定於選擇的當下都是在能滿足其需要的前提下最好的考量。然而在不會讓案主受到傷害的情況下允許案主嚐到自己選擇的結果其實是好的，如此做會有助於增加案主為自己所下的每個決定負起責任的敏感度。

4. 練習三個「總是」

⑴ 總是謙恭有禮

不管案主多麼的失望或生氣，諮商師總是持守冷靜、謙恭有禮、不讓案主感到恐慌的態度。很重要的是要允許案主充分表達其失望與生氣的感覺，也讓案主知道諮商師瞭解他們的苦痛，認可他們此時此刻的情緒表達是當時所有可能的選擇中最好的一個。

⑵ 總是有幫助案主解決問題的決心

葛拉瑟提醒諮商師要告訴案主，不管遇到多大的困難，諮商師都有決心會想辦法幫助他們解決問題。

⑶ 總是保有熱忱

不管自己在何種景況下，諮商師在諮商過程中都應傳遞積極正向與熱誠的態度。

5. 給案主驚喜

在適當的狀況下，偶爾可以給案主一些驚喜（do the unexpected），目的是要幫助案主做正向改變。尤其是當案主主動或被動的對改變有所抗拒時，就可以用一些突如其來的反應來幫助案主對諮商過程有正向的激發作用。學者

（Wubbolding & Brickell, 2009）舉例說對藥物濫用的案主，與其問他們：「你怎麼會濫用藥物？」還不如問說：「你記得最近一次不必靠藥物而能感到非常快樂是在什麼時候？」

6. 在適當情況下使用幽默

在適當的狀況下使用幽默對於案主會很有幫助，特別是案主長期處在較低潮的狀況下。

7. 建立界線

在建立諮商關係的過程中很重要的是雙方應建立清楚的界線，讓案主知道你會或不會為他們做或負的責任是什麼。

8. 分享你自己並當你自己

在使用技巧時應按自己的人格特質來發揮，勇敢當自己，適當的情況下與案主分享自己的一些經驗，會有助於諮商效果的提高。葛拉瑟反對「轉移」的說法，他認為當諮商師或案主用「轉移」的說法，是因為他們逃避當自己並為自己的所作所為負責任。

9. 傾聽比喻

案主有時候會用比喻來表達自己心中的想法和感覺，這會有助於案主更瞭解原先就已知道的感覺，覺察到原先沒有覺察到的，並有助於他們把很強烈的情緒感受表達出來。所以諮商師傾聽比喻（metaphors）並給予適當回應對案主是相當重要的。學者（Wubbolding & Brickell, 2009）在其書中舉例說：「如果案主說：『經常我會覺得自己是在垃圾桶的底層。』諮商師可問說：『在垃圾桶的底層是怎麼一個樣子？』『請你環顧一下四周，請告訴我你看到了什麼？』『你是否希望自己能跳離垃圾桶？』」（p. 22）。

10. 聽出案主主要的議題

如同很多其他學派一樣，葛拉瑟也強調傾聽對幫助案主改變滿有助益的。傾聽案主表達後不僅要反映其感覺，也應該聽出其問題中的核心主題。例如諮商師聽出案主每次遇到壓力很大的情況就會失眠，或每次談到與父親的關係時常會用到一句話說：「我不知道自己要如何做父親才會滿意？」諮商師可將自己聽到的回映給案主。

11. 摘要與專注

聽案主表達時諮商師應專注在案主到底想要的是什麼、沒有滿足到的需求是什麼，以及案主擅長的行為上，在整個諮商的過程中若能注意到這些重點，並適時的摘要與回映給案主，會有助於諮商過程中焦點的集中。

12. 允許沉默

偶爾的停頓會有助於案主整理與澄清自己的想法與需求，思考該有的計畫，並利用此機會讓案主來負起引導接下去談話的責任。透過沉默還可以避免諮商師表達得過多，說了些其實是不必要說的話。

13. 表達同理心

表達同理心並不是現實諮商獨有的技巧，不過像其他強調此技巧的學派，現實諮商也是鼓勵諮商師要站在案主的角度，從他們的美好世界的角度去看他們的世界。

14. 要符合倫理規範

諮商關係的建立應以符合倫理規範的原理原則來著手，如讓案主知道諮商過程的架構、費用、案主的權利、諮商師與案主應有的界限等。

15. 表達對案主的期待與希望

諮商師以語言和非語言的訊息表達對案主的期待與希望，讓案主知道只要

願意努力去做，他們期待的目標是可以達成的。

16. 以引導方式的管理而非老闆式的掌權

引導式的管理（lead management）是諮商師以鼓勵和說服的方式來幫助案主；老闆式的管理（boss management）則是由諮商師掌控一切。兩者相較，前者對諮商效果較有助益。

17. 與案主討論如何做出有品質的好選擇

諮商師以鼓勵和說服的口氣來幫助案主思考他們應如何做出好的選擇，以達成有效的改變。

（二）諮商中的忌諱

1. 不要爭論

諮商師並不需要百分之百的同意所有案主的說法，但若發現意見相左時也不必爭論。可以說：「我看到了我們的不同，但至少我們同意這些不同。」

2. 不專注在症狀

葛拉瑟相信專注在症狀就像喜歡沉迷於過去一樣，都是逃避負責任的方法。案主經常會說只有當他們不再有症狀時才能找到快樂。他們常無奈的抱怨自己怎麼會遇到這樣的事，但卻不願意接受其實所受到的痛苦是自己的選擇所導出的結果。身為精神科醫生的葛拉瑟，反對傳統的精神科把有生理與心理不適症狀的案主看成是心理疾病（mentally ill），他相信其實案主的症狀可以看成是身體在提醒自己所做的選擇不當，未照顧到自己的需要，該做適時的調整了。葛拉瑟也相信生理與心理不適症狀，常是由於不愉快的人際關係所導致的（Glasser, W., 2003, 2005），所以諮商師不需要花太多時間來與案主談其症狀，只有當探討到相關問題時才會去涉及到。

3. 不急著下判斷

不急著下判斷是指在諮商過程中諮商師應避免對案主的想法或行動給予判斷，免得讓他們感到錯愕。有需要討論的議題，最好等到下一次見面時透過互動再提出來討論效果會比較好。雖偶爾可以持反對的態度，但盡量能接受他們。即使是案主出現具有干擾或有破壞性的行為，諮商師應相信案主已經盡力為滿足自己的需求而努力了。

4. 不要給案主有找藉口的機會

很多時候人們很習慣問他人「為什麼你會這樣做？」「為什麼會發生這樣的事？」葛拉瑟說當諮商師這樣問案主時，為了回答這個「為什麼」，對方必須去找藉口。不要給案主有找藉口的機會，諮商師若接受了這些藉口，等於就是告訴案主他們不必為自己的行為負責任。葛拉瑟一直強調「你的行為是操在自己的手中，你可以做出更好的計畫來改變你的人生」。所以比較好的問法是：「這樣做是幫助你還是傷害了你？」

當然「為什麼」的問題也並非全然不好，使用「為什麼」可問出人們為何能成功，這是好的，所以有智慧且有技巧的問「為什麼」是好的。唯有當案主沒按照計畫去做而諮商師預期案主會有藉口時，就知道那不是問為什麼的好時機喔！

5. 不要注入害怕

諮商師不要給案主注入害怕的想法，因為害怕的感覺會影響案主做有效決定的能力、無法有好的表現和建立有效的關係，也因而無法滿足美好世界的需要。

6. 不要批評案主或小看案主

諮商師不要批評案主或小看案主，因為誠如前面說過的，葛拉瑟相信案主的每個決定在當時都是為滿足其心理需求所做的最好的選擇。

7. 不要輕言放棄

儘管案主可能沒能如預期般順利的成長與改變，但不要輕言放棄，因為諮商是一個需要時間、心力與技巧的投入的成長過程。

二、現實諮商的過程

現實諮商師以 WDEP 的系統來教導與輔導案主，W 是 want（想要）、D 是 doing（做）和 direction（方向）、E 是 evaluation（評價）、P 是 plan（計畫）（Corey, 2013; Glasser, W., 1998; Law & Guo, 2014, 2015a, 2015b; Wubbolding, 2011; Wubbolding & Brickell, 2009）。

（一）步驟一（W）：與案主討論他們知覺到自己想要的是什麼：「你到底要什麼？」

W 指的是目前想要的是什麼。每個案主有其美好世界的圖像，所以在諮商過程中很重要的是要探索與瞭解案主的美好世界。「你到底要什麼？」只是個起頭，諮商師還可繼續探問他們希望從其他生活中的重要他人（如家人、師長、朋友或同事）或環境（如家庭、學校或工作場所）中得到什麼、什麼樣的情況是讓他們感到需求獲得滿足的底線。

瞭解了這個底線後，可測試案主想要努力達到此目標的承諾，其承諾情況可分為五個等級：

1. 錯不在我，我不需要協助

通常被強迫來接受諮商的案主會認為自己不是造成問題的來源，是他人對待不公所造成的。他們無法做任何改變，所以不需要任何的協助。這樣的案主對接受諮商完全沒有承諾，常說「不要管我」、「你不能做任何事來改變我」、「我不需要協助」等類的話。遇到此類狀況，諮商師不要輕言放棄，要讓案主知道改變對他們是最有利的。

2. 我想要結果，但不想要努力

這樣心態的個案至少比上個等級的案主對自己的人生的轉變有所期待，但卻缺乏付諸行動的動力。例如想減肥卻不願意放棄甜點、想畢業拿到學歷卻懶得去上課、想戒酒卻不要參加戒酒班的活動。

3. 我將試試看，也許我做得到

案主承諾的心態比前面兩個等級強一點，不過還是屬於不冷不熱的狀態中。可能會說的話是：「我應該可以做得到，等明天再來試試看！」

4. 我將盡我所能

當案主說他們會盡最大的能力，雖然顯示出很大的承諾，但卻也表示他們也容許失敗的存在。所以雖然努力做計畫但可能還是會徒勞無功。例如案主會說：「我很認真準備考試，但是對不起，我還是沒能趕得上。」

5. 我百分之百的承諾，不管有多少攔阻，我都會克服它

這樣的承諾是最高等級的，顯示案主有不屈不撓的決心。

（二）步驟二（D）：與案主討論他們目前所做的事和行進的方向，問案主：「你現在正在做什麼？」「你做的這些事會把你帶到哪兒去？」

D 指的是目前正在進行的事。在整體行為的四個要素中，行動和思維是人們最能控制的，所以伍伯登（Wubbolding, 2000）指出當諮商師問：「你正在做什麼？」（What are you doing?）這句話裡的每個字都很重要。

「什麼」（what）：諮商師使用「什麼」此字眼，是要案主明確與具體的說出在某個特定時間真正發生事情的來龍去脈。

「正在」（are）：諮商師使用「正在」這個現在式的字眼，是要案主集中焦距在現在與此刻，而非過去或未來。

「你」（you）：諮商師使用「你」是讓案主知道事情是在自己的掌握之

下。其所作所為是自己選擇的行為，而不是別人或外力加持在其身上。

「做」（doing）：諮商師使用這個字眼是強調事情的進行式，可以請案主把整體行為的四個元素都具體描述出來。

（三）步驟三（E）：讓案主做一個尋找內在的自我評價，問：「你正在做的，能否帶你去你想去的地方？」

E 是指自我評價，它是現實諮商的核心，是整個現實諮商的基石（keystone）、最不可或缺的元素。現實諮商不只叫案主描述他們的行為、需求、知覺和承諾，還要案主評斷（judgment）自己，好像要案主拿面鏡子照自己，看自己正在過的人生是否是自己要的、他們想要的是否符合實際或對他們有所幫助、他們目前的行為是否把他們帶去他們想去的地方（Wubbolding, 1990, 1991, 2000）。

自我評價此步驟之所以很重要是因為人們常會重複一些對自己並無幫助，甚至是有傷害性的行為。自我評價的步驟可幫助案主重新架構其原先的想法，做原先未做過的評價、敏覺到原先未覺察過的需求，幫助他們讓更多的需求獲得滿足。

葛拉瑟說自我評價是改變的基礎，因為人不會改變，除非他們透過自我評價後，發現他們原來做的並無法帶給他們想要的結果（Glasser, W., 1972）。

（四）步驟四（P）：幫助案主發展計畫

P 是指計畫，一個好計畫必須符合 SAMIC^3/P 的原則，每個字母代表的意思：S 是簡單（simple），即是所做的計畫必須簡單可行。A 是可達成的（attainable），表示設定的目標必須是案主的能力可達成的範圍。M 是可測量的（measurable），表示案主的進展狀況是可以測量出來的。I 是立即性（immediate），表示設定的計畫是馬上可行的。三個 C 包括一致性（consistent），表示計畫的設定與執行必須與目標一致，且前後也必須是一致的；計畫者可掌控的（controlled by the planner）；且是計畫者願意付諸承諾

的（committed to by this planner）。

肆、理論與諮商策略摘要

葛拉瑟說人就像一輛車，人的基本需求（生存、愛與歸屬、自由、快樂、掌控權）像引擎一樣，讓人的整體行為有了動力。但有了動力後，人要往哪裡去，就看人想要的是什麼。這份想要就是車子的方向盤，它決定了人行進的方向。當方向盤轉動時，帶動了車子的兩個前輪，它們是人的行動和思維，是人最能掌控的。當車子啟動後，兩個前輪就會帶動後輪，思維帶動感覺，人有的身體與生理也會跟著有所反應。人的五項需求以愛與歸屬最為重要，人有很多的問題都是來自這項需求未能獲得滿足。每個人心裡都有一個美好世界，這是人心中的理想世界，每個人汲汲營營一生，都是為了找尋和心中的美好世界一致的圖像。不過人存在美好世界的圖像是可以配合實際需要加以取捨，唯一不能捨去的就是自己。

選擇理論深信整體行為的行進方向是人們主動選擇的結果。既是主動選擇，所以人必須為自己的選擇負責任，不能找藉口來逃避責任。不過所有的決定與改變必須在此時此刻才能進行，葛拉瑟鼓勵案主以現在進行式來描述自己的問題。人們喜歡談論過去或抱怨症狀，因為那可以讓他們有藉口不用面對與處理現在的問題，葛拉瑟說只要做正確的選擇，很多心理困擾的問題就可以獲得改善，不需要以藥物來解決。

以選擇理論為理論架構，現實諮商師以 WDEP 四步驟來幫助案主面對與處理自己心理的困擾。諮商師首先問案主：「你到底要什麼？」與案主一起探索自己想要的是什麼；然後問案主：「你正在做什麼？」隨後是要案主自我評價：「你正在做的會帶你去你想去的地方嗎？」如果答案是否定的，最後一個步驟是幫助案主做出簡單、可達成、可測量出來、馬上可以付諸行動、前後一致，且是案主可掌控並願意承諾去執行的計畫。而這四個步驟中，以自我評價最為重要，因為唯有當案主發現自己需要改變時，改變才真的會發生。

從上述的討論我們體會到：「自己的人生掌握在自己的選擇中。傾聽內心的聲音，做出符合你自己需要的選擇，寫出屬於你自己的故事。」以此與大家共勉之。

▍從理論到實務，請聽他的故事⋯⋯

第四節。選擇理論／現實諮商學派的案例分析

壹、案例：我真的不知如何是好？

志航，高中三年級，大學的考試即將來臨他卻沒有動力去準備。高一和高二成績還不錯，但高三時卻經常缺課，即使來上課也不專心，成績一落千丈。學測成績不理想，導師問他怎麼了，他都說沒事，任課老師不斷提醒他要認真，指考還有機會再衝一次，但情況仍未見改善，導師要他去見諮商師談談。志航起初極不願意，直到他的導師提醒他學校的功課已亮紅燈，有可能會留級畢不了業，才像大夢初醒般。來到諮商中心第一句說的話是：「我真的不知如何是好？」

貳、諮商策略

一、步驟一：與案主探討他的需求與目標

看著志航對自己的人生不知所措的樣子，諮商師開門見山的問了一句：「你到底要什麼？」諮商師這樣的問法讓志航非常驚訝，他說自己的人生一直

以來都是人家在告訴他應該做什麼，從來沒有人問過他真正想要的是什麼。

「如果我現在給你選擇的機會，你希望擁有什麼？」諮商師問。

「我希望能讀我想讀的書。」志航回應。

細問之下才知道父母對志航期望很高，從小就把他的路一步步都安排好，該上什麼課、學什麼才藝，父母都已幫他設定好。他從小就對文科很有興趣，愛看人文方面的書，特愛看小說。但每次被父母撞見都被罵，還被沒收。上高中後，為了避免與父母衝突，他壓抑自己，按父母「男孩子要念理工」的期望方向去讀書。但越來越不感興趣，而且一想到若用功讀書以後會考上自己不愛念的系，走自己不想走的路，就更提不起勁。

諮商師問：「如果你有選擇，你會希望做什麼樣的工作？」

志航說：「我希望能主修中文，並修教育學分，以後當國文老師。」

當志航終於有勇氣的具體說出自己的生涯目標時，原來沮喪的神情一掃而光，眼神泛出了前所未見的亮光。諮商師給志航充分的注意力與專注的神情，讓他把自己的夢想如數家珍的說出來。

二、步驟二：與志航審視他現在的讀書態度

「你現在每天在做什麼？」待志航把他的理想談論一陣子後，諮商師突然冒出這麼一句。

志航想都不想，聳聳肩說：「沒有做什麼，睡覺、吃飯、蹺課、上課打瞌睡。」

「你快樂嗎？」諮商師問。

「當然不快樂啊！而且好像全身都提不起勁。」志航回答。

「當你在做那些事時你在想什麼？」諮商師問。

「上課或讀書時，我就一直想著『我很討厭這些東西』、『我怎麼這樣浪費時間在讀這些課程？』」志航回答。

諮商師以車子的四個輪子為例，跟志航解釋思維和行動如何影響感覺和生

理反應，讓志航瞭解其不快樂和不起勁是來自他的思維和行動。然後以轉動方向盤，前兩輪就跟著轉動為例，說明他其實是有掌控權來改變自己的思維和行動。

志航似乎瞭解其中的道理，但仍沒有動力做任何改變。為了增進志航的動機，諮商師決定進入步驟三。

三、步驟三：幫助志航自我評價，探討目前的所行所為是否能帶他達到自己的目標

「我看你在談到未來想當國文老師時神采飛揚的樣子，可以看出你真的很喜歡，我相信你也一定會做得很好。但如果你不去上課，不讀書，連高中都畢不了業，這有助於你達成以後要當國文老師的願望嗎？我希望你做一下自我評估，預測一下你目前的行為與未來目標的相關性。」諮商師問。

這樣的問法對志航似乎有促動的作用。他沉默許久，不斷的搖頭。半晌後才開口說：「我想我目前的讀書態度只會讓我走入死胡同。不是被退學，就是勉強畢業，但肯定是考不上大學的。」

「這是你想要的結果嗎？」諮商師問。

「當然不是，我從來沒想過自己會連高中都畢不了業，但是我也不想去大學唸自己不喜歡的科系啊！」志航說。

「你知道上了大學後你可以轉系嗎？」諮商師提醒志航。

「真的嗎？」志航眼睛睜得很大，好像從來沒有人跟他提過這個資訊一樣。「怎麼沒有人告訴我。」

「你願意改變自己的行進方向，朝自己理想的目標『當國文老師』的方向前進嗎？」諮商師問。

「當然，請幫助我，我來得及嗎？我還有藥救嗎？」志航說。

諮商師提醒案主不用自責，只要他願意好好的做計畫，就有達到目標的可能。

四、第四步驟：與志航以 SAMIC3/P 的原則定出計畫

提醒志航計畫必須是簡單、可達成、可測量出來、馬上可以付諸行動、前後一致，且是他可掌控並願意承諾去執行的計畫。

參、結果摘要

前後三個月，志航每個星期來見諮商師一次。自從體會到「人生是自己選擇的結果」後，志航開始變得主動積極很多。在諮商師的協助下，每次諮商中設定一個具體可行的計畫，完成後，再設定另一個計畫。從原先「我不知如何是好」的無奈，到願意負起責任當自己人生的策劃者，志航上課的出席狀況與上課的態度逐漸獲得改善，成績逐漸進步，也漸能自信的告訴父母自己真正想學的專業。畢業前最後一次的諮商，志航謝謝諮商師教會他「學會當自己人生的駕駛員」。

你瞭解了嗎？

下面有 15 題選擇題，可幫助你測試自己對選擇理論／現實諮商學派的理解程度：

1. 葛拉瑟認為每個人都有下列這些基本需求，除了哪項不在其中？
   a. 生存
   b. 愛與歸屬
   c. 自由
   d. 自我實現

2. 每個人心中的理想世界，葛拉瑟將其取名為：
   a. 美好世界
   b. 人間天堂
   c. 整體行為
   d. 天上人間

3. 葛拉瑟說只要立場中立，每個人都可以很客觀的來看外在世界。
   a. 正確
   b. 錯誤

4. 葛拉瑟認為人的五項需求中最重要的是哪一項？
   a. 生存
   b. 愛與歸屬
   c. 自由
   d. 快樂

5. 選擇理論用一張椅子來形容人的五項需求的關係，其中椅面是代表哪項需求？
   a. 生存　　　　　　　　　　b. 掌控權
   c. 自由　　　　　　　　　　d. 快樂

6. 選擇理論用一輛車來描述人的整體行為，其中的方向盤代表的是什麼？
   a. 基本需求
   b. 想要
   c. 行動
   d. 感覺

7. 選擇理論用一輛車來描述人的整體行為，其中引擎代表的是什麼？
   a. 基本需求
   b. 想要
   c. 行動
   d. 感覺

8. 選擇理論用一輛車來描述人的整體行為，其中兩個前輪代表的是什麼？
   a. 基本需求和想要
   b. 想要和思維
   c. 行動和思維
   d. 感覺和生理反應

9. 選擇理論用一輛車來描述人的整體行為，其中的兩個後輪代表的是什麼？

    a. 基本需求和想要

    b. 想要和思考

    c. 行動和思維

    d. 感覺和生理反應

10. 選擇理論相信人最能直接影響的是整體行為中哪一部分？

    a. 基本需求

    b. 想要

    c. 行動和思維

    d. 感覺和生理反應

11. 下面哪項說法是現實諮商的論點？

    a. 只有在此刻才有改變的機會

    b. 轉移作用是因為不能勇敢當自己

    c. 抱怨身體的症狀是在逃避面對問題

    d. 以上皆是

12. 現實諮商的 WDEP 中的 D 指的是什麼？

    a. Discuss（討論）

    b. Doing（做什麼）

    c. Different（不同）

    d. Direction（方向）

    e. b 和 d

13. 現實治療的 WDEP 中的 E 指的是什麼？

　　a. Effective（有效）

　　b. Evaluation（評量）

　　c. Emphasis（強調）

　　d. Empower（使力）

14. 現實治療的 WDEP 中的哪一個步驟是其中的關鍵？

　　a. W

　　b. D

　　c. E

　　d. P

15. 現實治療中強調做計畫應注意三個 C，除了哪項不在其中？

　　a. 一致性（consistent）

　　b. 是計畫者可掌控的（controlled by the planner）

　　c. 是計畫者願意承諾的（commitment）

　　d. 對人生是有貢獻的（contribution）

（答案請見書末「你瞭解了嗎？」試題解答頁）

腦筋急轉彎

1. 心理學家的理論通常是其人生故事的寫照。請就葛拉瑟在追求成為心理學家的心路歷程來說明他「人生是選擇的結果」的論點。

2. 不同於馬斯洛認為生存是人生最基本的需求，選擇理論的需求椅認為生存需求是由其他四個需求撐起來的椅面。哪一個論點你較贊成？請舉個實例說明之。

3. 選擇理論用車子來形容人的整體行為，請詳細說明車子每個部位間的關聯性。你贊同這個論點嗎？請舉一個實例來支持你的論點。

4. 現實諮商以 WDEP 系統來幫助人們面對與處理問題。請你以目前最需做決定的情境為例，以 WDEP 幫助你做出詳細的規劃。

5. 本文作者體會到「自己的人生掌握在自己的選擇中」，你贊同這個說法嗎？請以實例說明你的論點。

6. 如果你是案例分析中的志航，諮商師採用的處理方式對你學習效果的增進會有幫助嗎？有哪些技巧可以再加入好讓諮商效果更獲得提升？

*本章的「參考書目」與「照片來源」附於書末的專頁。

3

從人生的意義、
人性的啟發著手

諮商理論的第三勢力是從人本主義的觀點出發，強調
每個人都有自我發展的潛能，是解決自己問題的專
家。所以本書的第三篇就從「找到人生意義和人性本
質的啟發」的角度出發。總共有三章，包括「法蘭克
的意義諮商學派」（第十章），強調找到人生的意
義，即使遇到逆境也可獲得轉機；「羅吉斯的個人中
心諮商學派」（第十一章），強調無條件的尊重與接
納和同理心是最好的療劑。最後一章介紹「皮爾斯的
完形諮商學派」（第十二章），強調每個人都有強與
弱的兩極，透過對話就能讓對立的兩極獲得統整，而
趨向自我實現。

第十章

◆

法蘭克的意義諮商學派
Frankl's Logotherapy

創始者
維克托・法蘭克
Viktor Frankl (1905-1997)

———— **本 章 要 義** ————

展開胸懷邁向人生，不管任何的際遇，

只要你用心去體會，

都是一段精彩的故事。

當你體會到每個故事帶來的意義，

往前走的腳程將更帶勁。

> 每個諮商學者都有其人生故事，這是法蘭克的故事……

第一節。法蘭克的人生故事

　　1905 年 3 月 26 日法蘭克出生於維也納一個猶太人家，是三兄妹中的老二。很早就對心理與精神醫學領域深感興趣，三歲時立志當醫生。喜歡探討事物也極愛思考，很小時就領悟到「有一天會死掉」的事實，極愛思索死亡對人生的意義，對所遇到的每件事都非想通不可（thinker-through），朋友的母親戲稱他為「思考家」（the thinker）。每天起床常會思考人生的意義，「特別是新來的一天的意義，尤其是這天對我的意義是什麼」（Particularly about the meaning of the coming day, and specifically its meaning for me）（Frankl, 1997a, p. 32）。

　　1914 到 1918 年正值第一次世界大戰，生活很困苦，有時候要到農家去乞討食物，法蘭克經常在冰冷的冬天清早三點起床排隊等著買馬鈴薯，但他在學校的成績並不受影響，功課一直保持得很好，廣讀哲學與心理學家的著作，對佛洛依德的理論更深感興趣。1915 年上初中後，白天上學晚上去成人學校修心理學課，並開始與佛洛依德通信分享學習心得，佛洛依德都一一回覆，令他很感動。1921 年成了青年社會主義工作者的會員（Functionary of the Young Socialist Workers），常公開講述「人生的意義」。16 歲時有次在海邊看書寫下〈肯定與否定的模擬運動〉（On the Mimic Movements of Affirmation and Negation），佛洛依德看過後很賞識，寄給《國際心理分析雜誌》（*International Journal of Psychoanalysis*）於 1924 年刊登。1923 年法蘭克高中畢業論文〈心理學的哲學思想〉（On the Psychology of Philosophical Thought）也刊登於當地報紙的青少年版，顯現出他寫作方面的才華。

1924 年進入維也納大學醫學院攻讀，因深愛心理分析便打算走精神科，與佛洛依德書信往返未曾間斷，有次兩人不期而遇，佛氏一字不落的說出他的住址，可見對他印象之深刻。但未久後法蘭克開始著迷於阿德勒的理論，特別對其所持「人在做決定時應有選擇的自由」之觀點深表贊同。1925 年其〈心理治療和世界觀〉（Psychotherapy and Weltanschauung）一文發表於《阿德勒國際心理分析雜誌》（*Adler's International Journal of Individual Psychology*），1926 年，也就是在阿德勒離開佛洛依德 14 年之後，法蘭克加入其門下成為最年輕的一員，並擔任《阿德勒國際心理分析雜誌》的編輯。也就在此期間，法蘭克開始以「選擇的自由」為起點架構「意義諮商」（logotherapy）的理論，並在公開演講時介紹自己的論點。第一場是受青年社會主義工作者協會之邀在法蘭克福講述人生的意義，此時他才 21 歲是醫學院學生。看學生們在國旗引導下進入會場聽他演講，法蘭克受寵若驚。第二場是在柏林個人心理學會（Society for Individual Psychology）演講。

1927 年他進入阿勒（Rudolf Allers）的感官生理（Physiology of the Senses）實驗室工作，認識同時是生心理藥物（psychosomatic medicine）的創始者與醫藥人類學家（medical anthropologist）的史瓦滋（Oswald Schwarz），不久後，在維也納大學歷史學院的演講廳阿勒和史瓦滋宣布退出阿德勒的協會，宣布後會場一片靜寂，大家等著看阿德勒如何反應，後排坐著一些佛洛依德的追隨者等著看熱鬧。法蘭克和阿德勒坐在前排，幾分鐘後阿德勒轉向群眾說：「你們這些英雄們，然後呢？」（Well, you heroes?）法蘭克心想既然阿德勒是在邀請大家回應，便起來發言，他表明自己會繼續追隨阿德勒但建議個別心理學應該與心理論（pscyhologism）撇清，然後以「我的老師」稱呼史瓦滋並表達對其論點的贊同。顯然的阿德勒非常在意法蘭克未能無條件的支持他，從那之後不再和他說話，不斷暗示要他退出。還好有幾位協會裡的好友如魏伯格（Erwin Wexberg）、德瑞克（Rudolf Dreikurs）和阿德勒的女兒亞歷珊卓（Alexandra）都還與他保持聯絡。之後，法蘭克邀請懷特斯（Fritz

Wittels）和史伯曼（Maximilian Silbermann）與他一起成立醫學心理學學術協會（Academic Society for Medical Psychology），法蘭克擔任副主席，史伯曼擔任主席，並邀請佛洛依德擔任諮詢委員（advisory board）。法蘭克常在協會裡設立讀書會，介紹其意義諮商法（logotherapy），又名存在分析（existential analysis）。

1930 年法蘭克在維也納和其他六個城市成立青少年諮商中心（Youth Counseling Centers）。鑑於當地高中生每回在發成績單時，常因心理壓力大而自殺的事件時有所聞，便推出自殺防治方案，推展後成效卓著，創下了多年來維也納首次沒有學生自殺案件的紀錄。此佳績得到國際的矚目，他先後受邀到德國柏林、捷克首都布拉格和匈牙利首都布達佩斯等地去演講。在布拉格，法蘭克認識了皮爾茲（Otto Pötzl），兩人成為好友。法蘭克的論點在維也納的心理學界獨樹一格，繼佛洛依德的心理分析和阿德勒的個人分析學派之後，被稱為是維也納第三支心理治療學派。

1930 年法蘭克從維也納大學醫學院畢業，在該大學附屬醫院的精神科工作，第一年的督導是皮爾茲，後兩年是傑士曼（Josef Gerstmann），從中學到治療腦神經相關疾病的經驗。1933 到 1937 年在 Am Steinhof 心理醫院工作，負責處理有自殺傾向的女病患，每年的病患超過 3,000 人以上。1937 年開設神經與精神專科診所。隔年三月希特勒的軍隊大舉入侵奧地利，有天幫同事代課在大學講授「我們這個時代的緊張現象」（Nervousness as a Phenomenon of Our Time）時，教室的門突然打開，一名納粹士兵站在那裡。法蘭克臨危不亂，定意要把課講得很精彩讓這名士兵忘記自己站在這裡的原因，對著士兵勇敢的講課，順利上完整堂課。事後回憶時，他自稱這是他「人生中很勇敢的一個表現」（Frankl, 2000, p. 76）。

那事件之後政治局勢越來越糟，法蘭克無法再開業，奧地利的猶太人面對災難，每天至少有 10 個人企圖自殺被送到醫院。因應這個需要，從 1940 到 1942 年法蘭克受聘擔任專為猶太人設立的羅士德（Rothschild）醫院腦神經科

主任，也因此職位的關係他和家人可受到保護。此時他收到美國領事館發給他的個人簽證的通知，但卻猶豫不決，想追尋自由卻捨不得丟下父母。回到家時剛好父親從被燒毀的猶太人會堂撿回一片用希伯來文寫的十誡的石板，法蘭克問父親上面寫的是哪條誡命。「當尊敬父母，使你的日子在耶和華你神所賜你的地上得以長久。」（Honor thy father and thy mother that thy days may be long upon the land），父親唸出來後，法蘭克相信那是命運所定，便決定與父母留在奧地利（Frankl, 2006, p. XVI）。不久後與當護士的蒂莉（Tilly）結婚，是該單位最後一對被批准可以結婚的猶太人，但條件是不准生小孩。之後蒂莉懷孕但得犧牲腹中的胎兒，法蘭克後來把其所著的《聽不到渴求意義的哭聲》（*The unheard cry for meaning*）一書獻給這個未出生的孩子。

1942 年法蘭克婚後九個月全家被送進特雷津集中營（Theresienstadt Camp），他將剛寫完的《醫生和靈魂》（*The Doctor And The Soul*）草稿縫在外套的裡層，無奈入營後即被沒收，他難過的形容好像看到自己的孩子被謀殺般的心痛。士兵丟給他一件死囚的外套，口袋裡居然有一小張祈禱文，心裡稍得安慰，相信上帝是在「挑戰他如何活出自己人生意義的理念」（as a challenge to live my thoughts）。父親對上帝非常信賴，被送往集中營的途中，

◐照片 10-1 奧斯威辛死亡集中營（德語：Auschwitz）。位於波蘭南方、距波蘭第二大城克拉科夫西南 60 公里的小城奧斯威辛，是納粹德國時期建立最主要的集中營和滅絕營。

很多人都很害怕，父親卻不斷跟同行者勉勵著「要喜樂，因為上帝的國度近了！」（Be of good cheer, for God is near!）（Frankl, 2000, p. 25）。

在特雷津集中營中，父親因飢餓和肺炎在法蘭克的臂彎裡嚥下最後一口氣，其他的家人都不知何時會被拆散所以都很珍惜，每次分離時都和母親吻別。蒂莉本來被派在彈藥工廠，可以被豁免有兩年不會被送入奧斯威辛死亡集中營（Auschwitz Death Camp），但卻甘願放棄，與法蘭克一起被送往那個可怕的死亡集中營，離開時法蘭克要求母親大聲的給他們祝福。一星期後母親也被送往奧斯威辛，直接就被送入毒氣室，哥哥則死在煤礦坑裡。法蘭克和妻子不久也被分開，臨別時法蘭克喊著：「蒂莉，不惜任何代價想辦法活下來。聽到沒有，不惜任何代價！」（Tilly, stay alive at any price. Do you hear me? At any price!）（Frankl, 2000, p. 90）。

往後法蘭克不斷與死神打交道。約瑟夫‧門格勒醫生（Dr. Joseph Mengele）在奧斯威辛集中營負責將囚犯分派為左右兩排，有次法蘭克被分到左排，沒看到這一排有半個他認識的人，但見右排有幾個他的同事，就趁著門格勒醫生轉身之際趕快換到右排。後來才知道原來右排去當勞工，左排的送進毒氣室，法蘭克靈機一動換了位置，倖免一死。又有一次守衛挑出 100 人將解送出去，法蘭克是最後一個。正要整隊出發，守衛突然很粗魯的把他旁邊的一名男囚打入隊伍中，將法蘭克踢出去。回神過來時，那 100 人已被帶離送入毒氣室，又逃過一劫，法蘭克感念這名守衛的救命之恩。轉到德克營區（Turkheim Camp）時，有一次法蘭克得了傷寒，不敢睡著怕會停止呼吸，痛苦中他一直告訴自己要撐著，因為若死掉了，就無法將被沒收的《醫生和靈魂》的書稿寫回來。還好因友送他的鉛筆頭讓他可在幾張撿到的廢紙上寫字，那夜靠著寫書的心志，以超越自我（self-transcendence）能力撐過去。之後只要抓到機會就猛寫，想救回被沒收的書稿成了他每天活下去的重要動力。

1945 年 8 月重獲自由回到維也納時，聽到太太死於伯根－貝爾森（Bergen-Belsen）集中營，悲慟萬分。家人除了妹妹逃到澳洲，其他人都被關

進集中營，而他是唯一的倖存者。對這段痛苦的經驗他形容是自己人生的成熟檢驗考試（mature exams）。當初若選擇到美國就可逃過這個檢驗，可能可以順利的發展出理論，完成夢想。但他沒有做那個選擇而進入了集中營，抱持此痛苦經歷「應是有些什麼事期待我去做，要我去完成某些任務」（That something is expected of me, that I am destined for something）（Frankl, 2000, p. 104）的心態，他打起精神活下去，要去尋找藏在這段痛苦背後的意義。

後經友人皮特曼（Bruno Pittermann）介紹，在維也納玻利格蘭醫院（Vienna Policline Hospital）找到神經科主任一職（此工作他待了 25 年）。後來也有了皮爾茲教授的消息，但去拜訪時卻被告知皮爾茲因曾為納粹黨員而被革職，接繼他職位的考德斯（Otto Kauders）熱心的接見他，鼓勵法蘭克把讓他撐著活下來的《醫生與靈魂》一書完稿，也可符合要到大學當講師需有著作的要求。為此法蘭克把自己關在一個沒有暖氣家具又破舊的房間，三台打字機一起作業把醞釀三年的想法化成文字，送到出版社時他喜極而泣。同年以九天的時間寫下《活出意義來》（*Men's Search for Meaning*），寫時往事歷歷不堪回首，讓他不禁悲從中來，但也從寫作中體會到此痛苦經驗帶給他的意義。本來是想以匿名方式出版，但經鼓勵他以真名出版表示對內容負責任。這本小書得到廣大的迴響，被翻譯成 24 種語言，印了 72 版，非常暢銷。

1947 年他再婚娶了史溫特（Elonore Katharina Schwindt），她是天主教徒，兩人尊重彼此的宗教信仰，上天主堂也上猶太教會堂，慶祝聖誕節也慶祝燭光節（Hanukah），女兒卡瑞莉（Gabriele）後來成為兒童心理學者。1948 年法蘭克獲得哲學博士學位，論文題目是〈潛意識的上帝〉（The Unconscious God），著重在探討宗教與心理學的關係。在 80 歲以前經常爬山，攀登陡峭的山崖是他最大的嗜好，每個重要的決定也都是在山上決定的。他說最快樂的時刻就是寫完書送到出版社然後去攀崖，並在山上享受一個晚上。

◐照片 10-2　法蘭克 1945 年重獲自由後到 1997 年離世，他的辦公室與住家皆在這裡（Mariannegasse 1, 8th Distric, Vienna, Austria）。

　　走過死蔭幽谷讓法蘭克有機會驗證意義諮商法的理論，更從其人生經歷與掙扎中體會到就是因為有死亡才讓人生有了意義（it is death itself that makes life meaningful）（Frankl, 2000, p. 29）。往後一生他在全世界 209 所大學演講過，出了 39 本書，教導世人追求人生意義的重要性。1985 年獲美國精神科學會頒發 Oskar Pfister Award，獎勵他對宗教與精神科學的貢獻，是首位獲此殊榮的非美裔學者，他一生獲頒 30 個榮譽博士（Frankl, 2000）。1997 年 9 月 2 日因心臟衰竭病逝於維也納。

　　本章我們將就法蘭克的理念對人性的本質的界定，探討心理問題的來源及在諮商過程中的運用。

第二節。法蘭克對人性本質的看法

　　法蘭克將其理論定名為「意義諮商」（logotherapy），「logos」一字是希臘文「意義」（meaning）的意思，強調身為人的意義（the meaning of being human）。該詞可翻譯為「透過意義的諮商」（therapy through meaning）或「透過意義獲得痊癒」（healing through meaning）（Frankl, 1978, p. 19; Frankl, 1988, p. 18）。此理論相信找到人生的意義是促動人們生命延續的主要動力。與佛洛依德的心理分析和阿德勒的個人分析學派，並稱為是維也納的三個心理諮商學派。不同於佛洛依德強調人的本質是追求享樂（will to pleasure）、阿德勒強調人的本質是追求掌控與超越（will to power/striving for superiority），法蘭克強調人的本質是尋求意義（will to meaning）。不同於心理分析主要是把本能提升到意識層面，意義諮商法著重在幫助人們從覺察到精神的實體（spirit realities）中瞭解人生的意義，以及覺察到負起自己的責任的重要性。畢竟負責任是人們生存的要素之一（Frankl, 1986）。

　　意義諮商法是建基於三個重要的哲學概念，包括人生的意義（meaning of life）、意義的尋求（will to meaning），以及自由意志（freedom of will）（Bulka, 1998; Frankl, 1988）。很多人誤以為法蘭克的意義諮商法是從集中營的體會發展出來的，法蘭克澄清說在被關進集中營之前就已經發展出此理論的雛形，而三年集中營的囚犯生活中讓他有機會驗證其理論的真實性。他觀察到處在痛苦無助的困境中，若能找到自己存在的意義以及對未來存有盼望的人活下去的機率較高。重獲自由後他將理論著述成文，幫助案主從找到生命的意義中激發出生命的動力（Frankl, 1986, 2006）。

壹、人生的意義

　　法蘭克認為人生的任何一個情境都有其廣泛性（universal）和個別性（individual）的意義（Frankl, 1984, 1997b），即使是表面上看起來毫無希望的情況下，人們也可以透過內在自由的意志去選擇要如何面對該情境。人有生理（body/somatic）、心理（mind/mental）和靈性／精神（spirit）三個向度，必須要有好的整合才能完全經歷人生（fully alive）。精神層面是人與其他動物最大的區別，是不容忽視的。即使生理部分可能會有不適，精神層面卻永遠都是健康的（Corey, 2013; Frankl, 1988）。

　　身為精神科醫師的法蘭克注意到科學性的心理治療專注在探索病人生理症狀後面的精神原因（psychic causes），但卻常發現病人就醫的原因是找不到人生的意義，而期望醫生能幫忙解答「人生到底有什麼意義？」此類的問題。因此受科學訓練的醫生不能不重視這哲學性的處理模式，而此缺口就可以由意義治療法來彌補。因此意義治療法的發展並不是要來取代心理治療，而是當其重要的補強劑（supplement）（Frankl, 1988）。很多人也許認為心理治療是屬於科學的範疇，無關乎價值觀（values），但法蘭克堅持心理治療不可能不觸及案主的價值觀。意義治療法的「logo」就是強調心理諮商不僅要重視精神層面，更要進一步重視「意義」的層面（Frankl, 1986）。

一、人生意義

　　法蘭克強調「人生」（life）並不是模糊的字眼、它是非常真實與具體，是一個人人生的標的。「人生最終目的就是負責任的為自己的問題找到答案，並完成每個人被賦予的任務」（Life ultimately means taking the responsibility to find the right answer to its problems and to fulfill the tasks which it constantly sets for each individual）（Frankl, 2006, p. 72）。

（一）每個人都在尋找一個有意義的人生

有份資料顯示 85% 的美國大學生企圖自殺的理由是覺得其人生沒有意義（life seemed meaningless），法蘭克把這個現象稱為是「聽不到渴求意義的哭聲」（unheard cry for meaning）（Frankl, 1978, p. 20）。每個人都在尋找一個有意義的人生，人生意義的追求是推動人們生命延續的主要動力。不過每個人對自己人生意義的界定都相當獨特，沒有一個人的人生標的會跟別人一樣，只有那個特定的個體能去完成，也只有那個個體完成該任務後才能滿足其心中所設定的生命的意義。因為這樣的意義對個人相當重要，人們可能會為此拋頭顱、灑熱血也在所不惜（Frankl, 2006）。無奈的是有些人雖然有活下去的方法與條件，卻找不到活下去的意義與動力；相反的，有些人雖然處在惡劣的環境，卻因找到人生的意義而充滿活力（Ever more people today have the means to live but no meaning to live for. On the other hand, we see people being happy under adverse, even dire, conditions）（Frankl, 1978, p. 21）。例如一位被關在美國州政府監獄裡的囚犯寫給法蘭克的信中提到，自己在監獄裡看到越來越多的機會讓他可以服務和成長，「感到前所未有的快樂」（I'm really happier now than I've ever been）（Frankl, 1978, p. 21）。

（二）不同的情境對每個人會有不同的意義

沒有一個情境會重複發生，不同的情境對每個人會有不同的意義。有些情境出現可能與某人的人生意義不謀而合，如一個某人理想的工作出現，此人只需要點頭接受就達到其目標了；某些情境的發生可能是某人期望的目標，但此人需要改變現狀付諸行動才能得到（Frankl, 2006）。法蘭克從集中營的經驗中觀察到當人們處在極度困難的情境下，一個具有尋找意義的意志力（the will to meaning）以及能超越自我看到自己能對他人所做的貢獻者，會比沒有此心志者存活率較高（Frankl, 2000）。

（三）人生所有的經歷都是有意義的，都會成為未來有用的資產

　　法蘭克在《活出意義來》一書中提到，在集中營裡因為不知何時會重獲自由，大家難免都垂頭喪氣。有一天因有人偷東西而整個營區被罰禁食又逢停電，更是雪上加霜，法蘭克看了於心不忍，不顧自己又冷又餓的身軀在一片漆黑中，於是開始鼓勵大家。「人生所有的經歷都是相當可貴的，它無法被刪改，也沒有人可以從你身上拿走」（What you have experienced, no power on earth can take from you）（Frankl, 2006, p. 77）。更重要的是這些過去的經驗都會成為你未來有用的資產，就如尼采所說的：「那些沒有殺死我的讓我變得更堅強」（That which does not kill me, makes me stronger）（Frankl, 2006, p. 77）。所以我們不能說每個存在的此刻是沒有意義的，每個人不斷的按其現有的潛能做選擇，「就像走在時間的沙灘上，每個烙下的腳印都記錄了一個事實。不管是好是壞，在任何時刻都在為他自己要在人生留下什麼樣的痕跡做決定」（Which choice will be made an actuality once and forever, an immortal footprint in the sands of time. At any moment, man must decide, for better or for worse, what will be the monument of his existence）（Frankl, 2006, p. 121）。法蘭克坦白的告訴囚友，雖然自認只有 20% 的生存機會，但卻不輕言放棄。「要抱存足夠的希望與勇氣來面對，不要因為眼前的痛苦與無助而輕忽了它背後隱藏的尊嚴與意義」（They must not lose hope but should keep their courage in the certainty that the hopelessness of our struggle did not detract from its dignity and its meaning）（Frankl, 2006, p. 78）。很多人在等著看受苦者如何度過苦難，不要讓他們失望，「讓他們看到我們即使受苦也很有尊嚴，因為我們知道如何面對死亡，犧牲和死亡是有意義的」（He would not expect us to disappoint him. He would hope to find us suffering proudly-not miserably-knowing how to die…suffering and death were meaningful）（Frankl, 2006, p. 78）。講完後電也來了，很多囚友們噙著淚水謝謝法蘭克的鼓勵，讓他們在黑暗中看到亮光。

人們常說人生的每件事，包括受苦和死亡，似乎都是曇花一現轉眼即逝。對此法蘭克的解釋，真正短暫的是那些潛在還沒發生的事情，當它們轉為實際的剎那後就被儲存起來成為過去式，被畫下永恆的印記。所以我們能夠不負責任與謹慎行之嗎？

（四）把握每個存在的當下，完成自己人生的任務

意義治療法鼓勵人們要把握每個存在的當下，不是悲觀的看待時光的流逝，而是主動與積極的過每一天，並清楚的記錄每個日子的點滴。畢竟「沒有一個人是可以被取代、沒有一個人生是可以被重複。所以每個人需在特定的時間點內，去完成其被賦予、獨特的人生任務」（He cannot be replaced, nor can his life be repeated. Thus, everyone's task is as unique as is his specific opportunity to implement it）（Frankl, 2006, p. 102）。很多人喜歡羨慕年輕人，因為他們有無限的可能，但受過苦難的法蘭克卻積極的說他不用羨慕年輕人，因他擁有很多真實的過去，有完成的事、愛過的人，甚至有受過的苦。這些受過的苦更是他感到最大的驕傲（Frankl, 2006）。這是告訴我們珍惜自己擁有的最是重要。

二、存在的挫折與空洞感

（一）存在的挫折感

尋找人生意義的過程中，難免會因一時無法從遭遇的事情中找到任何意義而對人生感到失望，這種經驗稱為「存在的挫折感」（existential frustration）。存在的挫折感可能是來自尋找意義的導向有了誤差，例如想從酗酒或賭博中找尋歡樂，卻發現「藉酒（賭博）澆愁，愁更愁」，而感到人生沒有意義。例如一個人在工作上很不愉快，對公司的要求常無法遵行，在公司成了大家眼中的問題人物。接受諮商時才發現是因與他原先所定的人生意義不同而有尋找意義的挫折感，後來換了與自己的人生意義相同的工作後，成了模範員工。存在的挫折感也可發生在長期處在厭倦或冷淡的氣氛，或感到自己的

能力無法獲得發揮或受到肯定（Frankl, 2006）。以工作為例，一個公司未能肯定員工的能力，只把他當作機器人般指使；或給員工很響亮的職稱，但做了以後發現每天只是在處理一些雜事。這兩種情況都會讓員工無法找到工作的意義，而經驗到存在的挫折感（Phillips, 1995）。當人們覺得其人生沒有了意義而有存在的挫折感，可能會顯現在酗酒、吸毒、自殺、犯罪行為上（Frankl, 2004）。

（二）存在的空洞感

法蘭克（Frankl, 1984）提出 D＝S－M 的公式，D 是英文字「絕望」（despair）的縮寫，S 是英文字「受苦」（suffering）的縮寫，M 則是英文字「意義」（meaning）的縮寫。法蘭克用此公式來表明「絕望等於是痛苦減去意義」的意思，亦即是長期生活在苦難下若找不到人生意義的人就會產生絕望感。絕望的人不僅在情緒上對人生失去希望，自我認同瓦解，在完全失去自我的狀態下很容易導致自殺（Ewalds-Kvist & Lützén, 2015）。當所處的環境缺乏希望與意義時，會導致空虛與無助感而對生存缺乏了動力，這種現象則稱為存在的空洞（existential vacuum）。處在這樣的情況下，人們覺得人生沒有什麼價值、感到不快樂，更無法融入其所處的社會環境裡（Corey, 2013; Ewalds-Kvist & Lützén, 2015）。這是對人生缺乏意義與目的，是情緒失調（emotional maladjustment）的指標，不僅會影響其能否成功或快樂，也會威脅到其存活的可能性。

法蘭克分享他在集中營時，有次一位囚犯告訴他說夢見 3 月 30 日就會得到自由，他講話時眼神發光精神奕奕。預期的日子越來越靠近，不見什麼可能被解放的好消息出現。3 月 29 日他開始生病發高燒，3 月 30 日不省人事，3 月 31 日去世。另外在 1944 年的聖誕節和 1945 年的過年那兩個星期，集中營裡死亡人數會比往常高，因為很多人期望節日到了可以獲得自由回家過節，結果希望落空，人生失去了意義，也失去了活下去的動力（Frankl, 2006）。

所以法蘭克說：「尋找人生意義的意願很重要，因為它具有生存的價值」（the willing to meaning has "survival value"）（Frankl, 1978, p. 34），找到人生的意義可增加人們生存的能力。對於處於絕望的囚友，法蘭克會問他們「有什麼人在外面等著你回家？」或「還有什麼事情還未完成的？」他發現那些對未來存有盼望，「知道對等著自己回去的人仍負有責任或有任務待自己去完成的人，較不會隨意放棄生命」（A man who becomes conscious of the responsibility he bears toward human being who affectionately waits for him, or to an unfinished work, will never be able to throw away his life）（Frankl, 2006, p. 75）。

貳、意義的尋求

一、精神動力是促進心理健康所不可缺少的元素

精神動力（Noödynamics）指的是人們在追求人生意義時，內心所引發的緊張狀態（inner tension）〔Noös 希臘文是精神與想法（mind）之意〕。這時候人是處在「現狀」（to be）和「將成為」（to become）或「希望」與「完成」之間的衝突。亦即是在「已成就」和「想完成」之間的拉扯；或者是感受到「目前狀況」和「應該有的狀況」兩者間的差距。法蘭克說這股精神助力是促進心理健康所不可缺少的元素，人即使在最惡劣的情況下，若能緊抓住這樣的人生意義就能夠有效的存活。例如法蘭克是因不斷告訴自己他必須存活來完成他被沒收的《醫生和靈魂》的書稿。40 歲生日時集中營的朋友送他一個小鉛筆頭和幾張撿到的廢紙當禮物，有次他得了傷寒，為了避免睡著造成血管萎縮，晚上必須掙扎著讓自己保持清醒時，他就用那小鉛筆頭和廢紙寫書，這成了他要活下去最大的支撐力（Frankl, 2006）。就像尼采說過的：「一個人若知道自己『為什麼』而活時，就可以克服萬難、用盡各種『方法』讓自己繼續活下去」（He knows the "why" for his existence, and will be able to bear almost any "how"）（Frankl, 2006, p. ix, 75）。

二、找到人生意義的管道

　　人生經歷的每個情境都有其意義，每個意義都有其獨特性。當然每個人對每個經驗所帶來的意義之體會可能會時有改變，但不管如何，「人生從來不會是沒有意義的」（Life is never lacking a meaning.）（Frankl, 1978, p. 39）。法蘭克說人生可分為主動人生（active life）和被動人生（passive life）兩個層面。主動的人生讓人有機會從自己付諸行動所創造的產品中體會創作的價值；被動的人生讓人們有機會從欣賞與體會大自然與藝術之美中感受與經驗到人生的價值（Frankl, 2006）。細分之下，找到人生意義的管道有三個：一是從完成任務、創造工作或做事情中找到人生的意義；二是愛的關聯，從與人互動或找到愛侶中感受到人生的意義；三是勇敢面對苦難，從面對不可逃避的痛苦態度中找到人生的意義（Frankl, 2006）。法蘭克從價值的角度做切入點，上面三個管道可分別標明為創造的價值（creative values）、經驗的價值（experiential values）和態度的價值（attitudinal values）（Frankl, 1986）。

（一）從創造的價值中找到人生的意義

　　人可從完成人世間的各種任務、從事各項事物的創造中體會到人是有創造的價值，而從中找到人生的意義，法蘭克稱此為創造的價值。如前面所提過的例子，被關入集中營前的最後一分鐘法蘭克還在寫《醫生和靈魂》，進入奧斯威辛集中營他把這份草稿縫在外套裡層，希望在獄中還能倖存，不幸的入營後這份草稿跟著其他私人物品一起被沒收了。他相當寶貝這本草稿，形容是他心靈上的兒子（spiritual child），看著草稿被沒收感覺就像自己的兒子被謀殺般的心痛。即使他自己無法存活，他也希望這本書能活下來。然而令他意想不到的是，被換來的一件已被送入毒氣室的死囚的舊外套口袋裡，居然有一小片紙是從祈禱文撕下來的。法蘭克不覺得這只是個偶然的巧合，而是上帝在「挑戰他如何活出他所寫的理念、如何將教導他人的理論實行出來」（as a challenge to me to live what I had written, to practice what I had preached?）（Frankl, 2000,

p. 94）。法蘭克說這雖然是受苦但卻也是祝福，努力存活來完成他被沒收的草稿，將其出版見世，成為他在集中營中要努力活下來的人生意義（Frankl, 1986, 2006）。但有些囚犯對未來的人生沒有盼望，每次出操都說是在為自己的喪禮踏正步，此類其心已死的囚犯很容易就會喪命（Frankl, 2006）。

（二）從經驗的價值中體會到人生的意義

法蘭克以超越自我的概念來解釋人們如何從這個管道找到人生的意義（Frankl, 1978）。

1. 超越自我讓人們看到外在的美與善

人類存在的超越自我（self-transcendence of human existence）是說事實上人在追求意義的達成上永遠都是指向或朝向某些人或某些事，而不是自己。能超越自我的人就像健康的眼睛一樣，看到的都是外物而不是自己。人生的意義來自與外物和他人的互動，例如人可以從經驗到創造宇宙的神、欣賞大自然宇宙的美景，與體會人間的真善美中體會到人生的意義，法蘭克稱此為經驗的價值。在集中營中，法蘭克和囚友常從大自然的美景中得到心靈的安慰。

2. 超越自我讓人們學會愛與關心人

法蘭克強調人有責任把其人生的意義實現與發揮到極致，不過他也聲明真正人生的意義是要從外在的世界去發掘而不是只定睛在自己的身上（the true meaning of life is to be discovered in the world rather than within man or his own psyche）（Frankl, 2006, p. 103），不要只問人生要給我什麼，更要去問我能夠帶給人生什麼，其實越多忘記自己、越多為愛或服務別人著想，也越能實現自己的理想（Frankl, 1978）。人也可從與人互動或找到愛侶並享受到愛的關聯中，瞭解與體會到人生是有意義的。法蘭克反對自我實現（sell-actualization）這個字眼，他說當人們越急著要達到自己想要的東西，就越容易錯失掉。他用自己寫書的經驗為例子，他說自己寫那麼多書中最暢銷的書是《活出意義

來》，當時寫這本書時他其實是要匿名出版的，並非為自己的名望而寫的，只是想跟世人分享在集中營的經驗。後來是臨出版前朋友告訴他要署名才表示為自己的想法負責任，他才把名字加上去。法蘭克強調「快樂與成功一定會出現的：但你不要太在意，讓它自然出現」（Happiness must happen, and the same holds for success: you have to let it happen by not caring about it）（Frankl, 2006, xiv）。

3. 超越自我的能力可以讓人抗拒和忍受痛楚

超越自我的能力可以抗拒和忍受痛的情境（Ewalds-Kvist & Lützén, 2015）。例如在集中營裡有兩個人對法蘭克提到覺得人生沒什麼指望很想自殺，這時法蘭克就問他們說：「我們是應該問『我們對人生的期待是什麼？』（What we expected from life?）還是問『人生對我們的期待是什麼？』（What life was expecting from us?）想想你們的人生還有什麼在等著你們呢？」（Frankl, 2006, p. 72）。這位婦女提到她在國外的孩子在等著她，另一位男士是科學家，則談起他在寫的一系列書有待他去完成。想到未來還有可期待的事讓他們感到人生是有意義的，前者是找到愛的關聯，後者是想要完成任務，兩者都是把焦點放在自己之外，當人們知道還要為別人而努力時，給了他們繼續活下去的力量（Frankl, 1986, pp. xvi-xvii; 2006, p. 75）。

（三）從態度的價值中感受到人生的意義

1. 從勇敢面對苦難中學習承擔自己的重擔

前面提到的主動與被動的人生都是與外在環境互動的，人生的另一個價值是完全與外在無關的，那就是人們對自己這個存在（existence）個體本身的態度。人生在世除了有機會創作與享受外，痛苦的命運與死亡也是無法避免的一部分。所以不是順境的人生才有意義，從經歷痛苦與死亡卻能勇敢面對苦難中也能體會到人生的意義，法蘭克稱此為態度的價值。既然無法改變命運，但從

改變而對命運的態度中，可以體會到人生的意義（Frankl, 1986, 2006）。例如法蘭克三年中被關過四個集中營，他說在經歷痛苦中沒有人能代為承受或減輕其苦痛，這也是給他機會去學習承擔自己的重擔（Frankl, 2006）。出獄後見到他的朋友波拉克（Paul Polak）時，他告訴對方自己父母與妻子死亡的消息後忍不住痛哭的說：「我必須告訴你，當所有的這種事發生在某人身上，受到如此的試煉，背後一定是有什麼意義。我雖然說不出來，但我有感覺，有什麼在等著我，我被賦予某種期望，我必須要完成某個特定的任務」（Frankl, 2000, p. 104）。講完後法蘭克的心情輕鬆了不少，他相信他當時的心情只有波拉克才能真正的瞭解。

2. 從受苦中讓人學習成長

　　法蘭克強調如果人生是有其意義的話，那受苦一定也是有意義的（the meaning of suffering）。當一個人願意接受其命運及其加諸他的痛苦，把握這個機會背起十字架，就有機會體會更深一層的人生意義，而「變得勇敢、威嚴與不自私（It may remain brave, dignified and unselfish）（Frankl, 2006, p. 63）。法蘭克的書中提到有一個人被關進納粹集中營時年紀還很輕，當他長大後他體會到那段受苦的日子帶給他的意義是幫助他改變。他的改變是學會捨己為人（rise above self）和超越自己（growing beyond oneself）。法蘭克鼓勵我們：「不要害怕承擔受苦的任務，因為它會帶來成長的機會」（Suffering had become a task on which we did not to turn our backs. We had realize its hidden opportunities for achievement）（Frankl, 2006, p. 73）。更重要的是遇到痛苦時不用覺得羞恥或不敢流淚，因為「淚水見證了這個人勇於擔當、願意承擔痛苦挑戰的最大的勇氣」（for tears bore witness that a man had the greatest of courage, the courage of suffering）（Frankl, 2006, p. 74）。當人們願意改變自己去接受挑戰以讓自己變得更好，那中間所受的苦就有了它的意義（Frankl, 1978）。

3. 從接受人有死亡的限制學會珍惜時光

　　人們可能會說死亡就是結束了人生的一切，有什麼意義可言。對此法蘭克提出不同的觀點，從其人生經歷與掙扎中他體會到就是「因為有死亡才讓人生有了意義」（it is death itself that makes life meaningful.）。更重要的是死亡並不會奪走人存在的意義，所有的所作所為都記錄到過去裡面，是永遠無法被改變的，「任何一個都無法重新來過」（There is no one, and nothing, that can undo it.）（Frankl, 2000, p. 29）。更重要的是，他說人生如果是永無止境，人們可能就不會珍惜時光，做事會失去效率。反過來說，人有死亡的事實為人的一生設定了界限，人生的有限性會讓人更加珍惜生命，較會善用時光做最大限度的發揮（Frankl, 1986）。法蘭克發現當他能接受自己經歷痛苦並能勇敢的接受與面對家人的死亡事實後，幫助他對人生的意義有更深一層的體會，並下了個結論：唯有經歷痛苦與死亡，才是一個完整的人生（without suffering and death human life cannot be complete）（Frankl, 2006, p. 63）。

4. 人有化悲傷為祝福的潛能

　　罪惡、痛苦與死亡三項經驗被稱為是導致人們存在的危機感（existential crisis）的「三項悲傷」（tragic triad）。但法蘭克相信人們有把這悲傷經驗樂觀化的潛能，稱為「悲傷中的祝福」（tragic optimism），亦即人有能力把無法改變的惡劣情境化成最好的祝福，把負向變成正向，把痛苦變為成就，讓自己走出罪惡感的陰霾，走出有意義的人生（Ewalds-Kvist & Lützén, 2015）。

參、精神邏輯

　　精神邏輯（Noӧlogical）負責管理人們的自由與責任兩個向度的意識層面（Ewalds-Kvist & Lützén, 2015）。法蘭克強調人有選擇的自由，但同時也需為自己的選擇負責任。意義諮商法強調做事時應抱持著「好像你正在過第二次的人生，而此刻你要做的事是你已曾犯過一次錯正要再重新來過」的態度（Life as if you were living already for the second time and as if you had acted the first time as wrongly as you are about to act now!）（Frankl, 2006, p. 102），如此做法可讓人能更加謹慎行事，為自己的行為負責任。在美國的演講中，法蘭克就幽默的說：「美國的東岸有個自由女神，我建議在西岸應該放尊負責任的女神。」人的實際我和理想我之間有所差距，所以在做選擇時有責任做出能讓自己的人生達到最高意義的決定（Frankl, 2006）。

一、精神的自由與選擇權

（一）沒有人可奪走的精神自由

身為猶太人的法蘭克被納粹軍隊關入了集中營，入營後所有物品全被沒收，全身髮毛也被剃光時，納粹士兵把他的東西丟入垃圾筒後，丟了一句：「好了，現在你什麼都沒有了」（Good, now you have nothing）。法蘭克心裡回應著：「只要我保有如何反應的自由，我是不會一無所有的」（We are never left with nothing as long as we retain the freedom to choose how we will respond）（Kushner, 2006, p. xi）。法蘭克深知納粹士兵是奪不走他「人類最終的自由權──可以選擇如何面對所處的任何環境以及要如何應對的自由」（The last of human freedom-to choose one's attitude in any given set of circumstances, to choose one' own way）（Flankl, 2006, p. 62），法蘭克稱此為精神上的自由（spiritual freedom）。雖然人們不一定有自由選擇自己所要處的環境，但即使在相當惡劣的環境，人們仍能保留精神的自由與獨立思考（independence of mind）來選擇要以什麼樣的心態面對所處的環境（Bulka, 1998）。人在每時每刻都有機會做選擇，而人們做的選擇左右了自己命運的一大部分。「這個不會被奪走的精神自由，讓人生有了意義與目的」（It is this spiritual freedom-which cannot be taken away-that makes life meaningful and purposeful）（Frankl, 2006, p. 63）。

（二）即使環境受限制，心靈仍是自由的

　　當探討納粹集中營這段史實時，多數學者們專注在探討往生者的死因，但法蘭克卻帶領讀者去探討生還者的生存之道。法蘭克入獄前就發展的意義諮商法強調：人有精神上的自由可去追尋人生的意義，這是每個人擁有的特權，誰也拿不走。一個負責任的人瞭解自己為什麼存在，會努力尋找如何達成其人生意義的方法，並付諸行動。在集中營裡他將自己的理論化成行動，選擇以好奇心與驚喜、幽默、欣賞藝術、自我抽離等心態來面對不可能改變的環境，將本來應該會是悽慘的人生活出它的意義與價值 （Frankl, 2006）。 三年後法蘭克以生還者之姿走出集中營，證明「人可藉著內在的能量來超越命運的安排」（man's inner strength may raise him above his outward fate） 以及「只要有活下去的理由就會有活下來的勇氣」（having a Why to live for enable them to bear the How） 的理念（Kushner, 2006, p. x, xi）。鼓勵人們在有限的環境裡，以主動的態度、按內心的自發性做選擇，做自己想做的自己。

1. 好奇心與驚喜

　　在面對陌生與危險的環境時，人們的好奇心（curiosity）變得特別的敏感，可以讓人與環境抽離，以客觀的心態去審視四周，對心態有保護的作用。例如法蘭克在集中營以好奇的心去觀察自己和別人如何求生存，去驗證他原先理論的確實性、好奇著再來會遇到什麼樣的事情等。好奇心也同時帶出驚喜，當醫師的法蘭克就很不解在冷天九個人共用兩條棉被居然不會感冒；都沒辦法刷牙，牙齦居然比以前還健康，真是不可思議。他有感而發的說：「雖不知其因，但人真的可以適應各樣的環境」（Yes, a man can get used to anything, but do not ask us how）（Frankl, 2006, p. 17）。

2. 幽默

　　幽默（humor）是人類的獨特本能，它可以讓人暫時與痛苦的情境或自己

抽離（self-detachment），是增進人們求生意志（self-preservation）的重要精神武器，儘管只是短暫的一兩秒，都有助於在困境中提升士氣。例如法蘭克提到剛進集中營時東西全部被沒收、連毛髮也被剃光時，好像整個人生都被破壞了。本來應該是難過的場面，突然有人幽默的說：「現在除了這個赤裸裸的人生外，我們再也沒什麼好怕再失去的了」（We had nothing to lose except our so ridiculously naked lives）（Frankl, 2006, p. 15）。淋浴時大家興致都很高，盡興的笑鬧，享受真的有水讓他們洗澡的喜悅。另一個故事，法蘭克提到說在集中營時和一位囚友兩人彼此鼓勵每天想一個重獲自由後可能會遇到的糗事當笑話，因囚友是外科醫生，法蘭克就跟他開玩笑說：「現在我們常聽到命令叫我們：『趕快做！趕快做！』（Action! Action!）如果出去後你在開刀，突然你的督導大叫：『趕快做！趕快做！』你會做什麼反應」（Frankl, 2006, pp. 41-42）。又如每次要被解送時，大家都很擔心不知會被送到哪裡去，有一次到達一個小集中營，一聽說是沒有煙囪的，表示沒有毒氣室，暫時沒有生命危險的威脅，大家都振奮不已，快樂了好一陣子。

3. 欣賞藝術與景觀

因在集中營裡囚犯的心理變得特別敏感，法蘭克記得當在山頂上看到日出或日落的美景時，選擇去欣賞大自然藝術之美的囚犯們臉上會煥發出久未見的神采。一個囚犯跟另一個說：「你看世界可以這麼美好！」（How beautiful the world could be!）（Frankl, 2006, p. 38）。這也是一種超越自我的心態，不要光看自己的苦楚，用健康的眼睛去看外面的美，可體會人生的意義。

4. 自我抽離

當人們在害怕或其他不舒服的情境時，會有自我抽離（self-distance）的能力，它可以幫助人們抗拒和忍受痛的情境（Ewalds-Kvist & Lützén, 2015; Frankl, 2004）。所謂自我抽離是不要去注意目前狀況，而去想像或去做與目前狀況相反的情境或感受。例如法蘭克提到在集中營時有次被抓出去出操，全

身又餓又冷、又痛又累，他就想像自己在一個豪華的大廳，正對著群眾們演講著「集中營裡的心理治療經驗」。他用此自我抽離技術幫自己度過難關，幾年後他真的存活下來，在荷蘭（Leiden, Holland）的第一屆國際心理會議上演講時，有感而發的對聽眾說：「那時我萬萬沒想到有一天我真的有機會做這麼一場演說」（Frankl, 2000, pp. 98）。另外法蘭克和很多囚友也會去想像與太太或家人互動的點滴，因為「愛是一個人所嚮往的最高與最終的目標」（The truth-that love is the ultimate and the highest goal to which man can aspire.），「愛是超乎生理與時空的，不管對方是否真實存在、或是否還生還，透過愛，人可以在內心的底層找到最深的意義」（Love goes vary far beyond the physical person of the beloved. It finds its deepest meaning in his spiritual being, his inner self. Whether or not he is actually present, whether or not he is still alive at all, ceases somehow to be of importance）（Frankl, 2006, pp. 35-36），透過想像與回憶愛的情景，可增加心裡的溫暖感，找到人生的意義的與求生的意志。

二、人要為自己的選擇負責任

意義諮商法強調人不是被環境所塑造，而是受到人們選擇用來面對環境的心態所影響的。既然人有自由的心靈可以決定用什麼心態去面對環境，就要對自己選擇的心態負責（Frankl, 1988），尤其是當面對消極與負向、甚至死亡的威脅時，更需要用很負責任的態度做出選擇，並對自己做的決定可能會遇到的情況和產生的結果負責任（Corey, 2013; Ewalds-Kvist & Lützén, 2015）。

（一）要為每個當下負責任

法蘭克強調人生每個短暫此刻的所行所為轉眼間就被儲存起來成為無法改變的過去，所以我們不能小看每個存在的此刻說它沒有意義，而是必須負責任的為自己要在人生留下什麼樣的痕跡做決定，讓自己記錄的每個腳印成為自己的驕傲（Frankl, 2006）。法蘭克指出所謂的「存在指的是我們為下一個時刻想當的自己所做的選擇，所以每個人都有機會把自己變得更好」（existence should be understood as a choice of what one will be in the next moment; thus, a person always is able to change for the better）（Lukas, 1995, p. 100）。

法蘭克是個完美主義者，對自己的要求非常高，他的做事原則是：

其一，把每件事都當作是通往成功之鑰。不管事情的大小他都給予同樣的注意力，也以同樣冷靜的態度去面對。具體的說是「即使是極小的事，要像面對最大的事般的專注；處理極大的事時，要像處理小事般的冷靜」（to give the smallest things the same attention as the biggest, and to do the biggest a calmly as the smallest）（Frankl, 2000, p. 34）。

其二是盡量把每件事都盡快完成，避免忙到焦頭爛額時，才發現還有其他事情等著處理而給自己增加了更多的壓力（Frankl, 2000）。

其三是先處理自己不喜歡的事，再處理喜歡的事。

法蘭克坦承自己也不是隨時都可百分之百的遵守這些原則，那種情況下他會盡所能的善用每一分鐘，好節省時間去做其他重要的事情。不過如果太違反自己的原則，他會氣自己甚至幾天不跟自己說話。人生難免不順，不是每個人的每個期望都可達成，遇到這種情況法蘭克的建議是：「祈求未來不要再有比目前更糟的事發生」（Pray that nothing worse will happen to me in the future.）更重要的是要數算自己人生中每個幸運的時刻，並經常回憶它們（Frankl, 2000, p. 36）。

（二）負責任的回答自己的人生考題

法蘭克提醒人們不要光期待人生要帶給自己什麼，而是應該瞭解人生對他們有什麼樣的期待。也就是說，與其問：「我人生的意義是什麼？」其實更應該瞭解的是，人生已給他們出了個考題，就由他們自己決定要如何回答這個考題。每個人要為自己所給的答案負責任。切記，「每個人只能透過回應人生來回答其人生的考題」（He can only answer to life by anwering for his life）（Frankl, 1986, p. xxi）。

有一晚突然感到呼吸困難幾乎要窒息，他想去找集中營的主任醫生——瑞志醫師（Dr. Racz），他本身也是囚犯，住在 100 碼外的另一個營區。但他也知道摸黑爬行 100 碼，隨時可能被射殺。在面對死亡的冒險中他必須擇其一：窒息或被射死。這是他自己的人生考題，他只能自己回答但也必須自己負責任，那夜裡他決定摸黑躲過守衛兵爬行去找集中營的主任醫生，救自己的生命（Frankl, 2000）。

第三節。意義諮商學派的諮商策略

壹、諮商目標

意義諮商法是以未來為取向、以意義為中心（meaning-centered）的心理治療。亦即是以案主未來想要達成的人生意義為主要的焦聚。意義諮商法要幫助案主完全覺察到自己的責任，學習以自己所持的價值觀來行事為人，所以必須要讓案主瞭解並決定自己要對什麼事或對什麼人負責任。這也是為什麼意義諮商師應避免將自己的價值判斷傳給案主，也不准案主將判斷的責任授權給諮商師（Frankl, 2006; Lukas, 1995）。

貳、諮商師的角色與功能

意義諮商法不強調教導或講授，也不做邏輯推理或道德勸說。法蘭克比喻意義諮商諮商師像眼科醫師而不是畫家。畫家把他們看到的世界畫出來，讓人們從圖畫中看到他們所看到的世界；眼科醫師是要幫助人們有能力去看到世界的實際畫面。意義諮商師的角色是要加深和加廣案主的視野，讓案主可以意識到所有可能呈現的意義（Frankl, 2006），其功能如下（Corey, 2013; Frankl,

1978, 2006）：

一、幫助案主找到其人生目標

意義諮商法的主要目標是幫助案主找到其人生目標，雖然諮商師無法告訴或測知案主個人的人生意義，但卻可以讓他們知道每個人所遇到的各種人生的景況都有其意義，那些意義隨時等著他們去尋見，即使到人生的最後一口氣，這些意義都在等待著。

二、學習如何創造人生的意義

諮商師的功能之二是幫助案主學習如何創造人生的意義，即使是在苦難中也可以化悲傷為祝福。通常當人們失去選擇的自由會憤怒，但真的擁有了又很焦慮。所以諮商師要協助案主去發覺他們自己是如何在逃避自由，然後鼓勵他們冒險去使用自己所擁有的自由。

三、鼓勵案主勇敢的為自己做選擇

很多案主來尋求諮商是因為覺得失去對人生的掌控權，所以很希望諮商師給他們建議，諮商師的功能之三就是幫助案主覺察到他們是如何的讓別人來決定其人生，然後鼓勵他們勇敢為自己做選擇。讓案主自己決定其人生的任務是要為社會負責任或為自己的意識負責任，但做了決定後就要為自己的選擇負責任。

參、諮商策略

意義諮商法強調每個個體都有追求其意義、價值、目標與任務的取向，這些取向會引導他們去接受其發自內心的一種責任感。意義諮商法是教育取向的諮商學派，這個教育必須是從案主內心出發的，也就是說諮商師不將自己的價值觀植入案主的腦海中，案主必須學習以自己的價值觀教育自己。在進行意義諮商法有四個步驟可遵行，包括遠離症狀（distance from symptoms）、修正態

度（modification of attitudes）、症狀減輕（reducing the symptoms）和尋找意義（orientation toward meaning）（Lukas, 1995）。

一、步驟一：遠離症狀

　　幫助案主瞭解他們並不等於自己的症狀，即使有憂鬱、強迫性想法或行為、害怕、自卑感或情緒的困擾等症狀，但這並不等於是他們自己，更何況那些困擾都可以透過修正而獲得改善。案主須瞭解自己不是這些生心理不適或不佳環境的無辜受害者，他們沒有義務要保持在那樣的現狀中，即使沒法即時去改變此刻被放置的情境，仍擁有改變心態的自由。

　　光是對案主勸說他們其實沒病或這些症狀只是幻想而已，案主心裡越會起抗拒。法蘭克的意義諮商法建議可透過背道而馳法（paradoxical intention）與減反射（dereflection）策略幫助案主與自己的症狀有所區分。背道而馳法是鼓勵案主嘲笑（laugh at）自己的症狀；而減反射法是幫助案主不要過度的專注在自己的症狀上。另外，透過蘇格拉底的對話（Socratic dialogue）也可引發案主對其症狀的新領悟，因而減輕對症狀的依賴。

（一）背道而馳法

　　背道而馳法是鼓勵案主嘲笑自己的症狀（Lukas, 1995），它是根據人們自我抽離的能力而設計的，因為當人們在與害怕的情境對抗時，能將自己與害怕的情緒分離（Frankl, 2004）。1924 年法蘭克就開始使用此法，到 1956 年才被納入意義諮商法中。要瞭解此技巧前，讓我們先介紹「期待的焦慮」（anticipatory anxiety）這個現象。

1. 期待的焦慮

　　期待的焦慮是指當案主經驗到某些症狀時就開始擔心後續的情況會跟著而來。症狀引發恐慌，恐慌引發症狀，症狀增強恐慌（如圖 10-1）。

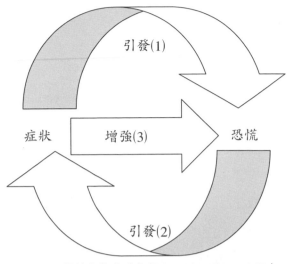

圖 10-1　期待的焦慮（參考 Frankl, 1978, p. 115 ）

　　也因為如此，當人們害怕某些事情發生時會帶來更多的害怕；焦慮某些事情發生時就會感到更多的焦慮（Frankl, 1978, 2006）。

2. 以幽默的態度鼓勵案主繼續做他們擔心會發生的事

　　在期待焦慮不斷的循環下，諮商師要如何介入以中斷此惡性循環的現象呢？法蘭克建議遇到此類的案主，可鼓勵他們繼續去做他們感到害怕、焦慮或擔心會發生的事。例如有個案主經常抖個不停，很難能喝完一杯咖啡不溢出來或能拿穩一本書來讀。有次她又抖了起來，法蘭克便幽默的說：「我來跟妳比賽抖動，看誰抖得比較快也比較久。」聽到此案主嚇了一跳，問法蘭克是否也有同樣的毛病，法蘭克回答說：「沒有，但我可以叫我自己抖動。」就在比賽中，案主要法蘭克停止，因為她已經跟不上了。這是這位女士許久以來第一次可以喝完一杯咖啡沒有溢出來。那之後每次她出現抖動的現象，法蘭克就會說：「我們來比賽。」案主會回答說：「好啊！我知道這一招有用。」（Frankl, 1978, p. 121）你可能會注意到設計背道而馳法時都相當誇張，因為

要誇張才會帶來治療效果，當案主可以自在的嘲笑自己時，就可以把他們自己和其害怕或焦慮等症狀分開來了（Lukas, 1995）。

（二）減反射法

意義諮商法指出如果案主過度的注意（hyper-intention）某個目標物就會對其有過度的反映（hyper-reflection），因而引發案主過度的注意力。過度的注意和過度的反映間兩者間會互相增強。

若要打破這個循環需要有離心力（centrifugal forces）的介入，也就是說與其把全心的注意力放在自己的身上，觀察自己，案主應忘記自己。意義諮商法指出抵制案主（counteract）過度反映的技巧是減反射法（de-reflection），減反射法用到的是案主超越自我的能力，目的是要案主把注意力從自己身上抽離，聚焦在其他事物的身上（Frankl, 1978, 2004）。如此做可幫助案主停止專注在自己的症狀上（見圖 10-2）。

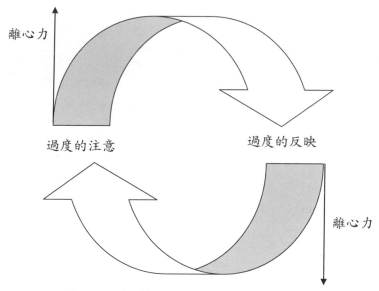

圖 10-2　減反射法（參考 Frankl, 1978, p. 151）

（三）蘇格拉底的對話

蘇格拉底的對話又稱為自我探索的對談（self-discovery discourse），進行時諮商師會提出問題，讓案主透過思索找到新的觀點態度來看待他們所處的情境。

首先允許案主傾訴問題，諮商師應專心傾聽。不過當案主開始抱怨自己遇到的情境是超乎自己所能控制，自己是受害者時，諮商師就要轉換成主動的角色。意義法的諮商師不接受案主將一切怪諸於命運的說詞，而是相信案主隨時都有選擇權。即使他們沒有選擇環境的機會，但卻有選擇面對環境的態度的自由。雖然諮商師並不站在權威者的角色，但卻也有某些的威嚴，例如在自我探索中必要時諮商師可以告訴案主「不可以」或者是「停！那已經夠遠了，要越界了，不可以了。」透過此，案主不再能堅持說自己是無法改變的人。從法蘭克的觀點，所謂的「存在指的是我們為下一個時刻想當的自己所做的選擇，所以每個人都有機會把自己變得更好」（Lukas, 1995, p. 100）。透過此對話，案主對自己的症狀與自己的關聯有新的領悟，因而減輕對症狀的依賴（Lukas, 1995）。

二、步驟二：修正態度

意義治療法的第二個步驟是幫助案主能夠透過對自己對人生的新體會，而修正原先負向消極的態度。要達到此目標諮商師不是扮演供養者把新的領悟餵給案主；而是擔任產婆的角色，鼓勵案主誠實的面對自己，把原先就擁有的能力與特質接生出來，這過程中案主當然會經歷到生產之痛，很重要的是要保護案主不受到傷害（Lukas, 1995）。

很多時候案主會將其環境的限制解釋成是導致自己的症狀或造成其人格之因，也是因為如此心情才變得消極與負向。意義法的諮商師要幫助案主克服自認已被環境所限制住的無助感，提醒案主要相信自己是一個有能力創造意義的個體，外在環境的限制是次要，是可以克服的，把自己能量往下拉的惡性循環

現象是可以透過努力把它打破的。

　　下面三個原則可用來打破這個惡性循環現象，化悲傷為祝福（Brandon, 1995; Lukas, 1995）：

（一）原則一：鼓勵案主去覺察自己的思考模式

　　很多人感到人生失去意義是因為他們一再的告訴自己「我要，但是我不能，因為……」，提醒案主這樣的思維會讓他們感到人生一直在「希望—害怕—失望—挫折」的模式（patterns）中往下滑，根本無法找到其人生的正向能量。

（二）原則二：鼓勵案主客觀的審視自己的思考模式是如何影響其人生意義

　　要打破這個惡性循環，案主必須要站在外面以觀察者的角度來看自己，而非躲在自己的裡面以無辜者的姿態來面對問題。剛開始案主觀察到自己負向的思考模式可能會說：「對！是這個模式沒錯，但為什麼會發生在我身上？」但漸漸會發現這模式一直在重複著並影響到其負向的人生意義。

（三）原則三：案主決定改變其對事件的反應、轉換態度並打破模式的循環

1. 蘇格拉底的對話

　　透過蘇格拉底的對話，可幫助案主體會到其人生雖然看來無望但其實是有意義的。上述的惡性循環模式可以被打破，但打破循環和找到人生意義的責任卻是在案主身上。意義諮商師的任務是要把案主抓出存在的空洞感中，教導案主要為自己的人生負責，把人生架構在有意義的人生磐石上。也因此，當發現案主又在怪罪命運又要掉回存在的空洞中，諮商師可以很權威的說「不」，當案主能掌握到尋找意義的導向時，諮商師就可後退站在較被動的角色。切記這些新的體會和意義必須是來自案主本身，而非是受到諮商師任何的影響。

2. 透過轉換態度打破模式的循環

在鼓勵案主把「我要，但是我不能，因為……」轉為「我要，我將，儘管是……」。這最後的一句「儘管是」是最重要的，用這樣的語氣案主會體會到雖然會有困難和挫折，但自己有決心去克服它，這種面對挑戰的信念有助於讓案主體會到新的人生意義。從這態度的改變中，案主學到悲傷的感覺是因為自己不斷的對自己的人生說「不」，拒絕改變與成長。當願意對自己的人生說「是」，願意面對問題並努力改變時，就可把悲傷的情境變成是祝福。

三、步驟三：症狀減輕

當案主能夠修正態度後，就進入了步驟三，案主的症狀可能會消失或減輕到較容易處理的狀況。當然有些症狀是不可能全盤消失，例如案主若喪失了一隻腳，雖長不回來但卻可因學會勇敢的以一隻腳活下去而不覺得人生是絕望的。雖不可能喚回喪失的親人，卻較能夠接受失去親人的事實。即使有暫時無法治癒的慢性病或心理疾病的案主，也能夠因改變態度讓人生能創造出最大的價值。

四、步驟四：尋找意義

當案主的症狀獲得減輕後，步驟四就是要引導案主透過討論去探掘其人生整體以及該事件所帶來的所有可能潛藏的意義。目的就是希望透過討論，其意義會越加具體與明顯，且更形豐富，以增進其心理的健康。在此步驟，諮商師的任務在幫助案主澄清其價值觀，以能有效的面對未來可能出現的存在挫折感。同時也教導案主他們是有能力為未來負責任的，對自己的人生越有責任感的案主心理就越健康。

肆、理論與諮商策略摘要

法蘭克相信找到人生的意義是促動人們生命延續的主要動力，因此將其理論定名為「意義諮商法」，是指人們可透過找到人生的意義而獲得痊癒。意義

諮商法是建基於三個重要的哲學概念，包括人生的意義、意義的尋求，以及精神邏輯。

法蘭克認為人生的任何一個情境都有其意義，即使是在表面看起來毫無希望的情況下，也可以透過內在自由意志去選擇如何面對該情境。每個人都在尋找一個有意義的人生，不過每個人對自己人生意義的界定都相當獨特，沒有一個情境會重複發生，不同的情境對每個人會有不同的意義，只有與該情境有關的那個特定個體能去完成，並從完成的滿足感中找到生命的意義。人生所有的經歷都是相當可貴的，它無法被刪改，也沒有人可以從你身上奪走，所有這些過去的經驗都會成為未來有用的資產。所以意義諮商法鼓勵人們要把握每個存在的當下，不是悲觀的看待時光的流逝，而是主動與積極的過每一天，並能清楚的記錄每個日子的點滴。然而在尋找人生意義的過程也可能會遇到挫折，意義諮商法稱之為存在的挫折感。當所處的環境缺乏希望與意義時，會導致空虛與無助感而對生存缺乏了動力，這種現象則稱為存在的空洞。處在這樣的情況下，人們覺得人生沒有什麼價值，當一個人感到其人生沒有意義時，通常不僅會感到不快樂，其存活的動力也會受到動搖。

精神動力指的是人們在追求人生意義時內心所引發的緊張狀態，它是促進心理健康所不可缺少的元素，即使在最惡劣的情況下，若能緊抓住自己人生的意義就能夠有效的存活。意義諮商法指出人們可以從三個管道找到人生意義，一是從完成任務、工作或做事情等創造的價值中找到人生的意義；二是愛的關聯，從與人互動或找到愛侶的經驗中找到人生的意義；三是勇敢面對苦難，從面對不可逃避的痛苦的態度中找到人生的意義。

精神邏輯負責管理人們的自由與責任兩個向度的意識層面。法蘭克強調人有選擇的自由，但同時也須為自己的選擇負責任。人有隨時可追尋人生意義的精神上的自由，而人們做的選擇左右了自己命運的一大部分。雖然人們不一定有自由選擇自己所要處的環境，但卻有自由選擇要以什麼樣的心態來面對所處的環境。一個負責任的人很瞭解自己為什麼存在，努力去尋找如何達成該人生

的意義的方法，並付諸行動。

　　意義諮商法是一個以意義為中心、以未來為取向的心理治療。即是以案主未來想要達成的人生意義為主要的焦點。意義諮商師的角色是要加深和加廣案主的視野，幫助他們可以看到也意識到所有可能呈現的意義。意義諮商法中諮商師透過遠離症狀、修正態度、症狀減輕和尋找意義四個步驟來幫助案主找到人生的意義。

　　從法蘭克的人生故事和理論中我們體會到：「展開胸懷邁向人生，不管任何的際遇，只要你用心去體會，都是一段精彩的故事。當你體會到每個故事帶來的意義，往前走的腳程將更帶勁。」以此與大家共勉之。

▎從理論到實務，請聽他的故事⋯⋯

第四節。意義諮商學派的案例分析

壹、案例：孩子，你為什麼離我遠去？

　　雲漢，五十幾歲，已婚，哭喪著臉來見諮商師。一年前他的第二個兒子上大學前的那個暑假，騎摩托車被一名酒駕的駕駛撞上。路人見狀抄了駕駛人的車牌號碼，趕快報警處理。兒子車禍那天剛好是他退休之日，同事在幫他慶祝退休，手機響時他正在致謝詞。致完詞後聽留言，才知道是兒子出事了，趕到醫院時太太已在那兒，說傷勢很重，失血過多，昏迷不醒，正在急救中。見太

太一直哭，他強作鎮定，緊急通知在外縣市上班的老大。幾個鐘頭後，醫生告知：「我們已經盡力了，外傷已處理，但內傷太重，我們已做了所有可能的治療。現在他還不省人事，我們先將他送進病房，要觀察一個晚上，看能不能醒來。」那晚他們全家陪著老二，不斷呼喚他的名字，但兒子一直都沒有醒來。半夜時雲漢不小心打了個盹，突然聽到太太邊哭邊叫著老二的名字，醒來一看，才知道老二已經走了。

看太太哭成那個樣子，雲漢要老大陪著媽媽，自己則趕緊辦手續，聯絡葬儀社等相關單位。那幾天他忙進忙出，直到喪禮結束，回到家看到老二要去就讀大學寄來的註冊通知單時，他整個崩潰了。之後每天躲在書房，不想見人也不願意聽電話，一想到老二就悲從中來。「我們沒把這事告知長輩，怕他們會受不了，只能騙說老二學校忙又愛玩所以才常見不到人。剛開始我太太和老大也很難過，但現在釋懷很多，有時候見他們居然還能說笑，我就覺得他們好無情，怪他們怎麼可以這麼快就把老二忘了，而他們看我老擺著一張苦瓜臉也很受不了。」

「我真的很想念他！我不知道他為什麼要離我而去？沒有了他，我覺得人生失去了意義，我眼睛都要哭壞了，但我不曉得要怎麼辦？」第一次見面，雲漢一股腦的吐出心中的苦。

「這是一年以來我第一次談這麼多話，謝謝你願意聽我說話。」雲漢邊講邊擦淚的說。

瞭解了雲漢的狀況，諮商師計畫採用意義治療法來幫助他找到人生的新意義。整個諮商過程分為四個階段進行。

貳、諮商策略

一、階段一：遠離症狀

意義諮商法的諮商師首先要幫助雲漢瞭解，失去了老二並不表示他就是一個無辜的人。

（一）策略一：蘇格拉底的對話

知道雲漢還有很多話要分享，諮商師便決定採用蘇格拉底的對話讓雲漢有機會自我探索。這過程中諮商師採用傾聽的角色來引導雲漢。

「我這個老二好有才華，很小就很會畫圖，也很有創意。經常有新點子……」

話匣子一打開，雲漢精神就來了。從老二小時候如何在牆壁上作畫被打屁股處罰，小學、國中和高中如何在美術方面展露頭角和受到老師賞識的故事，鉅細靡遺的描述。談著談著，雲漢突然嘆了一口氣說：「我覺得他的去世我要負很大的責任，他一直吵著要買摩托車，我本來不答應，但他一直吵，後來我就開條件說如果他能考上大學我就幫他買。所以一接到大學上榜的消息我信守承諾帶他去買，沒想到這輛摩托車奪走了他的性命，都是我的錯，都是我的錯！」

聽到雲漢開始把兒子的死亡怪到自己的身上，諮商師轉換成主動的角色介入諮商的過程

諮商師：「我很瞭解你心中的傷痛，但你不覺得你兒子有他的選擇權嗎？」

雲漢：「是啊！但是如果我堅持說『不』，這件事不就不會發生了嗎？」

諮商師：「你是用什麼樣的心態買摩托車給他的？」

雲漢：「我很愛他，也很高興他考上了大學，我送他摩托車表達父親的愛。」

諮商師：「買到了摩托車，他有什麼表情？他跟你說什麼？」

雲漢：「他好高興，一直謝謝我！那天他還載著我繞了一大圈，我們騎去吃麥當勞。他說要謝謝我送他摩托車，所以那天吃麥當勞由他請客。自從孩子長大後，我們就很少那麼親近過，那是我們父子最快樂的時光。」

諮商師：「這樣說起來，你認為買摩托車在那個時候是否是個好的選擇？」

雲漢：「是的！我給了我的孩子他最想要的禮物！但是……」

諮商師：「沒有『但是！』人生不能重來，你剛才所提起和老二那段美好時光都已記錄在你老二人生的畫冊了。你是一個好父親，你知道嗎？」

雲漢半信半疑，含著淚但帶著笑意。諮商師看出來雲漢對喪子這事有一些新的領悟。

（二）策略二：背道而馳法

因為雲漢提到自從老二出事後，家人都不再提起他，也不敢進到他的房間，所以諮商師給他出一個家庭作業，是要他下次來諮商時帶些老二的照片或物件，好向諮商師介紹老二的生平事略、喜好、個性、曾做過讓他最難忘的事。聽到此作業，雲漢遲疑了一下：「我怕會觸景傷情。」諮商師解釋意義諮商法所提出的背道而馳法是認為當人們越與其害怕接觸或會引起憂傷的情境接觸時，就越能幫助他們與此害怕或憂傷的情緒分離。諮商師鼓勵雲漢：「我知道這作業不容易做，但我相信你一定有很棒的故事可以和我分享。」

下次來時雲漢分享他做作業的心路歷程，他說：「第一次進去時我真的忍不住一直掉淚，很想離開房間，但想到你的話我忍住了。一面找一面掉淚也一面講話，我說：『老二，你跟爸爸說你要我帶什麼去分享？』這樣的互動讓我覺得與老二很接近。」然後他把帶來的照片、圖片一一拿出來與諮商師分享，經常講到一半就哽咽。諮商師遞給他紙巾，耐心的聽他訴說。

這個作業連續做了好幾個禮拜，雲漢漸漸較能坦然的進入老二的房間去找東西，分享時也較為順暢。

見時機較成熟後，諮商師請雲漢寫一封 「來不及跟你說的話」，把未有機會對老二講過的話寫下來。雲漢低頭疾書，很快的寫滿一頁後又翻到背面繼

續寫，似乎有一股腦的話要告訴兒子。等他寫完後諮商師問他願不願意把這些話唸出來。雲漢聲淚俱下的唸著信：

「兒子！你好嗎？好久不見了，爸爸真的很想念你！最近爸爸常去你的房間，看到很多你的畫作，才發現你真的很有畫畫的天分。以前我常唸你不用功讀書只知道畫畫，卻從來沒有誇獎過你的畫……」

唸到此他哽咽了，諮商師遞給他紙巾擦拭淚水。做個深呼吸後他再繼續唸。唸唸停停後，幾度拭淚與哽咽後終於唸到最後一句：「兒子！我真的很愛你，你真的是一個很棒的畫家和兒子。」

「有機會把來不及跟兒子說的話說出來，真好！」唸完後，他微笑著說著。

（三）策略三：減反射法

從諮商進展的過程中諮商師見雲漢已經較能自在的待在老二的房間，且待在裡面時都會喃喃自語的與老二對話，這變成是他治療哀傷的一個方法。雖然這是好事，但顯示雲漢並沒有真正接受老二已經離開的事實。諮商師便計畫用減反射法幫助他能把注意力從老二的身上抽離。於是請雲漢想一至兩個老二生前已說好但卻沒有完成的事，把他的情緒或感受寫下一封「你不是說過嗎？」的信，並在信的末了要加一句：「再見，該是跟你道別讓你走的時候了。」想一想後雲漢若有所悟的開始寫，但當要寫「再見，該是跟你道別讓你走的時候了」這句話時，他低頭思索停頓了好久才寫了下去。見他寫畢，諮商師邀請他唸出來。

「兒子！你不是說過要用摩托車載著爸爸去環島嗎？爸爸現在退休了有很多時間陪你，看是要上山或下海，只要摩托車騎得到的地方我都可以奉陪。

兒子！你不是說過要開畫展要讓別人從你的畫作中看到臺灣之美嗎？爸爸以前都說你在作白日夢，現在我認真看了你畫的東西，你的畫真的多到可以開畫展，也美到可以讓人體驗到臺灣之美。

兒子！你不是說過最愛吃爸爸做的菜嗎？爸爸現在很有空可以每天煮給你吃喔！」

雲漢繼續唸著，笑中帶著淚，總共有 10 條兒子說過的話，最後一條是：

「兒子！你不是說過要爸爸退休後好好的鍛練身體，才有體力跟你去環遊世界嗎？」

唸完後他轉向諮商師說：「以前都認為老二喜歡瘋言瘋語的，他講的話都沒有給他當真過。現在想做都來不及了。」

諮商師回應說：「你不是還有一個兒子嗎？小兒子完成了他的一生了，把你這個爸爸留給哥哥自己享受。你要不要跟他道再見，讓他安心的回天家呢？」

雲漢點點頭，邊啜泣邊小小聲的說著：「再見，該是跟你道別讓你走的時候了。」諮商師鼓勵他大聲的再說一次，他照著做，態度堅定了很多。

二、階段二：修正態度

意義諮商法的第二個步驟是幫助雲漢透過對自己人生的新體會，而能修正原先無辜與消極、負向的態度。

雲漢抱怨以前工作太忙沒時間陪孩子，本來計畫退休後可以專心的當父親，未料就在退休的當天老二車禍撒手西歸，老大跟媽媽比較親，雲漢不覺得老大需要他這個爸爸的關照，因此讓他的人生失去了方向感。諮商師決定用下面三個策略來幫助他修正態度。

（一）策略一：鼓勵雲漢覺察自己的思考模式

諮商師徵得雲漢的同意，錄了一段他談話的內容然後放給他聽，雲漢仔細聽後從自己談話的內容中發現自己一再的告訴自己「我要當個好父親，但是我不能，因為我的老二走了」、「我要有個快樂與充實的退休生活，但是我不能，因為我的老二走了」等類似的話。諮商師鼓勵案主注意一下平常若想到要做些什麼較積極想做的事，是否也會出現「我要，但是我不能，因為……」的

思考模式，若有就記下來帶過來與諮商師分享。

（二）策略二：鼓勵雲漢客觀的審視自己的思考模式是如何影響其人生意義

「我真的發現我經常採用這樣的思考方式。」來到諮商室時雲漢忍不住的報告。

「你是否覺得這樣的思考模式很容易讓你從原本設定的極有希望的目標，不管是什麼，都因為老二的離去變得無能為力？」諮商師問。

「真的耶！好像真的是這樣！為什麼呢？」雲漢問。

「如此的思考模式就是讓你感到生命失去能量，感到人生失去意義的主因喔！」諮商師提醒他。

「那我怎麼救自己呢？」雲漢急切的問著。

（三）策略三：諮商師採蘇格拉底的對話和改變與轉換其對事件的反應與態度來幫助雲漢打破負向思考模式的惡性循環

諮商師向雲漢解釋意義諮商法對死亡的詮釋。諮商師說此理論認為死亡是「人生過程的終結，只有往生者得以顯示出其人生的全貌」（death ends the becoming process. In death man "is" what he was in life）「死亡一事對人生是相當重要的。就是因為有死亡，人生才顯得有意義」（the fact of death is crucial to life; only in the face of death is it meaningful to act）（Bulka, 1998, p. 116）。

諮商師鼓勵雲漢把它寫下來提醒自己，並提醒他：「每個人要為自己的人生負責，你家老二很認真與負責的走完他的人生，你呢？在有限的人生裡你有責任去創造你所要的人生。雖然你認為老二的死對你是一種失去，但從另一個角度來看是你們家老二人生的畢業典禮，就像你分享的老二的照片與作品，你看他每張照片都笑得那麼快樂，你不覺得他的人生很精彩，很值得慶祝嗎？你從他的人生學到什麼？」

雲漢說：「我希望活得像他一樣的快樂。」

諮商師鼓勵雲漢要能像老二活得一樣快樂，就要練習把「我要，但是我不能，因為……」轉為「我要，我將，儘管是……」。其關鍵字就是「儘管是」。此時諮商師指出雲漢之前說過的「我要當個好父親，但是我不能，因為我的老二走了」、「我要有個快樂與充實的退休生活，但是我不能，因為我的老二走了」等類的話要他轉換看看，雲漢很認真的練習著。

「我要當個好父親，我將是我們家老大的好父親，儘管我的老二已經走了。」

「我要有個快樂與充實的退休生活，我將有個快樂與充實的退休生活，儘管我的老二走了」等等。

諮商師讓他針對每一句話重複不斷的練習，從小聲到大聲直到感覺那句話是從心裡面發出來的才停止。透過練習，雲漢逐漸露出正向積極的神情。諮商師鼓勵雲漢回家後只要覺察到自己有負向思考模式時要馬上寫下來，轉換成正向的念頭，並把它大聲說出來。

三、階段三：症狀減輕

正向思考對雲漢的影響，諮商師從雲漢外表都看得出來。以往雲漢來到諮商室總是顯得畏畏縮縮的，只有講到老二生前的種種才會有微笑但總是含著淚水。現在他比較能挺起胸膛，臉部較常掛著笑容，談到老二較沒有悲哀表情，顯然已能接受老二離開的事實，且常會說老二教了他這個與那個的，並說謝謝諮商師的教導，讓這悲傷的情境變成是祝福。

四、階段四：尋找意義

當雲漢的症狀減輕後，諮商過程進入了第四階段，也就是要幫助雲漢找到其人生的新目標與意願。諮商師鼓勵雲漢帶一張自己的照片及一個代表自己的東西來諮商室作為自我介紹的材料。進行中諮商師給雲漢紙與色筆等材料，要雲漢以帶來的照片與物件和其他素材設計出一張代表自己的人生圖，並為自己人生下一個標題。做好後要向諮商師介紹自己的人生圖，分享自己的成長故

事，可包括自己的興趣與嗜好、曾做過什麼有趣的事、曾有過什麼夢想。雲漢帶來一張年輕時去郊遊的照片，分享照片與述說自己的過去時充滿笑容，他說年輕時很活潑喜歡爬山、唱歌、參加救國團活動；其實在工作場所他也是一個很活潑的人，常會講笑話，製造笑料惹大家開心，所以他給自己人生下的標題是「好一個開心果」。婚後太太很能幹，且幾乎大小事都是太太在決定，所以他在家通常都很沉默，家人都以為他是一個很嚴肅的人。諮商師提醒雲漢人生的意義不是只期待著人生給自己什麼，也要期許自己可帶給人生什麼。想想他覺得現在最有意義的事是能把那個快樂的自己找回來，然後讓自己快樂的當家裡的開心果。

參、結果摘要

自從雲漢找到了人生的意義後，生活也顯得較有目標，諮商師鼓勵雲漢訂出具體的目標、預想可能會遇到的阻礙，並計畫如何善用自己的特質與能力來完成目標。雲漢說他計畫每一兩個星期坐一次火車做短程的旅遊，此計畫在他下次來諮商前居然就完成了。他分享說旅行當天是帶著老二的照片坐車到斗六換臺西客運到北港，去寺廟拜拜後到處走走看看，再搭公車換火車回家，覺得好快樂。回家後他把北港的名產與太太分享，兩人雖沒說太多話，但至少開始有了互動。諮商師鼓勵他把每次旅遊的照片整理出來，做一個「開心果旅遊冊」，並鼓勵他有機會的話邀請太太和大兒子同行。對此雲漢有點擔心不知如何啟齒，諮商師要他想出一個具體的情境，然後以角色扮演進行演練如何把其開心果的特質釋放在家裡的情境中。這個計畫在幾個星期後順利成行，雲漢說：「我以大兒子的生日為理由，邀請太太一起去老大工作的縣市探望他，一起吃生日餐，吃完餐我提議一起去唱卡拉 OK。剛開始大家都很矜持，我就率先示範，第一次聽到我唱歌他們好訝異直拍手，還笑我『悶騷』怎麼把這個才能藏這麼久。不久後，大兒子也跟著唱。」那次成功的經驗給雲漢很大的鼓舞。之後雲漢的想法越來越多，每次在諮商情境演練後就迫不及待要回家嘗

試。漸漸的較有信心，有時候還來不及到諮商室演練就去嘗試了，居然得到家人很好的回應。與太太間互動和話題漸多，生活開始有了朝氣。

　　一年的諮商過程中，雲漢走過悲情找到活下去的意義與喜樂，經過意義的諮商，他徹悟到人生的苦與樂就在一念之間。在苦與樂之間，他說：「我選擇快樂！」

你瞭解了嗎？

下面有 15 題選擇題，可幫助你測試自己對意義諮商法的理解程度：

1. 意義治療法是法蘭克經歷過納粹集中營的痛苦後所發展出來的理論。

   a. 是　　　　　　　　　　　　b. 非

2. 意義諮商法強調生命的動力是來自於：

   a. 追求享樂　　　　　　　　　b. 追求掌控與超越

   c. 尋求意義　　　　　　　　　d. 以上皆是

3. 下面哪一項不是建構意義諮商法的三個重要的哲學概念？

   a. 自我實現

   b. 人生的意義

   c. 意義的尋求

   d. 精神邏輯

4. 法蘭克強調意義諮商法的發展並不是要來取代心理治療，而是當其重要的補強劑。

   a. 是　　　　　　　　　　　　b. 非

5. 意義諮商法強調即使是處在惡劣環境的人也可以充滿活力，其原因是：

   a. 獲得經濟救助

   b. 找到人生的意義

   c. 知道有人和自己一樣在受苦

   d. 此人有堅強的毅力

6. 下面哪個選項符合意義諮商法對於人的「過去」的看法？

a. 它無法被刪改，也沒有人可以從你身上拿走

b. 過去的經驗都會成為人們未來有用的資產

c. 過去的經驗會進到潛意識裡面

d. a 和 b

7. 當所處的環境缺乏希望與意義時，會導致空虛與無助感而對生存缺乏了動力，這種現象稱為是：

a. 存在的空洞

b. 存在的挫折感

c. 存在的無奈感

d. 存在的無助感

8. 下面哪一項與精神動力（noödynamics）無關？

a. 人們在追求人生意義時內心所引發的緊張狀態

b. 負責管理人們的自由與責任兩個向度的意識層面

c. 這是促進心理健康所不可缺少的元素

d. 是處在已經成就的「現狀」（to be）和「將成為」（to become）或「希望完成」之間的衝突

9. 不是順境的人生才有意義，從經歷痛苦與死亡卻能勇敢面對苦難中也能體會到人生的意義，法蘭克稱此為：

a. 態度的價值

b. 創造的價值

c. 經驗的價值

d. 考驗的價值

10. 超越自我（self-transcendence）指的是：

   a. 人在追求意義的達成上永遠都是指向或朝向某些人或某些事，而不是自己

   b. 超越自我讓人們學會愛與關心人

   c. 超越自我的能力可以讓人抗拒和忍受痛楚

   d. 以上皆是

11. 意義諮商法強調塑造自己的是：

   a. 我們面對的環境

   b. 我們選擇用來面對環境的心態

   c. 我們面對的環境和我們選擇用來面對環境的心態

   d. 不是我們面對的環境也不是我們選擇用來面對環境的心態

12. 意義諮商法所專注的取向是：

   a. 過去

   b. 現在

   c. 未來

   d. 以上皆是

13. 背道而馳法的設計是根據人們的哪一種能力？

   a. 自我抽離

   b. 超越自我

   c. 自我實現

   d. 自由意志

14. 減反射法的設計是根據人們的哪一種能力？

   a. 自我抽離

   b. 超越自我

   c. 自我實現

   d. 自由意志

15. 諮商師會提出一些問題，讓案主透過思索這些問題，自己去找到新的觀點態度來看待他們所處的情境，稱為：

   a. 背道而馳法

   b. 減反射法

   c. 蘇格拉底的對話

   d. 自我探索的對談

   e. c 和 d

（答案請見書末「你瞭解了嗎？」試題解答頁）

腦筋急轉彎

1. 心理學家的理論通常是其人生故事的寫照，請就法蘭克在集中營的經驗來支持其「雖然人們不一定有自由選擇自己所要處的環境，但卻有自由選擇要以什麼樣的心態來面對所處的環境」的論點。

2. 意義諮商法指出人們可以從三個管道找到人生意義，請詳細說明是哪三個管道。請舉出一個實例說明人們如何從這三個管道中找到人生意義。

3. 罪惡、痛苦與死亡三項經驗被稱為是導致人們存在的危機感（existential crisis）的「三項悲傷」（tragic triad）。法蘭克提出「悲傷中的祝福」（tragic optimism）的概念，強調人有能力把無法改變的惡劣情境化成最好的祝福、把負向變成正向、把痛苦變為成就、讓自己走出罪惡感的陰霾、走出有意義的人生。你贊成此說法嗎？請舉出一個實例或法蘭克的經驗來支持你的論點。

4. 法蘭克指出「存在指的是我們為下一個時刻想當的自己所做的選擇，所以每個人都有機會把自己變得更好」，你贊成此說法嗎？請以你的經驗為例來支持你的論點。

5. 如果你是案例分析中的雲漢，這樣的處理方式你滿意嗎？有哪些技巧可以再加入來幫助雲漢讓諮商效果獲得提升？

6. 本書作者縱觀法蘭克的意義治療法後體會到：「展開胸懷邁向人生，不管任何的際遇，只要你用心去體會，都是一段精彩的故事。當你體會到每個故事帶來的意義，往前走的腳程將更帶勁。」你同意這個說法嗎？請詳述你的論點。

＊本章的「參考書目」與「照片來源」附於書末的專頁。

第十一章

羅吉斯的個人中心諮商學派
Rogers's Person-Centered Therapy

創始者
卡爾・羅吉斯
（Carl Rogers, 1902-1987）

———— **本章要義** ————

走出積極健康的人生，

就是找到自己這棵生命種子的本質，

接受它、愛它、灌溉它，

讓自己的潛能獲得最大極限的發揮。

> 每個諮商學者都有其人生故事，這是羅吉斯的故事……

第一節。羅吉斯的人生故事

　　1902 年 1 月 8 日羅吉斯出生於美國伊利諾州芝加哥外的橡樹城（Oak Park），是六個孩子中的老四。四歲學會認字，開始讀起父親書架上的書。從小身體不好、害羞、愛哭，家人常逗他玩並取笑他，敏感的他對這些取笑相當介意。因身體不好比同齡小孩晚上學，但因閱讀能力超前，學校同意讓他從二年級讀起。他很會寫故事，二年級時寫了一篇描述樹葉在掉落前互相對話的故事，老師相當讚賞。但因家教甚嚴規定下課就得馬上回家，羅吉斯沒機會結交朋友。1914 年父親在芝加哥的城外買了一個大農場，以父親的名字（Walter Alexander Rogers）取名為 Warwood。為了訓練子女們的體能與遠離城市的誘惑，一年後全家搬進農場。從農莊去上學，路途遙遠要轉幾趟車，羅吉斯更沒機會認識朋友。不過崇尚自然的羅吉斯倒是不在意，常和兩個弟弟徜徉在農莊後面那一大片樹林裡。雖然家境富裕但父母卻不寵孩子，一般年輕人有的玩樂方式家裡一概不准，每個孩子都得各自負責一大片農地的經營與管理，早晚要擠牛奶、冬天為暖氣爐加煤炭與添柴火、夏天負責養豬，從中磨練出健壯的體魄也影響他專業的選擇，1919 年到威斯康辛大學的麥迪遜校區（University of Wisconsin in Madison）讀大學，主修農業科學。上大學後羅吉斯加入基督教青年會（Y. M. C. A.），擔任領導者，學習與不同背景的人溝通與互動。漸漸發現宗教似乎比農學的專業帶給自己更多能量，在這段時間，碰到小學同學海倫（Helen Elliott），開始交往。

　　1921 年 12 月，第一次世界大戰結束未久，羅吉斯與 11 位學生代表美國到北京參加世界基督教學生聯盟研討會（World Student Christian Federation's

Conference）。整個行程是六個月，除了研討會外，還拜訪夏威夷、日本、韓國、香港和菲律賓等國。1922 年 2 月 15 日從伊利諾的魏堂（Wheaton）出發，從芝加哥搭火車去舊金山坐船。有一次火車停靠讓旅客下車用餐，火車啟動時還在吃東西的羅吉斯才發現自己來不及了，還好列車長把車門開著，上火車的梯子也還沒收起，讓羅吉斯來得及跳上火車。不過這次的經驗在他腦海留下陰影，之後一輩子羅吉斯一直有怕趕不上火車或飛機的恐懼存在，還好其他行程都算順利，羅吉斯帶著打字機，精神奕奕的記錄行程的點滴，很多同行者暈船得很嚴重，又水土不服，他卻不放過任何學習與品嚐食物的機會，到日本時也不忘攀登富士山欣賞日出美景。不過從參觀中體會到東方文化和民間的疾苦，感到於心不忍，體會到信仰不只是說在嘴巴更要付出行動。這本《中國日記》洋洋灑灑寫了 86 頁。

　　旅行中得知自己當選為全國學術學會的會長（Phi Beta Kappa, The National Academic Honor Society）的消息，1922 年 8 月回美國後，馬不停蹄準備新學期的開始，無奈十二指腸潰瘍發作需住院開刀五星期，只好被迫休學以通訊方式修習心理學，但他對此學科並不感興趣。身體恢復後到木材行打工，此時海倫轉到芝加哥藝術學院（Chicago Academy of Fine Arts）讀書住在橡樹園的家，兩人常有機會碰面感情增進不少。一學期後，返校後負起會長之職，搬入

兄弟會（Alpha Kappa Lambda Fraternity）的宿舍，改修歷史專業。大學畢業後與海倫結婚，到紐約就讀神學院（Union Theological Seminary）。神學院的教授們以互動的方式授課，羅吉斯體會到用互動的關係來協助他人的魅力。但真正影響他進入心理學領域的是威森（Goodwin Watson）。此人是哥哥的舊識，原是神學院宗教教育的講師，後來轉到哥倫比亞大學教育學院（Teacher College）教授教育心理學。

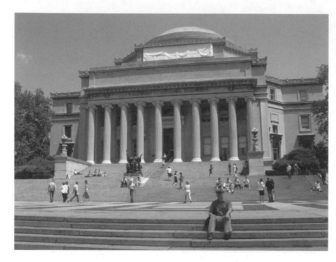

◖照片 11-2　羅吉斯的諮商專業的啟蒙點 ── 哥倫比亞大學。在這裡他找到了未來發展的方向。

　　羅吉斯所就讀的神學院與哥倫比亞大學的教育學院剛好只隔著百老匯路（Broadway）相望，有次羅吉斯要過馬路時遇到威森和精神科醫師卡瑟（Joseph Chassell），告知將針對校外學生開一門心理學課，邀請他來修。修了這門課改變了他對心理學的印象，領悟到不一定得當傳道人才能幫助人。那年暑假到佛蒙特州的一個小鎮（East Dorset）牧會實習，須處理會友死亡及社區居民酗酒、心理失調等問題，讓他更想去瞭解人的問題與心理狀況。返校後除了神學院的課程外，又到教育學院去修了好幾門課，也從中找到了未來發展的方向，1926 年向哥倫比亞大學的教育學院申請入學，依規定考桑代克的智力測驗（Thorndike Intelligence Test）與入學考試許可，以高分獲准入學，主

修臨床與教育心理學。這一年他們的第一個小孩大衛（David）出生，一年後取得碩士學位，並繼續修習博士班的課。

　　1926 年申請到紐約市兒童臨床輔導中心（Institute for Child Guidancerin New York City）研究員獎學金，該機構採用以會談的方式來瞭解人，這和他在教育學院所受的測量和統計的訓練完全不同，讓他大開眼界。1928 年到紐約州羅切斯特的保護兒童虐待中心（Rochester Society for the Prevention of Cruelty to Children）工作。帶著在兒童診所蒐集的資料到羅切斯特邊工作邊寫論文，31 歲完成博士學位。在羅切斯特待了 12 年，生了女兒娜拿莉（Natalie），並把在工作上學到的助人技巧彙整成《問題兒童的臨床處理》（*The Clinical Treatment of the Problem Child*）一書，於 1939 年出版，並著手設立羅切斯特輔導中心（Rochester Guidance Center）。該書出版後俄亥俄州立大學（The Ohio State University）要聘請他當副教授。但基於羅切斯特輔導中心剛要起步，他婉拒，俄大立即把「副教授」改為「教授」之聘，希望能說動他。經海倫不斷鼓勵，他同意受聘，1939 年在白雪紛飛的 12 月搬到俄亥俄州立大學所在地哥倫布市。

◖照片 11-3　羅吉斯學術生涯第一站的俄亥俄州立大學的圖書館（左圖）。
◖照片 11-4　羅吉斯在俄亥俄州立大學的教育學院（Arps Hall）（下圖），教導「非指導性諮商」的概念。

第一次當教授的羅吉斯非常認真於教學、督導實習、指導論文、演講、擔任諮詢委員，並針對哥倫布市公立學校的心理健康問題進行調查（Mental Health Problem in the Columbus Public Schools）。他的課強調諮商技巧的演練，在當時諮商系強調理論與診斷的趨勢下，他的課顯得相當特別，很受學生的歡迎。與學生的互動激發他對諮商本質的思考，寫下〈治療的過程〉（The Process of Therapy）一文，發表於《諮商心理學期刊》（*Journal of Consulting Psychology*），並於 1942 年出版《諮商與心理治療：新的實務概念》（*Counseling and Psychotherapy: Newer Concepts in Practice*）。提出「非指導性諮商」（nondirective counseling）的哲學概念與實際應用的方法。挑戰諮商師是專家的概念，建議最好的諮商環境是寬容且是非指導性（Corey, 2013）。不過因為論點太新，受到排擠，他的課被排在很不好的時段，但課堂上仍坐無虛席。1944 年秋季受聘到軍人服務中心（United Service Organization, USO）紐約總部擔任主任一年。履新前那年暑假芝加哥大學（University of Chicago）泰勒教授（Ralph Taylor）邀他當訪問學者，之後便想聘他到芝加哥大學設立諮商中心。由於在俄大受到排擠，期望新的機構給他機會從實務中驗證自己的理念，便同意受聘。

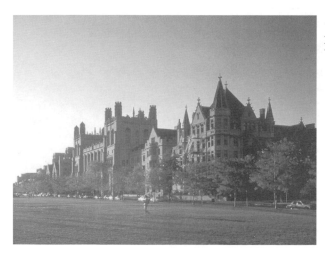

◖照片 11-5　羅吉斯學術生涯的第二站芝加哥大學，在此他的諮商理念從「非指導性諮商」改為「案主中心諮商」。

1945 年 8 月結束 USO 的工作後，搬到芝加哥大學設立諮商中心，稱其為他的實驗室。他不用「主任」的稱謂，以執行秘書（Executive Secretary）的頭銜和案主中心的理念來治理中心。自認是諮商師、科學研究者、老師—督導，而非行政人員。12 年間（1945-1951）出版三本書、發表 60 篇文章和擔任美國心理學會及其他學會的理事長，獲獎不斷。其中一本是 1951 年出版的《案主中心諮商》（*Client-Centered Counseling*），將原先的非指導性的概念改為強調諮商中應注重案主所知覺與感受到的世界（Corey, 2013）。雖然實務界很多人支持他的理念，但在學術界仍相當寂寞，心理學專業雜誌探討其理念者仍很少。

　　1957 到 1963 年，羅吉斯轉任威斯康辛大學的心理系和精神科，希望將心理學家和精神科醫師合併訓練，計畫探討其理論在精神官能症與常人的適用性。並透過研究繼續考驗「案主中心」的諮商方法的有效性（Corey, 2013）。然而兩系間沒有很好的協調，他只有機會觸及精神官能症方面的研究，該結果發表為《治療關係和它的影響力：對精神官能症的心理治療研究》（*The Therapeutic Relationship and Its Impact: A Study of Psychotherapy with Schizophrenics*），於 1967 年才由威斯康辛大學出版。

◯照片 11-6　羅吉斯學術生涯的第三站回到了母校威斯康辛大學麥迪遜校區，繼續考驗案主中心的諮商效果。

1963 年，61 歲的羅吉斯離職，到加州聖地牙哥附近的拉荷雅（La Jolla），任職於西部行為科學中心（Western Behavior Sciences Institute）。這期間出版了《人和人的科學》（*Man and the Science of Man*），探討行為科學的哲學，而其中最受到囑目的是推展「會心團體」（encounter group）。他把這些經驗寫在《羅吉斯在會心團體》（*Carl Rogers on Encounter Groups*）一書，於 1970 年出版。之後羅吉斯和 25 位員工另組織「人類研究中心」（Center for Studies of the Person），與從事醫學工作的兒子一起推展「醫學教育的人性面」方案（Human Dimension in Medical Education），也致力於將其理念應用在教育上。著作上他出版了《人和人的科學》、《自由學習》（*Freedom to Learn*）、《在會心團體中》（*On Encounter Groups*）、《人對人：當人的問題》（*Person to Person: The Problem of Being Human*），和《成為伴侶：婚姻和其他》（*Becoming Partners: Marriage and Its Alternatives*）。1973 年開始，海倫就大病小病不斷，他努力的陪伴與照顧，當海倫於 1979 年離世，羅吉斯一刻都沒休息的投入工作和新的人生。將個人中心的座談會改為跨文化的研討會，並把理論在文化與政治的應用情況寫成《羅吉斯在個人力量的應用：內在能量以及其革新的衝擊》（*Carl Rogers on Personal Power: Inner Strength and Its Revolutionary Impact*）。1980 年他出版《存在的方法》（*A Way of Being*），探測個人中心在助人關係中的各種狀況。也是在此時期他將「案主中心」的諮商概念發展轉為「個人中心」的諮商概念（person-centered counseling）（Corey, 2013）。

　　1985 年 12 月，羅吉斯在亞歷桑那州鳳凰城「革新心理治療」（Evolution of Psychotherapy）研討會致詞，被讚揚對美國諮商學者的影響比佛洛依德還大。1986 年他致力於將個人中心理念應用到國際間衝突解決來促進社會的和平。85 歲生日接獲前總統暨諾貝爾和平獎得主卡特的來信讚揚他的貢獻，羅吉斯好感動：「感受到這麼多的愛，無法一一回應，在此致上最大的謝意」（Kirschenbaum, 2009, p. 569）。

照片 11-7 羅吉斯和他女兒娜拿莉（右）、孫女法西斯（左），於 1986 年 11 月一起發表〈增強創造力：三代的觀點〉（Fostering Creativity: Three Generational View），這是讓他感到相當驕傲的一刻。

羅吉斯的理念不僅影響他人也影響其女兒娜拿莉（Natalie）和孫女法西斯（Frances Fuchs）。娜拿莉是表達藝術治療（expressive arts therapy）的先鋒，她以父親的理念為基礎，發展出個人中心的藝術表達過程與理念，稱為創造的連結（the creative connection），在世界各地廣受歡迎。1984 年，娜拿莉和女兒孫女法西斯在加州的 Santa Rosa 設立個人中心的表達治療機構（Person-Centered Expressive Therapy Institute）（http://www.nrogers.com/Biographies.html）。

1987 年 1 月 31 日早晨，羅吉斯不小心滑倒跌斷臀骨，手術幾個小時後心臟停止跳動，往後三天在昏迷中，很多人來醫院跟他道別。星期三早上秘書 Valerie Henderson 當眾朗讀他被眾議員（Congressmen Bates'Office）提名為諾貝爾和平獎得主的消息，希望昏迷中的他也聽得到。1987 年 2 月 4 日所有的生命器拔除，愛他的人圍在一起表達對他的感謝後，羅吉斯睜開眼睛，做了一個深呼吸，緊抓著女兒和秘書的手，然後漸漸鬆開，離世而去（Kirschenbaum, 2009），留下強調愛與尊重的諮商理念讓後人學習。

羅吉斯的女兒娜拿莉繼續傳承至 2015 年辭世，現由擁有心理博士的孫女法西斯克紹箕裘，繼續用羅吉斯的理念為基礎在諮商領域界助人成長。

本章中我們將就羅吉斯理論對人性的本質界定，來探討心理問題的來源及處理的策略。

第二節。羅吉斯對人性本質的看法

在羅吉斯諮商理論的發展中，他曾用過數個名稱，從非指導學派、案主中心，最後鎖定為「個人中心」（person-centered），認為此名最能代表他的理念。個人中心諮商學派是屬於人性主義的論點（humanistic approach），相信每個人都具有發展的潛能和朝向自我實現的傾向（self-actualizing tendency）。當處在健康的心理環境下，人們具有充分的資源可以瞭解自己，修正自我概念與基本態度，好讓自我的潛能獲得充分的發展。羅吉斯的這個理念是來自兒童時期農家生活的經驗，小時候有次發現放在地下室離小窗戶好幾呎下方的馬鈴薯居然發了芽，朝窗戶有陽光的方向長了二到三呎。這樣的圖像烙在羅吉斯的腦海裡，每當面對案主時他就想起這顆努力求生的馬鈴薯。他相信面臨困境的案主和在暗室發芽的馬鈴薯一樣是富有生命力的，只要提供積極正向的環境，就會將潛能發揮出來（Rogers, 1980）。

壹、自我的特性

羅吉斯在 1947 年底特律舉行的心理學年會演講時，首次公布自我概念在他理論上的論點。往後幾年，他的理論逐漸發展成型，稱為現象邏輯論（phenomenological theory），強調每個人對其周圍與內在的現象都有不同的察覺，其所覺察到的就是他的現象領域（phenomenal field），其現象領域會主導其行為，例如一個友善的阿姨抱起嬰兒，但這嬰兒卻會因陌生感到害怕而哭泣。羅吉斯的理論又稱為自我理論（self-theory），相信每個人的自我概念（self-concept）是從與環境互動中開始發展出來。自我（self）是每個人的現

象領域裡很重要的部分。它是人格中具有組織、創造與適應性的核心要素，對人的行為最具有決定性的影響力。自我會把主詞的我（I）和受詞的我（me）各自的特質，和這兩種我與他人的關係及人生的各種狀況整合起來後，賦予特有的價值觀，而形成特定的自我概念。例如對自己身高的知覺，或自己與他人間關係的知覺，如「我是矮的，我長得不高」，加上價值觀的知覺是「我太矮了」。自我的特性可歸納如下（Boy & Pine, 1982; Kirschenbaum, 2009; Rogers, 1951）：

一、每個人的經驗是獨特的

（一）每個人以其所覺察到的領域來界定自己的現實世界

每個人是以其當時的覺知（perception）來與自己所處的環境互動。這個人自己所覺察到的領域，就是這人認定的現實世界（reality）。因為每個人都有不同的夢想，所以每個人所定義的真實世界更會大相逕庭。

（二）每個經驗對每個人都有獨特的意義

每個人都存在於一個不斷改變的世界中，在整個經驗裡只有身在其中者才能深切體驗到該經驗的真正感受。因為每個情境都相當獨特，沒有人能從外在去看出他人內心的世界。

二、每個人的自我概念與環境是有關聯性的

（一）每個人的自我概念會受環境的影響

環境對個體的反應，例如父母、老師或朋友的態度，會影響到人們自我概念的界定，一旦自我概念形成後，就很難再改變。例如某人自覺無能，儘管證據顯示他已有成就，但每到一個新的環境此人又會不自覺的認為自己是沒有能力的。此自我概念不僅很難改變，當新的證據與原先自我概念不合時，人們會感到有威脅感，因而否定或扭曲這個新的證據。

（二）每個人會從與環境的互動中找到自己的獨特性

每個人會從整體的環境以及他人的回饋中找到自己的定位，發展出一個有組織、獨特、一致與整合的自我。每個人都是獨特的，也都會希望自己的獨特性獲得認可與尊重。

（三）要瞭解人的行為就要從其內在參考架構出發

外在的評價不管是正向或負向，都不能真切的描述一個人。每個人都有其內在參考架構（internal frame of reference），要瞭解人的行為最好的管道是從瞭解其內在對事物的知覺和看法中去探察。

三、每人都有追求自我實現的導向

羅吉斯相信每個有機體都有想滿足與生俱來的潛能的需要，人類也是一樣，有追求自我實現與成長的傾向，總希望自己能發展得更完全與多元化。其重點有四（Boy & Pine, 1982; Kirschenbaum, 2009; Rogers, 1951）：

（一）每個人都具有目標導向的本質

人生是個主動追求（active）的過程，而非被動等待的狀態。不管刺激是來自內在或外在、環境是有利或不利，每個有機體都努力的在成長，不僅要維繫生命，還希望能更豐盛，甚至還能讓生命繼續傳承，這就是生命的本質。除非有機體失去了生命，否則這股成長的動力是不可能被奪走的。即使是處於逆境者，儘管旁人對他們成長的期待可能不高，他們一樣具有追求自我實現的導向，只要抓到機會就會長出來（Rogers, 1980）。也因此，每個人都渴望有一個可讓其成長的自由環境，這股正向的能量會鼓舞人們不斷的追求成熟與自我改進，讓其目標導向的本質獲得實現。

（二）每個人的行為都是目標導向的

每個人的行為都是目標導向的，其目的是要從其所處的環境中去滿足自己的需求。行為本身其實是人們對自己所知覺到的環境的一種反應，人們的覺知

通常是取決於其需求，滿足需求的動力會影響人的行為。若對所在的環境沒有什麼需求，就不會有什麼特別的反應。

（三）當人們願意改變時，行為就有改變的可能

人的情緒會跟隨與帶動目標導向的行為，有時候人們可能會被自己跟隨某個反應而來的情緒嚇一跳，其實人們所以會有情緒反應表示此人可能對自己的行為感到不滿意，此時人們會說出或做出負向與消極的話或動作。人們可趁此來激勵行為的改變，讓好的行為跟著表現出來。不過只有當人們願意改變時，其行為才會跟著改變。

（四）人們的自信心會影響其問題解決的能力

人們的行為和其自我概念是一致的，消極的行為通常是反映自消極的自我概念；具有積極與樂觀的自我概念者，其表現出來的行為較會是正向積極與樂觀進取的。羅吉斯相信每個人都具有解決問題的能力，不過其解決問題的能力與自信心是具有關聯性的。當自信心建立起來後，其問題可能就會迎刃而解。

貳、勇於當自己

一、想當真正的自己時可能會遇到一些瓶頸

羅吉斯相信每個人都是獨特的個體，所以勇敢當真正的自己是很重要的。但想當自己時可能會遇到一些瓶頸（Boy & Pine, 1982; Rogers, 1951）。

（一）誤把別人的觀點當作是自己的

每個經驗都會有其獨特的價值，而這份價值感多數的時候是自己賦給它的；但有時候人們可能會採自別人的觀點，卻誤以為別人對該經驗所賦予的價值觀是自己給加上去的。

（二）與自我架構不合的訊息常會被忽略掉

當人們與環境互動時可能會把收到的訊息納入成為自我架構（selfframe）的一部分，但若那些訊息與自己無關，便常會被自己忽略掉，或會因與自我架構不一致而被自己否定掉。

（三）帶給自己威脅感的訊息常會被否定掉

當人們接收到帶給自己威脅感的訊息時，例如被批評說自己不好與沒有價值時，很自然的想要去否定它。但若這些傳來的訊息有某些方面的真實性，就應該去審視它，再決定要納入自我架構或否定它。若不做任何處理，心理會感到有壓力或不舒服。

二、遇到瓶頸時應有的態度

（一）學習去接受它們以擴大自我的架構

人是個相當複雜的個體，有時會表現出一些與自我概念不一致的行為，應該學習去接受它們以擴大自我的架構。當自我越來越強壯時，就較有能力安排與管理自己的行為與反應。

（二）充分體會後再做評價

自我保護的本能會讓人不願意去評價自己，其實要先容許自己有機會充分的去體驗事物，才能清楚判斷那些受到否定的訊息所以被否定的理由，如此做心理上就較能適應與釋懷。

（三）相信自我的統整力

相信與接受自我是個具有組織架構與統整能力的有機體，摒除對自己的成見與扭曲的價值觀，讓自己有機會發展成有整合性、平衡自己與社會需求、積極與樂觀取向的人。

（四）切記要先能接受自己才能去接受他人

接受他人起始於接受自己，當人們能夠接受自己時，就較能去瞭解與接受他人，並知道自己與別人是有所區別，且都是獨立的個體。

三、勇於當自己的要訣

　　勇敢當自己意指瞭解自己的目標與人生目的，不隱藏對自己或他人的感覺，勇敢誠實的面對自己。從羅吉斯的生平故事可看出他不是一個空口說白話的人，他的人生就是一部勇於當自己的故事，下面所提到當真正的自己應有的特質中，你就可以看到羅吉斯一生努力當自己的切身例子（Kirschenbaum, 2009; Rogers, 1961）。

（一）不再跟隨「必須」的指令

　　當自己的要件之一是可以勇敢不再跟隨「必須」的指令（away from "oughts"）。很多時候人們努力當著別人認為自己應該做的自己，卻發現滿足了一個「應該」後，還有另一個「應該」在等著。一直按著別人設定「應該」的條件來活，人們常會因而失去了和自我接觸的機會。例如羅吉斯自小時就愛看書，常一大早醒來就捧著書讀，但父母很重視宗教，認為早上應該讀聖經而不是其他的書，每次看他捧著其他的書在讀，就笑他「你的鼻子又在聞書了」（There you are again with your nose in a book）（Kirschenbaum, 2009, p. 4）。這樣的經驗讓他即使當到了大學教授，還有早晨閱讀的罪惡感。還好他沒有被這「必須」的指令所限，勇敢的克服心理障礙閱讀想要讀的書，才有充分的知識寫出很多書造福他人。

（二）不要只是為了符合他人的期望而活

　　當自己的要件之二是學習不要只是為了符合他人的期望而活（away from meeting expectation），而忽略了自己到底要的是什麼。羅吉斯在專業發展的歷程中，從農業科學轉到歷史，又從神學再轉到心理學，一直努力在尋找適合自己的路。雖然離開神學院的學習讓他的父母相當失望，但羅吉斯深知自己認知的發展已不適合侷限在神學院所設的思想範疇中，想要找一個讓他可以自由思考，思想是可以不受限制的領域（I want to find a field in which I could be sure my freedom of thought would not be limited）（Kirschenbaum, 2009, p. 50），且

發現不是只有教會裡的神職人員才能幫助人，因而勇敢的選擇心理學專業，才有機會發展出著名的個人中心諮商輔導理論。雖然離開神學界，但他的努力讓他在 1967 年獲得美國宗教諮商師協會（American Pastoral Counselors Association）的傑出貢獻獎，這是羅吉斯的父母當初沒預料到的。

（三）不再只為取悅他人

當自己的要件之三是不再只為了取悅他人而活，願意勇敢負責任的朝自己所定的方向前進（away from pleasing others and toward self-direction）。在這過程中，人們必須清楚瞭解自己所做的哪些事和行為對自己是有意義的、哪些是沒有意義的，一旦做了決定後要願意為自己的決定負起責任。其實從羅吉斯發展理論的過程中可以看出這個特質，比如當他向俄亥俄州立大學提出辭呈時，系主任伯特博士（Harold Burtt）帶著嘲笑的口吻說：「你很努力發展的非指導性學派看來是持續不了多久，如果你留在這裡，你永遠有一個家可以回。」聽完後他離開的意志更堅。

又如在 1940 年 12 月 11 日被邀請到明尼蘇達大學（University of Minnesota）的諮商系演講，當時該系強調的是指導學派，著重以心理測驗幫助學生做職業選擇。在演講上，羅吉斯勇敢的表明諮商的目的是幫助人們成長而非解決問題，是注重情緒而非智商，是強調現在而非過去，而且諮商關係本身就是一個成長的經驗、新的治療理念。聽完演講，聽眾反應不一，褒貶參半，系主任威廉斯（Edmund Williamson）在回應羅吉斯的演講中再次強調指導學派的有效性。雖然如此，羅吉斯仍自稱這一天是案主中心治療（client-centered therapy）的生日（Kirschenbaum, 2009, p. 109），不久後便開始著手撰寫《諮商與心理治療：新的實務概念》，將他的理論介紹給世人。書中介紹許多新的概念，例如稱來求助者為「案主」（client），將以諮商師為中心的治療（counselor-centered therapy）改為以案主為中心（client-centered）的非導向性治療（nondirective therapy）。這本書引來兩極端的反應，一方面羅吉斯的

名聲逐漸響亮，「羅吉斯學派」（Rogerian）變成是心理治療新取向的代表，很多有名的心理學會邀請他擔任委員，被邀請去演講或做研討會，很多研究生從其他學校轉來俄亥俄州立大學跟他學習。但心理系、醫學院以及專業雜誌卻仍未肯定他的貢獻。有人批評他的書未引用心理和精神雜誌的文獻作為參考書目，或說他的方法只是表面的治療過程，其實很多人都已經在做了。但羅吉斯不退卻，即使遇到這麼多反對的聲音，仍秉持初衷繼續發展自己的理論。

（四）不再假裝

當自己的要件之四是不再假裝（away from facades），不再當那個不是真正的自己。很多時候人們所以不敢承認自己的行為與表現其實是裝出來的，是擔心萬一表露出來別人無法接受真正的自己，會讓自己無地自容。在羅吉斯的生平故事中，他坦承自己曾經碰到好大一個瓶頸，差點走不出來，那是在1949 至 1951 年，他被一位精神官能症案主纏得幾乎崩潰，和海倫躲到大煙山（Great Smokey Mountain）旁的湖邊小屋待了一個月後才返回芝加哥，這個創痛讓他對自己擔任諮商師的能力大打折扣。這時諮商中心的同事布朗（Oliver Brown）告知：「我知道你很受挫，我不怕你或你的問題，我接受你的憂慮。如果你願意說出來，我很樂意傾聽。」讓這位同事治療的過程中，他回顧自己與那位案主的諮商關係所以出問題的緣由，發現關鍵是在他的自信心的問題。其實這個問題一直是羅吉斯的困擾，因為小時候常生病、愛哭，經常被家人取笑，所以打自內心深處一直無法喜歡或愛自己、也沒有肯定自己的價值。長大後不斷認真工作，目的就是希望能贏得父母的歡心。雖然他的成就已超過兄長，但他覺得在母親的眼中他仍是那個沒有討上帝歡心的孩子。因為在家裡並不鼓勵表達負面的情緒，大家都相敬如賓，但羅吉斯卻自怨自艾的說「他們可能喜歡我做的事，但卻不能愛我。因為我是很不值得愛的，我真的很自卑，我只是裝強而已」（Nobody could love me, even though they might like what I did. I was an unlovable person. I really was inferior, but putting up a big front）

（Kirschenbaum, 2009, p. 187）。接受同事治療的那年是他一生中最好的經驗，勇敢接受輔導面對問題後，羅吉斯發現「我最大的問題可能出在我無法愛自己」（I realize that probably my deepest problem was not being able to like or love myself）（Kirschenbaum, 2009, p. 186）。經過自我探索和從協助案主的過程中，羅吉斯體會到：「人無法改變或遠離自己，能完全接受自己時，改變自然就發生了」（We cannot change, we cannot move away from what we are, until we thoroughly accept what we are. Then change seems to come about almost unnoticed）（Rogers, 1961, p. 17）。那之後羅吉斯比較能自在的與案主有深層的情緒互動，較有能力陪伴案主度過心理的痛苦與掙扎。在幫助過無數的案主後，羅吉斯發現許多案主共通的特性是不能接受自己，而其根源是來自他們覺得自己不好——不值得愛、沒有能力、不夠好。經過不斷思考與研究後，羅吉斯發現接納（acceptance）與同理（empathy）是幫助案主接受自己最好的工具（Kirschenbaum, 2009）。

（五）迎接成長過程中的每個新經驗並接受自己是會改變的事實

勇敢當自己的要件之五就是要能迎接成長過程中的每個新經驗，並接受自己是會改變的事實（toward openness to experience, enjoy the process of changing toward complexity）。當人們接受成長是一個過程而非結果，就能夠自在的進入過程中，學習與嘗試新的經驗，接受自己在每個時刻都會有改變的事實，並享受每一個新的領悟與體會後嶄新的自我。羅吉斯的一生中換了好幾次的工作，而且每次都是在工作的高峰時轉換跑道。雖然周圍的人質疑他的決定，但如果仔細推敲他專業成長的軌跡，羅吉斯從紐約的羅切斯特搬到俄亥俄州立大學，再由俄大遷往芝加哥大學，最後由芝加哥大學再到威斯康辛大學。每次的搬遷讓他的專業發展出新的曙光。他用自己人生的經歷證實迎接成長過程中的每個新經驗並接受自己是會改變的事實，是勇敢當自己、幫助自己成長的要件。

（六）接受他人

勇敢當自己的要件之六就是要能接受他人（toward accept of others）。羅吉斯在其自傳中提到當年在威斯康辛大學時，因未能吸引一般人到諮商團體，讓要驗證其理論在常人身上應用的研究受挫，搬到加州後他設計會心團體（encounter group），對象就是給一般人以增進其生活有效性與滿足感為目標，參加者踴躍，因而有機會考驗其理論在常人的適用程度。帶領團體時他將自己定位為催化員（facilitator），表明此團體並無預設目標，而是透過催化幫助成員達到自己想要達到的目標。帶團體時他對成員說：「這是我們的團體，我現在是有點緊張，不知道結果會怎樣。這個團體結果會如何完全取決於我們的手中。其實我也很興奮，真迫不及待的要認識大家」（Well, here we are, I feel a little nervous right now. I don't know how this will turn out. It's really up to us to make of this group what we wish to. And I'm also a bit excited right now and eager to get to know you）（Kirschenbaum, 2009, p. 345）。在當時帶領會心團體對他來說是個全新的經驗，唯一的支柱是勇敢的面對與接受過程中的任何狀況的心。羅吉斯發現當他願意開放心胸去瞭解他人時，其產生的諮商效力是至高的。

當我們聽到別人說話時，常會給予立即的評價，如「那很好」、「這想法很愚蠢」、「那很正常」、「那不合道理」、「那不對」，但卻很少允許自己瞭解對方說那句話時真正想表達的意思。羅吉斯相信人們所以會有如此的反應，是因為認為瞭解別人是一種冒險，擔心一旦瞭解了別人，可能就要做一些改變。害怕改變的心理阻礙了人們願意進入對方的世界去瞭解對方的意願。羅吉斯發現當你願意真誠的瞭解別人，其實就是在鼓勵對方去接受他們自己的害怕、奇怪的想法、難過和失望的感覺，以及願意敞開心門去接受此刻你所傳給他們的鼓勵、愛的感覺。這樣的能量會讓他們願意去做改變（Rogers, 1961）。

（七）信任自己

信任自己（toward trust of self）是當自己的要件之七。羅吉斯說當他在帶會心團體時，有時候理性會告訴他應該採取某個策略，但內在整體的經驗（total inner experiencing）卻又會有另一種帶領的理念與圖像，這時他必須學習信任自己是有能力選擇對成員最有利的策略來帶領他們。因為信任自己，羅吉斯能自然的順著直覺與腦中出現的一些自發的圖像與團體成員進行肢體上的互動，這對於成長於美國中西部家教嚴謹、從小不鼓勵唱歌或跳舞的家庭的他是個相當大的挑戰。但因著善用這些圖像與直覺，羅吉斯與案主的溝通效果反而更好（Kirschenbaum, 2009; Rogers, 1961）。

從自己的成長經驗中，羅吉斯提醒我們當自己的感受和外在的表現不一致時，是很難與別人建立真正的關係的。當能接受並傾聽自己的聲音，就較能有效的發揮自己的能力。所以接受自己的不完美，勇敢的讓自己當自己才是上策（Rogers, 1961）。

參、成為功能完全的人

1961 年羅吉斯出版的《成長為人》（*On Becoming a Person*）一書，提出「功能完全的人」（fully functioning person）的理念，強調所謂功能完全者就是願意吸收新經驗，能覺察與接受自己的感覺、知覺和想法的人。

一、要成為功能完全的人要從追求完美的人生開始

要成為功能完全的人，要從追求完美的人生開始。羅吉斯（Rogers, 1961）指出完美的人生（good life）並不是保持現狀或追求一個沒有壓力、舒適的人生；它是一個過程而不是一個終點。所謂完美的人生是因人而異的，它會跟著每個人心理的自由度朝不同的方向前進。這過程有如下幾個特徵：

（一）朝向以開放的心充分的接受與體會新的經驗

朝向完美人生的過程是指能夠以開放的心去接受新的經驗，願意去探索心裡面一些原不敢面對的奇怪、未知或害怕的感覺，而去完全的經驗自己內心的感受。當人們能傾聽自己的聲音，體會自己心裡的改變時，就較有勇氣去面對新的事物。羅吉斯在自傳中提到當他在哥倫比亞大學唸書時申請到紐約市兒童臨床輔導中心的工作，該機構以佛洛依德的論點為主，這和他所受的測量和統計的訓練，強調從外在客觀的測驗來瞭解個體出入極大。但他不排斥，以開放的心邊做邊學並巧妙地將兩者結合變成他的博士論文〈測量 9 到 13 歲兒童的主要人格適應〉（Major Personality Adjustment in Children Nine to Thirteen Years of Age）（Kirschenbaum, 2009）。過程中難免感到緊張，但卻讓他有機會重新架構想法，是一個很好的學習契機（Rogers, 1961）。

（二）充分的去經驗每一個時刻

人生並非一成不變，而是一個不斷改變的過程，朝向完美人生的過程是指人們越來越能夠充分的去經驗人生的每一個時刻。羅吉斯相信假如人們能夠自在的經驗人生，則其人生的每一個時刻對他們來說都是前所未有過的新經驗。所以不要給自己設限，應放手讓經驗來塑造自我和自己的人格特質，看自己下一刻將會變成什麼樣子，因為沒有人可以預測自己的未來。開放心靈真真實實的經驗此刻，去發現每個此刻把自己變成什麼新的形象，羅吉斯說這就是追求完美人生過程的重要特徵。

（三）信任自己這個有機體

朝向完美的人生的另一個特質是要信任自己，相信自己這個有機的個體（organism）能夠帶給自己最滿意的人生。通常在決定在每個新情境要如何做反應時，人們常會按社會所規範的範疇或別人所訂定的原則去做，但羅吉斯建議應學著去信任自己對該情境的整體感受，以覺得是對的方向（feels right）去反應，通常如此做會帶出讓自己較滿意的結果。因為抱持開放的心時，有助於

個體去覺察到出現在自己周邊和心裡面的所有資訊，包括社會的要求、自己的需求、心理的衝突、與對相似情境的記憶與自己對該情境獨特的敏覺。一個信任自己的人會容許自己的有機體和意識參與其中，考量每個因素的優缺點與重要性的優先順序，而做出最能滿足自己需要的決定。羅吉斯以自己寫作為例，他說當他有感而發的以自己的想法，撰寫第二本書《諮商與心理治療：新的實務概念》（*Counseling and Pychotherapy: Newer Concepts in Practice*）一書後，出版社對於該書銷售情況存疑。沒想到書一出來賣了10萬本，盛況空前。

二、邁向一個功能完全的人

當人們的生活能朝向上述完美人生的三個境界時，他們就能夠完全的經驗自己的感覺和反應，更正確的使用自己的感官直覺與神經系統傳達出的資訊，且也因信任有機體的運作是比自己可以覺察到的能力（awareness）更敏覺和聰慧，所以較能夠允許自己在每個可能的選擇中自由的去感受，不再害怕而能誠實的面對感受中帶來的喜怒哀樂與心中的想法。當人們能夠以自由的心靈去接受和感應每個時刻帶來的刺激，並讓有機體的感受來引導前進的方向時，他們就已經在邁向一個可以發揮完全功能的人了。具體來說，一個功能完全的人具有下面的特質（Rogers, 1961）：

（一）具有自由選擇的能力

一個功能完全的人較具有自由選擇的能力，也因為願意為自己的選擇負責任，所以其做的選擇會讓他們在生活中所採取的行動更有效。

（二）具有創造力

一個功能完全的人會是一個具有創造力的人，因為當人們對自己所處的世界更敏感與開放，信任自己與所處的環境建立關係的能力時，他們就會去善用資源，創造出生活的奇蹟。

（三）是一個值得信任的人

功能完全的人是值得信任的人，他們瞭解進退之道，知道如何平衡與適切的與社會互動。

（四）其人生會是豐碩的

一個功能完全的人因為敏感於人生的各種體會與感受，勇敢的接受各種挑戰並從各樣經驗中去學習，所以其人生會比一般人更加豐碩。

以羅吉斯為例，1986 年，已 84 歲的他還夢想要用個人中心的理念來解決國際間的衝突以促進社會和平。於是那年的 1 和 2 月，他便和同事 Ruth Sanford 去了一趟南非，訓練種族間的對話和邏輯溝通技巧。6 月在匈牙利布達佩斯對 300 人進行兩個禮拜的訓練。回到加州後，忙著參加中心的訓練活動還有接受訪問以及演講。9 月和 10 月，到芝加哥參加個人中心發展協會（Association for the Development of the Person-centered Approach）的首次會議，報告在南非的工作。之後飛到莫斯科和第比利斯（Tbilisi）對 2,000 個專業工作人員進行訓練。11 月參加加州大學朝向健康州（Toward a Healthier State）座談會，並和女兒以及孫女一起發表〈增強創造力：三代的觀點〉。在〈接近 85 歲〉（On Reaching 85）一文中表示「85 歲比我所想的計畫還有期待的更加美好，這是我 65 歲時未能預料到的」（I could never have dreamed of such events at age 65!...I hope it is clear that my life at 85 is better than anything I could have planned, dreamed, and dreamed of, or expected）（Kirschenbaum, 2009, p. 567）。

肆、幫助人們成長的重要元素

羅吉斯說在他專業發展的早期，常問自己：「我要如何對待、治療和改變對方？」後來發現其實幫助案主成長比促其改變更為重要，所以諮商師要問的是：「要如何與對方建立一個有效的關係和環境來幫助對方成長？」羅吉斯相

信每個人都有想要成長、擴大、自主、發展與成熟的急切感，這種自我實現（self-actualization）的傾向和動力會激發出人們所有的能力，因而激發了自我的成長。這些傾向常因為自我防衛的心理而被潛藏住，羅吉斯相信每個人都有這股潛能，等著在適當的情況下被激發出來（Rogers, 1961）。幫助人們成長的重要元素可歸納為下面四項（Kirschenbaum & Henderson,1989; Rogers, 1961）。

一、真誠

與他人的互動時，自己越真誠，對對方越有幫助。所謂的真誠（genuine）是指能真正覺察並表達出自己的感覺，而不是深層裡隱藏一個感覺，表面上表達的又是另一回事。所謂真誠也意味著願意勇敢當自己，表達自己真正想說的話和行動。唯有這樣，建立的關係才是真實的（reality）。當真實的自己相當重要，唯有能夠用真誠的一面來對待對方，才能幫助對方成功的找到真實的自己。

二、接納

與他人互動時，越能夠接受對方，就越能與對方建立出有助其成長的關係。所謂接納指的是以溫暖的態度來對待對方，不管其情況如何，你都能無條件的尊重對方的價值、接納對方是個完整的人。

三、瞭解

每個人都渴望被瞭解，若只有接受而沒有瞭解，這樣的接受是沒有意義的。所謂瞭解指的是以敏銳的同理心去理解對方此刻正在表達的感覺，並將其所瞭解的讓對方知道。特別重要的是，當人們感到自己是被瞭解的時候會讓對方感受到自我的價值感。也因為如此，收聽者要開放所有接收的管道來傾聽對方的訊息，讓對方因感到被瞭解而願意暢所欲言。

四、自由的思考空間

在關係建立中，自由（freedom）是個很重要的元素。所謂自由是容許對方在不受道德層面約束下，自在的從意識和潛意識的層面去探索其思想意念。舉一個羅吉斯的故事為例，1943 年還在俄亥俄州立大學教書時，學生霍布（Nicolas Hobbs）邀請他主持返鄉軍人調查研究。這些軍人經歷戰爭的創傷，適應困難，對訪問抱持抗拒的心理，更懷疑身為學者的羅吉斯到底能瞭解他們多少。但羅吉斯以真誠和接納的態度耐心的傾聽，讓他們願意卸去心中的防衛表露心中的害怕、焦慮和挫折感。調查一百個軍人後，提出幫助他們適應新環境的建議。政府對他的表現相當滿意，邀請他到位於紐約總部的軍人服務中心（USO）擔任主任，負責訓練三千個員工的諮商技巧（Kirschenbaum, 2009）。可見當人們能以真誠、接納、瞭解的態度與人相處，並給對方自由的空間思考，兩人才能有效互動，並從這樣的關係中獲得成長。

第三節。個人中心學派的諮商策略

壹、諮商目標

羅吉斯從臨床經驗中發現，其實每個人都有追求成長的潛能和傾向，若遇到適當的心理環境，就會發展出真正的能力。羅吉斯強調諮商著重在下面的目標（Kirschenbaum, 2009）：

其一，不是幫個體解決某個特定的問題，而是幫助他們成長，讓他們有能力解決目前以及未來將面臨的問題。個體追求成長、健康和適應的動力是相當重要的。

其二，諮商的過程著重的是個體的情緒而不是智商。

其三，諮商著重的是個體目前的狀況而不是他們過去的歷史。

其四，強調諮商關係的重要性，因為諮商關係本身就是一個成長的經驗。

貳、諮商師的角色與功能

羅吉斯稱受助者為「案主」，而非「病人」，因為諮商的關係已不再侷限於醫學的領域，若稱其為病人，表明他們是有病的人，期待醫生給他們治療與藥物。但事實上，很多尋求諮商協助的不是有病的人，稱其為病人是不恰當的，稱其為案主，是表明對尋求協助者的尊重。在諮商過程中，諮商師和案主協同努力下達到諮商的目標。諮商師也扮演催化員的角色，意即諮商師並無預設目標，而是透過催化幫助案主達到自己想要達到的目標。並透過下列的功能任務，幫助案主成為一個發揮潛能的人（Rogers, 1961）：

一、幫助案主與潛在的自己接觸

諮商中很重要的要幫助案主放下原先的自我防衛心理，與真正的自己接觸，探索不同層面的自己。他們可能會發現很多時候經驗到的自己和原先以為的自己有很大的差異。鼓勵案主跳離原先設定的自我架構與自己接觸，不用急於去區分哪個是原先的經驗，哪些是不一樣的經驗。當案主能接受其實所體會到的每個經驗可能都是自己的一部分，願意學習認識潛在的自己，就能更瞭解自己。

二、幫助案主能夠自在的去接受別人的關懷

在諮商中幫助案主學習不害怕接受別人對自己的關懷，就能感受到諮商師對自己的關心和真心想傾聽自己的想法。當案主能夠接受諮商師對自己的尊重與接納時，就能勇敢面對不同層面的自己，願意改變而勇敢的當自己。

三、幫助案主學會喜歡自己

在諮商中不僅幫助案主逐漸減少負向的自我認同，更能從學會喜歡自己中

增加對自己的接受且能自在的享受自己。

四、幫助案主瞭解與發覺人格核心是積極與正向的

很多時候案主不敢深入探測自己，是因為害怕發現自己內心深處黑暗與邪惡的一面，所以幫助案主瞭解與發覺人格核心是積極與正向的是相當重要的。羅吉斯從觀察案主中發現其實每個人都有其正向的一面，人格的最核心具有自衛的本能（self-preserving）和富有社會性（social）。所以當案主越深入的探查自己，就越不用擔心會發現自己是有問題的，因為他們將發現自我的核心沒有恨惡，是積極正向、富有社會性、成長動力、合理與真實性的。羅吉斯說當他與案主深入互動後，即使對方可能是反社會性的人，當諮商師能夠敏感的去瞭解案主的感受，接受他們擁有身為人的權利與尊嚴時，就會發現案主開始朝向正向、建設性、自我實現、成熟和社會性的方向在前進。可見當人們越能被完全瞭解與接受，就越能夠摒棄原先的一些錯誤行為，朝正面方向前進。

五、幫助案主以真正的自己來經驗自己

諮商是幫助案主不自我欺騙或以任何扭曲的形式來當自己，而是能以真正的自己來經驗自己。當有人問道：「這種情況下我應該怎麼做？」「我的父母和我的文化會希望在這個情況下怎麼反應？」羅吉斯建議應幫助案主學習問自己：「我現在經驗到的是什麼？」「這對我來說是什麼意思？」「如此做對我產生的意義是什麼？」鼓勵案主接觸到真實的自己。

參、諮商策略與過程

一、建立諮商關係的要件

個人中心諮商學派強調幫助案主的成長是個過程，這過程中諮商師與案主所建立的關係是重要的關鍵，而諮商師在建立關係時所持的態度更是不容忽視。1939年的第一本書《問題兒童的臨床處理》，羅吉斯就提出其中的三項要件是：諮商師具有客觀性、尊重案主，同時也要瞭解自己（Kirschenbaum,

2009; Rogers, 1939）：

（一）客觀性

客觀性（objectivity）是指諮商師應具有同情的能力（後來改為同理心）、真誠地接納、深度的瞭解但不做道德與價值判斷、表達對案主的談話有興趣的態度。

（二）尊重個人

尊重每人的個別性（respect for the individual），願意接受案主目前的狀況和所具有的適應能力，並給他們適當的自由度去處理和解決問題。

（三）瞭解自己

諮商師必須要瞭解自己（understanding of the self），包括瞭解自己情緒的起伏狀態，並瞭解自己的限制和弱點。除非是諮商師自己的生活有很好的適應、其情緒需要獲得妥善的照顧與管理，才有能力當一個有效的諮商師。

爾後，羅吉斯（Rogers, 1957, 1959）將此概念擴充，對諮商師幫助案主改變與成長應具有的要素有更清楚的說明。

（四）諮商師與案主間要有心理上的互動，建立出專業的關係

剛提出此論點時羅吉斯用的詞是「兩人間的接觸」（two person in contact）（Rogers, 1957），後來改為「心理上的接觸」（psychological contact）（Rogers, 1959）。他強調諮商要有效果不是只靠案主與諮商師兩人碰面就會出現，而是得當諮商師可以體會到案主的感覺，案主也能感受到諮商師關懷的口吻，待雙方之間有心理上的互動才能啟動。

不過，重要的是案主必須要願意把心帶到諮商室，接受自己是處在心理不滿意的狀況（如感到在不協調、無辜或焦慮的狀態下），且準備好要開放心胸處理問題，否則是無法和諮商師產生心理上的互動。例如一位案主因老師轉介來找諮商師，堅持自己沒什麼問題。諮商師請他談談自己目前的感受或想法，

案主直說自己沒有什麼可說的。在這種情況下雖然案主來到諮商室，但因人到心不到，與諮商師兩人間無法產生心理上的交流。

（五）在諮商關係中，諮商師的心態是一致性且是真切的

所謂一致性（congruent）意指當諮商師在治療過程中有任何的體會與感覺要即時的表達出來。「一致性」這個詞是他的同事又是學生的卡羅・外特（Carl Whitaker）的觀點，1956 年，羅吉斯採用後，此名詞開始被廣泛的使用（Kirschenbaum, 2009; Rogers, 1956）。

之後，羅吉斯（Rogers, 1970）又加入「真切」（authentic）一詞，希望把「一致性」一詞解釋得更完整。真切包括兩個元素：內部一致性（internal congruent）和適切的透明化（appropriate transparency）。內部一致性是指有能力感覺到自己目前真正存在的狀況。透明化指的是能以陳述或其他方法表露自己此刻經驗到的感覺（Casemore, 2006）。

羅吉斯並強調諮商師最重要的是「當自己」（being yourself），以開放的心準備接受和瞭解自己在諮商過程中隨時會出現的感覺，無條件的接受自己並把真實的自己帶到諮商關係中，如此做才能鼓舞案主勇敢的當自己（Casemore, 2006）。

（六）諮商關係中諮商師應給予案主無條件與積極的尊重

所謂無條件與積極的尊重（unconditional positive regard）是指諮商師在諮商關係中應尊重案主身為人的自我價值，給予無條件的溫暖與尊重。這個詞是羅吉斯在 1950 年代受到他的博士班學生史丹利・史丹佗（Stanley Standal）所寫論文的影響，覺得比他原來所用的「接納」一詞更能貼切的描述他的論點，便於 1956 年將「接納」改成為「無條件與積極的尊重」（Kirschenbaum, 2009; Rogers, 1956）。

羅吉斯相信每個人與生就具有能夠瞭解自己的能力，當處在安全的環境下，此能力就會獲得滋長，對自己行為和感覺的起因和帶來的結果也會較有領

悟。羅吉斯建議當諮商師可以建立一個安全和寬容性的諮商關係，容許案主完全的表達內心的感覺，就可以幫助案主的心理獲得健康的成長（Rogers, 1961）。在這關係中諮商師要尊重案主的獨特性，相信他們有能力去界定出自己的問題，有能力找出適當的策略來解決問題，讓自己的功能獲得全然的發揮。要達到此效果，諮商師必須接受、不去判斷或評價案主的感覺或想法。當感受到諮商師如此的尊重與接受時，就能鼓舞案主學習接受自己。在沒有防衛的情況下，案主便較能不受制於自己的想法、感覺和話語的影響，而能真正與最底層的內在的自己接觸（Casemore, 2006）。

（七）諮商師能以同理心瞭解案主的內在參考架構帶出的內在思維，並讓案主知道自己對他們的瞭解情況

羅吉斯說同理心的瞭解（empathic understanding）不僅止於瞭解案主的感覺，而是指諮商師持續有興趣且很努力的要從案主的內在信念架構中瞭解案主是如何的經驗其感覺，而不是根據諮商師本身的認知架構去解釋案主的經驗。當諮商師對案主有所瞭解後，也要能夠把其瞭解的狀況傳遞給案主，讓案主體會到諮商師真的是沒有根據任何價值判斷或主觀成見的去聽自己的聲音。在這過程中諮商師不僅反映其感覺，還去檢查和澄清案主是如何去經驗這些感覺，如此做諮商師不但可以瞭解案主真正的感覺，並能正確的與案主溝通（Casemore, 2006; Rogers, 1961, 1986）。

提到同理心時，羅吉斯提醒諮商師只能做到「假如好像是」（as-ifness）的程度（Rogers, 1959），因為若諮商師過度完全的進入案主的感覺而且真正的去經驗它，那顯示諮商師沒有將案主看作獨立分開的個體，讓他們有權利擁有自己的感覺和經驗。所以當諮商師幫助案主時不是要試著去經驗到和案主一模一樣的感覺，而是「好像」是活在案主的世界但實際上又不是真正在那裡（Casemore, 2006; Rogers, 1959）。

二、諮商過程

羅吉斯強調諮商過程包括三個階段：釋放（release）、領悟（insight），將領悟化為積極與正向的行動（positive action is bass on insight）（Kirschenbaum, 2009; Rogers, 1940, 1942, 1943）。

（一）階段一：釋放階段

在此階段鼓勵案主把其問題和擔心的事情分享出來，在這階段很重要的兩件事是單純的接受（simple acceptance），和傾聽、反映、同理與澄清案主的感覺（reflection of feelings）。

1. 單純的接受

諮商師以簡單的語言如「我瞭解」（I see）、「是的」（yes）、「這樣嘛」（M-hm），以表示接受的身體姿態讓案主感覺到自己說的話有被聽到，並感受有被瞭解和接受，而願意暢所欲言。如果處理得當，可以幫助案主心理、情緒、身體上得到洗滌的效果。

2. 傾聽、反映、同理與澄清案主的感覺

傾聽、反映與同理案主的感覺是讓案主知道不管他現在的感覺和行為是如何，不管他遭遇到多大的困難、擔心或害怕他的行為未能受到社會的接受，諮商師都會瞭解並接受他是一個有價值的人。這個技巧比較難學，諮商師要很專心的傾聽案主的話，然後重述他所說的話，特別是要把案主所表達的感覺重述回去給他聽。在反映感覺時，必要時要對感覺加以「澄清」（clarification），透過澄清和反映感覺，不僅可以幫助案主客觀看待自己，也可以幫助案主接受目前的自己，讓他們有根基可以站穩後再往上成長。

（二）階段二：領悟階段

透過諮商師接受的態度以及傾聽、反映、同理與澄清案主的感覺後，可以幫助案主順利進入第二個領悟的階段。當案主能夠接受自己的時候，就比較能

夠確認自己的感覺，對自己的情況較有清楚的認識，然後就能夠很快的把感覺和事實做一個聯結；看到因和果之間新的關係，對行為的症狀所反映的意義有新的瞭解，看到自己行為的模式。要讓案主對自己的情況有所領悟，諮商師要學習自我克制（self-restraint），不要急著做任何行動，最主要的技巧是抱持鼓勵案主表達的態度，直到案主對自己的情況有所領悟。諮商師要瞭解領悟的經驗是可以自然達成，但卻是不能強加上去的。

羅吉斯認為每個人都有自我實現的潛能，與自我接觸找到真正的自己是相當重要的，在這個領悟的階段中，諮商師可採用羅吉斯所介紹的找到自己的過程（the process of becoming）幫助案主找到自己（Rogers, 1961）。

1. 進到面具之後

案主來之後，諮商師努力去營造安全的氣氛，目的是要幫助案主進到自我防衛的面具之後（getting behind the mask），放下別人對自己的期望，經驗其內在世界，接受自己，讓自己能自由的思考和感覺，朝自己期望的方向前進。當案主越能勇敢的當自己，就越能勇敢的放下面具，而能越來越勇敢的探索自己。

2. 體會自己的感覺

人們常有很多理由不讓自己真正的去接觸自己的態度與感覺，因為怕真正的碰觸會帶來痛苦或可能的傷害。但是在安全的諮商關係中，他們可以真正體會到自己的感覺，直到觸及到自己的界限。例如一位案主突然覺得自己一文不值，此時他會反問自己：「那真的是我嗎？一個乞討別人同情的小孩？」在此過程中，案主就能慢慢的認識真正的自己。

3. 從經驗中發現自己

很多時候人們試圖要從某些既定的架構或某些型態模式來發現自己，卻徒勞無功，因為發現自己其實是沒有那麼有條有理的。羅吉斯指出當自己就是接

受真正的自己，從經驗中發現到自己，不是在面具下或教條下的自己。當案主對自己的感覺和行為的模式有所領悟而表現出正向的行動時，就進入第三個階段。

（三）階段三：將領悟化為積極與正向的行動階段

找到自我後，下一步人們可能會好奇的問：「我會變成什麼樣的人呢？」羅吉斯建議每個人的成長就是把自己的潛能發揮到極致，那要如何顯現與長出真正的自己呢？下面的要件可幫助案主將領悟化為積極與正向的行動（Rogers, 1961）：

1. 開放的接受與體會各樣的經驗

要長出真正的自己，首先是要放下防衛的心理，以開放的胸襟面對即將來臨的各種挑戰。當案主感受到所處的環境是安全的，就會放下防衛的心態，覺察自己的感覺和態度，也就更能認識真正的自己。例如案主可能發現不是所有的男人都像他父親一樣的嚴格，不是所有人都會排斥自己拒絕跟自己做朋友。他能夠接受每個情境的實際情況，而不是把它扭曲成他想像的樣子。如此的體會可以幫助案主更有能力來處理新的情境、面對新的人和解決要面對的問題。對每個此刻實際存在的自己與情境的覺察，是幫助自己成長的重要元素。

2. 信任自己的感覺

當人們問著：「放假時我是應該回家陪家人，還是給自己時間去度假？」「當別人向我敬酒要我喝一杯時，我應該順應請求，還是堅持自己不喝酒的原則？」表示此人已能以開放的胸襟面對各種情境，清楚自己在當時情境的感覺和可能有的選擇。他清楚社會的要求與期望，也瞭解不同的行為帶來的結果。那要如何做選擇呢？羅吉斯鼓勵人們應該信任自己，用自己的感覺來評估不同選擇的利弊得失，做出對自己最好、最滿意的選擇。當人們對於經驗持開放的態度，越信任自己，就越少會對所面對的情境感到害怕。

3. 內在的自我評價

內在的評價是指人們從自己內在的資源去尋求解決問題的答案。當人們越能依賴內在的評價，就越少需要依賴別人的肯定或證明，或跟隨某個標準去做決定或做選擇。

4. 願意享受過程而非在意結果

如果人們致力於探索和追求自我成長，他們需要在乎的是過程，而非產品。很多人來到諮商中期望能達到某個特定的目標，例如問題獲得解決，或工作順利，但其實這都是一個過程。羅吉斯說最好的目標是讓經驗帶著自己往自己期待的方向前進。

在這樣的情況，諮商師就可以準備結案。當然正向的行動不一定在諮商過程中發生，當案主能夠在諮商外的實際生活中表現出正向的行動，就能導出更多的領悟。當然有時案主在這個時候會開始懷疑自己真的已經準備好要結束諮商過程嗎？這時諮商師可以反映和澄清他們的感覺，幫助案主處理這種正反衝突的感覺。讓案主知道決定要結束諮商關係，並不表示問題已經完全獲得解決，或是已經達到最理想的目標。羅吉斯提醒我們，滿意的人生並不表示就是完全沒有問題的，而是意謂案主已找到生活的目的，而且相信自己有能力可以面對未來的挑戰（Kirschenbaum, 2009）。

肆、理論與諮商策略摘要

羅吉斯從自家農場地下室所存放的馬鈴薯抽芽往有陽光的小窗戶的方向生長的啟示，體會到人類是具有發展的潛能和朝向自我實現的趨勢。當處在健康的心理環境下，人們內在裡有充分的資源可以瞭解自己，修改自我概念、基本態度和自我導向的行為，好讓自我的潛能獲得充分發揮朝向自我發展。因此在諮商理論的發展上，雖然他在不同時期曾用過不同名稱，從「非指導」、「案主中心」到最後的「個人中心」一詞定論，他的堅持是一樣的，他相信案主最

瞭解自己的問題，也是處理自己問題的專家，諮商師需要做的不是採用什麼策略來指導案主，而是提供給他們「溫暖的態度」、「傾聽的耳朵」、「無條件的尊重與接納」和「同理心的瞭解」等健康的環境，就像從地下室透過小窗戶傳給馬鈴薯的陽光一樣，就可以幫助案主能在沒有防衛而是感到安全的環境下去探索自己的潛能，因而激發出成長的動力，能逐漸朝自我實現的方向，發揮自己完全的功能。

　　雖然他在發展理論的路上相當寂寞，專業的同行對他的理論發展性並不看好，但他相當堅持從研究中去驗證此理論的可信性，且勤於筆耕把自己的理念和實證結果公諸於世，當他 84 歲時終於聽到同行讚譽他對心理諮商界的影響力比佛洛依德的影響力更強。

　　然而雖然成就斐然，但小時候病弱愛哭被嘲笑，以及求學路上沒完全聽父母的話讓父母失望的陰影，所造成自信心不夠及無法接受自己的癥結，卻讓他在就職於芝加哥大學諮商中心處理一位案主時遇到了阻礙。雖然躲避起來，問題並未獲得解決，後經一位同事一年多的諮商處理，親身經歷被輔導的過程，他體會到坦然接受自己是成為有效諮商師的要件。

　　羅吉斯的成長其實就是他所發展理論的見證，他所提出的每個論點幾乎都可從他的生平事略中找到例證。所以他認為最好的諮商師就是能坦然的當自己，最成功的諮商效果就是幫助案主找到自己、活出自己和實現自己。

　　因此文末我們體會到這麼一句話：「要走出積極健康的人生，就是找到自己這棵生命種子的本質，接受它、愛它、灌溉它，讓自己的潛能獲得最大極限的發揮。」以此和各位互勉之。

第四節・個人中心諮商學派的案例分析

壹、案例：「英英美代子」

　　亞君是個人人稱羨的家庭主婦，大專畢業後經相親認識現在的先生，婚後移居美國。先生觀念很傳統，認為女性婚後應待在家裡相夫教子，她順從的聽話，婚後生了兩個孩子，是個稱職的母親，孩子們都很乖巧。夫妻倆對人很好，大家都喜歡和他們做朋友。亞君很好客，煮了一手好菜，並常會主動邀約華人朋友週末到家裡聚聚。聚餐時，孩子們玩在一起，太太們聚在一起聊天，先生們則會在他們家的地下室打桌球，真是快樂的時光！不過每次有人一聊到上班的事，亞君就會露出羨慕的眼光。朋友們會鼓勵她：「像妳這麼聰慧，不去上班太可惜吧！」她總是回應說：「孩子還小，以後再說吧！」「不過我什麼都不會，真想上班，誰要我呢？」話尾她總是會加上這麼一句話。

　　兩個孩子漸漸長大，先後進入了高中就讀，都很獨立，讀書方面也都不需要她煩心。先生工作很忙，早早就去上班，下班累了回來也懶得講話。為了讓孩子專心讀書，就較不邀約朋友來家裡玩。不過這樣的日子她倒是樂得清靜，有時中午會和朋友去吃午餐，她很喜歡這樣的聚會，和朋友聊聊天她感覺心靈很得滋潤。只是因沒上班，沒有自己的收入，平常先生只給她買菜的費用，所以與朋友吃飯時便用先生申請給她的信用卡副卡刷，但次數一多她發現先生每次收到帳單就會隨口問她是跟誰吃飯。雖然問完後也沒特別說什麼，但亞君感覺很不舒服，便決定以後吃飯用自己婚前上班工作存下來的一些錢，雖不多，但還夠她和朋友吃飯，吃起來心情輕鬆多了。有次心血來潮，和朋友吃完日本

料理後便叫了一份壽司拿回家給先生吃。

第二天她很訝異的接到先生傳來的電子郵件，主旨叫做「難過！」先生不常傳電子郵件給她，便好奇的讀下去：

「亞君，這麼多年我為這個家努力的工作，讓妳和孩子們生活無慮。這麼多年我從來沒有抱怨過，但昨晚吃了妳留給我妳午餐吃剩的壽司竟是「臭酸」（臺語發音）的，我突然覺得好委屈……」

讀著這封電子郵件，亞君覺得好委屈，本來以為先生會感謝她的貼心，沒想到新鮮買的壽司居然變酸，她刻意買的壽司竟被誤解為是吃剩的。特別是先生寫的那句「我讓妳生活無慮」更讓她覺得沒工作、沒收入的自己好沒用。

「明天就去找工作！」亞君做了決定。「但我能做什麼呢？」這也就是為什麼她決定來找諮商師的原因。

瞭解了亞君的狀況，諮商師相信亞君其實知道自己要的是什麼，便計畫以個人諮商學派來幫助她找到發揮潛能的動力與方向。

貳、諮商策略

一、階段一：釋放階段

諮商師使用單純的接受，和傾聽、反映、同理與澄清感覺，來鼓勵亞君把她的問題和擔心的事情分享出來。

亞君：「自從大學畢業後我只工作了半年就結婚，十幾年都沒工作過，來美國後也沒有再進修，真的不知道自己到底能做什麼？」

諮商師：「我瞭解。」

亞君：「其實我從小就很外向，大家都認為我長大以後一定會是一個很能幹的職業婦女。所以每次遇到以前很久沒聯絡的同學，一聽說我沒在上班，都很訝異！」

諮商師：「這樣喔！」

亞君：「其實我一直都沒有很在意，因為先生對我很好，家裡不愁吃
　　　又不愁穿。每天快快樂樂過日子，也沒什麼不好。所以我封自
　　　己為『英英美代子』，你知道就是臺語發音閒閒沒事幹的意
　　　思。」

（說著說著她自己笑了起來，諮商師也跟著笑）

諮商師：「這個稱法很有意思！妳喜歡這個『英英美代子』的角色
　　　嗎？」

亞君點點頭，嘴角含著笑意的訴說著當「英英美代子」的種種好處，例如
孩子上學後可以回去睡個回籠覺；白天的時間都是自己的，因這裡的白天是臺
灣的晚上，可以跟臺灣的朋友打電話聊個痛快；喜歡烹飪的她有時會和其他的
「英英美代子」相約一起試做料理等等。她說每次跟有上班的朋友提到自己這
樣的生活，她們都羨慕得不得了，說她是前輩子修來的福氣才會嫁到這樣的老
公。但是講到這裡時，她突然臉色沉了下來。等了半晌後，才又開了口。

亞君：「我過去是這樣覺得，但是現在聽到這樣的讚美時，覺得心很
　　　虛。」

諮商師：「我可以感覺到妳心情的轉折，這中間的變化是怎麼回事？妳
　　　要不要說說看？」

亞君：「我突然感覺自己來美國這麼多年，一點都沒長大！」

諮商師：「為什麼會這樣覺得？是跟『壽司事件』有關嗎？」

亞君說：「壽司事件只是個引爆點，壽司事件讓我看到自己好像很依
　　　賴，也很無助。」

但這個感覺其實早就有了，她一直不敢說，怕被人家笑。她以電腦為例，
說自己是電腦白癡，除了打字和電子郵件外，其他的功能她全然不會。幸虧前
一陣子孩子們教她如何上 YouTube，她才知道如何用電腦看臺灣的電視節目。
然後她又提到手機，她說每次臺灣的朋友問她知不知道手機有什麼功能，她就
啞口無言，好羨慕人家怎麼都知道得那麼多。提到回臺灣的經驗，她說每次回

臺灣同學們就很興奮的說要聚餐，老同學見面大家暢談往事當然高興，但是她最怕人家談起「現在」，因大部分的同學都有上班有共同的話題可聊，談話間她插不上嘴只好在旁邊跟著微笑。若同學問起她在美國的情況，因自覺沒有什麼可以報告的，她只好談孩子和先生。跟孩子們的關係也是，她說從小時候就教他們國臺語，所以溝通上沒問題，但兩個孩子漸長後，彼此之間習慣用英文溝通，她常聽不懂他們在說什麼。有時候跟孩子們一起看電視，看孩子們被某個劇情逗得笑得前俯後仰的，她卻搞不清楚人家在笑什麼。問孩子，孩子說了半天自己還是沒搞懂，孩子說了一聲「never mind」（算了）就又繼續看電視，自己只好邊看邊猜，感覺像傻瓜一樣。

　　亞君一下子說出一大筐覺得自己一點都沒長大的例證。然後用很挫折的口吻問道：「你不覺得我一點都沒長大嗎？美國生活跟不上，臺灣生活也跟不上，連要跟朋友吃個飯都得跟先生要錢，我怎麼變成這樣呢？！」

　　諮商師：「我可以體會到妳心裡的挫折感，其實我也有許多類似的經
　　　　　　驗，所以我知道妳在說什麼，謝謝妳願意與我分享。」

　　亞君：「這種感覺說出來真舒服，謝謝你瞭解我。以前我都不敢說，
　　　　　　怕說出來人家會笑。」「我是感覺有點受到撞擊，但是我想那
　　　　　　對我的成長是有幫助的，也是要我走出『英英美代子』角色的
　　　　　　訊號。」

　　亞君謝謝諮商師的傾聽與瞭解，往後好幾次的會談，話題圍繞在當「英英美代子」的好與不好。當了十幾年的「英英美代子」累積了很多的故事和笑話，夠她講好一陣子；但每次談一談，就又會談起生活中的某種撞擊會讓她升起「我要長大」的念頭，說著：「我好像不覺得我只想當個『英英美代子』呢！」只是當「英英美代子」太久了一下子要轉換角色，不容易。所以偶爾她會說出「我要出去找工作」這句話，但並沒有太詳細的敘述，諮商師會以「好啊！不錯的想法！」來回應和鼓勵她（諮商師並不刻意去提醒亞君想工作的事，目的是讓亞君按她自己的期望來帶領諮商的方向）。

二、階段二：領悟階段

　　進行了六次面談之後，亞君經過多次的暢談開始較能夠接受自己的時候，就比較能夠確認自己的感覺，對自己的情況較有清楚的認識，然後就能夠很快地把感覺和事實做一個聯結。第六次諮商結束時，亞君說：「可能是進入了40歲，讓我感到要為自己做點事情吧！雖然我還不知道自己可以做什麼，但是我知道我真的不想再做『英英美代子』了。」

　　這時諮商進入領悟的階段，諮商師採用羅吉斯所介紹的找到自己的過程幫助亞君找到自己。包括進到面具之後、體會自己的感覺和從經驗中發現自己。

（一）進到面具之後

　　這是第七次的諮商，來到諮商室時亞君顯得心神不定。諮商師關心的問她怎麼了。

> 亞君：「同鄉會打電話問我可不可以幫忙編輯會刊？以前他們問過幾次我都一口拒絕，但這次卻發現自己拒絕不了，但又不敢馬上答應。你覺得我該怎麼做？」

> 諮商師：「我相信妳心裡是有答案的。妳可以告訴我妳在想什麼嗎？」

> 亞君：「我上次不是說過我真的不想再做『英英美代子』了嗎？雖然這是義務工作，但畢竟是會刊的編輯，我以前在學校時參加過編輯社有些經驗，我真的很想去做，但是我又擔心做不好會被笑。況且在這裡大家都已認定我就是家庭主婦，如果我當了編輯，大家會不會不習慣？」

　　這時諮商師問亞君想要當「別人眼中的自己」還是「真正的自己」？亞君說她從結婚後就開始當「別人眼中的自己」，17年了，她其實已經不知道「真正的自己」是否還在。這時諮商師請亞君談談參加編輯社時代的她。她說大專時代非常活躍，參與校刊與班刊的編輯。然後她如數家珍說著那個時候的種種趣事，甚至還說她帶有幾本那時編的幾本來美國，下次可以帶來給諮商師看。

諮商師：「妳在談編輯刊物的回憶時，我看到了妳臉上展現的自信感，我相信那是妳人生很重要的一個紀錄。謝謝妳的分享，我迫不及待要看看妳編輯的刊物喔！」

（二）體會自己的感覺

第八次的會談，亞君如約帶來了一本她編的班刊和一本校刊。話匣子一開就興奮並詳細的向諮商師說明編輯這兩本刊物的經過及分享其中的趣事。諮商師除了點頭外沒插嘴，要讓亞君談得夠。等到亞君分享告一段落……

諮商師指著兩本刊物對亞君說：「當妳分享編輯的經驗時，我感覺妳的細胞都活絡起來，跟妳在描述自己是『英英美代子』的角色時很不一樣。妳能說編輯室裡的妳不是『真正的妳』嗎？」「妳可否說說看當妳分享編輯的經驗時妳體會到什麼？」

亞君：「謝謝你的誇獎，說實在的這是 17 年來我第一次談及與分享我的編輯經驗，談話時我突然感到和過去的自己很接近，好喜歡那個時代的自己，一個有能力又有自信的自己。這兩本刊物跟著我搬家無數次。先生不知道這兩本刊物的由來，好幾次都問我可不可丟掉，我都堅持不肯。它們很寂寞的在書架上等了 17 年，我的編輯經驗也被我埋沒了 17 年，謝謝你聽我的分享，分享時，我覺得全身活力都復活了。我猜，編輯能力是我的一部分。你覺得我是否應該接那個編輯工作？」

諮商師：「謝謝妳的分享，很高興妳終於與『編輯的妳』和那個『有能力又有自信的自己』相遇。要不要接那個工作？我相信妳的心裡是有答案的。」

諮商師給案主的作業是傾聽心裡的聲音，做出對她自己最好的決定。

（三）從經驗中發現自己

　　這是第九次的諮商，來到諮商室時亞君顯得神采飛揚，諮商師還沒開口，亞君就迫不及待的說話了。

　　亞君：「你知道嗎？同鄉會又打電話問我可不可以幫忙編輯會刊。我
　　　　　傾聽心裡的聲音，答應了。負責人很高興馬上約我見面，我把
　　　　　那兩本刊物帶給她看，我們談得很愉快。她把任務交給我，說
　　　　　每年要出兩期。我終於踏出『英英美代子』一小步了。」

　　諮商師：「好棒！恭喜妳！我可以感覺到妳很興奮。」

　　之後，因亞君要專心投入編輯工作中，其諮商會談從每星期一次改為一個月一次。每次諮商，亞君就會談到她從編輯工作中得到的樂趣，雖然是義務工作，從邀稿、採訪、打字、編輯、審稿及印刷等等，她付出全部的心力。諮商師專心聽她傾訴。

　　諮商師：「聽妳談話，我覺得過去那個『有能力又有自信』的妳又復活
　　　　　了！」

　　亞君：「你太瞭解我了，我真的就是這樣覺得的。」

　　隔了六個月之後，她的第一本編輯的刊物出來了，第 14 次的會談她喜滋滋的帶來炫寶。還鉅細靡遺的分享這個月要完稿的壓力和酸甜苦辣。待她談到一段落，諮商師除了給予鼓勵和讚賞外，還關心的問：「妳現在覺得怎樣？」」

　　亞君：「雖然這過程挺累的，忙得沒時間找朋友聊天，她們都抱怨我
　　　　　怎麼消聲匿跡了，但是我覺得很值得。這是我結婚後第一次感
　　　　　覺是為自己在活喔！」

　　更重要的是這份義工的經驗讓她找到自己，她想要工作舞臺，她要當職業婦女，不要再當「英英美代子」，但她不知道工作要從何找起。

　　亞君：「你還記得我說過想找工作的事嗎？我想該是時候了。」

諮商師與亞君約了下次見面的時間，因此諮商過程進入階段三，幫助亞君將領悟化為積極與正向的行動。

三、階段三：將領悟化為積極與正向的行動階段

在這個領悟的階段中，諮商師採用羅吉斯所介紹的顯現與長出真正的自己的要件來幫助亞君將領悟化為積極與正向的行動。

（一）開放的接受與體會各樣的經驗

第 17 次的會談，找工作這件事是整個談話的核心。因為有會刊的編輯經驗，亞君對找工作的動機增強許多，不過卻也感到阻礙重重。

亞君：「不知道怎麼回事，每次一想到找工作，我就很懊惱來美國後沒再去進修這件事。沒有美國的學歷，誰會要我呢？」

諮商師：「聽起來妳好像很介意沒有美國的學歷這件事？」

亞君：「是啊！沒有美國的學歷，英文也不好，誰會要我呢？」

諮商師：「我瞭解妳的擔憂，所以妳覺得怎麼做比較好呢？」

諮商師把這個議題彈回去給亞君。亞君坦承到底哪裡有工作機會她其實沒有把握，但她知道為了不再當「英英美代子」，她願意開放自己接受任何挑戰和學習與經驗的機會。亞君說還好現在還要忙下一期出刊的事，她並沒有一定非得馬上找到工作不可的急迫感。不過她坦承編輯會刊的經驗確實讓她自信心增加了不少，讓她臉皮變厚了不少，也多認識了許多人。所以她會開始去投履歷表，並告知周遭朋友自己想找工作的消息。說著，亞君就開始列出想去投履歷表的地點，諮商師即時鼓勵她說到做到的動力。亞君自嘲說：「我生涯發展的路已比別人晚了 17 年了，再不加油就要當一輩子的『英英美代子』了。」

（二）信任自己的感覺和內在的自我評價

第 18 次的會談，亞君進來後默默坐著。

諮商師：「怎麼了？找工作進展的怎麼樣？」

亞君說她按計畫到處去投履歷表，也告知周遭朋友她想找工作的消息。但有些朋友聽到後會以嘲笑的口吻說：「怎麼了，幹嘛放著『英英美代子』的舒服日子不過，出去工作很辛苦呢！」讓她感到很不舒服。諮商師知道這種阻力一定不少，所以沒有插嘴讓她繼續吐苦水。等她訴苦告一段落後，諮商師才開口。

　　　諮商師：「我可以理解到這種被潑冷水的感覺，關鍵是妳想要當『別人眼中的自己』還是『真正的自己』？ 妳要聽自己的聲音還是別人的評價？」

　　　　亞君：「不聽別人的聲音真的很難，大家都會說：『我是真的關心妳才會這樣告訴妳』。」

　　諮商師鼓勵亞君閉上眼睛花一些時間與自己相處，靜靜傾聽自己的聲音。好一陣子後，亞君睜開眼睛，諮商師問：「所以呢？」

　　　　亞君：「我的聲音告訴我：『當真正的自己。』我要長大，工作可以讓我長大，不要再當『英英美代子』。」

　　諮商師鼓勵亞君以後遇到類似的狀況時，記得反問自己，因為最好的答案就在心裡。

（三）願意享受過程而非在意結果

　　下次再來時，亞君眉飛色舞的談著她對新一期會刊的想法，以及去投履歷表的經驗。

　　　諮商師：「聽起來妳現在的日子過得很有動力喔！」

　　　　亞君：「真的耶！現在的日子和以前最大的不同是，以前起床唯一需要想的是晚上需要準備什麼飯菜，如果當天先生或孩子們說晚上不回家吃飯，就覺得那天生活似乎沒有了目標。你看我完全是為別人活的呢！煮到後來好煩喔，都不曉得要煮什麼才好。但現在不一樣，每天起床，因為願意開放的接受與體會各樣的

經驗，所以每一天都感到是新的一天，會有新的想法出現。去投履歷表時也發現很多地方都在招人耶！也因為如此，煮飯的菜色也較有變化喔！」

不僅如此，亞君也分享到她和家人間關係的改變，比如以前和家人一起吃飯時都是聽先生和孩子們分享一天生活的點滴，她整天在家沒什麼新鮮事可報告；而現在她也會適時的把自己的想法和找工作的趣事分享出來。孩子們甚至驚奇的說：「媽媽！妳有很不錯的想法喔！」讓她很受鼓舞。這時候諮商師好奇的問道：「妳編輯的期刊是否有得到什麼迴響？」

亞君：「有啊！許多朋友打電話給我稱讚我編得很好，說內容很精彩也很實用。」

諮商師：「我看了妳編輯的刊物也有同樣的感覺，找到妳這個這麼用心和有想法的編輯是同鄉會的福氣。」

亞君：「哪有？還真謝謝他們讓我從中找到了自己。真希望哪個工作單位會需要我這樣的人為他們效力。」

諮商師為她打氣加油，提醒她成長是一個過程，相約下次見。

參、結果摘要

亞君平均一個月來見諮商師一到兩次，分享她在成長路上的想法與體會。有一天她帶來了一個驚喜的好消息，有一個在大型研究機構工作的同鄉因看到她編輯的會刊相當賞識她，告知這個美國機構有個臨時缺需要一個會中文的人。

「『中文』我當然會，『臨時缺』我不在意。只要給我機會讓我可以成長就可以了。」順利通過面試，亞君拿到了在美國的第一份真正的工作。這之後亞君雖然工作忙碌，但每年都會和諮商師見面數次，分享成長的喜悅和必做要的充電。抱著願意享受成長的過程而非在意結果的心情，她每天快快樂樂的去上班，不僅工作表現良好，也深得同事與上司的喜愛。這份「臨時缺」一做就

是三年，在第三年契約即將到期時，某天單位督導把她叫到辦公室，她已有心裡準備老闆大概是要跟她談離職的事，沒料到居然是問她有否興趣轉任為正式員工，而且工作是由原來做的中文翻譯變成需要較多的電腦技能。

「我當然願意，你所說的新的工作技能我還不會，但我願意學習。」亞君坦誠回答。至今亞君在該機構的工作已邁入 10 個年頭，在不斷的被付予重任中，她的潛能也不斷的被開發。

從「英英美代子」到職業婦女，幫助亞君轉型成功的契機是因為她找到了自己，並願意勇敢的當自己。

你瞭解了嗎？

下面有 15 題選擇題，可幫助你測試自己對個人中心治療法的理解程度：

1. 下面哪個答案正確的列出羅吉斯理論發展的順序？

    a. 案主中心／個人中心／非指導性

    b. 個人中心／案主中心／非指導性

    c. 案主中心／非指導性／個人中心

    d. 非指導性／案主中心／個人中心

2. 下面哪個敘述正確的描述出羅吉斯成長的背景？

    a. 羅吉斯從小就受到父母無條件的尊重與接納

    b. 羅吉斯自幼個性活潑外向

    c. 羅吉斯從小就立志要學習心理諮商

    d. 羅吉斯對農作物和自然生物的觀察影響到他的諮商理念

3. 個人中心諮商學派是屬於下列哪種主義的諮商？

    a. 人性   b. 行為

    c. 認知   d. 存在

4. 下面哪個敘述是屬於自我的定義？

    a. 是每個人的現象領域裡很重要的部分

    b. 是人格中具有組織、創造性與適應性的核心要素

    c. 對人的行為最具有決定性的影響力

    d. 以上皆是

5. 每個人對其周圍與內在的現象都有不同的察覺，其所覺察到的就是_____領域。

　　a. 自我

　　b. 現象

　　c. 現實

　　d. 自我實現

6. 每個人是以其當時的經驗和覺知來與自己所處的環境互動。這個人自己所覺察到的領域，就是這人認定的_____世界。

　　a. 自我

　　b. 現象

　　c. 現實

　　d. 自我實現

7. 羅吉斯認為每個人的自我概念的發展是自然的趨勢，與環境無關。

　　a. 是

　　b. 非

8. 下列哪個概念不屬於羅吉斯？

　　a. 人有追求自我實現的傾向

　　b. 要成為功能完全的人，要從追求完美的人生開始

　　c. 人都有追求人生意義的動力

　　d. 無條件的尊重接納是幫助人成長的要件

9. 完美的人生指的是當人們的壓力獲得減除並已能適應其人生。

　　a. 是

　　b. 非

10. 下面哪一項不是羅吉斯所指出的一個完全功能的人應具有的特
質？
a. 具有自由選擇的能力
b. 具有創造力
c. 是一個值得信任的人
d. 是一個有理性思考的人

11. 下面哪一項最能描述個人中心諮商師的角色？
a. 催化員
b. 教師
c. 指導者
d. 協同合作員

12. 羅吉斯不認為下列的哪項要件對於幫助案主成長是重要的？
a. 無條件的正向尊重
b. 表達創造力
c. 正確的同理心
d. 一致性

13. 所謂一致性指的是：
a. 當諮商師在治療過程中體會到的任何體會與感覺要即時的表達
出來
b. 這詞是羅吉斯發展出來的
c. 容許案主完全的表達內心的感覺
d. 諮商師應瞭解自己情緒的起伏狀態，並瞭解自己的限制和弱點

14. 羅吉斯加入「真切」一詞，希望把「一致性」解釋得更完整。真切包括哪兩個元素？

　　a. 真誠與尊重

　　b. 溫暖和接納

　　c. 自由與責任感

　　d. 內部的一致性和適切的透明化

15. 同理心的瞭解指的是（可複選）：

　　a. 瞭解案主的感覺

　　b. 從案主的內在信念架構中去瞭解案主是如何的經驗其感覺

　　c. 能夠把自己對案主的瞭解傳達給案主

　　d. 只能做到「假如好像是」的程度

（答案請見書末「你瞭解了嗎？」試題解答頁）

腦筋急轉彎

1. 心理學家的理論通常是其人生故事的寫照，請就羅吉斯生平故事的三個事例來支持其提出的三項論點。

2. 羅吉斯發現當他願意開放心胸去瞭解他人時，其產生的諮商效力是至高的。這是為什麼？請詳加說明。你同意此說法嗎？並舉例來支持你的看法。

3. 如果你是案例分析中的亞君，這樣的處理方式你滿意嗎？有哪些技巧可以再加入來幫助亞君讓諮商效果獲得提升？

4. 提到同理心時，羅吉斯提醒諮商師只能做到「假如好像是」（as-ifness）的程度，也就是說當諮商師幫助案主時不是要試著去經驗到和案主一模一樣的感覺，而是「好像」是活在案主的世界但實際上又不是真正在那裡。你同意此說法嗎？並說明你贊同或不贊同的理由。

5. 羅吉斯說所謂自我實現是將自己的潛能發揮到極致。如果你是植物的種子，你認為自己是哪一種種子？裡面蘊藏著什麼樣的潛能？你希望達到什麼樣的自我實現的境地？

6. 羅吉斯說如果個體致力於探索和追求自我成長，他們需要在乎的是過程，而非產品。這是為什麼？請詳加說明。你同意此說法嗎？並舉例來支持你的看法。

＊本章的「參考書目」與「照片來源」附於書末的專頁。

第十二章

◆

皮爾斯的完形諮商學派
Perls's Gestalt Therapy

創始人之一
費茲・皮爾斯
（Fritz Perls, 1893-1970）

―――――― **本章要義** ――――――

要朝向自我實現，就從自己出發，

把握每一個現在，珍惜每一個此刻，

用每個今天譜下的音符去串出人生美麗的樂章。

切記，人生的掌控權就在此刻。

┃ 每個諮商學者都有其人生故事，這是皮爾斯的故事……

第一節。皮爾斯的人生故事

　　1893 年 7 月 8 日皮爾斯出生於德國柏林的猶太人家庭，有兩個姊姊，是家中的老么。正規的上希伯來課，接受猶太教的受戒儀式，正式節日時家人也會上猶太教會堂，但為了打破種族界線，三歲時，全家由猶太社區搬到柏林市中心，希望融入德國社區，但德國人未能接受他們，猶太人也視他們為異類。不過這種不斷尋找「家」的定位的精神，造就了皮爾斯願意開放心胸接受新觀念和新事物的生活型態。他自稱是「無神論者」（atheist）。

　　中學時為抗拒老師反猶太人（anti-Semitic）的態度，拒絕讀書，成績一落千丈，被退學後轉到一間學風自由開放的學府，他的智慧、才能和對戲劇的興趣才被開發出來。在柏林皇家戲院（Royal Theatre in Berlin）專業舞臺參上一腳，演的角色雖沒臺詞，卻是個重要起步。跟著德特斯劇院（Deutsch Theater）的導演瑞夏特（Max Reinhardt）學戲劇，被嚴格要求去觀察人們是如何透過聲音、語調和肢體動作表達情緒，從中他體會到非語言和語言的表達具有同等的效力。從戲劇的學習中他成熟了許多，與母親的關係獲得改善，課業突飛猛進。高中畢業，進入柏林大學醫學院。而從戲劇的訓練他發展出解讀肢體語言的功夫、獨特的表演型態與戲劇表達的技巧，影響了他日後助人技巧的取向。

　　讀醫學院時第一次世界大戰爆發，皮爾斯被徵調去當兵，為了克服壓力開始抽菸，染上了一輩子戒不掉的菸癮。1918 年復學，兩年後畢業，走神經精神科，在柏林行醫，也跟德國舞蹈家帕路卡（Palucca）學習以舞蹈和肢體來表達意念。當醫生外，他也是藝術家、詩人、建築師、作家和演員。1923 年曾到紐

約醫院的腦神經科工作，準備考美國證照，待了六個月因不適應返回柏林，對自我的認同深感失調，尋求心理分析師霍爾奈（Karen Horney）的諮商。1926年搬到法蘭克福（Frankfurt），霍爾奈將他轉介給哈佩爾（Clara Happel）。

◐照片 12-1 法蘭克福的街景：皮爾斯1926年搬到此城，受到完形心理學的薰陶。

許多完形心理學者和存在主義的學者都住在法蘭克福，皮爾斯經常去參加完形心理學講座，認識了對存在主義的現象學（phenomenological）深有探討、與存在主義學者布伯（Buber）共事過的羅瑞（Lore Posner），兩人開始交往，1929 年 8 月 23 日結婚後羅瑞更名為羅拉（Laura Perls），1931 年生下老大，名為 Renate。透過羅拉，皮爾斯開始接觸存在主義，把它融入完形諮商的發展中，例如存在的孤獨感、有限度的自由、真誠、為自己的選擇負責任、創造個人的意義和價值等，都有存在主義的影子。

1927 年皮爾斯接受完哈佩爾的諮商療程，到維也納的心理分析訓練中心，在哈佩爾等人的督導下開始接個案。1928 年回柏林，設立心理分析診所。經由訓練，皮爾斯深受佛洛依德理論的影響，例如相信幼時經驗會影響成人的行為，也相信夢的重要性。1928 年皮爾斯尋求心理分析師哈尼克（Eugen Harnik）的諮詢，此人採用的是被動抽離的分析，皮爾斯感覺效果不佳，所以

其後發展理論時完全走相反路線，強調此時此刻實際接觸的重要性。1931 年霍爾奈推薦另一個諮商師瑞齊（Wilhelm Reich）給他，該諮商關係維持到 1933 年因政治因素瑞齊必須離開才終止。瑞齊觸及個人層面和身體語言的重視對皮爾斯深有影響。

1933 年希特勒掌權，皮爾斯夫妻積極參與反希特勒的政治活動，但聽聞很多猶太人或反對者常在晚上被抓，便到處躲藏。那年 3 月 25 日皮爾斯把 100 馬克藏在火柴盒裡越過邊界逃到荷蘭。羅拉母子躲到母親的家鄉，幾個月後才到荷蘭全家會合。因非正式入境，工作和居所都很難找，生活的艱辛逼著他們另尋他途，佛洛依德自傳的撰寫者瓊斯（Ernest Jones）告知南非需要心理分析訓練師，給了他們一線生機。

1934 年抵南非後，在約翰尼斯堡設立心理分析門診與訓練分析人員的中心，生活大有改善，也生了老二。1936 年，回歐洲參加國際心理分析研討會，想向佛洛依德報告南非的經驗，無奈佛洛依德未加理會，發表的論點也未廣被接受，之後心理分析學會規定未在歐洲有過實務經驗者不能在別的國家開業，他的職位被撤。此時皮爾斯被南非總理也是哲學家的史幕德（Jan Smuts）的理念所吸引，該理念強調整體性，主張每件事物都與其環境有關〔他稱為領域（field）〕，若未顧及環境該事物就失去意義。

◖照片 12-2　1934 年皮爾斯全家搬到南非的約翰尼斯堡開設立心理分析門診與訓練分析人員的中心（此圖為當地的公立圖書館）。

1942 年 1 月時值第二次世界大戰，皮爾斯自願加入南非軍隊擔任精神科醫師直到 1945 年。戰後政治環境改變，皮爾斯想離開南非，霍爾奈同意當他移民美國的擔保人。1946 年到了美國，霍爾奈介紹他認識人際心理分析（interpersonal psychoanalysis）運動的朋友，如蘇利文（Harry Stack Sullivan）和在紐約的心理分析機構（William Alanson White Institute）負責訓練的湯姆斯（Clara Thompson），這些朋友幫助他度過移民初期思親之苦，也影響了他的理念。例如蘇利文強調存在是一個過程的理念，影響到皮爾斯自我、經驗、行為、症狀及想法本身就是一個過程的看法。客觀的看待語言、心理疾病與所處環境的關聯、相信諮商師與案主的關係會影響諮商結果以及尊重案主個別獨特經驗，影響到皮爾斯強調此時此刻的諮商關係之論點。1947 年的秋天，羅拉帶著孩子到紐約和他會合，之後夫妻倆開始帶領經驗性的訓練團體，並和顧門（Paul Goodman）合創完形諮商法。1948 年 1 月皮爾斯在進階心理分析學會（Association for the Advancement of Psychotherapy）發表論文〈人格整合的理論與技巧〉（Theory and Technique of Personality Integration），並刊登於《美國心理治療雜誌》（*American Journal of Psychotherapy*），堪稱是他早期最好的作品。

與禪學的接觸是從完形諮商訓練的學員魏智（Paul Weisz）醫師開始，此人熟稔禪學，將它介紹給皮爾斯。皮爾斯發現禪學中的「正念」（mindfulness）與他「覺察此刻」的想法接近；禪學中的「相互

⊙照片 12-3　皮爾斯的美國生活是從紐約開始。

矛盾」（paradox）與他認為「人們不要試著改變，其改變自然就會發生」的理念甚為相近（paradoxical notion of the change）。後又到日本的京都跟瓦滋（Alan Watts）學禪道，開始將禪道的概念和互相矛盾法用到完形諮商的教導中。

1950 年代皮爾斯開始接觸默里諾（Moreno）的心理劇，吸收到其所強調的重視此時此刻及自發性（spontaneous）經驗的理念，便把其「主動參與法」（active approach）融入完形諮商。並開始撰寫完形諮商的書與成立紐約完形諮商中心（Gestalt Institute of New York），且經常到各地做展示，最常去的地方是克里夫蘭、底特律、多倫多和邁阿密。1954 年偕同羅拉、顧門和霍敏（Isadore From）創立克里夫蘭的完形諮商中心，經常到該中心開工作坊提供訓練。

◖照片 12-4　皮爾斯、羅拉、顧門和霍敏於 1954 年位於美國俄亥俄州克里福蘭市的完形諮商中心（1588 Hazel Dr. Cleveland, OH 44106）至今仍繼續肩負著助人的使命。

1956 年皮爾斯心臟出現問題，便搬到暖和的佛羅里達州的邁阿密，1958年搬到俄亥俄州哥倫布市在州立醫院（Columbus State Hospital）當精神科醫師，年底又回邁阿密。67 歲時健康狀況不佳，兩次送醫，常出現幻想的狀況，不過他的寫作從未中斷過。1959 年，美國西岸的門多西諾（Mendocino）州立醫院的心理學家杜森（Wilson Van Dusen）邀請他去督導一個社會工作

員、心理學家和精神科醫師組成的團體，有次他在團體中透過每個人的肢體動作、面部表情和表達的方式就準確說出每個人的狀況，讓大家對他觀察人的能力刮目相看。在舊金山執業一段時間後，於 1960 年底搬到洛杉磯和他以前的學生也是朋友的史金（Jim Simkin）共事。他們設計高速公路路線（freeway routes），各用一個禮拜的時間沿著聖比納多（San Bernardino）和聖他安納（Santa Ana）公路，在沿路的醫院進行團體或個別諮商。1962 年為了找出人生新的出路，便到世界各地旅行，其間他訪問日本的京都，在那裡學禪，後又去以色列待兩個月學畫畫，1963 年返回洛杉磯。

1964 搬到加州的 Esalen 擔任完形諮商的訓練師，直到 1968 年為止，很多受過他訓練的人後來在諮商界都有很好的發展，Virginia Satir 和 Rollo May 就是其中的兩個人。在沿著高速公路線演講到此時期，他站在講台上進行大團體訓練，為了方便演示完形技巧，他會邀請觀眾上台，在他的引導下與空椅子對話，這是他著名的空椅技巧的啟始。演示中他像導演一樣的引導案主，其戲劇的才華展露無遺。不過那段時間他心臟不好，脾氣也不好，Ida Rolf 有套肌肉按摩技巧，1965 年皮爾斯接受其治療一個星期後痛苦全消，皮爾斯感恩的在自傳上讚揚往後六年的壽命是 Ida Rolf 和 Esalen 的好天候賜給他的。1968 年撰寫自傳《垃圾筒的裡外》（*In and Out the Garbage Pail*），以短詩的型態把他的記憶、理論和個人想法隨興的表達出來。那一年他度過 75 歲生日，兩百多人來為他慶生。成名後他的情緒有稍微婉轉些，但有時候還是會出現其爆躁、不拘小節或不合時宜的情緒。1969 年 7 月，史提芬（John Stevens）把皮爾斯在工作坊示範帶領的過程整理成《完形諮商逐字稿》（*Gestalt Therapy Verbatim*）。這本書裡有很多值得讓人深省的字句：例如焦慮是處在現在與未來的鴻溝（Anxiety is the gap between the now and later）。因為字句很吸引人且容易記住，完形諮商因此更受歡迎。

在 Esalen 五年後，皮爾斯擔心尼克森總統上任後美國會變成法西斯，便搬到加拿大溫哥華島的 Cowichan 湖買下一個舊旅館，在那裡發展他想建立完

形社區的理念。原先是由他自己來進行訓練，漸漸有里昂（Teddy Lyon）、史蒂文斯（Barry Stevens）、萊德曼（Janet Lederman）一起參與。後來他不再親自帶團體，而是遊走在不同團體之間，隨興參與其中。在那裡和尊敬他的工作人員在一起像家人一樣，他過得很快樂。在此期間他撰寫《完形手法的見證》（*Gestalt Approach, and Eye Witness to Therapy*）以及《費茲的傳承》（*Legacy from Fritz*），並努力推廣完形諮商的理念。

◖照片 12-5　皮爾斯在加拿大Cowichan 湖旁買下旅館，將他建立完形社區的理念付諸實現（此圖為該湖的景觀）。

　　1969 年 12 月發現得了胰腺癌，隔年的 3 月 14 日去世。喪禮中友人致詞：「皮爾斯你真不是個乖孩子，連要跟你道再見的信都不知道要寄到何處。我相信你是徘徊在兩極裡不想被卡在任何一端……我們今天聚在這裡與你道別，你曾與我們處在一起、我們曾相聚也曾碰觸過。為此，我們謝謝你！」（Clarkson & Mackewn, 1993, p. 29）。

　　其實要描述皮爾斯這個人是很難的，可能要看在何時、何地或什麼情況下與他接觸。他真誠的當自己，用實際所感受的狀況來表達自己，有時候難免會互相矛盾，似乎不在乎別人的看法，但又希望獲得專業的認可。誠如其理論所言：「環境變化無窮，不同情境的刺激會激發出不同的自己，所以自我是多樣的」（Thus the self is various. It manifests differently in different situation, according to the ... environmental stimuli. It is always changing）（Clarkson &

Mackewn, 1993, p. 30）。本章將針對皮爾斯理論對人性的本質的界定，來探討心理問題的來源及處理的策略。

▌從皮爾斯的人生故事到他的理論……

第二節。皮爾斯對人性本質的看法

完形諮商學派相信每個人都有發展的潛能，但每個人的本質不同，必須順性而導之才有機會達到最高的自我實現。皮爾斯提醒我們要認真當自己，玫瑰花要發展成玫瑰花，椰子樹要發展成椰子樹。人只有透過自己的真實本質，才能超越自己。我就是我，一個人最好的努力方針是先徹底瞭解自己的本質，然後盡全力將自己的能力發揮出來，使自己成為一個完全的自己（Perls, 1973）。

從皮爾斯的生平介紹中可看出完形諮商學派的發展和皮爾斯的成長與發展可說是同步的，其間他受到的影響包括心理分析、存在哲學、特質分析、完形心理學和東方宗教禪學理念等方面，都被他一一納入完形諮商學派的範疇中。雖然完形心理學與完形諮商用相同的名字，但重視的領域卻不一樣。完形心理學重視的是學術和經驗，強調知覺；而完形諮商則是將它應用到心理諮商的範疇。

壹、完形的意義

在德文完形（Gestalt）這個字意味著整體（whole）、完成的模式（a complete pattern）、形狀（form）、型態（configuration）、結構性的關係（structural relationship）、整合體（integration）。形成完形的唯一法則是尋求整體性（whole）及完成性（completeness），這是有機體天生具有的功能。每個完形都是獨特的，一旦被分析或擾亂，就會被破壞而形成其他的東西。例如兩個氫（H）和一個氧（O）的完形是水（H_2O），若遭到破壞就形成新的完形氫（H）和氧（O），不再是水，人們口渴時不管吸多少的氫和氧都無法解渴（駱芳美，1983）。皮爾斯採用完形這個名詞來代表兩個層級的完形，一是就個人的完形（Gestalt of the person）來看，當一個人達到自我實現時，就表示其人生達到了圓滿、完形的境界；就完形諮商來看，當案主能夠重新接受自己兩極端的人格特質並將其加以統整，人格的完形就臻於完滿。另外就行為完形（behavioral Gestalt）的角度來看，當人們能負起責任完成所交代的任務，就達到了行為的完形（Smith, 1976; 駱芳美，1983）。

皮爾斯進一步強調每個完形的形成與它所處的環境是息息相關的，例如一片雪花落在黑色背景與它在雪中飄落時看起來就不一樣，其所呈現的意義會因其背景的不同而有所差異，所以雪花的完形代表的是它和環境交互作用後所呈現出來的景象。皮爾斯認為人們若要自己的人生過得充實與豐富，就要對自己所處的環境有敏銳的覺察力。當人們對自己所處的環境越能有所覺察，就越能發揮自我規範與整合（self-regulate）的能力，而能把其所覺知到的經驗加以架構整合成為自己的一部分。不過每個人在不同時刻會因感興趣或需求的事物不一樣，對外界的敏感度也就會不一樣。也因為如此，每人每時每刻的經驗都是獨特的，唯有在其整體的環境與狀態下，該經驗所傳達出的訊息才具有意義（Clarkson & Mackewn, 1993; Corey, 2013）。

貳、改變的概念

皮爾斯對於改變抱持的觀點稱為互相矛盾的改變理論（paradoxical theory of change），其想法受到東方禪學論點的影響，認為如果你越要對方改變成跟自己不一樣的人，他越會維持原樣。所以真實的改變是來自真實的瞭解與覺察到的自己，而不是出自一個希望變成（should be）的自己。完形諮商學派更進一步把這個互相矛盾的概念發展成「積極行動而非消極禁止」（not undoing rather than of doing）的諮商系統，例如要治療戒菸者，與其被動的禁菸，較好的做法是教導他們做一些活動或給他們一些行動策略去進行。

另外在完形諮商中另一個應用到這種自相矛盾理念的是：為了幫助他人的成長，暫時的無情是必要的。例如當案主有不當的想法、感覺和行為，而這些足以阻擾案主成長的過程時，諮商師必須將這些不當的行為指明出來讓當事人明白。也因此皮爾斯強調挫折在成長中的重要性，他說生活經驗是無法用其他二手資料去取代的，唯有親身經驗才能從中獲得成長（Perls, 1973; Smith, 1976; 駱芳美，1983）。

參、基本前提

完形諮商的應用是根據幾個基本前提（basic premise）而來的，包括組織性、平衡作用、整體性、場地理論和形象與背景。

一、組織性

完形諮商的第一個主要概念是相信人有組織性的（organize），此概念指出人們在知覺事物時並非視其為毫無關聯的單獨個體，而是將其所見到的，組織成一個有意義且是整合的形式。皮爾斯相信人們生而具有這個本性，透過此組織性，人們才能對所見到的事物有所瞭解。例如看到圖 12-1 時你看到的是什麼？三個點或三角形？如果你看到的是三角形那是你透過組織性去架構它，因而覺知到它是一個三角形（Perls, 1973; 駱芳美，1983）。

圖 12-1　組織性的圖例

（取自駱芳美，1983，頁 21）

　　不過人們會將看到的事物整合成何種圖像是取決於其興趣（interest）之所在，例如你現在告訴自己要看「點」，你看到的就是三個點；你若被指引要畫出「線」，你會覺知點與點間有線的存在。如果你要看一個面，在你眼中這三個點就是一個三角形。

二、平衡作用

　　完型諮商學派的第二個主要概念，是相信人們的所有行為都是以追求平衡（homeotasis）、確保需求獲得滿足為主要導向，這是一個自我調節的過程（self-regulation process），又稱為適應（adaptation）。然而有機體的需要無窮，一旦新的需求出現時原有的平衡狀態就遭到了破壞，當個體覺察到內在的平衡狀態失調，便會發動自我調節的機能將環境加以組織運作，尋求新需求的滿足，以減除因失衡而產生的緊張狀態。其實人生的過程一直都是在失衡與平衡中輪替著，有機體的生命和行為都是靠此平衡作用來維繫，一個人若能因應不同的狀況，有效的調節內在的平衡狀態，就是一個健康的人。萬一失衡的時間過久，需求無法獲得滿足，人們就會生病，甚至會導致死亡（Perls, 1973; Reit, Korb, & Gorrell, 1980; 駱芳美，1983）。

三、整體性

　　完形諮商學派的第三個主要概念，是強調整體性（holism）的觀點。皮爾斯所指的整體並非部分的總和，他強調整體是大於部分的總和。這裡所指的

「大於」是不同形式的意思，即認為當各個不同的部分組成一個整體時，就會變成一個新的事物，其功能與原先各個部分的功能是不同的。例如水與氫和氧是不同的，手和手指頭及手掌也是不同的。皮爾斯反對將人做身心二分法的概念，他強調人雖有肉體、心理及靈魂三方面，但應該被視為一個整體，因為人的身心靈三個部分都互有關聯，當人們有某種感覺時，同時也會出現與這個感覺有關的思想和行動（Perls, 1973; Reit et al., 1980; 駱芳美，1983）。

四、場地理論

完形諮商學派的第四個主要概念是強調場地理論（field theory）。完形心理學家勒溫（Kurt Lewin）的場地理論用公式 $B = f(P, E)$ 強調來定義行為。其中 B 是指行為（behavior）、f 是指功能（function）、P 是指人（person）、E 是指環境（environment），這個概念是在說明人的行為是取決於自己和他們所處的環境。如果個人和環境都互相滿意，個人就會表現出正常的行為；反之，如果互相不滿意或有衝突，就會顯出不正常的行為。皮爾斯應用這個概念說明人是無法脫離環境而單獨存在（self-sufficient）的。人既是屬於環境的一部分，而環境又是不斷變化的，所以每件事情的發生都是一個過程而非定論，只有從環境的襯托中才能看到該事件或當事人在那個時刻所代表的意義（Corey, 2013; Perls, 1973; Smith, 1976）。

五、形象與背景

完形諮商學派的第五個主要概念是強調形象（figure）和背景（ground）。所謂形象是指受到注意的事物；未受到注意的部分則稱為背景。哪些環境的部分會變成是形象、哪些會變成是背景，要視個體的需要而定。當個體有某些需要產生時，就會對環境中的某個特定事物特別留意，該事物就從背景中脫穎而出形成一個完形，變成是眾所矚目的形象。需求滿足後，該形象就退縮變成背景。例如一個準備寫報告的學生進入圖書館，書是他的形象，他的接觸對象是書。看書不久他口渴了，這時書從他的焦點中退縮，飲水機變成是受到注意的

形象，該學生與水接觸。喝完水後該學生不再口渴時，飲水機就變成了背景。若學生要去上某堂課時，該間教室成為形象，其他教室就變成背景。

接觸是完形的形成，退縮乃是完形的終結。人生的過程因需求的呈現與滿足造成了形象─背景及接觸─退縮的此起彼落與交迭更易（圖 12-2），生命的旅程也因而不斷的前進。這本來應該是一個持久與自由運作的過程，但萬一形象太過於固定，使個體無法對其他事物產生興趣，例如太專注於玩電動玩具無法專心唸書；或者是背景具有太過於引人注意的特質，例如家裡太舒服了，躲在家裡不想出門等，都會影響形象─背景的自由運行過程。而太長久的接觸或退縮，會讓人生活失去效能、感到痛苦、彈性疲乏等（Latner, 1986; Levitsky & Perls, 1970; Perls, 1973; Polster & Polster, 1973; Wallen, 1970）。

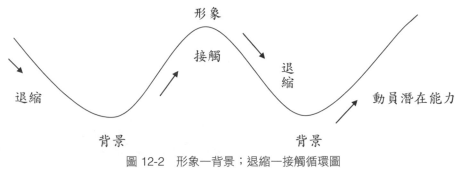

圖 12-2　形象─背景；退縮─接觸循環圖

（參考 Clark, 1982, p. 60; 駱芳美，1983，頁 24）

肆、心理的困擾

根據上述的論點，一個健康的人，其身體的各部分應是具有平衡性、協調性且是有整體性的，並隨著需求的呈現與滿足和形象─背景的交迭更易，人們不斷的成長與發揮潛能。萬一中間出了差錯，遇到了阻礙就會出現心理困擾的現象。

一、未完成的事

在生活中難免會有一些未完成的任務、未獲解決的問題、未表達的情緒、

來不及對某人說的話或到現在為止還讓自己耿耿於懷的未完成的心願，完形諮商學派稱它們是未完成的事（unfinished business）。記得在形象與背景的單元中我們提到，當人們有某種特別的需求時，可滿足該需求的事物就會變成形象，特別的受到注意；當該需求獲得滿足後，該事物功成身退到背景去。然而有時候在形象與背景的交替並非想像中的順利，有時候事情做到一半卻因某些外在因素而被迫停止，無疾而終，落入背景；或有些不為社會所允許的思想、感覺或情緒衝動出現時，被壓抑下去不讓它表達出來。

然而這些未完成的事被放進背景裡並非就消失無蹤，它們會不安於室的滯留在意識中，會讓人們因耿耿於懷而阻擾了知覺的統整功能，而無法有效的與自己、他人或外在的環境接觸與互動。這些未完成的事若未加以處理越積越多，對當事人影響甚大。除非當事人面對它、處理它、把事情做個了結，否則這個未完成的事不會自動消失。這些未完成的事卡住太久可能會顯現在肢體動作上，例如一個人眉頭深鎖可能是表示某件事卡在心頭。皮爾斯在接受戲劇訓練時，受過觀察肢體語言的訓練，識人能力極強，所以他在發展完形諮商理論時，把這部分納進強調肢體語言的重要性。有趣的現象是，人們對未完成的事比完成的事記得更清楚，且會有傾向要去完成它。

對於受「未完成的事」干擾著而無法活在此刻的人，完形諮商師會鼓勵他們用語言或非語言的方式將其困擾表達出來。只有面對問題，並在此刻再次親身經歷它，才能瞭解自己真正困難的所在，該困難也才有獲得解決的可能（Elkin, 1979; Latner, 1986; Perls, 1970, 1973; Polster & Polster, 1973; 駱芳美，1983）。

二、接觸或抗拒接觸

人們每時每刻透過視覺、觸覺、嗅覺、味覺、聽覺等器官和外界接觸。假如環境對於發出訊息者能給予相等的對應與回饋，滿足其需求，這種接觸（contact）是有效的，人們就會從互動中獲得自信與動力。有效的接觸是幫助

人們改變與成長的重要管道。要能達到有效接觸的先決條件是要有清楚的覺察力、充分的能量，並具有表達自己的能力。其實每個接觸只有在那個時刻才是真實存在的，應在乎的是那個時刻體會到什麼，而不是事後感受到什麼，或甚至把那個互動當作是最後的終結點。當然人要有接觸也需要有適度的分離，以給自己時間和空間將接觸到的訊息加以整合。完形諮商學派就強調要與他人維持健康的界線（boundaries），就是要知所進退；合有時（to connect）和分有時（to separate），是有效接觸的要訣。

當然人際的接觸不可能都是那麼順意，有時在接觸中難免會碰到釘子，若經常如此很容易引致生氣、困惑、失望、抗拒、自覺沒有價值等感受。若未加以處理，此人會逐漸退縮，抗拒再與外界接觸。這種抗拒接觸的型態，歸納起來有五種不同的表達方式，包括：被動的接受者、怪罪他人者、箭頭轉向自己者、分散注意力者和順勢而行者（Corey, 2013; Perls, 1973; Polster & Polster, 1973）

（一）被動的接受者

被動的接受者（introjector）沒有冀望要將環境的資源和自己的信念做整合，很少主動思考自己要的是什麼，只是被動的接受環境所提供的任何資源，不加思索的接受他人的信念和所設立的標準。若環境有所變遷，即使與自己的信念不一致，也會完全聽命行事。這樣的人對當政權威者採信任的態度，很少去在意自己的好惡，認命的接受社會的潮流。針對這樣的人，完形諮商師會提醒他們所謂「給予」並非要「傾注所有」，所以對外在事物也不用全盤接受。人生不是只接受現有，而是可以不斷創造、賦予新意義的過程。

（二）怪罪他人者

怪罪他人者（projector）會把某些自己不喜歡的人格特質推卸給他人和環境。即使是自己犯了錯，也會以無辜者的姿態來怪罪別人，怨嘆說自己無力改變，是社會的犧牲者。這樣的人，完形諮商師要提醒他們每個人是自己世界的

創造者，學習為自己的世界負責任。

（三）箭頭轉向自己者

箭頭轉向自己者（retroflector）會把想對別人做的事加諸在自己的身上，或者以自己希望別人對待自己的方式來對待自己。例如把原本要生別人的氣發在自己身上；想傷害別人卻反過來傷害自己。這種人放棄對環境做任何改變的努力，但內心卻是非常焦慮，他們抑制自己不對環境做任何反應是因為害怕會做出糗事或引起罪惡感。有憂鬱症傾向或常抱怨自己身體不舒服的人常是屬於這種箭頭轉向自己者。針對這樣的人，完形諮商的重點是增強其自我調節系統，以增進其與外在環境實際互動的能力。

（四）分散注意力者

分散注意力者（deflector）常以過度幽默和詼諧的方式來與環境互動，他們很少花時間先對環境的刺激做合理的思考後再給予回饋、與他人講話時喜歡拋出問題、為別人發言但卻很少陳述自己的看法、講話喜歡繞圈子而不就事論事與環境直接互動。這種人可能會感慨花了時間與他人互動卻得不到他人足夠的回饋，殊不知是因自己注意力太分散所導致的後果。針對這樣的人，完形諮商師要鼓勵說話者以「我」的第一人稱和陳述句方式與他人溝通，細察自己和別人正在傳遞的訊息。

（五）順勢而行者

順勢而行者（confluence）是在自己和他人間沒有清楚的分野，他們順命的跟著他人的步伐前進，很少去顧及自己的愛好和選擇，期望與每個人都能友善相處。這樣的人很少會和別人有衝突，也很少會發脾氣，相信每個人都跟自己有一樣的想法和感覺。由於事事都跟著別人走，可能常會做了原先並沒有計畫要做的事，或去了原先沒有要去的地方，但他們的哲學觀是只要別人喜歡又有什麼不可以呢！對這樣的人，諮商師可以問他們：「你現在在做什麼？」

「你此刻經驗到什麼？」「你現在想要什麼？」這樣的問題可以幫助他們探索，增加對自己需求的敏感度，並探索自己是否是用順勢而行的做法來抗拒與自己或外界真正的接觸，以逃避需要承擔的責任。

第三節。完形學派的諮商策略

皮爾斯強調：「完形諮商是要把紙人變成真人」（The idea of Gestalt therapy is to change paper people to real people）（Perls, 1973, p. 118）。為達到此目的，完形諮商師可透過下面所列的諮商目標、角色與功能和諮商策略來幫助案主不要光紙上談兵，而是要把想法付諸行動。透過增進其覺察力、發掘到潛力，成為自我實現的真人。

壹、諮商目標

完形諮商主要著重在下面三個目標：(1) 幫助當事人定睛於此時此刻；(2) 增加當事人的自我覺察能力，瞭解自己內在的潛能；(3) 幫助當事人達到自我實現。

一、幫助當事人定睛於此時此刻

很多人的一生可能都在為未來而努力，例如父母送孩子上補習班希望他們將來上好大學；人們努力工作存錢期望退休後能到世界去旅遊。儘管「期待明天會更好」是很多人生命的動力，「人生的掌控權就在此刻」（power is in the present）卻是完形諮商學派的一句金玉良言（Corey, 2013, p. 215; Polster & Polster, 1973, p. 7）。

完形諮商學派非常重視此時此刻，皮爾斯指出除了此刻（now）以外，沒

有一樣是存在的。此刻＝經驗＝覺察＝真實，過去已不再，未來猶不可及，只有此刻是存在的（Perls, 1970; Wills, 1978; 駱芳美，1983）。

　　皮爾斯所以強調此時此刻是要鼓勵人們學習充分的欣賞與經驗每一時刻。人們可能會用「在乎過去和未來」來逃避面對現在，問題是當人們花了很多時間去懊惱過去或者計畫未來，而忽視此刻時，他們對此刻的掌控力就會被消減了，就如同皮爾斯所說的「焦慮是存在現在和未來間的鴻溝」（anxiety is the gap between the now and later）就是這個道理（Clarkson & Mackewn,1993, p. 26）。

　　現象學的探查（phenomenological inquiry）一詞指的就是注意此時此刻所發生的點滴。只有在此刻，我們的身體器官與各項敏覺的所有功能才是真實活著的，當人們在為過去的事件而懊惱、嘆氣或悲傷時，他們並沒有活在此刻。

　　人們常有困難活在此刻，忍不住的就要去談過去。為了幫助人們面對此時此刻，完形諮商學派鼓勵諮商師用「如何」（how）和「怎樣」、「什麼」（what）的問法，並鼓勵人們以現在式回答，並運用「此刻我覺察到……」這類的詞句，或問他們：「你現在覺得怎樣？」「現在在說這件事時，你覺察到什麼？」這樣的問法可將人們的思維從過去拉回到現實，面對此刻，在此刻重新體驗，如此做可以增進人們對此刻的覺察；反之，若是去問「為什麼？」人們容易去找藉口並將責任推卸到過去或未來，而與現實脫節（Levitsky & Perls, 1970; Perls, 1969a）。

　　完形諮商學派認為有些過去的事件所以會在現在被提起，大部分是因為那些事件在發生的當時沒有做個了結，才會不斷被掛記著。但當人們「談」著過去的感覺時，並不表示他們有真正感受到那些感覺。最好的做法是讓他們在此時此刻把那個事件重新演出來（reenact），好確實體驗自己對該事件的感受。唯有把過去帶到此刻，過去的點滴才能被重新整理與感受，並在此刻去處理它。在處理夢境時，也是把它帶到目前的情境，重新把它演出來，重新去面對與處理（Corey, 2013; Polster & Polster, 1973）。

皮爾斯到他人生的晚年仍不忘提醒人們：除非抓住此刻，否則你將無法做任何事。要處理事情的最佳時機是「現在」，只有「此時此刻」的現在是你抓得住的（Elkin, 1979）。「心理上唯一可感受到的真實是現在的這一刻」（The only psychological reality is the present）（Clarkon & Mackewn, 1993, p. 45）。

二、增加當事人的自我覺察能力，瞭解自己的內在潛能

皮爾斯強調「覺察就是去經驗此刻」（Awareness is the experience of right now.）。覺察（awareness）就是經驗（experience），經驗就是覺察。失去了察覺力，一切是空的。在此時此刻，你經驗與覺察到一切的總和就是現實（reality），就是一個完形。要與外界有好的接觸需要讓意識參與其中清楚的去覺察事物。當與周遭或內心某項事物連續且未受阻擾的覺察與接觸後，就導致「啊哈」的領悟效果，並創造出一個新的、有意義的整體。此時此刻並非靜止不動，隨著時間的移動，人們覺察到的事物也不斷的在更新。一個健康的人是要能夠對自己周遭的人、事、物具有持續性的覺察能力的人。

完形諮商學派相信人有潛能去選擇要表現的行為及開創有意義的生活，但是若是缺乏覺察力，其潛能就發揮不出來。所以完形諮商過程中很重要的是要幫助當事人增加他對自己及環境的覺察力，並能夠充分使用自己的覺察力及增加其責任感。

完形諮商師也應幫助當事人敏銳的去覺察自己能量（energy）的所在、如何被使用以及是否遭到阻擾（block），尤其要特別留意阻擾其成長的不愉快或挫折的經驗。能量的阻擾是一種防衛的行為，可能會顯現在身體某個部分，如肌肉過分緊繃、彎腰駝背的姿態、手臂交叉兩腳夾緊、呼吸減緩、與他人講話時不敢直視對方、感覺遲鈍或講話聲音變小等症狀。諮商師應該幫助案主找出自己能量被阻擾的方法與部位，並將其被阻擾的能量轉化成較適當的行為表現方式，例如把自己當成那部位的肢體，把狀況用語言表達出來。完形諮商學

派相信「危機就是轉機」，集中覺察力於面對與處理這些不愉快或挫折的經驗，通過阻擾後將可獲得進一步的成長（Corey, 2013; Latner, 1986; Perls, 1969b, 1973）。

三、幫助當事人達到自我實現

皮爾斯相信人有自我實現（self-actualization）的趨勢，所以會逐漸從原來只依賴外在環境的支持（environmental support），轉向尋求自己內在資源的支持（internal support）。當能夠完全運用並發揮內在潛能，有能力支持自己（self-support）時，就表示此人已經成熟（maturation）了（Perls, 1992）。以嬰兒為例，在母胎中嬰兒一切要依賴母體（外在環境）供給養分，出生後割斷了臍帶，斷絕了外在的支援後，必須尋找內在資源來維繫生命，第一關就是要靠自己呼吸。當然在成長過程仍常需要外在的支持，尤其是在成長的初期。逐漸成熟後，開始動員內在的潛力與資源，運用肌肉、感官、智慧來處理更複雜的外在事物。當一個人能從仰賴環境的支持轉為運用內在的自我支持，這就是一種成長。很多人常忽略自己所具有的能力，只運用一小部分的內在潛能，一味地依賴外在環境給予支援。所以完形諮商的目標，就是幫助當事人覺察自己的潛能，以自己的能力去適應自己的生活，而不再依賴別人。

在成長的過程中，難免會有僵局（impasse）的出現。Impasse 是俄語「病點」（sick point）的意思，亦指當原有的外在支持已失去，而內在的自我支持又還未能運作的時刻。藍嬰（blue baby）就是一個典型的例子。當嬰兒離開母體被剪掉臍帶，而本身的呼吸系統卻未產生功能未能自行呼吸的情況，嬰兒的身體會發黑。這時醫護人員可能會把嬰兒倒過頭來抓著打屁股，當嬰兒放聲大哭時就表示其呼吸系統開始運作了。皮爾斯認為僵局和挫折都是成長的刺激品，有了挫折，人們才會努力去尋找自己的內在資源，發掘自己所擁有的能力，才不會老是以弱者的姿態來操縱環境。

每個人都希望能達到自我實現，但皮爾斯也強調人應順著原有的本質才能

有所發展，潛力和實現是相對的，小麥的種子具有長成小麥的潛力，而長成一顆小麥，就是它的自我實現；老鷹若順著潛力發展就能達到翱翔天空、捕捉動物為食的自我實現的表現。若所定的目標與自己的本質不合，結果將徒勞無功。自我實現與自我想像的實現（self-image actualization）是不同的，後者是虛幻不切實際的，唯有順性而導之，才能發揮潛能，趨向自我實現（Perls, 1969b, 1992; 駱芳美，1983）。

貳、諮商師的角色與功能

完形諮商師視案主為諮商過程的夥伴，在過程中注意案主的肢體語言、善用對質並留意不適當的語言表達等來協助案主（Corey, 2013; Perls, Hefferline, & Goodman, 1951）。

一、視案主為諮商過程的夥伴

完形諮商師相信案主是其人生與所遇到問題的專家，在諮商過程中視案主為諮商過程的夥伴。諮商師沒有刻意要帶案主到某個預設的目標，而是讓案主透過主動的參與對自己的需求與狀況更有覺察，以自由的心靈，勇敢的引導自己尋求問題解決的方法與成長的方向。

二、注意案主的肢體語言

完形諮商師相信人們未覺察到的情緒與感受都會透過肢體行動顯示出來，所以會特別留意案主的肢體語言。例如見一個人講話時兩手一直交叉在胸前，諮商師可請對方停在那個動作並問他：「如果你的兩隻手會講話，它們現在正在說些什麼？」這樣的問法是鼓勵案主透過變成身體的該部分，透過為該部分的肢體發聲而能覺察出自己想表達的訊息是什麼。

三、善用對質

當案主的語言和非語言所傳達的訊息不一致時，完形諮商師可用對質

（confrontation）提醒案主其不一致的地方，並邀請案主一起來檢查其行為、態度與想法間可能有的衝突。例如案主告訴你一切都很好但眉頭卻是緊皺的。諮商師可問案主：「你皺著眉頭說自己很好，這兩個訊息不一致是怎麼回事呢？」可鼓勵案主扮演那個緊皺的眉頭：「如果你的眉頭會說話，它正在說什麼？」思考自己是如何用語言來遮蓋心中的憂愁。然後鼓勵他們的眉頭和語言做溝通，勇敢並一致的說出自己的感受。有些諮商學派對對質持負向的觀點，但完形學派相信若能善加利用，鼓勵案主參與，可增加案主對自己所言所行的覺察力。

四、留意不適當的語言表達

語言的表達都是當下的，不適當的語言表達會減弱自信心，所以完形諮商師鼓勵案主要特別留意下面幾種值得注意的語言表達型態（Corey, 2013）：

（一）用「它」或「那」（it）來表示「我」（I）

有時候人們會說：「那件事真令人懊惱。」這種語句較未觸及自身的感受，可能其真正要表達的意思是：「我正在為這一件事情傷腦筋，不知應如何是好？」此時諮商師可鼓勵案主改用「我」來陳述，就較能體會自己真正的感受。

（二）用「你」（you）來表示「我」（I）

有時候人們會用「你」來做廣泛性的陳述，而把自己隱藏起來。例如說：「你覺得他們這樣做很不合理，對不對？」諮商師可鼓勵案主改成用「我」來說：「我覺得他們這樣做很不合理。」也許這才是他真正的意思。

（三）用「問話」來代替「陳述句」

用「問話」的方式來說話很容易讓人把責任推卸掉，並且覺得說出來較安全。例如案主說：「這件事怎樣可以這樣做？」這時候可以鼓勵案主用陳述句來描述，當案主需要用陳述句來敘述時就要仔細推敲自己真正的意思，必須要

對自己說的話負責任。

（四）自我否定的語言

有些話說了會否定心理的能量，例如案主說：「我不能夠」（I can't），其實真正的意思可能是「我不要」、「我不願意」（I wan't），但前者的說法較會讓人感到喪氣。若能改成是「我不要」、「我不願意」的說詞，會讓案主覺得自己對這件事是有掌控權的。另外也鼓勵案主少用「我猜」、「可能是」、「也許」等不確定的語句，學習「是就說是，不是就說不是」，為自己說的話負責任。

（五）隱藏在隱喻中的心聲

有時候案主會講些隱喻的話，其實是在表達一些心聲。例如有位案主說：「這方面『我吃的鹽比他吃的飯還多呢！』」說話者是要表明他的經驗比對方還多的意思。這時可鼓勵案主說：「可不可以麻煩你分享一下你這方面的經驗，我們可以跟你多學喔！」

（六）聽出欲言又止的故事

有時候案主針對某件事說了一兩句，然後就說：「算了，那也沒什麼！」而停了下來。或者是在說人生故事但卻了無生氣。針對第一個狀況，諮商師可回應說：「你可以把這件事再說清楚些，我有興趣要多知道一些有關的詳情。」針對第二個狀況，諮商師可說：「我覺得你的故事是很重要的，但你用的口氣卻讓它變得很不重要，我有興趣要多知道一些有關的詳情，你可否講得有趣些，讓我聽得進去。」

參、諮商策略與過程

一、諮商策略

完形諮商學派發展出的一些諮商策略包括：優勢者及劣勢者的對話、空椅

技巧、誇張的練習、停留在情緒裡、練習和預演相反特質，以及個別輪替。但要提醒這不表示完形諮商是個活動（exercise）取向的學派，它其實是個重視實驗取向（experiment）的諮商學派。活動和實驗取向的不同是活動取向是諮商師將一些已設計的活動放在諮商過程中，幫助案主達到既定的目標。實驗取向是諮商師在與案主互動中若有了一些想法與做法，便可以把它們隨興的融入與案主的對話中。透過此鼓勵案主不僅談（talk）問題，更是去經驗（experience）它。身為實驗取向的完形諮商師沒有預設目標，鼓勵案主從此時此刻的探索中找出方向。皮爾斯建議在諮商中若要介紹給案主一個新的技巧，或要其嘗試新的行為時，應先問案主說：「讓我們來做個實驗怎樣？讓我們來試試看這個，看看這在你身上會產生什麼效果？」其目的就是要鼓勵案主嘗試以新的態度來審視自己的人生，也嘗試以新的行為來面對自己的問題，如此做可幫助案主發掘自己的潛能，找到成長的方向（Corey, 2013）。

（一）策略一：優勢者及劣勢者的對話

皮爾斯提出優勢者（top dog）及劣勢者（under dog）的概念，他相信每個人的心理都有這兩種極端的想法，就如同左右手之對立一樣。優勢者代表公義、權威，常以命令、威脅的口氣和態度來指使或要求他人。劣勢者則常以防衛、辯解、道歉、甜言蜜語的勸誘，或扮演弱者的角色來操縱、控制他人。此兩極端常為了取得控制權而競爭與衝突。人們若無法覺察並解決這兩邊對立與人格間的衝突，就很容易會產生心理疾病。完形諮商師可藉著內在對話練習（internal dialogue exercise），讓案主內心對立的兩極透過互相對話而趨於統合，並讓因衝突而引起的焦慮不安現象獲得解決。優勢者及劣勢者的對話是其中的策略之一（Perls, 1969b, 1970）。下面以表 12-1 為例供作參考。

表 12-1　優勢者及劣勢者的對話實例

1. 請想一個目前困擾的問題，用右手當優勢者，左手當弱勢者。

2. 請閉上眼睛，探索你的內心深處。注意此刻你生理方面的情況，如果發現到哪個地方不太舒服，就停留在那裡，仔細體會那個不舒服是怎樣的不舒服。

3. 現在請將心理上的不舒服加進去。你的煩惱、情緒的低潮、心理的困擾，請仔細體會你此刻的感受。此刻你身心都處在低潮的狀況，現在你是弱者，完完全全的脆弱的、無助的弱者。

4. 現在想像你的右手是一位最值得你信賴的強者，你最願意將自己的軟弱、困擾、痛苦都告訴他．現在有幾分鐘的時間讓你對他傾訴你的軟弱及你對他的羨慕。

5. 現在你就是那個右手，那個具有弱者所沒有的長處的強者，現在請你體會成為強者的心理感受。你認為自己有什麼能力可以發揮出來成為那個真正的強者呢？現在請就弱者對你的傾訴做回答，幫助他。你會如何回答及幫助他呢？現在你有能力幫助別人，你的感受如何呢？

6. 現在請變回左手成為弱者的角色，對於強者給予你的回答與幫助，你有什麼樣的感受？請告訴強者你是怎麼樣的扮演弱者的角色？從扮演弱者的角色中你獲得了什麼？你如何以弱者這個角色來操縱他人和環境，以博得他人的同情而來幫助你？請盡量詳細的描述．

7. 請再變成強者，就剛才弱者告訴你的，你會給予什麼樣的答覆？請以強者的姿態告訴弱者要怎麼樣改進才能漸漸變成強者。

8. 再變成弱者，聽了強者的一番話，你想回答的是什麼？（諮商師可依個人的情況讓這對話繼續發展下去）

9. 請分享扮演弱者與強者你有何不同的感受？從弱者與強者的對話中你覺察到什麼？對你的成長有什麼樣的幫助與體會？你的問題得到了什麼樣的解決？

（參考 Passons, 1975; Stevens, 1971; 駱芳美，1983）

（二）策略二：空椅技巧

皮爾斯運用默里諾心理劇的要義所創立的空椅技巧（empty-chair

technique），是讓優勢者和劣勢者內在對話練習的另一種形式。進行空椅技巧時，諮商師使用兩張椅子，要案主坐在一個椅子上完全的經驗優勢者的角色，再轉到另一張椅子上完全經驗弱勢者的角色，這對話可以一直持續。這個練習就是要讓當事人藉著扮演對立兩個極端的角色，讓他們接觸與經驗到原先被自己否定的另一方的感覺，從互相對話與瞭解中，可使分裂的兩極端趨於統合。此技巧不僅讓案主實際接觸與經歷到兩極端對立的現象，同時還要開放的表達自己原有的立場。當人們能完全扮演對立的那個角色時，整合就開始了。這技巧對前面介紹的使用「被動接受」方式與外界接觸者很有幫助（Corey, 2013; Perls, Polster, Yontef, & Zinker, 1983; 駱芳美，1983）。空椅技巧也可以用來幫助案主處理未完成的事，下面提出一個案主處理與母親未完成的事的實例供作參考（表 12-2）。

表 12-2　空椅技巧實例

1. 請舒服的坐著，想像你的母親正坐在你的對面。花一點時間真正的看她，她的坐姿怎樣？她穿什麼樣的衣服？她的表情如何？請注意所有的細節。
2. 現在請你以完全誠實的態度來面對你的母親，告訴她一件你從來都不敢直接告訴她的事情。請以現在式、第一人稱的口氣表達。請將你在表達時伴隨而來的情緒如憤怒、生氣、害怕、煩惱等都直接告訴她，請覺察你在表達時心中的感受。
3. 現在請換到另外一個位子，現在你是母親，請對剛剛你的孩子跟你說的話做回應。你會做怎樣的回答與反應呢？你有什麼樣的感受呢？現在請將你的感受、想法及反應說出來讓你的孩子明白。
4. 現在請換回另一個位子變回你自己。剛剛母親對你的反應，你聽了有何感受？跟你想像的結果有否不同呢？現在請將你心中的感受告訴母親。你覺得母親是否已真正瞭解你了，如果還沒有，請將你希望她瞭解的地方再告訴她。

5. 請換位置變成母親，現在請將你對孩子的瞭解告訴他，告訴孩子你需要從他那兒獲得的是什麼？你的難處在哪裡？

6. 現在請換位子變回你自己，將你對母親的瞭解告訴她，也將你對母親的感謝及她的優點告訴她。

7. 請換位子變成母親，聽到孩子的誇獎你又會有什麼樣的反應？接受或不好意思呢？請將你認為孩子具有的優點告訴他，也將缺點也告訴他。（此對話可視情況繼續發展）

8. 將一件很難啟口的事向母親表白後，現在你心中有什麼樣的感受？與母親談話時你的眼光是否與她的眼光保持接觸，還是逃避？如何逃避？你身體上有何反應？心理上有何反應？

9. 經過這個活動後你是否對母親更有瞭解？她有哪些點是你以前所未發覺的？你對母親的印象有怎麼樣的改變嗎？

（參考 Passons, 1975; Stevens, 1971; 駱芳美，1983）

（三）策略三和四：誇張的練習和停留在情緒裡

完形諮商很注重讓案主覺察到透過其身體語言所要傳出的訊息和線索，要達到這個目標可以讓案主以誇張的練習（exaggeration exercise）將其正在表現的動作加以誇大（例如腳在抖動，就叫他一直抖並且抖得更大），同時要他說出此動作想表達的意思是什麼。如此做，他們對自己真正的感受會有較深切的瞭解。

停留在情緒裡（staying with the feeling）是指鼓勵案主學習停留在所經驗的情緒中，特別是負向的情緒。因為很多人承受不了負向情緒，只要感受到負向的情緒就想要逃避。當然要能夠處在負向的情緒不僅需要勇氣，更表明他們願意負起責任為度過難關而努力。若能夠達到如此的承諾，就能帶領他們邁向另一階段的成長（Corey, 2013）。下面舉一個實例可用在完形個別或團體諮商中供作參考，此例子的目的是要幫助成員能積極的面對心中的喜與怒（表 12-3）。

表 12-3　誇張的練習和停留在情緒裡實例

1. 閉上眼睛想一件讓你感到很高興的事情，仔細想這件快樂的事的每個細節，就像此刻正發生一樣。
2. 閉著眼睛，將你現在覺察到的以「現在我覺察到……」這個句型來描述你現在的狀況（成員輪流）。
3. 提醒案主：「人生會有高峰與低潮，都是屬於人生的一部分，都值得珍惜。」
4. 請想一件令你感到不愉快的事，仔細想這件事的每個細節，就像現在正發生的一樣。
5. 請仔細體會你此刻生理的反應……
6. 請仔細體會你此刻心理的反應……
7. 你的反應可能會讓你很不舒服，停在那裡，體會不舒服的感覺。現在把那個感覺擴大、擴大，體會不舒服的感覺。
8. 請仔細觀看這個讓你不愉快的事，將你現在覺察到的以「現在我覺察到……」這個句型來描述你現在的狀況（成員輪流）。
9. 想想當你處在高興與不愉快的情境，心中的感受有何不同？學到什麼不同的經驗？
10. 現在請每個人給自己一個鼓勵，並分享此刻的體會。

（參考 Passons, 1975; Stevens, 1971; 駱芳美，1983）

（四）策略五和六：練習和預演相反特質

完形諮商學派相信每個人都有相反兩極的個性，所以雖然表現在外的看似一回事但其實心裡面可能又是另外一回事。例如一個不喜歡和人打交道的可能在宴會上表現出極端的外向。一個很膽小的母親可能在孩子面前故作堅強。因為怕表現出真正的個性會被人瞧不起。所以鼓勵外向的案主扮演內向者的角色，或讓堅強者扮演一個軟弱、需要被協助的角色。經過此練習，他們有機會體會與接受被自己否定的那部分的特質。在嘗試新行為時，難免生澀，諮商師可提供機會讓案主預演（rehearsal exercise）這些行為，透過不斷練習，案主

漸漸能自如的表現出該部分的自己（Corey, 2013）。下面的實例可用在完形團體諮商來幫助參加成員學會接納別人的短處，並覺察到怨恨與欣賞的不同感受供作參考（表 12-4）。

表 12-4　練習和預演相反特質實例

1. 兩個人一組，每個人都想一個你很不喜歡的人。將這個人的長相、穿著、一舉一動都想像出來。

2. 請把左邊的人當作是你討厭的人，把你對那個人的不滿、怨恨，以第一人稱、現在式表達出來，就像他就在你面前一樣。「××，我不喜歡你……」

3. 現在把剛才的話重複一次，但換一個角度，將「不喜歡」變成「欣賞」，並告訴對方你欣賞對方的原因。

4. 現在交換角色，如 2、3 的做法。

5. 與其他的人配成一組，重複 2、3、4 的做法。

6. 讓成員不斷練習直到他們覺得熟悉，並習慣如何表達自己。

7. 輪流完畢後，請成員分享：

a. 當對方以怨恨的語氣批評你時，你的感受如何？

b. 當對方以讚美的語氣接納你時，你的感受如何？

c. 當你以怨恨的語氣批評對方時，你的感受如何？

d. 當你以讚美的語氣接納對方時，你的感受如何？

（參考 Passons, 1975; Stevens, 1971; 駱芳美，1983）

（五）策略七：個別輪替

個別輪替（making the rounds）可用在完形團體諮商中，是要求每個成員與其他成員做一對一的接觸，接觸方式包括說些話或做些動作。這是鼓勵成員能夠冒險離開自己的舒適圈，嘗試新的行為，走出去和人接觸，獲得成長與改變。例如某位成員一直不太參與互動，因為他不相信別人對他有興趣，這時諮商師可鼓勵他跟每個成員說出這個感受（Corey, 2013）。下面提供一個實例（表 12-5）可用在完形團體諮商中，幫助成員學習能真實的覺察他人的優點

並真誠的表達出來，真正覺察到接受讚美時的感受，並能從他人的回饋中建立對自己的信心。

表 12-5　個別輪替實例

1. 成員輪流坐在圓圈中間，接受其他成員的讚賞。給予讚賞時請務必確實、詳細。
2. 全部輪流後，經驗分享……
3. 從剛才的經驗中是否發現了哪些優點是以前自己從未覺察到的？
4. 你今天得到的哪些回饋是你以前希望得到卻一直未得到的？
5. 給予別人讚賞時你有何感受？接受別人讚賞時你有何感受？
6. 你是否容易將自己對他人的讚賞表達出來或覺得很難開口？
7. 別人給你讚賞時你能否甘之如飴的享受，或覺得很彆扭、很想逃避？

（參考 Passons, 1975; Stevens, 1971; 駱芳美，1983）

二、自我成長過程

在完形諮商過程中案主的自我成長可分為三個階段：探索（discovery）、調適（accommodation）和同化（assimilation）（Corey, 2013; Polster, 1987）。

（一）階段一：探索

在此階段，案主對原有的狀況經過探索挖掘後有一些新的發現與領悟，並開始會用一些新的眼光來看待人事物。

（二）階段二：調適

進入在調適階段後，案主開始發現自己是有選擇權的。開始在較安全的諮商環境中嘗試新的行為，然後再慢慢把這些新行為應用到實際生活上。其實學習做新的選擇對他們來說是很陌生的，但透過諮商師的鼓勵他們會漸漸學會技巧來面對與克服困難的情境。

（三）階段三：同化

進入同化階段之後，案主不再只是被動的接受環境刺激，而會開始學習如何去影響他們的環境。他們開始用比較理性的思考看待外在的環境，並逐漸有能力處理每天生活中所遇到的意外的驚喜。慢慢他們對自己即時反應的能力、技巧和知識更加有信心，能夠自在的根據需要來做選擇，並學到如何善用環境所提供的機會以滿足他們的需要。諮商師應即時的對案主的成長和進步給予獎勵。

肆、理論與諮商策略摘要

出生於德國柏林的猶太人家庭，皮爾斯的父母刻意把家搬到市中心希望獲得德國社區的認同，雖然在兩個社區都被當邊緣人，但不斷尋找一個屬於自己的家的經驗，造就了皮爾斯願意接受新觀念和新生活型態的胸襟。在專業發展的過程，基於政治和其他因素皮爾斯必須到處遷徙，從歐洲、非洲到美國，他也藉機到處吸收新知。其間他受到的影響包括心理分析、完形心理學、存在哲學、特質分析和東方宗教理念等，都被他一一納入完形諮商學派的範疇中。

完形諮商學派相信每個人都有發展潛能，因每個人的本質不同，必須順性而導之才有機會達到最高的自我實現。在德文「完形」這個字意味著整體的意思，幸好人們天生就具有尋求整體及完成性的功能，這也是形成完形的必要管道。

皮爾斯採用完形這個名詞來代表兩個層級的完形，一是個人的完形，是指當一個人達到自我實現時，就表示其人生達到了圓滿、完形的境界；另外也指在完形諮商中，當案主能夠重新接受自己兩極端的人格特質並將其加以統整，人格的完形就臻於完滿。二是行為的完形，是指當個人能負起責任完成所交代的任務，就是達到了行為的完形。

此學派的運作是根據下面幾個前提：(1) 相信人天生就具有組織的能力；(2) 人的所有行為是以追求平衡和確保需求獲得滿足為主要導向；(3) 人雖有肉

體、心理及靈魂三方面，但應該被視為一個整體性；(4) 行為是整個場地的功能，表示人的行為是取決於自己和他們所處的環境；(5) 場地可以區分為形象和背景，受到注意的事物是形象，未受到注意的部分則稱為背景。一個健康的人，其身體的各部分應是具有平衡性、協調性且是有整體性的。隨著需求的呈現與滿足與形象—背景的交迭更易，人們不斷的成長與發揮潛能。萬一中間出了差錯，遇到了阻礙就會出現心理困擾的現象。有時候在形象與背景的交替並不順利，可能一件事情做到一半卻被迫停止落入背景，完形諮商學派稱它們是未完成的事。對於受「未完成的事」干擾著而無法活在此刻的人，諮商師可鼓勵他們用語言或非語言的方式將其困擾表達出來。人們每時每刻透過各種感官和外界接觸。有效的接觸帶給人們自信與動力；無效的接觸會引致生氣、困惑、失望、抗拒、自覺沒有價值等感受。若未加以處理，此人會逐漸退縮，抗拒與外界接觸。這種抗拒接觸的型態有五種不同的表達方式：被動的接受者、怪罪他人者、箭頭轉向自己者、分散注意力者和順勢而行者。

完形諮商的目標是要把紙人變成真人，為達此目的完形諮商師著重在幫助當事人定睛於此時此刻、增加當事人的自我覺察能力瞭解自己內在的潛能，以達到自我實現的目標。在這個過程中，諮商師視案主為諮商的夥伴，留意案主的肢體語言和不適當的語言表達，必要時善用對質來協助案主。最後本章介紹優勢者及劣勢者的對話、空椅技巧、誇張的練習、停留在情緒裡、練習和預演相反特質以及個別輪替等完形諮商策略與實例供參考使用。

皮爾斯強調完形諮商是實驗取向的學派，在過程中鼓勵案主從此時此刻的探索中嘗試以新的態度來審視自己的人生，以新的行為來面對自己的問題，如此做可幫助案主發掘自己的潛能，找到成長的方向，朝向自我實現。

因此文末我們體會到這麼一句話：「要朝向自我實現，就從自己出發，把握每一個現在，珍惜每一個此刻，用每個今天譜下的音符去串出人生美麗的樂章。切記，人生的掌控權就在此刻。」以此和各位互勉之。

第四節。完形諮商學派的案例分析

壹、案例：她怎麼可以不聽我的話？

　　齊浩，是家中的老大，有兩個弟弟。從小聰穎，成績優異，對很多事情都很有主見。父母很看重他，所以從小很多事情父母都尊重他的意見，只要他說是的，沒有人敢反對他。唸大學時認識現在的太太，他覺得這女孩子很聽話適合當他的妻子，便主動追求。婚後，生了兩個女兒，各差三歲。為了讓女兒們有好的未來，齊浩從孩子們很小就為她們訂好計畫。除了學校的功課外，才藝方面的學習，幾歲該學什麼？跟誰學？到哪裡學？他都計畫好了，家人都得照做。

　　兩個孩子都很乖，學校功課表現良好；才藝方面，兩個女兒都去學體操，為了讓她們有機會多練習，家裡的地下室都裝設有練習體操用的設備。和太太兩人除了工作外，就是忙著帶女兒們練體操和參加比賽。女兒們很爭氣，獲得獎杯無數，讓齊浩感到相當驕傲。

　　大女兒考上了醫學院讓他好興奮，但也很捨不得，因為唸大學後就要搬到學校去住了。擔心大女兒不知如何計畫未來，上大學前的那個暑假，齊浩每天都要花一些時間跟她討論未來的計畫，像應該參加什麼社團活動或是否應該出國去遊學等，他都幫女兒列在計畫中。一向乖巧的女兒偶爾會感到不耐煩的說：「爸爸！我要上大學了！可否有些事讓我自己做決定？」齊浩就回應說：「爸爸這樣做都是為了妳好。」

開學了，把大女兒送進醫學院的宿舍，相當捨不得。還好家裡還有二女兒，大女兒答應會經常聯絡，讓他寬心不少。

只是大女兒上大學後，漸漸像斷了線的風箏。每次齊浩向女兒提到去年暑假時做的計畫，問她有否照著計畫去做，大女兒就顧左右而言他，然後就說要去讀書了。好不容易盼到了暑假，看到大女兒回家大家都好高興，兩姊妹整天黏在一起嘰嘰喳喳的似乎有聊不完的話題；也常見太太和大女兒一起做吃的。齊浩每天都要上班，和大女兒相處的時間沒有很多，在一起時大女兒會向他報告學習的進況，但當齊浩要給一些建議時，女兒就會藉故離開。待了兩三個星期後，大女兒就說要回學校做實驗和打工去了，不過心想大女兒是回學校學習的，他也不能說什麼，大女兒偶爾會跟他聯絡報告實驗和打工的狀況，但當想談細節女兒就說要去忙了，他感覺大女兒好像在閃躲什麼，但又說不上來。

大女兒升上大二時，兩人互動的狀況也是如此。齊浩從二女兒的口中聽出大女兒交了男朋友的蛛絲馬跡，齊浩開始擔心交了男朋友可能會影響大女兒的學習，但和大女兒講電話時她沒提起，齊浩也不知從何問起，只能每天對著太太和二女兒嘮叨此事。但她們對他的嘮叨不太搭理。「難道她們不擔心嗎？」齊浩自問。

說到此，齊浩嘆口氣說：「其實我擔心的一點都沒錯，因為接二連三發生的事讓我覺得大女兒的發展離我的期望越來越遠了。」

「發生了什麼事呢？」諮商師問。

被這樣一問，齊浩臉色一沉，一面嘆氣一面搖頭說著：「大二快結束時，大女兒傳一封電子郵件告知我她覺得自己不適合唸醫學院，打算轉到生物系，以後從事實驗的工作。聽到此消息我好生氣，氣她怎麼可以這樣自毀前程。趕緊回信要勸她打消念頭，她居然回我說她主意已打定，希望我能祝福她。我真的氣死了，這孩子真是白教了。」

「後來你怎麼處理？」諮商師問。

「我就不理她了！兩年後她說要結婚，我開五個鐘頭的車送太太去參加她

的戶外婚禮，我待在車上就是不下去。」齊浩生氣的說。

「你不愛她嗎？」諮商師問。

「當然愛，但我就是氣不過她怎麼這麼不聽話。」齊浩生氣中帶著無奈的說著。

這是齊浩的故事，花了好幾次的碰面終於願意說出心中的痛。聽出齊浩不理大女兒但卻不諱言的說出「當然愛」，諮商師看出他心裡的矛盾，計畫用完形諮商來幫助齊浩。

貳、諮商策略

一、探索階段：強勢者和弱勢者對話

齊浩從小就被看重，扮演強者的角色，習慣幫別人做決定，也很自然的認為別人要聽他的話。大女兒的不聽話，讓齊浩陷入弱者的角色，從沒當過弱者的齊浩無所適從，或許這是對大女兒關閉心門的緣由。諮商師把上述的觀察告訴齊浩，並問他是否要試試讓內心的「強勢者和弱勢者對話」，並清楚定義：強勢者是代表「幫孩子做決定」，弱勢者是「不用幫孩子做決定」，齊浩同意試試看。

諮商師要齊浩用右手當強勢者，用他習慣的口氣說話。「我是齊浩，我是決定者。」

「現在可否舉出你的左手，向強勢者說出當弱勢者的心聲？」諮商師說。

齊浩以弱勢者說話：「自從大女兒升大學後，她不願意讓我插手決定她的人生，我感覺自己在她的人生裡失去了重要性。」

強勢者：「是啊！從小就是我在幫她做決定，用我的方法來走準沒
　　　　　錯。」

弱勢者：「但是，她一直把我推開，她說她知道要怎麼做，我只要祝福
　　　　　她就好！」

強勢者：「我不相信她有能力辦到，從小就是我幫她做的決定，我怕她

不會做決定。」

弱勢者：「她都上大學了，把決定權交給她也是應該的，不是嗎？」

強勢者：「是啊！她自己決定要轉系，你覺得唸生物系會比唸醫學院有前途嗎？」

弱勢者：「她想走實驗路線，不想當醫生啊！」

強勢者：「我只是覺得她那麼聰明不唸醫學院很可惜！」

弱勢者：「那是她的人生，就讓她自己做決定吧！而且就我觀察，她轉系後好像唸得很有興趣啊！」

強勢者：「難道做父親的在孩子長大後就沒幫忙作主的權利了嗎？」

弱勢者：「你已經掌權那麼久了，可以放手了吧！何況你父母不是從小就都讓你做決定嗎？你父母那麼信任你，你怎麼不信任自己的小孩呢？」

強勢者：「我還不是都是為她好！」

弱勢者：「為她好，就是讓她有機會長大。讓她為自己的人生做決定，就是最好的學習。」

從這個演練中，齊浩坦承自己強勢者的一面真的還滿固執的；不過很訝異自己居然可以想出那麼多可以支持「不用幫孩子做決定」的理念來說服強勢者。之後諮商中每談到那一個較固執的論點，諮商師就用類似這樣自我對話的方式幫助齊浩，讓他慢慢去體會與接受他個性上的另一面，經過這個練習後他對大女兒轉系的態度變得較柔軟些，開始會向太太或二女兒問起有關她的事。

二、調適階段：面對那件「未完成的事」

自從與大女兒因轉系事件而不再互動後，他感覺與大女兒的關係像隔了一層玻璃，特別是在車子上隔著擋風玻璃看著大女兒的婚禮，這本來應該是自己牽著她走上紅地毯的人生大事，怎麼自己竟被擋在玻璃之外當個觀望者。

「我覺得她的世界離我好遠，我走不進大女兒的世界了。」齊浩嘆口氣

說。

　　「是什麼擋住你們倆的世界？」諮商師問。

　　「是她的不聽話！」齊浩脫口而出，帶著怒氣。

　　諮商師鼓勵他用「我」的第一人稱的陳述句。齊浩掙扎了一下，小小聲的說出：「是我介意她的不聽話！」

　　諮商師用誇張技術要他重複這句話多次，且要越講越大聲，直到他真的把心中的感覺說出來。他越說越激動，最後一句是：「是的！擋住我和女兒世界的是我自己心裡的不甘心，我很介意也很生氣她不聽我的話。」

　　「你知道你可以選擇改變，你可以選擇和她對話。」諮商師說。

　　「我還沒準備好要和她見面。」齊浩的態度顯得固執。

　　「沒關係，你不用跟她見面也可以跟她講話。」「我想讓你試試空椅技巧，看看對你有沒有幫助，好嗎？」看出齊浩的疑惑，諮商師解釋是要他把椅子當作要講話的對象，然後跟椅子對話。齊浩說可以試試看。

　　諮商師將兩張椅子面對面放著，請齊浩坐在一張椅子上，想像大女兒就坐在對面，要他把最想跟大女兒說的話說出來。

　　齊浩想了想便說：「妳小時候那麼乖，怎麼上大學後就開始不聽話了呢？」

　　講完後請齊浩換到另一張椅子，想像自己是大女兒，會如何回應，齊浩想了一陣子才說：「爸爸！從小您就訓練我要獨立思考，每次遇到情況就問我：『這情況妳覺得如何處理比較好？』不就是要我長大能夠獨立嗎？」

　　換回齊浩自己：「我是要訓練妳獨立思考，但並沒有叫妳要不聽話。」

　　換成大女兒的角色：「爸爸！我不是故意不聽話，只是上了大學，學校開始訓練我們的思考能力，我也鼓勵自己多練習獨立思考，但每次跟您分享，您都反對。您好像不想讓我長大的樣子。」

　　換回齊浩自己：「我當然希望妳長大，但是我會害怕放妳出去，妳會長錯方向。」

換成大女兒的角色：「爸爸！您把我教得那麼好，我怎麼可能會長錯方向呢？」

換回齊浩自己：「有啊！轉系的事在我看來就是長錯方向了！」

換成大女兒的角色：「爸爸！您放心！轉系之事我是經過仔細思考的，我覺得那比較適合我所以才決定轉的。」

換回齊浩自己：「我覺得妳這麼聰明不讀醫學院很可惜呢！」

換成大女兒的角色：「爸爸！小時候您不是告訴我：『只要努力，以後不管以後做什麼妳一定都會成功的！』您忘記了嗎？您不是說過每個領域都需要有智慧的人？」

換回齊浩自己：「我是這樣教妳沒錯，但是我真的很希望妳唸醫學院，以後當女醫師，我會感到很驕傲。」

換成大女兒的角色：「爸爸！我也很希望讓您感到驕傲，但我不喜歡唸，以後也不想當女醫師。勉強去學會很痛苦，可能就會學不好。您希望我這樣嗎？」

換回齊浩自己：「我當然不希望妳去學妳不喜歡的東西，但興趣不是可以培養的嗎？」

換成大女兒的角色：「爸爸！我知道我自己，我真的知道我要的是什麼。我可以得到您的祝福嗎？」

換回齊浩自己：「妳是我女兒，我當然是祝福妳！」

換成大女兒的角色：「爸爸！謝謝您！謝謝您的祝福！」

做完此練習，齊浩較能理解大女兒「不聽話」的緣由。諮商師趁機問他，要不要把場景拉到大女兒婚禮當天的現場。齊浩停頓了半晌後同意。

請齊浩坐在一張椅子上當自己，閉上眼睛想像一個情境。「你現在在哪裡？你正在做什麼？你看到什麼？請仔細的把它描述出來。」諮商師問。

「我坐在停著的車子上，手握著方向盤，看著窗外的庭院布置得很雅致的婚禮現場，很多年輕人來參加，我太太穿梭其中和客人們打著招呼。」齊浩回

答。

　　這時諮商師計畫幫助齊浩「抓住當場的感覺」，於是引導他：「請你把感覺集中在握在方向盤的手，此刻你感覺到什麼？把你自己變成是那雙手，它們在說什麼？」

　　「我是這雙手，緊緊的握著方向盤，好像我正握著我大女兒人生的方向盤。我不敢放手，擔心只要一放手這個方向盤就不聽指揮了。」齊浩描述著，說話時拳頭緊握。

　　「請仔細的觀看婚禮的現場，婚禮要開始了。請仔細描述你看到了什麼？」諮商師說。

　　「現在婚禮的音樂響起，我看到伴娘們穿著紫色的禮服與伴郎們一一入場，總共有六對。我可以留在這一景就好了嗎？我很想看到大女兒，但又很害怕。至少大女兒還沒走上紅地毯前，我感覺她仍是我的，她的方向盤還掌握在我的手中。」齊浩描述著，拳頭仍緊握。

　　這時諮商師計畫把「練習相反行為的技巧」帶入，便引導著齊浩：「現在想像你看到大女兒了，她穿著白紗，你看了嗎？她在哪裡？」

　　「我看到了，她站在那裡準備進場，好久不見了，她顯得有點清瘦，但還是那麼漂亮。臉上帶著我熟悉的微笑，好快樂的樣子。現在眾人站起來，大女兒隨著結婚進行曲徐步走向踏去。」齊浩描述著，臉上出現難得見到的一絲絲笑容。

　　「好，仔細享受在過程中，同時我要你做一件事，我要你隨著大女兒往前踏出去的腳步，把你緊握著方向盤的手逐漸放鬆，代表你願意把她的人生的掌控權交回給她。」諮商師引導著。

　　「我做不到，她是我女兒！」進行到一半，齊浩喊了出來，本來逐漸放鬆的手又緊握了回去。

　　「齊浩！你看結婚典禮有否會因為你不願意放手而停止？」諮商師問。

　　「沒有！沒有！大女兒已走到前面了。」齊浩說著，口氣有些激動。

「你願意把大女兒交給新郎嗎？你的手可以仍在方向盤上，但不要緊握。表示她仍是你的女兒，只是你不用去掌握她的方向盤。這樣你做得到嗎？」

「我試試看！」此時齊浩的雙手時緊時鬆，看出他內心的掙扎。終於手較放鬆了。諮商師問他感覺如何，齊浩說有點輕鬆感，但覺得還稍微可以掌控大女兒。

「現在婚禮進行到哪裡了？」諮商師問。

「現在牧師正在講道，他們兩人手牽手看著牧師……。新郎和新娘要誓約了……。」齊浩描述著。

「你準備好要放她走了嗎？當你看到新郎把戒指戴上大女兒手指的那剎那，我要你把雙手完全的放鬆，表示你願意把她的人生的掌控權完全交還給她。」諮商師引導著。

「我試試看！」此時齊浩的雙手時緊時鬆，看出比剛才更多的掙扎。然後說著「戒指套上去了」的同時，他的手也放鬆了，並小聲的說著：「讓妳去吧！大女兒，祝福妳！」諮商師鼓勵他說大聲一點，他掙扎了一下，說了出來。

這時諮商師鼓勵他把前方的椅子當作是剛戴上戒指的大女兒，把他的祝福直接傳給大女兒。齊浩面對椅子語重心長的說著：「親愛的女兒，放妳而去是件很難的事。以後妳當了母親就可瞭解我的心情。我掙扎了很久，但我現在告訴妳，我願意把妳人生的方向盤交還給妳。祝福妳！」

換成女兒的角色：「爸爸！謝謝您！謝謝您的祝福！」

換回齊浩自己：「不客氣！爸爸真的愛妳！真希望爸爸能牽妳走上紅地毯的彼端。」

換成大女兒的角色：「爸爸！沒關係！獲得您的祝福是最好的禮物。」

此時，齊浩閉上眼睛似在沉思。諮商師問他在想什麼？他說這一刻感覺與大女兒好近，又回到以前的時光。

「真希望這一切是真的！」齊浩嘆口氣說。

「這當然可以是真的，從練習中你已經學會了該有的技巧，只要你願意邁開一步。」諮商師鼓勵著。

三、同化階段：學習主動出擊

在此階段諮商師開始幫助齊浩學習如何主動與大女兒互動，例如在聽到大女兒和太太或小女兒講電話時，可以主動的說：「跟大女兒說爸爸問候她。」並開始會找機會與太太和小女兒聊有關大女兒的事，以便能較客觀的瞭解大女兒的工作和生活狀況，而不再主觀的憑意氣用事想事情。然而太久沒提及大女兒的事突然要表示關心似乎很唐突，也說不出口。諮商師透過「演練」讓他練習這些行為，並慢慢的把這行為帶入生活中，直到習慣成自然為止。

參、結果摘要

整個諮商過程中，在探索階段，齊浩每星期一次的會談中，諮商師幫助齊浩透過空椅技巧去探索與經驗自己個性強硬與柔軟的一面，從兩極端個性的對話中，他從以前固執的認定大女兒「非聽自己的話不可」，到慢慢可以接受「大女兒已經長大，可以決定自己人生」的想法。在調適階段，諮商師鼓勵齊浩去面對他人生「未完成的事」，即未在大女兒結婚時牽她走上紅地毯，親手將大女兒交給新郎的這件事。因氣大女兒轉系而關閉心門，所以連婚禮也拒絕參加的齊浩，坐在車內看著大女兒結婚感覺自己進不去她的世界。當然其中他有很多的掙扎，要把傳統父親的尊嚴放下來，讓大女兒自己作主是很難的一關，為此諮商師透過空椅技巧、抓住當場的感覺、練習相反行為的技巧等，幫助齊浩重新經歷那件未完成的事，並能把他對大女兒的祝福說出口。

然而他的心雖已軟化，外表卻仍裝剛強，所以在同化階段，諮商師幫助他透過演練慢慢的能把對大女兒的在意與關心表達出來。重新認識這個長大了的大女兒和她自己所創造出來的世界。諮商一年後，大女兒結婚五週年紀念日即將來到，齊浩提出希望能在那日去正式拜訪大女兒的願望。為此事在諮商室反

複做了很多的練習與沙盤演練。令齊浩驚訝的是，當他來到大女兒家，大女兒主動出來迎接，並要求齊浩牽著她正式交給女婿，讓那件「未完成的事」終於畫上一個圓滿的結局。

你瞭解了嗎？

下面有 15 題選擇題，可幫助你測試自己對完形諮商學派的理解程度：

1. 完形諮商學派的創始人皮爾斯是哪國人？
   a. 美國人　　　　　　　　　　b. 英國人
   c. 德國人　　　　　　　　　　d. 奧地利人

2. 完形諮商學派的發展中並未受到哪個學派的影響？
   a. 心理分析
   b. 認知學派
   c. 存在哲學
   d. 特質分析
   e. 東方宗教禪學理念

3. 下面哪一個選項不是皮爾斯的完形諮商幫助人們的理念？
   a. 從環境支持轉回自我支持
   b. 整合人格裡自己未覺察到的部分
   c. 找到人生的意義
   d. 注重在此時此刻

4. 完形一詞是德文，表示是整體的意思。整體是：
   a. 等於部分的整和
   b. 少於部分的整和
   c. 大於部分的整和
   d. 沒有什麼不同

5. 完形諮商學派所提出的互相矛盾改變理論（paradoxical theory of change）的涵義是：

a. 改變是透過真正的覺察與清楚自己是誰

b. 改變是透過瞭解自己未來的目標

c. 改變是透過瞭解自己人生的意義

d. 改變是透過設定好了行動的計畫

6. 透過哪一個功能人們可以將失衡狀態調整回來，以有助於人們的需求滿足而獲致改變與成長？

a. 自我調節的功能

b. 形象與背景

c. 未完成的事

d. 組織性

7. 下面哪一個公式是代表勒溫所提出的「行為是整個場地的功能」？

a. $B = f(P + E)$

b. $B = f(P \times E)$

c. $B = f(P, E)$

d. $B = f(P/E)$

8. 在形象與背景的過程中，是什麼因素在主宰？

a. 情緒

b. 想法

c. 需求

d. 感覺

9. 形象與背景的交替並非想像中的都會那麼順利，有時候事情做到一半卻因某些外在因素被迫停止，無疾而終，落入背景。完形諮商學派稱此為：

a. 未完成的事　　　　　　　b. 背景

c. 僵局　　　　　　　　　　d. 自我調節的失誤

10. 為幫助案主面對此刻，完形諮商學派建議諮商師在問問題時應切忌下面何種的問法？

a. 問「什麼」（what）的問題

b. 問「如何」（how）的問題

c. 問「為什麼」（why）的問題

d. 用第一人稱

e. 用現在式

11. 當人們原有的外在支持已失去，而內在的自我支持又還未能運作的時刻，稱為：

a. 未完成的事　　　　　　　b. 背景

c. 僵局　　　　　　　　　　d. 覺察

12. 根據完形諮商，要成長與改變，_____一定要發生。

a. 自我覺察

b. 有效的接觸

c. 頓悟

d. 以上皆是

13. 什麼樣的人是把自己想對別人做的事加諸在自己的身上，或者以自己希望別人對待自己的方式來對待自己？

a. 被動的接受者（introjector）

b. 分散注意力者（deflector）

c. 怪罪他人者（projector）

d. 箭頭轉向自己者（retroflector）

e. 順勢而行者（confluence）

14. 什麼樣的人是在自己和他人間沒有清楚的分野，他們順命的跟著他人的步伐前進，很少去顧及自己的愛好和選擇，期望與每個人都能友善相處？

a. 被動的接受者（introjector）

b. 分散注意力者（deflector）

c. 怪罪他人者（projector）

d. 箭頭轉向自己者（retroflector）

e. 順勢而行者（confluence）

15. 空椅技巧的功用是可幫助案主：

a. 覺察到曾被自己忽略的那部分的人格

b. 平衡內在的兩極

c. 幫助案主解決未完成的事

d. 以上皆是

（答案請見書末「你瞭解了嗎？」試題解答頁）

腦筋急轉彎

1. 通常學者發展出的理論最能真正的描述他們自己，而皮爾斯的理論就是在表明他這麼一個人：「環境變化無窮，不同情境的刺激會激發出不同的自己，所以自我是多樣的。」你同意此說法嗎？請就你對自己的觀察舉例來支持你的看法。

2. 皮爾斯強調「人生的掌控權就在此刻」，而忽視此刻時，他們對此刻的掌控力就會被消減了，就如同皮爾斯所說的：「焦慮是存在現在和未來間的鴻溝。」你同意此說法嗎？並舉例來支持你的看法。

3. 皮爾斯指出語言的表達都是當下的，不適當的語言表達會減弱自信心，所以完形諮商師很鼓勵案主透過注意其語言的表達方式來增加他們對目前感受的覺察力。請提出三個不適當的語言表達的型態，並各舉出一個實例說明該表達型態並不適當的理由。

4. 通常人們會對「對質」的使用持負向的觀點，但完形諮商學派相信若能善加利用，鼓勵案主一起參與，可增加案主對自己所言所行的覺察力。你同意此說法嗎？並舉例來支持你的看法。

5. 如果你是案例分析中的齊浩，這樣的處理方式你滿意嗎？有哪些技巧可以再加入來幫助齊浩讓諮商效果獲得提升？

6. 完形諮商師相信案主是他們自己人生與所遇到問題的專家，所以在諮商過程中會邀請案主成為諮商過程中的夥伴。你同意此說法嗎？並舉例來支持你的看法。

＊本章的「參考書目」與「照片來源」附於書末的專頁。

參考書目 *References*

第一章 佛洛依德的心理分析諮商學派（Freud's Psychoanalysis Therapy）

Corey, G. (2013). Psychoanalytic therapy. In G. Corey (Ed.), *Theory and practice of counseling and psychotherapy* (9th ed., pp. 62-100). Belmont, CA: Brook/Cole Cengage Learning.

Curtis, R. C., & Hirsch, I. (2011). Relational psychoanalytic psychotherapy. In S. B. Messer & A. S. Gurman (Eds), *Essential psychotherapies: Theory and practice* (3rd ed., pp. 72-104). New York: Guilford Press.

Freud, A. (1946). *The ego and the mechanism of defense.* New York: International University Press.

Freud, S. (1953). The dynamics of transference. In *Collected papers*. London: Hogarth Press. (Original work published 1915).

Gladding, S. T. (2009). Psychoanalytic, Adlerian, and humanistic theories of counseling. In S. T. Gladding (Ed.), *Counseling: A comprehensive profession* (6th ed., pp. 193-218). Upper Saddle River, NJ: Pearson.

Jacobs, M. (1992). *Sigmund Freud.* Newbury Park, CA: SAGE Publications Inc.

Kottler, J. A., & Montgomery, M. J. (2011). Psychodynamic approach. In J. A. Kottler & M. J. Montgomery (Eds.), *Theories of counseling and therapy: An experiential approach* (2nd ed., pp. 53-88), Washington, DC: Sage.

Wade, C., & Tavris, C. (2011). Theories of personality. In C. Wade & C. Tavris (Eds.), *Psychology* (10th ed., pp. 515-551). Upper Saddle River, NJ: Prentice Hall/Pearson.

Wolitzky, D. L. (2011a). Contemporary Freudian psychoanalytic psychotherapy. In S. B. Messer & A. S. Guman (Eds.), *Essential psychotherapies: Theory and practice* (3rd ed., pp. 33-71). New York: Guilford Press.

Wolitzky, D. L. (2011b). Psychoanalytic theories in psychotherapy. In J. C. Norcross, G. R., Vandenbos, & D. K. Freedheim (Eds), *History of psychotherapy* (2nd ed., pp. 65-100). Washington, DC: American Psychological Association.

第二章　榮格的分析心理諮商學派（Jung's Analytical Psychology）

Colledge, R. (2002). Carl Jung. In R. Colledge (Ed.), *Mastering counseling theory* (pp. 42-63). New York: Palgrave MacMillan.

Dehing, J. (1992). The therapist's interventions in Jungian analysis. *Journal of Analytical Psychology, 37*, 29-47.

Harris, A. S. (1996). *Living with paradox: An introduction to Jungian psychology.* Pacific Grove, CA: Brooks/Cole Publication Company.

Jung, C. G. (1953). *Two essays on analytical psychology.* In The collected works of C. G. Jung (Vol. 7). Princeton, NJ: Princeton University Press.

Jung, C. G. (1963). *Memories, dreams, reflection.* New York: Pantheno.

Sedgwick, D. (2001). *Introduction to Jungian psychotherapy: The therapeutic relationship.* New York: Brunner-Routledge.

Seligman, L. (2006). Carl Jung and Jungian analytical psychology. In L. Seligman (Ed.), *Theories of counseling and psychotherapy: System, strategies, and skill* (2nd., pp. 94-112). Upper Saddle River, NJ: Pearson Education, Inc.

Whitmont, E. C., & Perera, S. B. (1989). *Dreams, a portal to the source.* London: Routledge.

第三章　阿德勒的個別心理諮商學派（Adler's Individual Psychology）

Adler, A. (1929). *The science of living.* New York: Garden City Publishing.

Adler, A. (1956). *The individual psychology.* New York: Basic Book, Inc.

Adler, A. (1927/1998). *Understanding human nature*. Center City, Minnesota: Hazelden Foundation.

Adler, A. (1992). *What life could mean to you*. Oxford, England: Onewood Publication.

Adler, A. (1998). *Social interest: Adler's key to the meaning of life*. Oxford, England: Onewood Publication.

Adler, A. (2011). *Social interest: A challenge to mankind*. Mansfield Centre, CA: Martino Publishing.

Andeweg, R. B., & Ven Den Berg, S. B. (2003). Linking birth order to political leadership: The impact of parent or sibling interaction? *Political Psychology, 24*(3), 605-610.

Ansbacher, H. L., & Ansbacher, R. P. (Eds.) (1956). *The individual psychology of Alfred Adler: A systematic presentation in selections from his writings*. New York: Basic Books.

Carlson, J., Watts, R. E., & Maniacci, M. (2006). *Adlerian therapy: Theory and practice*. Washington, DC: American Psychological Association.

Colledge, R. (2002). Alfred Adler. In R. Colledge (Ed.), *Mastering counseling theory* (pp. 27-40). New York: Palgrave Macmillan.

Corey, G. (2013). Adlerian therapy. In G. Corey (Ed.), *Theory and practice of counseling and psychotherapy* (9th ed., pp. 101-135). Belmont, CA: Brook/Cole, Cengage Learning.

Corsini, J. (1982). The relapse technique in counseling and psychotherapy. *Individual Psychology, 38*, 380-386.

Dinkmeyer, D. C., Dinkmeyer, Jr. D. C., & Sperry, L. (1987). *Adlerian counseling and psychotherapy* (2nd ed.). Columbus, OH: Merrill Publishing Company.

Hoffman, E. (1994). *The drive for self. Alfred Adler and the founding of individual psychology.* New York: Addison-Wesley Publishing Company.

Kelly, G. (1955/1991). *The psychology of personal constructs.* London: Routledge.

MacDonald, Jr., A. P. (1971). Birth order and personality. *Journal of Consulting and Clinical Psychology, 36*(2), 171-176.

Mosak, H. H. (1985). Interrupting a depression: The pushbutton technique. *Individual Psychology, 4*, 210-214.

Moask, H. H. (1989). Adlerian psychology. In R. J. Corsini & D. Wedding (Eds.), *Current psychotherapies.* Itasca, IL: Peacock.

Mosak, H. H., & Maniacci, M. P. (2011). Adlerian psychotherapy. In R. J. Corsini & D. Wedding (Eds), Current psychotherapies (9th ed., pp. 67-112). Belmont, CA: Brooks/Cole, Cengage Learning.

Mozdziers, G. J., Macchitelli, F. J., & Lisiecki, J. (1976). The paradox in psychotherapy: An Adlerian perspective. *Journal of Individual Psychology, 32*, 169-184.

Nystul, M. S. (2011). *Introduction to counseling: An art and science perspective* (4th ed.). Upper Saddle River, New Jersey: Pearson Education, Inc.

Oberst, U. E., & Stewart, A. E. (2003). *Adlerian psychology: An advanced approach to individual psychology.* New York: Brunner-Routledge.

Seligman, L. (2006). *Theories of counseling and psychotherapy: Systems, strategies, and skills.* Upper Saddle River, New Jersey: Pearson Prentice Hall.

Shulman, B. H. (1971). Confrontation techniques in Adlerian psychotherapy. *Journal of Individual Psychology, 27*, 167-175.

Shulman, B. H. (1972). Confrontation techniques. *Journal of Individual Psychology, 28*, 177-183.

Shulman, B. H. (1973). *Contributions to individual psychology.* Chicago: Alfred Adler Institute.

第四章　伯尼的溝通分析諮商學派（Berne's Transactional Analysis）

Berne, E. (1961). *Transactional analysis in psychotherapy*. New York: Ballantine Books.

Bern, E. (1964a). *Games people play*. New York: Grove Press, Inc.

Berne, E. (1964b). Trading stamps. *Transactional Analysis Bulletin, 3*(10), 127.

Berne, E. (1972). *What do you say after you say hello? The psychology human destiny*. New York: Bantan Book.

Colledge, R. (2002). Transactional analysis: Eric Berne. In R. Colledge(Ed.), *Mastering counseling theory* (pp. 118-128). New York: Palgrave MaCmillan.

Erskine, R. (1973). Six stages of treatment. *Transactional Analysis Journal, 3*(3), 17-18.

Erskine, R. & Zalcman, M. (1979). The racket system: A model for racket analysis. *Transactional Analysis Journal, 9*(1), 51-59.

Goulding, R., & Goulding, M. (1976). Injunction, decision, and redecisions. *Transactional Analysis Journal, 6*(1), 41-48.

Harris, T. A. (1969). *I'm OK-You're OK: A practical guide to transactional analysis*. New York: Harper & Row, Publishers.

Stewart, I. (1992). *Eric Berne*. Newbury Park, CA: SAGE Publications Inc.

Stewart, I. (2007). *Transactional analysis counseling in action*. Los Angeles, CA: SAGE Publications Inc.

Woollams, S., & Brown, M. (1978). *Transactional analysis*. Dexter, MI: Huron Valley Institute.

第五章　沃爾皮和拿撒勒的行為諮商學派（Wolpe's and Lazarus's Behavior Therapy）

Bandura, A. (1986). *Social foundations of thought and action: A social cognitive theory.* Englewood Cliffs, NJ: Prentice-Hall.

Corey, G. (2013). Behavior therapy. In G. Corey (Ed.), *Theory and practice of counseling and psychotherapy* (9th ed. pp. 244-286). Belmont, CA: Brooks/Cole, Cengage Learning.

Jacobson, E. (1939). *Progressive relaxation.* Chicago: University of Chicago Press.

Poppen, R. (1995). *Joseph Wolpe.* Thousand Oaks, CA: SAGE Publications Inc.

Lazarus, A. A. (1989). *The practice of multimodal therapy: Systematic comprehensive and effective psychotherapy.* Baltimore, MA: The Johns Hopkins University Press.

Lazarus, A. A. (1997). *Brief but comprehensive psychotherapy: The multimodal way.* New York: Springer Publishing Company, Inc.

Wolpe, J. (1958). *Psychotherapy by reciprocal inhibition.* Standford, CA: Standford University Press.

Wolpe, J. (1990). *The practice of behavior therapy.* New York: Pergamon Press.

駱芳美、郭國禎（2009）。走出憂鬱：憂鬱症的輔導諮商策略。臺北：心理出版社。

第六章 艾里斯的理性情緒行為諮商學派（Ellis's Rational Emotive Behavior Therapy）

Corey, G. (2013). Cognitive behavior therapy. In. G. Corey (Ed.), *Theory and practice of counseling and psychotherapy* (9th ed., pp. 287-332). Belmont, CA: Brook/Cole Cengage Learning.

Ellis, A. (1977). *Anger-How to live with and without it.* Secaucus, NJ: Citadel Press.

Ellis, A. (2000a). Emotional disturbance and its treatment in a nutshell. In M. E. Bernard & J. L. Wolfe (Eds.), *REBT Resource Book for Practitioners* (II-2). New

York: Albert Ellis Institute.

Ellis, A. (2000b). Rational-Emotive Imagery. In M. E. Bernard & J. L. Wolfe (Eds.), *REBT Resource Book for Practitioners* (II-8-10). New York: Albert Ellis Institute.

Ellis, A. (2001). *Overcoming destructive beliefs, feeling, and behaviors.* Amherst, NY: Prometheus Books.

Ellis, A. (2004). *Rational emotive behavior therapy: It works for me—It can work for you.* Amherst, NY: Promtheus Books.

Ellis, A. (2010). *All out! An autography.* Amherst, NY: Promtheus Books.

Ellis, A., & Ellis, D. J. (2011). *Rational emotive behavior therapy.* Washington, DC: American Psychological Association.

Froggatt, W. (2000). Finding the ABC's. In M. E. Bernard & J. L. Wolfe (Eds.), *REBT Resource Book for Practitioners.* (III-5). New York: Albert Ellis Institute.

Hauck, P. A., & McKeegan, P. (1997). Using REBT to overcome depression. In J. Yankura & W. Dryden (Eds.). *Using REBT with common psychological problems: A therapist's casebook* (pp. 44-73). New York: Springer Publishing Company, Inc.

Wilde, J. (1996). *Treating anger, anxiety, depression in children and adolescents.* Bristol, PA: Accelerated Development.

駱芳美（2012 年 6 月 21 日）。選擇快樂。世界日報，家園版。

駱芳美、郭國禎（2009）。憂鬱的認知因素與輔導諮商策略（一）。載於駱芳美、郭國禎（編），走出憂鬱——憂鬱症的輔導諮商策略（頁 87-116）。臺北：心理出版社。

第七章　貝克的認知諮商學派（Beck's Cognitive Therapy）

Beck, A. T., & Freeman, A. (1990). *Cognitive therapy of personality disorders.* New York, NY: Guilford.

Beck, A. T., & Weishaar, M. E. (1989). Cognitive therapy. In R. J. Corsini & D. Wedding (eds), *Current psychotherapies* (pp. 285-320). Itasca, IL: F. E. Peacock Publishers, Inc.

Beck, A. T., & Young, J. E. (1985). Depression, In D. H. Barlow (ed.), *Clinical handbook of psychological disorders* (pp. 206-244). New York: The Guilford Press.

Beck, A. T., Freeman, A., Davis, D. D., & Associates (2004). *Cognitive therapy of personality disorders.* (2nd ed.). New York: Guilford.

Beck. J. S. (1995). *Cognitive therapy: Basic and beyond.* New York, NY: The Guilford Press.

Beck, J. S. (2005). *Cognitive therapy for challenging problems.* New York, NY: The Guilford Press.

Beck. J. S. (2011). *Cognitive therapy: Basic and beyond (2nd ed.).* New York, NY: The Guilford Press.

Corey, G. (2013). Cognitive behavior therapy. In G. Corey (Ed.), *Theory and practice of counseling and psychotherapy* (pp. 287-331). Belmont, CA: Books/Cole.

Freeman, A., Pretzer, J., Fleming, B., & Simon, K. (2004). *Clinical application of cognitive therapy.* New York, NY: Kluwer Academic/Plenum Publishers.

Greenberger, D., & Padesky, C. A. (1995). *Mind over mood: Change how you feel by changing the way you think.* New York, NY: Guilford.

Leahy, R. L. (1996). *Cognitive therapy: Basic principles and applications.* Northvale, NJ: Jason Aronson Inc.

Padesky, C. A., & Greenberger, D. (1995). *Clinican's guide to mind over mood.* New York, NY: Guilford.

Schuyler, D. (2003). *Cognitive therapy.* New York, NY: W. W. Norton & Company.

The Beck Institute for Cognitive Behavior Therapy (2022). *Dr. Aaron T. Beck.* https://beckinstitute.org/about/dr-aaron-t-beck/

Weishaar, M. E. (1993). *Aaron T. Beck.* Thousand Oaks, CA: SAGE Publications Inc.

駱芳美、郭國禎（2009）。憂鬱的認知因素與輔導諮商策略（二）。載於駱芳美、郭國禎（編），走出憂鬱──憂鬱症的輔導諮商策略（頁 117-168）。臺北：心理出版社。

第八章　林涵的辯證行為諮商學派（Linehan's Dialectical Behavior Therapy）

Barlow, D. H. (2008). *Clinical handbook of psychological disorders: A step-by-step treatment manual* (4th ed.). New York: The Guilford Press.

Carbaugh, R. J., & Sias, S. M. (2010). Comorbidity of bulimia nervosa and substance abuse: Etiologies, treatment issues, and treatment approaches. *Journal of Mental Health Counseling, 32*(2), 125-138.

Carey, B. (2011). Expert on mental illness reveals her own fight. Retrieved from http://www.nytimes.com/2011/06/23/health/23lives.html?pagewanted=all&_r=0

Corey, G. (2013). *Theory and practice of counseling and psychotherapy* (9th ed.). Belmont, CA: Brooks/Cole, Cengage Learning.

Courbasson, C., Nishikawa, Y., & Dixon, L. (2012). Outcome of dialectical behaviour therapy for concurrent eating and substance use disorder. *Clinical Psychology and Psychotherapy, 19,* 434-449.

Dimeff, L. A., & Koerner, K. (2007). *Dialectical behavior therapy in clinical practice: Applications across disorders and settings.* New York: Guiford Press.

Dimeff, L. A., & Linehan, M. M. (2008). Dialectical behavior therapy for substance abusers. *Addiction Science & Clinical Practice, 4*(2), 39-47.

Feigenbaum, J. (2007). Dialectical behaviour therapy: An increasing evidence base. *Journal of Mental Health, 16*(1), 51-68.

Grohol, J. M. (2011). Marsha Linehan acknowledges her own struggle with borderline personality disorder. Retrieved from http://psychcentral.com/blog/archives/2011/06/27/marsha-linehan-acknowledges-her-own-struggle-with-borderline-personality-disorder/

Harvey, P., & Penzo, J. A. (2009). *Parenting a child who has intense emotions.* Oakland, CA: New Harbibger Publication, Inc.

Heard, H. L., & Linehan, M. M. (1993). Problems of self and borderline personality disorder: A dialectical behavioral analysis. In Z. V. Segal, S. Segal, S. Blatt (Eds.), *The self in emotional distress: Cognitive and psychodynamic perspective* (pp. 301-333). New York, NY: Guildford Press.

Linehan, M. M. (1993a). *Cognitive-behavioral treatment of borderline personality disorder*. New York: Guilford Press.

Linehan, M. M. (1993b). *Skills training manual for treating borderline personality disorder*. New York: Guilford Press.

Linehan, M. M., Schmidt, H., Dimeff, L. A., Craft, J. C., Kanter, J., & Comtois, K. A. (1999). Dialectical behavior therapy for patients with borderline personality disorder and drug-dependence. *American Journal on Addictions, 8*, 279-292.

McMain, S., Sayrs, J. H. R., Dimeff, L. A., & Linehan, M. M. (2007). Dialectical behavior therapy for individuals with borderline personality disorder and substance dependence. In L. A. Dimeff & K. Koerner (Eds.), *Dialectical behavior therapy in clinical practice: Applications across disorders and settings* (pp. 145-173). New York: Guilford Press.

Nolen-Hoeksema, S. (2014). *Abnormal psychology.* (6th ed.). Boston: McGraw-Hill.

Robins, C. J., & Rosenthal, M. Z. (2011). Dialectical behavior therapy. In J. D. Herbert & E. M. Forman (Eds.), *Acceptance and mindfulness in cognitive behavior therapy: Understanding and applying the new therapies* (pp. 164-209). Hoboken, NJ: Wiley.

Sun, K. (2013). *Correctional counseling: A cognitive growth perspective* (2nd ed.). Burlington, MA: Jones & Bartlett Learning.

Swales, M. A., & Heard, H. L. (2009). *Dialectical behaviour therapy: Distinctive features*. New York: Routledge.

White-Ajmani, M. (2010). Marsha M. Linehan. *The Champions of Psychological Science*. Retrieved from http://www.psychologicalscience.org/index.php/publications/observer/2010/may-june-10/marsha-m-linehan.html

Wikipedia (n.d.). Marsha M. Linehan. Retrived from https://en.wikipedia.org/wiki/Marsha_M._Linehan

第九章　葛拉瑟的選擇理論／現實諮商學派（Glasser's Choice Theory/ Reality Therapy）

Corey, G. (2013). Reality therapy. In G. Corey (Ed.), *Theory and practice of counseling and psychotherapy* (9th ed., pp. 333-359). Belmont, CA: Brooks/Cole, Cengage Learning.

Glasser, C. (1996). *The quality world activity set*. Cincinnati, Ohio: The Center for Reality Therapy.

Glasser, W. (1972). *Identity society*. New York: HarperCollins.

Glasser, W. (1985). *Control theory*. New York: HarperCollins.

Glasser, W. (1998). *Choice theory: A new psychology of freedom*. New York, NY: HarperCollins Publisher.

Glasser, W. (2003). *Warning: Psychiatry can be hazardous to your mental health.*

New York, NY: HarperCollins Publisher.

Glasser, W. (2005). *Defining mental health as a public health issue: A new leadership role for the helping and teaching profession.* Catsworth, CA: William Glasser Institute.

Law, F. M., & Guo, G. J. (2014). Who is in charge of your recovery? The effectiveness of reality therapy for female drug offenders in Taiwan. *International Journal of Offender Therapy and Comparative Criminology, 58*(6), 672-696.

Law, F. M., & Guo, G. J. (2015a). The impact of reality therapy on self-efficacy for substance-involved female offenders in Taiwan. *International Journal of Offender Therapy and Comparative Criminology, 59*(6), 631-653.

Law, F. M., & Guo, G. J. (2015b). Choice and Hope – A Preliminary Study of the Effectiveness of Choice-Based Reality Therapy in Strengthening Hope in Recovery for Women Convicted of Drug Offences in Taiwan . *International Journal of Offender Therapy and Comparative Criminology.* (DOI: 10.1177/0306624X15596392)

Maslow, A. (1943). A theory of human motivation. *Psychological Review, 50*, 370-396.

Roy, J. (2014). *William Glasser: Champion of choice.* Phoenix, Arizona: Zeig, Tucker & Theisen, Inc.

Wubbolding, R. E. (1990). Evaluation: The cornerstone in the practice of reality therapy. *Omar Psychology Practitioner Series, 2*, 6-27.

Wubbolding, R. E. (1991). *Understanding reality therapy*. New York: Harper Collins.

Wubbolding, R. E. (2000). *Reality therapy for the 21 centry.* Philadelphia, PA: Brunner-Routledge.

Wubbolding, R. E. (2011). *Reality therapy.* Washington, DC: American Psychology

Association.

Wubbolding, R. E., & Brickell, J. (2009). *Counseling with reality therapy*. Milton Keynes, United Kingdom: Speechmark Publishing Ltd.

駱芳美（2014）。反過來想就對了。臺北：時報文化出版社。

第十章　法蘭克的意義諮商學派（Frankl's Logotherapy）

Bulka, R. P. (1998). *Work, love, suffering, death. A Jewish/psychological perspective through logotherapy.* Northvale, NJ: Jason Aronson Inc.

Corey, G. (2013). Existential therapy. In G. Corey (Ed.), *Theory and practice of counseling and psychotherapy* (9th ed., pp. 136-171). Belmont, CA: Brooks/Cole, Cengage Learning.

Ewalds-Kvist, B., & Lützén, K. (2015). Miss B pursues death and Miss P life in the light of V. E. Frankl's existential analysis/logotherapy. OMEGA-Journal of Death and Dying, 71(2), 169-197.

Brandon, O. (1995). Approaching the tragic triad. In J. B. Fabry, R. P. Bulka, & W. S.Sahakain (Eds.), *Finding meaning in life: Logotherapy* (pp. 187-198). Northvale, NJ: Jason Aronon Inc.

Frankl, V. (1978). *The unheard cry for meaning.* New York: Simon & Schuster.

Frankl, V. (1984). *Man searching for meaning: An introduction to logotherapy. The case for a tragic optimism, postscript.* New York, NY: Simon & Schuter.

Frankl, V. (1986). *The doctor and the soul: From psychotherapy to logotherapy.* New York, NY: Vintage Books, A Division of Random House.

Frankl, V. (1988). *The will to meaning: Foundation and applications of logotherapy.* New York: A Meridian Book, New American Library.

Frankl, V. (2000). *Viktor Frankl recollections: An autobiography*. Cambridge, Massachusetts: Perseus Publishing.

Frankl, V. (2004). *On the theory and therapy of mental disorders: An introduction to logotherapy and existential analysis*. New York, NY: Brunner-Routledge.

Frankl, V. (2006). *Man's search for meaning*. Boston, Maachusetts: Beacon Press.

Kushner, H. S. (2006). Forward. In V. F. Frankl, (Ed.), *Main's searching for meaning* (pp. ix-xii). Boston, Maachusetts: Beacon Press.

Lukas, E. (1995). The four steps of logotherapy. In J. B. Fabry, R. P. Bulka, & W. S. Sahakain (Eds.), *Finding meaning in life: Logotherapy* (pp. 95-103). Northvale, NJ: Jason Aronon Inc.

Phillips, O. A. (1995). New course for management. In J. B. Fabry, R. P. Bulka, & W. S. Sahakain (Eds.), *Finding meaning in life: Logotherapy* (pp. 309-319). Northvale, NJ: Jason Aronon Inc.

第十一章　羅吉斯的個人中心諮商學派（Rogers's Person-Centered Therapy）

Boy, A. V., & Pine, G. J. (1982). *Client-centered counseling: A renewal*. Boston, Massachusetts, Allyn and Bacon.

Casemore, R. (2006). *Person-centered counseling in a nutshell*. Thousand Oaks, CA: SAGE Publications Ltd.

Corey, G. (2013). Person-centered therapy. In G. Corey (Ed.), *Theory and practice of counseling and psychotherapy* (9th ed., pp. 172-209). Belmont, CA: Brook/ Cole, Cengage Learning.

Kirschenbaum, H. (2009). *The life and work of Carl Rogers*. Alexandria, VA: American Counseling Association.

Kirschenbaum, H., & Henderson,V. L. (Eds.) (1989). *The Carl Rogers reader*. Boston, Massachusetts: Houghton Mifflin.

Rogers, C. R. (1939). *The clinical treatment of the problem child*. Boston,

Massachusetts: Houghton Mifflin.

Rogers, C. R. (1940). The process of therapy. *The Journal of Consulting Psychology*, *4*(5), 161-164.

Rogers, C. R. (1942). *Counseling and psychotherapy: Newer concepts in practice*. Boston, Massachusetts: Houghton Mifflin.

Rogers, C. R. (1943). Therapy in guidance clinics. *Journal of Abnormal and Social Psychology*, *38*, 284-289.

Rogers, C. R. (1951, 1979). *Client-centered therapy*. Boston, Massachusetts: Houghton Mifflin.

Rogers, C. R. (1956). Client-centered therapy. A current view. In F. Fromm-Reichmann & J. Moreno (Eds.), *Progress in psychotherapy* (pp. 199-209). New York: Grune & Stratton.

Rogers, C. R. (1957). The necessary and sufficient conditions of psychological personality change. *Journal of Consulting Psychology, 21*(2), 95-103.

Rogers, C. R. (1959). A theory of therapy, personality and interpersonal relationships as developed in the client centre framework. In S. Koch (Ed.), *Psychology: A study of science, volume 3: Formulations of the person and the social context* (pp. 184-256). New York: McGraw Hill.

Rogers, C. R. (1961). *On becoming a person*. Boston, MA: Houghton Mifflin Company.

Rogers, C. R. (1970). *Encounter groups*. New York: Harper and Row.

Rogers, C. R. (1980). *A way of being*. Boston, MA: Houghton Mifflin Company.

Rogers, C. R. (1986). Reflection of feelings. *Person-Centered Review, 1*(4), 375-377.

第十二章　皮爾斯的完形諮商學派（Perls's Gestalt Therapy）

Clark, A. (1982). Grief and Gestalt therapy. *The Gestalt Journal, 5*(1), 49-63.

Clarkson, P., & Mackewn, J. (1993). *Fritz Perls*. Newbury Park, CA: SAGE Publications Ltd.

Corey, G. (2013). Gestalt therapy. In G. Corey (Ed.), *Theory and practice of counseling and psychotherapy* (9th ed., pp. 210-241). Belmont, CA: Brooks/Cole, Cengage Learning.

Elkin, E. (1979). Towards a theory of transpersonal Gestalt. *The Gestalt Journal, 2*(1), 79-82.

Latner, J. (1986). *The Gestalt therapy book*. Gouldboro, ME: The Gestalt Journal Press, Inc.

Levitsky, A., & Perls, F. S. (1970). The rules and games of Gestalt therapy. In J. Fagan & I. L. Shepherd (Eds.), *Gestalt therapy now: Theory, techniques, application* (pp. 140-149). New York: Harper Colophon Books.

Passons, W. R. (1975). *Gestalt approaches in counseling*. New York: Holt, Rinehart & Winston.

Perls, F. S. (1969a). *Ego, hunger and aggression*. New York: Vintage.

Perls, F. S. (1969b). *In and out the garbage pail*. Moab, Utah: Real People Press.

Perls, F. S. (1970). Four lecture. In J. Fagan, & I. L. Shepherd (Eds.), *Gestalt therapy now: Theory, techniques, application* (pp. 14-38). New York: Harper Colophon Books.

Perls, F. S. (1973). *The gestalt approach and eye witness to therapy*. Palo Also, CA: Science and Behavior Books, Inc.

Perls, F. S. (1992). *Gestalt Therapy Verbatim*. Highland, NY: The Gestalt Journal.

Perls, F. S., Hefferline, R., & Goodman, R. (1951). *Gestalt therapy: Excitement and growth in the human personality*. New York: Dell.

Perls, L., Polster, M., Yontef, G., & Zinker, J. (1983). The future of Gestalt therapy: A symposium. *The Gestalt Journal, 6*(1), 3-18.

Polster, M. (1987). Gestalt therapy: Evolution and application. In J. K. Zeig (Ed.), *The evolution of psychotherapy* (pp. 312-325). New York: Brunner/Mazel.

Polster, E., & Polster, M. (1973). *Gestalt therapy integrated: Contours of theory and practice*. New York: A Division of Random House.

Reit,V. V. D., Korb, M. P., & Gorrell, J. J. (1980). *Gestalt therapy: An introduction*. New York: Pergamon Press, Inc.

Smith, E. W. L. (1976). The roots of Gestalt Therapy. In E. W. L. (Ed.), *The growing edge of Gestalt Therapy* (pp. 3-36). New York: Brunner/Mazel, Inc.

Stevens, J. O. (1971). *Awareness: Exploring experimenting experiencing*. Lafayette, CA: Real People Press, Inc.

Wallen, R. (1970). Gestalt therapy and Gestalt psychology. In J. Fagan, & I. L. Shepherd (Eds.), *Gestalt therapy now*. Palo Alto, California: Science and Behavior Book, Inc.

Wills, G. H. (1978). The here and now in Gestalt Therapy. *Australian Psychologist, 13*(2), 183-191.

駱芳美（1983）。完形諮商技術對教育學院女生自我成長效果之研究。輔導研究所（輔導諮商研究所）碩士論文，國立臺灣教育學院（今國立彰化師範大學）。

照片來源 *Photo Credits*

第一章　佛洛依德的心理分析諮商學派（Freud's Psychoanalysis Therapy）

學者照片：Max Halberstadt [Public domain], via Wikimedia Commons. 取自 https://commons.wikimedia.org/wiki/File:Sigmund_Freud_LIFE.jpg

照片 1-1　：By Unknown Austrian Photographer, (19th century) [Public domain or Public domain], via Wikimedia Commons. 取自 https://commons.wikimedia.org/wiki/File%3ASigmund_Freud_as_a_child_with_his_father.jpg

照片 1-2　：By op unknown (http://people.jmoro.ru/Freud/freud.html) [Public domain], via Wikimedia Commons. 取自 https://commons.wikimedia.org/wiki/File:AmaliaFreud.jpg

照片 1-3　：By André Brouillet (1857-1914) [Public domain], via Wikimedia Commons. 取自 https://commons.wikimedia.org/wiki/File:Une_le%C3%A7on_clinique_%C3%A0_la_Salp%C3%AAtri%C3%A8re.jpg

照片 1-4　：See page for author [Public domain], via Wikimedia Commons. 取自 https://commons.wikimedia.org/wiki/File%3ASigmund_en_Anna.jpg

照片 1-5　：Provided with permission of Hui-Cheng Tang（唐慧成攝於 2016 年 8 月 22 日維也納）

* Special Thanks to Hui-Cheng Tang who provided permission for us to include the photo of 1-5 in this chapter〔照片 1-5 承蒙駱芳美的學生唐慧成拜訪維也納時，特地拍攝並授權使用，不勝感激！〕

第二章　榮格的分析心理諮商學派（Jung's Analytical Psychology）

學者照片：By unknown, upload by Adrian Michael (Ortsmuseum Zollikon) [Public domain], via Wikimedia Commons. 取自 https://commons.wikimedia. org/wiki/File:CGJung.jpg

照片 2-1：By Dr. Nachtigaller (Own work) [CC BY-SA 4.0 (http:// creativecommons.org/licenses/by-sa/4.0)], via Wikimedia Commons 取自 https://commons.wikimedia.org/wiki/File%3APfarrhaus_ Kleinh%C3%BCningen.jpg

照片 2-2：See page for author [Public domain], via Wikimedia Commons 取自 https://commons.wikimedia.org/wiki/File%3AHall_Freud_Jung_in_ front_of_Clark_1909.jpg

照片 2-3：By Anonymous [Public domain], via Wikimedia Commons. 取自 https:// commons.wikimedia.org/wiki/File%3APsychoanalitic_Congress.jpg

照片 2-4：cgjung.net (site cgjung.net (avec accord)) [GFDL (http://www.gnu.org/ copyleft/fdl.html) or CC BY-SA 4.0-3.0-2.5-2.0-1.0 (http:// creativecommons.org/licenses/by-sa/4.0-3.0-2.5-2.0-1.0)], via Wikimedia Commons. 取自 https://commons.wikimedia.org/wiki/ File%3ATour_bollingen_CGJung.jpg

第三章　阿德勒的個別心理諮商學派（Adler's Individual Psychology）

學者照片：See page for author [Public domain], via Wikimedia Commons [Public domain], via Wikimedia Commons 取自 https://commons.wikimedia. org/wiki/File%3AAlfred_Adler_(1870-1937)_Austrian_psychiatrist.jpg

照片 3-1：By Herzi Pinki (Own work) [CC BY-SA 3.0 (http://creativecommons. org/licenses/by-sa/3.0)], via Wikimedia Commons. 取自 https:// commons.wikimedia.org/wiki/File%3AMariahilferstra%C3%9Fe_208 %2C_Vienna_-_birthplace_of_Alfred_Adler.jpg

照片 3-2 ：By Alfred Adler Institute of San Francisco & Northwestern Washington [Public domain] 取自 https://commons.wikimedia.org/wiki/File:Adler-child.jpg

第四章　伯尼的溝通分析諮商學派（Berne's Transactional Analysis）

學者照片：Provided with permission of Nicholas Berne Calcaterra (Dr. Eric Berne's grandson) and Janice McGee (Dr. Eric Berne's stepdaughter)

照片 4-1 ：By Paul Lowry (Flickr) [CC BY 2.0 (http://creativecommons.org/licenses/by/2.0)], via Wikimedia Commons. 取自 https://commons.wikimedia.org/wiki/File%3AMcGill_Arts_Building2.jpg

照片 4-2 ：Provided with permission of Gwo-Jen Guo（郭國禎攝於 2003 年 7 月 29 日）

照片 4-3 ：Provided with permission of Nicholas Berne Calcaterra (Dr. Eric Berne's grandson) and Janice McGee (Dr. Eric Berne's stepdaughter)

* Special Thanks to Dr. Berne's grandson Dr. Nicholas Berne Calcaterra and stepdaughter Janice McGee who provided permission for us to include Dr. Berne's photo and the photo of 4-3 in this chapter〔本章兩張照片（學者照片、4-3）承蒙伯尼的孫子尼克・伯尼・卡特瑞（Nicholas Berne Calcaterra）牙醫師和繼女潔妮・麥姬的提供與授權，不勝感激！〕

第五章　沃爾皮和拿撒勒的行為諮商學派（Wolpe's and Lazarus's Behavior Therapy）

學者照片：Provided with permission of Clifford N. Lazarus, Ph.D.

照片 5-1 ：Unknown photographer [Public domain], via Wikimedia Commons. 取自 https://commons.wikimedia.org/wiki/File%3AWits_university_library.JPG

照片 5-2 ：Provided with permission of Clifford N. Lazarus, Ph.D.

照片 5-3 ：Provided with permission of Clifford N. Lazarus, Ph.D. (Dr. Arnold Lazarus's son)

* Special Thanks to Dr. Arnold Lazarus's son Dr. Clifford Lazarus who provided permission for us to include Dr. Wolpe's and Dr. Lazarus's photos as well as two photos of 5-2 and 5-3 in this chapter〔本章的學者照片和 5-2、5-3 承蒙阿諾・拿撒勒的兒子克里夫・拿撒勒（Clifford Lazarus）博士的提供與授權，不勝感激！〕

第六章　艾里斯的理性情緒行為諮商學派（Ellis's Rational Emotive Behavior Therapy）

學者照片：By OnurCaliskan6 (Own work) [CC BY-SA 4.0 (http://creativecommons.org/licenses/by-sa/4.0)], via Wikimedia Commons. 取自 https://commons.wikimedia.org/wiki/File:Ak%C4%B1lc%C4%B1_Duygusal_Davran%C4%B1%C5%9F%C3%A7%C4%B1_Terapi.jpg

照片 6-1 ：By OnurCaliskan6 (Own work) [CC BY-SA 4.0 (http://creativecommons.org/licenses/by-sa/4.0)], via Wikimedia Commons https://commons.wikimedia.org/wiki/File%3AAlbert_Ellis_ve_E%C5%9Fi_.jpg

照片 6-2 ：Provided with permission of Dr. Gwo-Jen Guo and Dr. Fang-Mei Law

照片 6-3 ：Provided with permission of Dr. Gwo-Jen Guo and Dr. Fang-Mei Law
〔照片 6-2 和 6-3 郭國禎與駱芳美攝於美國俄亥俄州哥倫布市（2000 年 8 月 29 日）〕

第七章　貝克的認知諮商學派（Beck's Cognitive Therapy）

學者照片：By OnurCaliskan6 (Own work) [CC BY-SA 4.0 (http://creativecommons.org/licenses/by-sa/4.0)], via Wikimedia Commons. 取自 https://commons.wikimedia.org/wiki/File%3ABeck-Ellis-m.jpg

照片 7-1 ：By OnurCaliskan6 (Own work) [CC BY-SA 4.0 (http://creativecommons.org/licenses/by-sa/4.0)], via Wikimedia Commons. 取自 https://commons.wikimedia.org/wiki/File%3ABeck-Ellis-m.jpg

照片 7-2 ：Courtesy of Beck Institute for Cognitive Behavior Therapy, www.beckinstitute.org.

* Special Thanks to the President of Beck Institute for Cognitive Behavior Therapy, Dr. Judith Beck, who provided permission for us to include the photo of 7-2 in this chapter〔承蒙貝克認知行為治療機構的主席裘蒂‧貝克博士提供與授權照片 7-2 供本章使用，不勝感激！〕

第八章　林涵的辯證行為諮商學派（Linehan's Dialectical Behavior Therapy）

學者照片：Provided with permission of Marsha M. Linehan, Ph.D. and her assistant Elaine Franks.

照片 8-1 ：Provided with permission of Caitlyn Largent

* Special Thanks to Dr. Marsha M. Linehan, Elaine Franks, and Caitlyn Largent who provided permission for us to include these photos in this chapter〔本章的兩張照片承蒙林涵博士、她的助理以及駱芳美的學生凱琳的提供與授權，不勝感激！〕

第九章 葛拉瑟的選擇理論／現實諮商學派（Glasser's Choice Theory/ Reality Therapy）

學者照片：Provided with permission of Dr. Robert Wubbolding and his wife Sandie Wubbolding

照片 9-1：Provided with permission of Dr. Robert Wubbolding and his wife Sandie Wubbolding

照片 9-2：Provided with permission of Dr. Robert Wubbolding and his wife Sandie Wubbolding

照片 9-3：Provided with permission of Dr. Fang-Mei Law

照片 9-4：Provided with permission of Dr. Fang-Mei Law

〔照片 9-3 和 9-4 駱芳美攝於美國俄亥俄州辛辛那提市（2014 年 5 月 25 日）〕

* Special Thanks to Dr. & Mrs. Robert Wubbolding & Sandie Wubbolding who provided permission for us to include Dr. Glasser's photo and two photos of 9-1 and 9-2 in this chapter〔學者照片、9-1、9-2 承蒙伍伯登博士和夫人莘蒂的提供與授權，不勝感激！〕

第十章 法蘭克的意義諮商學派（Frankl's Logotherapy）

學者照片：Prof. Dr. Franz Vesely [CC BY-SA 3.0 de (http://creativecommons.org/licenses/by-sa/3.0/de/deed.en)], via Wikimedia Commons. 取自 https://commons.wikimedia.org/wiki/File%3AViktor_Frankl2.jpg

照片 10-1：By Michel Zacharz AKA Grippenn[1] (Own work) [CC BY-SA 2.5 (http://creativecommons.org/licenses/by-sa/2.5)], via Wikimedia Commons. 取自 https://commons.wikimedia.org/wiki/File%3ABirkenau_gate.JPG

照片 10-2：by Lavender Dreamer (CC BY-SA 2.0) https://creativecommons.org/licenses/by-sa/2.0/ 取自 https://www.flickr.com/photos/51770084@N04/6188984882

第十一章　羅吉斯的個人中心諮商學派（Rogers's Person-Centered Therapy）

學者照片：Provided with permission of Mr. Will Stillwell, Director of Carl Rogers Memorial Library

照片 11-1：Provided with permission of Dr. Gwo-Jen Guo（郭國禎與駱芳美於 1990 年 6 月 1 日攜子造訪並留影）

照片 11-2：Provided with permission of Dr. Gwo-Jen Guo（郭國禎攝於 2003 年 7 月 29 日）

照片 11-3：Provided with permission of Dr. Fang-Mei Law（駱芳美攝於 2016 年 8 月 28 日）

照片 11-4：Provided with permission of Dr. Gwo-Jen Guo（郭國禎攝於 2000 年 7 月 15 日）

照片 11-5：[Public Domain] http://en.wikipedia.org/wiki/File:Harper_Midway.JPG 取自 https://commons.wikimedia.org/wiki/File:Harper_Midway_Chicago.jpg

照片 11-6：Provided with permission of Dr. Gwo-Jen Guo（郭國禎攝於 1990 年 6 月 1 日）

照片 11-7：Provided with permission of Dr. Frances Fuchs. "Copyright Frances Fuchs"

* Special Thanks to Mr. Will Stillwell and Dr. Frances Fuchs who provided permission for us to include Dr. Rogers's photo and the photo of 11-7, respectively, in this chapter〔承蒙羅吉斯紀念博物館主任與羅吉斯的孫女法西斯分別提供與授權學者照片與 11-7 供本章使用，不勝感激！〕

第十二章　皮爾斯的完形諮商學派（Perls's Gestalt Therapy）

學者照片：[Public domain], via Wikimedia Commons. 取自 https://commons. wikimedia.org/wiki/File%3AFritz_Perls.jpg

照片 12-1：[Public Domain] . 取自 https://pixabay.com/en/frankfurt-germany-landmark-city-282598/

照片 12-2：By Unknown photographer [Public domain], via Wikimedia Commons. 取自 https://commons.wikimedia.org/wiki/File%3AJohannesburg%2C_New_Library.JPG

照片 12-3：Provided with permission of Dr. Fang-Mei Law（駱芳美攝於 2015 年 11 月 26 日）

照片 12-4：Provided with permission of Dr. Fang-Mei Law（駱芳美攝於 2018 年 1 月 6 日）

照片 12-5：John Pease Babcock [Public domain], via Wikimedia Commons. 取自 https://commons.wikimedia.org/wiki/File%3AFMIB_48993_Fly-fishing_at_the_outlet_of_Cowichan_Lake_is_good_in_April%2C_May%2C_and_June_At_the_head_of_the_lake_the_fishing_is_best_at_the.jpeg

＊特別感謝分享照片在公共版權的照相師們以及更謝謝我們老大郭主牧，教導我們如何從谷歌和其他相關網站去搜尋照片的版權頁，找到這些珍貴的歷史鏡頭（Special Thanks to those who made their photos available for use through the public domain and to our son, David Guo, who showed us how to find these valuable photos through Google.com and other resources）。

「你瞭解了嗎？」試題解答 *Answer Key*

第一章　佛洛依德的心理分析諮商學派（Freud's Psychoanalysis Therapy）

題號	1.	2.	3.	4.	5.	6.	7.	8.	9.	10.	11.	12.	13.	14.	15.
解答	d	c	b	d	b	c	a	c	a	a	c	b	d	a	d

第二章　榮格的分析心理諮商學派（Jung's Analytical Psychology）

題號	1.	2.	3.	4.	5.	6.	7.	8.	9.	10.	11.	12.	13.	14.	15.
解答	d	e	a	b	b	c	c	d	e	a	a	d	a	e	d

第三章　阿德勒的個別心理諮商學派（Adler's Individual Psychology）

題號	1.	2.	3.	4.	5.	6.	7.	8.	9.	10.	11.	12.	13.	14.	15.
解答	d	e	d	b	c	a	c	b	e	a	c	b	a	b	c

第四章　伯尼的溝通分析諮商學派（Berne's Transactional Analysis）

題號	1.	2.	3.	4.	5.	6.	7.	8.	9.	10.	11.	12.	13.	14.	15.
解答	b	a	d	e	c	d	a	c	b	a	d	b	d	a	c

第五章　沃爾皮和拿撒勒的行為諮商學派（Wolpe's and Lazarus's Behavior Therapy）

題號	1.	2.	3.	4.	5.	6.	7.	8.	9.	10.	11.	12.	13.	14.	15.
解答	b	d	a	d	c	a	b	c	b	c	d	d	b	a	c

第六章　艾里斯的理性情緒行為諮商學派（Ellis's Rational Emotive Behavior Therapy）

題號	1.	2.	3.	4.	5.	6.	7.	8.	9.	10.	11.	12.	13.	14.	15.
解答	c	d	b	d	a	b	d	a	d	b	a	b	b	d	b

第七章　貝克的認知諮商學派（Beck's Cognitive Therapy）

題號	1.	2.	3.	4.	5.	6.	7.	8.	9.	10.	11.	12.	13.	14.	15.
解答	a	b	d	b	a	a	b	c	c	c	b	d	a	c	a

第八章　林涵的辯證行為諮商學派（Linehan's Dialectical Behavior Therapy）

題號	1.	2.	3.	4.	5.	6.	7.	8.	9.	10.	11.	12.	13.	14.	15.
解答	a	c	b	e	d	a	a	b	a	c	b	c	b	a	d

第九章　葛拉瑟的選擇理論／現實諮商學派（Glasser's Choice Theory/Reality Therapy）

題號	1.	2.	3.	4.	5.	6.	7.	8.	9.	10.	11.	12.	13.	14.	15.
解答	d	a	b	b	a	b	a	c	d	c	d	e	b	c	d

第十章　法蘭克的意義諮商學派（Frankl's Logotherapy）

題號	1.	2.	3.	4.	5.	6.	7.	8.	9.	10.	11.	12.	13.	14.	15.
解答	b	c	a	a	b	d	a	b	a	d	b	c	a	b	e

第十一章　羅吉斯的個人中心諮商學派（Rogers's Person-Centered Therapy）

題號	1.	2.	3.	4.	5.	6.	7.	8.	9.	10.	11.	12.	13.	14.	15.
解答	d	d	a	d	b	c	b	c	b	d	a	b	a	d	全

第十二章　皮爾斯的完形諮商學派（Perls's Gestalt Therapy）

題號	1.	2.	3.	4.	5.	6.	7.	8.	9.	10.	11.	12.	13.	14.	15.
解答	c	b	c	c	a	a	c	c	a	c	c	b	d	e	d

國家圖書館出版品預行編目（CIP）資料

諮商理論與實務：從諮商學者的人生看他們的理論／
駱芳美，郭國禎著.--初版.--新北市：心理, 2018.03
面； 公分.--（輔導諮商系列；21120）
ISBN 978-986-191-813-6（平裝）

1.諮商　2.諮商技巧

178.4　　　　　　　　　　　　　　　107001286

輔導諮商系列 21120

諮商理論與實務
從諮商學者的人生看他們的理論

作　　　者：駱芳美、郭國禎

執行編輯：高碧嶸

總　編　輯：林敬堯

發　行　人：洪有義

出　版　者：心理出版社股份有限公司

地　　　址：231026 新北市新店區光明街 288 號 7 樓

電　　　話：(02) 29150566

傳　　　真：(02) 29152928

郵撥帳號：19293172 心理出版社股份有限公司

網　　　址：https://www.psy.com.tw

電子信箱：psychoco@ms15.hinet.net

排　版　者：菩薩蠻數位文化有限公司

印　刷　者：辰皓國際出版製作有限公司

初版一刷：2018 年 3 月

初版五刷：2023 年 2 月

I S B N：978-986-191-813-6

定　　　價：新台幣 600 元